牛奶产业实用技术手册

NIUNAI CHANYE SHIYONG JISHU SHOUCE

郭同军 华实 齐新林 等 ◎ 编著

中国农业科学技术出版社

图书在版编目（CIP）数据

牛奶产业实用技术手册 / 郭同军等编著. --北京：中国农业科学技术出版社，2024.12. --ISBN 978-7-5116-7155-4

Ⅰ. F426.82-62；F326.3-62

中国国家版本馆 CIP 数据核字第 20244CJ067 号

责任编辑	金　迪
责任校对	李向荣
责任印制	姜义伟　王思文

出 版 者	中国农业科学技术出版社
	北京市中关村南大街 12 号　　邮编：100081
电　　话	（010）82106625（编辑室）　　（010）82106624（发行部）
	（010）82109709（读者服务部）
网　　址	https://castp.caas.cn
经 销 者	各地新华书店
印 刷 者	中煤（北京）印务有限公司
开　　本	185 mm×260 mm　1/16
印　　张	23.25
字　　数	540 千字
版　　次	2024 年 12 月第 1 版　2024 年 12 月第 1 次印刷
定　　价	96.00 元

◆ 版权所有·翻印必究 ◆

《牛奶产业实用技术手册》编著人员

主 编 著：郭同军　华　实　齐新林
副主编著：侯良忠　杨玉霞　张志军　王连群　江宝塔·穆哈德斯
编著人员：郭同军　侯良忠　杨玉霞　张志军　古再丽努尔·艾麦提
　　　　　李进龙　徐丛彬　张明慧　庹　勇　新疆畜牧科学院饲料研究所
　　　　　许承云　马永仁　鲁云峰　王　惠　新疆畜牧科学院畜牧业经济与信息研究所
　　　　　杨晓君　郭庆勇　臧长江　邵　伟　苏战强　丁泽人　新疆农业大学
　　　　　王　杰　喀迪尔丁·艾尔肯　新疆畜牧科学院兽医研究所
　　　　　郑新宝　肖海霞　张国庭　新疆畜牧科学院畜牧研究所
　　　　　田　聪　新疆畜牧科学院草业研究所
　　　　　华　实　胡　波　胡永青　梁春明　刘　莉　江宝塔·穆哈德斯　贾　娜
　　　　　努尔扎提·瓦合提　古力热·吾甫尔　祖农江·阿布拉　新疆畜牧科学院奶业研究所
　　　　　乌　兰　帕娜尔·依都拉　新疆畜牧科学院畜牧业质量标准研究所
　　　　　冯鹿鹿　罗鹏辉　解晓钰　高新梅　李生仪　新疆维吾尔自治区畜牧总站
　　　　　李立军　新疆维吾尔自治区草原总站
　　　　　张想峰　新疆维吾尔自治区动物疾病预防控制中心
　　　　　王连群　张苏江　蒋　涛　郭雪峰　刘俊峰　塔里木大学
　　　　　吴妍妍　骆超超　牛俊丽　石河子大学
　　　　　杨　洁　新疆大学
　　　　　杨瑞红　新疆师范高等专科学校
　　　　　刘福元　新疆农垦科学院
　　　　　赵艳坤　高　雁　陈　贺　朱　宁　代金萍　新疆农业科学院
　　　　　刘晨曦　彭新荣　新疆畜牧科学院生物技术研究所
　　　　　李　岩　吴　镜　张　旭　新疆生产建设兵团畜牧兽医工作总站
　　　　　邓海峰　伊犁哈萨克自治州昭苏马场
　　　　　徐　敏　蔡扩军　乌鲁木齐市动物疾病控制与诊断中心
　　　　　袁　芳　新疆维吾尔自治区兽药饲料监察所
　　　　　齐新林　杜保军　张　强　李浩　新疆维吾尔自治区奶业协会
　　　　　范守民　耿明阳　王　健　伊犁哈萨克自治州畜牧总站

毕兰舒　新疆巴音郭楞蒙古自治州畜牧工作站
尤　宏　魏　勇　罗晓红　新疆天润生物科技股份有限公司
王夕虎　刘晓君　李怀志　马新兵　马砚军　新疆呼图壁种牛场有限公司
龚飞飞　罗　东　郭　云　天康生物股份有限公司
院　东　孙　伟　新疆长荣饲料有限公司
谭世新　杨　楠　葛建军　王　丹　新疆天山畜牧股份有限公司
郭红勇　王超丽　新疆西部牧业股份有限公司
于瑞红　新疆瑞源乳业有限公司
孙利萍　马彦科　南达新农业股份有限公司
邹阿玲　克拉玛依绿成农业开发有限责任公司
牛志宏　罗　勇　新疆豪子畜牧有限公司
杨顺武　蔡　忠　深圳市中恒国科信息技术有限公司
王永力　达农威生物发酵工程技术（深圳）有限公司

项目支持

新疆维吾尔自治区奶产业技术体系

新疆维吾尔自治区优质饲草技术体系

新疆维吾尔自治区奶业生产力提升项目

前　言

奶业是健康中国、强壮民族不可或缺的产业，是食品安全的代表性产业，是政府重视、社会关注、民众关心的民生产业，是农业现代化的标志性产业，是一、二、三产业融合性发展的战略性产业，其发展水平是衡量国家畜牧业乃至农业整体发展水平的重要标志。2023年我国奶类产量达到4 281.3万t，其中牛奶产量4 197万t，牛奶占奶类产量的98.03%，居主导地位。近年来牛奶产业在奶牛品种、遗传育种、饲料营养、饲养技术、疫病防控、机械装备、设施条件、质量监管、生鲜乳抽检和乳制品抽检合格率等方面均取得了长足的进步，奶牛标准化规模养殖成为主流，机械化挤奶率达到100%。但与世界奶业发达国家相比，我国奶业整体生产水平和消费水平仍然存在较大差距，2023年，我国居民人均奶类消费量为42.5 kg，仅达到全球平均水平的37%；乳制品进口量为282.4万t。因此，我国亟待加快牛乳制品的科技创新，推广一批先进实用技术指导牛奶产业发展。

本书围绕牛奶全产业链，针对我国牛奶产业全产业链涉及的各环节技术需求，吸收国内外最新研究成果，整理成册，呈现给奶农、奶牛养殖管理者、爱好者和技术人员等，希望从事奶牛养殖的技术人员和一线工作人员通过系统学习相关技术方法，能够精准科学掌握关键技术的每一步骤，提升认知和技术水平，最终获得较好的经济收益并促进我国奶业高质量发展。

本书包括奶牛养殖适宜模式与规模化牧场建设、奶牛场经营管理、奶牛场生产管理、奶牛良种繁殖技术、饲料与日粮调配技术、奶牛饲养管理技术、挤奶及奶厅管理技术、奶牛疫病防控技术、环境优化控制技术、乳品加工技术和品牌增值与营销技术等十一个章节，重点介绍了牧场组织结构及岗位职责、牧场定额管理与绩效管理、财务管理与成本控制、牛奶利益链机制建立、牧场生产盈亏平衡点管理技术、牧场信息化与智能化管理、优质奶牛选购技术、奶牛选配/选育技术、饲料与日粮调配技术、奶牛行为与信号分析、奶牛饲养管理技术、挤奶及奶厅管理技术、奶牛场防疫与消毒技术、奶牛场蚊蝇防控技术、乳品厂经营管理、乳品厂生产管理、乳品加工技术、科学饮奶理念的推广、品牌增值技术和产品营销等牛奶全产业链技术。全书力求通俗易懂、图文并茂、简洁实用,以期成为牛奶产业全产业链实用技术的实战工具书,促进我国牛奶产业绿色、低碳、高质量、可持续发展。

鉴于作者水平有限,难免存在疏漏之处,敬请广大读者及同仁批评指正。本书的部分图片与信息来自网络,在此向那些不知名的提供者表示感谢!

编著者

2024 年 10 月 25 日

目 录

第一章 奶牛养殖适宜模式与规模化牧场建设 ………………………………… 1
  第一节 奶牛养殖适宜模式 ……………………………………………………… 1
  第二节 规模化牧场建设 ………………………………………………………… 3

第二章 奶牛场经营管理 ……………………………………………………………… 15
  第一节 牧场组织结构及岗位职责 ……………………………………………… 15
  第二节 牧场定额管理与绩效管理 ……………………………………………… 17
  第三节 财务管理与成本管理 …………………………………………………… 21
  第四节 牛奶利益链机制建立 …………………………………………………… 28

第三章 奶牛场生产管理 ……………………………………………………………… 31
  第一节 产奶量增产技术 ………………………………………………………… 31
  第二节 生乳品质提升技术 ……………………………………………………… 33
  第三节 牧场 5S 现场管理 ……………………………………………………… 35
  第四节 牧场 SOP 管理技术 …………………………………………………… 40
  第五节 牧场数字化与智能化管理技术 ………………………………………… 69

第四章 奶牛良种繁育技术 …………………………………………………………… 74
  第一节 优质奶牛良种选购技术 ………………………………………………… 74
  第二节 奶牛选配/选育技术 …………………………………………………… 79
  第三节 基因组选育技术 ………………………………………………………… 91
  第四节 奶牛发情鉴定技术 ……………………………………………………… 95
  第五节 人工授精技术 …………………………………………………………… 99
  第六节 体内胚胎生产与移植技术 ……………………………………………… 103
  第七节 妊娠诊断技术 …………………………………………………………… 106
  第八节 分娩助产技术 …………………………………………………………… 109
  第九节 DHI 技术 ……………………………………………………………… 111

第五章 饲料与日粮调配技术 ………………………………………………………… 114
  第一节 优质牧草生产技术 ……………………………………………………… 114
  第二节 奶牛高效配方调配技术 ………………………………………………… 131
  第三节 奶牛生产配方推荐 ……………………………………………………… 147
  第四节 精料补充料生产技术 …………………………………………………… 153
  第五节 全混合日粮生产技术 …………………………………………………… 163
  第六节 颗粒饲料生产技术 ……………………………………………………… 175

第六章 奶牛饲养管理技术……178
第一节 奶牛行为与信号分析……178
第二节 奶牛精准分群技术……185
第三节 犊牛培育技术……187
第四节 后备牛管理技术……192
第五节 围产期奶牛管理技术……194
第六节 泌乳期奶牛管理技术……199
第七节 干奶牛管理技术……206
第八节 热应激缓解技术……208
第九节 冷应激缓解技术……211

第七章 挤奶及奶厅管理技术……214
第一节 挤奶标准化流程……214
第二节 挤奶前清洁消毒技术……220
第三节 奶牛乳房炎快速鉴定技术……223
第四节 生乳低温储藏技术……227
第五节 牛奶储运及生乳分级技术……231
第六节 挤奶设施的清洗维护技术……233

第八章 奶牛疫病防控技术……236
第一节 奶牛场防疫与消毒……236
第二节 蚊蝇、老鼠防控……241
第三节 一般检查方法……244
第四节 常规化治疗技术……250
第五节 犊牛腹泻和肺炎防治技术……253
第六节 奶牛繁殖疾病防治技术……255
第七节 奶牛乳房炎防治技术……257
第八节 奶牛肢蹄病防治技术……258
第九节 常见营养代谢病防治技术……261
第十节 常见传染病防治技术……264
第十一节 其他疫病防治技术……265
第十二节 病死畜处理技术……268

第九章 环境优化控制技术……271
第一节 环境卫生友好型管控技术……271
第二节 奶牛舒适度管理技术……275
第三节 圈舍除臭技术……278
第四节 圈舍粪尿污水清洁技术……280
第五节 牛粪资源化利用技术……284

第十章 乳品加工技术……289
第一节 乳品厂经营管理……289

  第二节 乳品厂生产管理………………………………………………………… 293
  第三节 乳品加工车间设计与设备选择………………………………………… 295
  第四节 原料奶品质监控技术…………………………………………………… 306
  第五节 乳制品分类……………………………………………………………… 307
  第六节 巴氏杀菌奶生产技术…………………………………………………… 309
  第七节 超高温瞬间灭菌奶生产技术…………………………………………… 311
  第八节 酸奶生产技术…………………………………………………………… 315
  第九节 调制乳生产技术………………………………………………………… 317
  第十节 乳酸饮料生产技术……………………………………………………… 320
  第十一节 乳粉生产技术………………………………………………………… 321
  第十二节 炼乳生产技术………………………………………………………… 325
  第十三节 乳脂肪（奶昔等）生产技术………………………………………… 328
  第十四节 奶酪生产技术………………………………………………………… 330
  第十五节 乳清粉生产技术……………………………………………………… 333
  第十六节 奶片生产技术………………………………………………………… 336
  第十七节 其他乳制品生产技术………………………………………………… 337
第十一章 品牌增值与营销技术……………………………………………………… 342
  第一节 科学饮奶理念的推广…………………………………………………… 342
  第二节 品牌增值技术…………………………………………………………… 345
  第三节 产品营销………………………………………………………………… 348
参考文献………………………………………………………………………………… 355

第一章 奶牛养殖适宜模式与规模化牧场建设

奶牛养殖适宜模式与规模化牧场的建设是提高养殖经济效益、实现可持续发展的主要因素。奶牛养殖模式应与当地地理环境、经济条件和技术水平相结合，以实现最佳的经济效益和可持续发展。随着经济和市场的发展，规模化牧场建设是奶牛养殖行业趋向规模化、集约化发展的必然需求。本章通过对奶牛养殖模式和规模化牧场建设进行详细介绍，为奶牛养殖业的发展提供必要的理论基础。

第一节 奶牛养殖适宜模式

适宜的养殖模式是奶业高效发展的必备条件，也是奶牛场长远发展的基础。奶牛养殖模式的选择要参考多方因素，包括品种、当地的气候条件、饲料和水资源的供应，以及养殖环境的适宜性等。本节通过对国内外奶牛养殖模式进行总结概述，为奶牛养殖业发展提供理论参照。

一、国外奶牛养殖模式

国外奶牛养殖模式多种多样，但均基于其各自国家的地理环境、资源条件、市场需求和政策支持，形成了各自特色的养殖模式。

（一）荷兰模式

荷兰的奶牛养殖以家庭牧场为主，具有悠久的奶牛养殖历史。荷兰政府提倡扩大牧场规模、增加效益，导致家庭牧场数量减少，规模扩大，集约化程度提高。荷兰的奶牛养殖广泛采用的合作社模式是部分奶农联合起来组成一个中小型规模的牧场，奶牛数量一般在50~100头。荷兰奶农不仅是奶牛养殖者，也是奶企的股东，这种模式使得奶农能够获得较高的原奶销售收入和股东分红，调动了奶农的养殖积极性。

（二）新西兰模式

新西兰的奶牛养殖以散养放牧模式为主，得益于其得天独厚的天然牧场条件。新西兰奶牛养殖注重动物福利和环境保护，广泛使用自动化挤奶设备、牧场管理系统等高科技设备和管理技术，进行严格的监管和质量控制。鼓励奶农户外放牧，每年对牧场进行2次检查，还经常对牧场进行暗访，确保奶牛能生活在较适宜的环境中。牧场主不仅向企业提供牛奶，也提供资本，拥有企业的股份，形成股份合作制的乳制品加工企业。新西兰的奶牛养殖模式以其高效、可持续和环境友好而著称，使其成为世界上最大的乳制品出口国之一。为全球奶业提供实现环境友好型奶业可持续发展的经验。

（三）以色列模式

以色列由于沙漠化土地占比高，自然资源有限，采取了集约化的奶牛养殖方式，即高投入高产出。以色列的奶牛单产水平排在世界前列，这背后是高成本投入，包括培育以色列荷斯坦奶牛、实施智能化和数据化管理、采用精准日粮配方、增加奶牛舒适度、提高夏季奶产量等。以色列奶业发展以保障自给率和奶农利益为目标导向，通过生产配额制度、限制进口制度和价格管制等政策工具，构建了"政府+社会性组织"的双层决策与政策执行机制。这种组织制度促进了国内乳制品供需平衡、提高了乳制品品质、保障了产业链各主体利益，并推进了先进技术服务。这些因素共同作用，使以色列的奶牛养殖模式在资源受限的条件下仍然能够实现高效率和高单产。

（四）美国模式

美国的奶牛养殖模式以大型牧场为主，2021年美国成乳牛存栏300头以上的规模养殖场有3万个左右。美国的奶牛养殖模式以集约化、规模化养殖为主，依靠遗传改良、饲料营养、疾病管理、挤奶技术和环境控制等领域科技化，实现了奶牛养殖高效率和高单产。同时美国奶牛养殖注重环境保护和资源的可持续利用，同时通过政策支持和市场调节以保持乳制品加工的竞争力和行业的稳定发展。

（五）欧盟模式

欧盟的奶牛养殖模式具有多样化的特点，从阿尔卑斯山区的自由放养到大规模专业化的奶牛场，从小型家庭农场到大型商业化牧场都有，各种养殖方式并存，使不同奶牛养殖场的规模和产量差异显著。2022年，欧盟的奶农生产了1.6亿t牛奶，其中94%被送到乳品厂加工成奶酪、黄油等产品。欧盟的奶牛养殖必须遵守大量的规定，涵盖卫生、动物健康和福利、官方控制等方面。此外，还有一系列措施旨在支持农民和解决市场失衡问题，包括共同市场组织、公共干预和私人储存措施、直接支付和农村发展措施，作为共同农业政策（CAP）的一部分。农民合作社在欧盟奶业中占有重要地位，超过六成的欧洲牛奶交付由合作社处理，这些合作社通过集体议价、统一销售和采购饲料等方式，有助于提高农场牛奶价格并减少价格波动，从而保护奶农的利益。欧盟的奶牛养殖不仅关注生产效率和经济效益，还重视社会和生态效益，力求在经济、环境和社会三个维度上实现平衡和可持续发展。欧盟奶牛养殖模式的特点使其成为世界上最大的乳制品出口国，对非欧盟国家的乳制品出口和进口有特定的政策和配额制度，以保护内部市场稳态并促进国际贸易。

二、国内奶牛养殖模式

（一）散养模式

奶牛散养模式是指在没有固定床位和拴系的情况下，让奶牛自由采食、饮水和运动的一种饲养方式。根据养牛收入是否作为主要的收入来源，将散养农户分为两类，一类是以饲养奶牛收入为非主要收入的散养户，其养殖规模较小，10头左右，养殖户大多以家庭为生产单位，奶牛养殖管理粗放，优质粗饲料使用率低。另一类是以奶牛养殖收入为主要收入的养殖户，即专业养殖户，其养殖的规模相对较大，一般专业户饲养规模在20~50头。专业养殖户的饲料生产、饲养管理和人工挤奶等工序完全是自行解决。

散养式的优点是增加了奶牛的活动空间，使其能够自由采食、饮水和运动，从而提高了奶牛的舒适度和健康水平。缺点是存在饲养规模化程度低，管理水平不高，生鲜乳产量低和质量不稳定等问题。

（二）养殖小区模式

养殖小区是20世纪末中国特有的奶牛养殖模式，其主要特点是农户将各自的奶牛迁移到系统规划、合理布局的特定区域从事奶牛养殖，这个特定区域称为小区，由养殖大户、政府或有一定实力的个人管理经营。农户的奶牛在小区各自区域由农户自主饲养，小区统一修建挤奶厅，统一机械化挤奶，牛奶统一交售给乳制品企业。小区还统一给奶牛养殖户提供采购粗饲料、技术及后勤服务，农户按其牛奶的产量向养殖小区缴纳一定的管理费用。养殖小区模式的优点是在一定程度上解决了散养模式中存在的一些突出问题，如机械化挤奶、质量安全监管、购买设备资金短缺等问题。另外小区模式可以将奶农组织起来，组建合作社等专业组织，在牛奶销售、饲料采购及社会化服务方面更具优势。

（三）规模养殖模式

规模养殖模式是指通过集中资源和管理手段，实现大规模、高效率的养殖模式。该模式在现代畜牧业中得到了广泛应用，并且具有显著的优势。随着社会的发展和技术的进步，我国奶牛养殖业正逐步向规模化、标准化方向发展。

中国规模养殖主要有两种形式，一种是乳品加工企业为稳定奶源供给，向上游延伸形成的直属养殖场，这种养殖场或是原有的国营以及集体牧场演变重组形成的大型养殖集团。另一种是个人经营的养殖场，大多是奶牛养殖专业户随规模的扩大逐渐发展形成或由有一定资金实力的个人因看好该行业而投资兴办。

规模养殖的优势是成本低于分散养殖，从而在市场上更具竞争力。同时国家政策倾向于扶持规模养殖场，提供资金补助、项目补助和环保设施补助等，以保障市场产品的供给和物价稳定。规模化养殖场按照"种养平衡、绿色发展"的理念，就近建立粪污处理设施，并配备相应的消纳土地，实现资源化利用和污染治理，不仅提高了生产效率和经济效益，还促进了农业生产的现代化和可持续发展。未来，随着技术的进一步提升和政策的支持，规模养殖将继续成为我国畜牧业发展的主流方向。

第二节　规模化牧场建设

规模化牧场建设是现代畜牧业发展的重要方向，其核心在于提高生产效率、降低生产成本，并实现可持续发展。在建设过程中涉及生态、经济、技术和管理等多个方面。本节重点对规模化奶牛场建设过程中涉及的选址与布局、配套设施、牛舍环境调控设备布局等方面进行介绍，为规模化牧场建设提供参考。

一、奶牛场选址与布局

（一）牛场选址

1. 整体原则

必须符合《中华人民共和国畜牧法》，满足当地土地利用发展规划与农牧业发展规划要求。选址地势高燥，总体平坦且背风向阳，水、电和路三通并利于卫生防疫和后期发展。奶牛场应距居民点1 000 m以上，且处于下风处，交通便利且离公路主干线不小于500 m，远离其他养殖场，周围1 500 m以内无易产生污染的企业。

2. 场地要求

以沙性土壤最适宜，场区设置2%~5%的排水坡度用于排水、防涝。山区建场宜选在向阳缓坡地带，坡度小于15%，切忌在山顶、坡底、谷地或风口等地段建厂。

3. 运输要求

奶牛每天饲料需求量和粪便产生量较大，一家400头成母牛场，1 d约需25 t饲料并产生30 t粪污，同时要确保所产的鲜乳能及时供应市场，这就要求运输便捷、道路畅通，尤其是场区通行道路，必须满足最小道路宽度不小于3.5 m和转弯半径不小于8 m的要求。同时分净道和污道，保证互不交叉影响。

4. 水电要求

水电是奶牛场运行的基本条件，每头成母牛每天需要100~300 L清洁饮用水，饮用水系统须满足每天饮水总量的需要，同时还要满足场区消防用水量。因此场址附近必须有充足的水源并能保证良好的水质。奶牛场内电源要确保稳定，满足加热、照明、泵、车辆等用电要求，另外，场内需要配备备用发电机组以保证在断电时使用。

5. 自然气候条件

选址时，当地自然气候条件必须考虑，要收集拟建地区多年气象资料，如常年气温变化、降水量、降雪量、主风向、风力、日照等情况。因防风带有低风挡雪作用，因此在奶牛场选址时，可以充分考虑利用现有树木、建筑、小山坡、干草堆等的防风作用，但同时注意不能阻碍通风、排水和道路通行。

6. 土地面积要求

建场时，遵循珍惜、合理利用土地的原则，不得占用基本农田，尽量利用荒地和劣地建场。奶牛场土地征用面积可按成母牛存栏量确定。100~400头成母牛的规模场占地面积可按16~18 m^2/头计算。规模较小的奶牛场，每头牛的占地面积应相应增加。规模较大的奶牛场，每头牛的占地面积可酌情减少。另外，还应留有一定的土地满足饲料作物种植和粪肥消纳，饲料地估算面积一般为2 亩/头牛（1 亩=667m^2），粪肥消纳面积参照每亩土地消纳鲜粪肥1.5~2 t/年，同时还要考虑未来的扩展空间。

（二）科学布局

奶牛场一般分五个区域，即生活管理区、生产辅助区、生产区、粪污处理区和病牛隔离区。奶牛场的生活管理区应处于上风处，粪污处理、病牛隔离区应建在生产区的外围下风且地势平坦处，与生产区保持300 m以上间距（图1-1）。

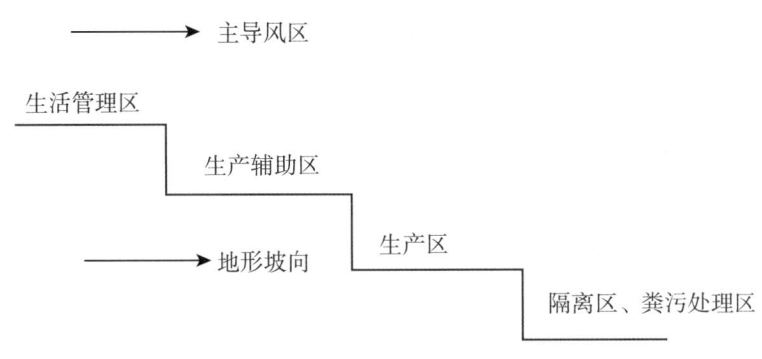

图1-1 按地势、风向的分区规划图

1. 生活管理区

生活管理区包括办公室、接待室、会议室、技术资料室、监控室、化验室、场内人员淋浴消毒更衣室、食堂、值班宿舍、卫生间、围墙、大门及外来人员更衣消毒室和车辆消毒等设施。其中办公室、人员淋浴、消毒、更衣室等宜靠近场部大门,以利于对外联系及防疫。

2. 生产辅助区

生产辅助区主要由饲料库、兽医室、饲料加工车间以及供水、供电、供热、维修、仓库等建筑设施组成。饲料库与饲料加工车间应靠近场部大门,并有直接道路通往外部。兽医室要与人工授精室靠近但不宜合建。奶牛场应有足够的面积用来建干草堆放和饲料储放等场地,包括青贮饲料制备和存储场地。一般饲料库设计面积为全场面积的25%~30%,用于工程防疫设施及给排水设施占全场面积的3%~5%,生活、锅炉等建筑用地占全场面积的6%~8%。另外生产辅助区与生产区道路相同,但要保持适当隔离距离并配置有工程防疫设施。

3. 生产区

生产区是奶牛场的主体部分,主要有牛舍、挤奶厅及附属建筑等。牛舍包括成母牛舍、产房(分娩牛舍)、育成牛舍、青年牛舍、犊牛舍、隔离牛舍等。生产区的建设应根据各组分相互关系,结合现场条件合理布置。其中,成母牛舍应为奶牛场的主要建筑群,数量最多。犊牛容易感染疫病,犊牛舍要设在生产区的上风处。隔离牛舍是病原微生物集中的地方,必须建在生产区的下风向,并离其他牛舍有一定的距离。

4. 粪污处理区与隔离区

粪污处理区与隔离区主要有兽医室、隔离畜禽舍、畜禽尸体解剖室,畜禽病尸高压灭菌或焚烧处理设备、粪便和污水储存及处理设施。该区通常是排污集中的场所,须设在生产区的下风向,并与生产区保持300 m以上距离。

(三) 奶牛圈舍科学布局

根据奶牛的生产阶段,奶牛圈舍设有成母牛舍、犊牛舍(岛)、育成牛舍、青年牛舍、特殊牛舍(产房)和病牛舍。

1. 成母牛舍及布置

成母牛舍是奶牛场最重要的组成部分之一,直接关系到奶牛的健康和生产水平,在奶牛场中所占比例最大。成母牛舍布置根据奶牛场规模和地形条件确定，布置时应避免饲料、牛乳运输道路与粪道交叉。各成母牛舍间距一般大于30 m，成母牛舍与犊牛舍距离要求大于60 m。运动场最好设置在牛舍南侧，场地要宽敞（20 m²/头），场内设置凉棚、饮水池，水池周围地面须硬化，其余可为土质场地，但须排水良好，定期更换表土。运动场四周可种树冠大的乔木，夏日遮阳，但冬季不能遮挡光线。牛舍布置形式主要有单列式、双列式和多列式等（图1-2）。

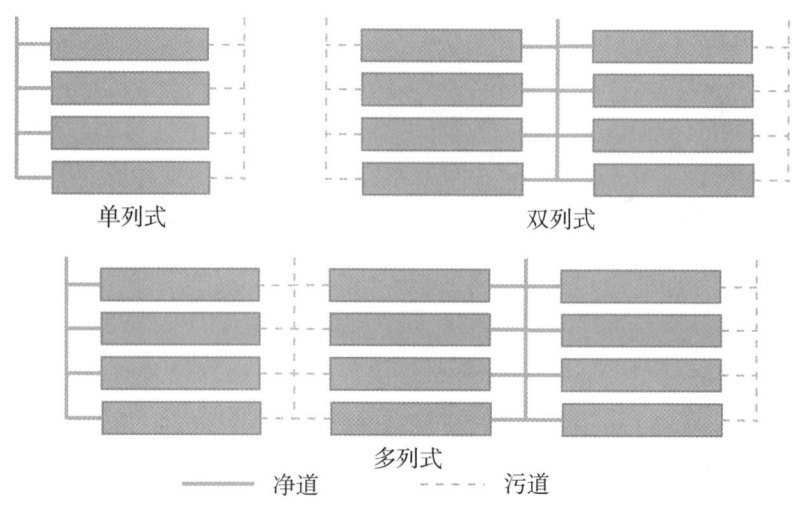

图1-2　牛舍建筑布置形式

（1）单列式牛舍：单列式牛舍的净道（饲料道）与污道（粪便道）分别设置在牛舍的两侧，分工明确，不会产生交叉，但会使道路和工程管线线路过长。这种布局适于小规模场和小于25头奶牛的小型牛舍。单列式牛舍每头牛占建筑面积较大，一般比双列式多6%~10%。但这种牛舍的跨度较小、造价低、通风散热快，适用于做成开放式建筑。

（2）双列式牛舍：双列式牛舍是最常用的布置方式，其优点是既能保证场区净污分流，又能缩短道路和工程管线的长度。双列式牛舍内设置有左右两排牛床，按奶牛在牛舍的排向又分为对尾和对头式两种。

对尾式牛舍中间为清粪通道，两边各是一条饲料通道。其优点是挤乳、清粪都可集中在牛舍中间，合用一条通道操作方便，还便于饲养员及时发现奶牛生殖器官疾病。两列奶牛的头部对墙，减少牛呼吸道疾病的传染。

对头式牛舍中间为饲料通道，两边各有一条清粪通道。其优点是便于奶牛出入，饲料运送线路缩短，便于实现饲喂的机械化和观察奶牛进食情况。其缺点是奶牛的尾部对墙，粪便容易污及墙面。

（3）多列式牛舍：多列式牛舍适用于大型牛场，也有对头式与对尾式之分。该排列形式由于建筑跨度较大，墙面面积相应减少，比较经济，并在寒冷地区有利于保温，且方便集中使用机械设备。此种布置方式重点需要解决场区道路的净污分流，避免因线路交叉而引起互相污染，同时由于跨度较宽，自然通风效果相应较差。

2. 产房（分娩牛舍）

产房是奶牛产犊专用牛舍，包含产房和保育间。产房设计要求较高，需冬季保温效果好，夏季易通风，舍内方便进行清洗和消毒，产房要有 1.3~1.5 m 高的墙裙，且有较好的照明条件。产房床位数应占牧场成母牛床位数的 10%~13%。产房和保育间既要分隔，又要有联系；既便于犊牛出生后马上隔离，又便于饲喂初乳。大的产房还要设置单独难产室，供个别精神紧张和难产牛只使用。保育间要求阳光充足，相对湿度 70%~80%。

产房内要有产床和产栏，产床可排成单列或双列对尾式，长 2.2~2.4 m，宽 1.4~1.5 m，方便接产操作，通常要在产床上铺设稻草等垫料并勤换垫草。产栏用于待产母牛的饲喂，设计面积为每头牛 8 m²，饲喂量最好不超过 30 头牛。对于分娩奶牛，可以在产栏中设置 10 m² 的单栏（最小尺寸要求：长 3 m、宽 3 m、高 1.3 m）。产栏地面要防滑，并设置独立的排尿系统，如果条件允许，可以在垫草下面铺设 30 cm 厚的细沙以防滑和增加产栏的舒适度。

3. 犊牛舍（岛）

犊牛舍（岛）是为方便犊牛专门设置的牛舍，2 月龄前饲喂在单独圈舍中，确保犊牛之间能相互看见和听见。栏与栏之间的隔墙应该为敞开式或半敞开式，竖杆间距 8~10 cm，为清洗方便，栏底部 20 cm 可做成实体隔栏。栏底可离地 15~30 cm，最好制成活动式犊牛栏，方便舍内清扫并能推到舍外进行日光浴。犊牛进入前，要对犊牛栏彻底消毒，并铺设足够的垫草，每天清除污草。犊牛栏内要有饲喂和饮水设备，犊牛栏及牛栏饲喂和饮水设备空间尺寸如表 1-1 所示。

表 1-1 犊牛栏及牛栏饲喂和饮水设备空间尺寸要求

项目	体重（kg）	
	60 以上	60 以下
建议面积（m²）	2.00	1.70
犊牛栏最小面积（m²）	1.40	1.20
犊牛栏最小长度（m）	1.40	1.20
犊牛栏最小宽度（m）	1.00	1.00
犊牛栏最小侧面高度（m）	1.10	1.00
饲喂孔宽（m）	0.20	0.19
饲喂孔高（m）	0.30	0.28
饲喂器皿最小容积（L）	6.00	6.00
饲喂器皿上沿口离地高度（m）	0.50	0.45
奶瓶乳头离地高度（m）	0.80	0.70
草架底部离地高度（m）	0.90	0.80

另外，很多奶牛场将 2 月龄以内的犊牛放在犊牛岛内饲养（图 1-3）。犊牛岛可以

是活动的,也可以是固定的,本身应具备良好的保温和隔热性能,内部铺设厚垫草,外面设置运动场,运动场上配备乳头式乳桶(喂乳和喝水)和饲喂容器。犊牛岛表面色泽应鲜艳,以阻挡夏季阳光辐射,最好能开设可调节大小的通风口,降低岛内温度。犊牛岛可放置在硬化地面上(如混凝土地面和铺设沥青地面),方便污水和尿液导出,也可放置在排水条件良好的土地或草地上,但需要每2个月挪动一次位置。如果自然条件比较恶劣,可将犊牛岛放置在简易棚舍内。

图1-3 犊牛岛

2月龄之后犊牛最好采用群栏饲养。犊牛群栏布置也有单排栏和双排栏等,最好采用3条通道,把饲料通道和清粪通道分开。中间饲料通道宽以90~120 cm为宜。清粪道兼供犊牛出入运动场,以140~150 cm为宜。群栏大小按每群饲养量决定,每群2~4头时,群栏按照3.0 m²/头设计,每群4~6头时,按照1.8~2.5 m²/头设计,6头以上的饲养栏面积可适当减小。群养时,舍内和舍外均要有适当的活动场地。

4. 育成牛舍和青年牛舍

6~12月龄的育成牛,可在通栏中饲养,育成牛的饲养管理比犊牛粗放,主要饲养目的是使其体重符合发育规律,达到适时配种标准。青年牛根据牛场情况,可单栏或群栏饲养,妊娠5~6个月前修蹄,可在产前2~3 d转入产房。这类牛由于体型尚未完全发育成熟并且在牛床上没有挤乳操作过程,故牛床可小于成母牛床,因此育成牛舍和青年牛舍比成母牛舍稍小,通常采用单列或双列对头式饲养。舍内设施除没有挤乳设备以外,其余都与成母牛舍基本相同。

5. 病牛舍

病牛舍与成母牛舍相同,是对已经发现有病的奶牛进行观察、诊断、治疗的牛舍,牛舍的出入口处均应设消毒池,舍内主设有保定架等设施。

二、奶牛场配套设施

(一)电力道路

牛场电力负荷为2级,有条件可自备发电机组。牛场与场外运输连接的主干道宽应为6 m,场内通往畜舍、饲料库等地的运输支干道宽应为3 m。人员的运输路面宽度应为6.0~7.0 m，其最小宽度能确保两辆中型运输车辆错开行驶。场内道路按功能分为人员出入、运输饲料的清洁道（净道）和运输粪污、病死牛的污物道（污道）。清洁道是场区的主干道，路面最小宽度要保证饲料运输车辆的通行，单车道宽度3.5 m，双车道6.0 m，宜用水泥混凝土路面，也可选用整齐石块或条石路面，路面横坡1.0%~1.5%，纵坡0.3%~8.0%。污道宽度3.0~3.5 m，路面宜用水泥混凝土路面，也可用碎石、砾石和石灰渣土路面，路面横坡坡度2.0%~4.0%，纵坡坡度0.3%~8.0%。

（二）防护措施

奶牛场场区分界要明确。规模较大的场区四周应建较高的围墙或坚固的防疫沟，为了更有效地切断外界的污染因素，必要时可往沟内放水。特别说明，用刺网隔离场区并不能达到安全隔离目的，最好采用密封墙。在场内各区域间，也可设较小的防疫沟或围墙，或可结合绿化培植隔离林带。不同年龄的牛群应分群管理，使它们之间留有足够的卫生防疫距离（100~200 m）。在对外的大门及各区域入口处，应配备相应的消毒设施，如车辆消毒池、人的脚踏消毒槽或喷雾消毒室、更衣间等。车辆消毒池长度应为通过车辆长度的1.3~1.5倍。装设紫外线杀菌灯时应强调安全时间（3~5 min），安装有定时通过指示器（定时打响铃声）的设备。

（三）给排水系统

给水系统由取水、净水、输配水3部分组成。由于奶牛场位置远离城镇，需要有独立的水源，一般是自己打井和建设水泵房、水处理车间输配水管道等。

牛场用水量包括生活用水、生产用水及消防和灌溉等用水。生活用水指职工每天所消耗的水量，用水量因生活水平、卫生设备、季节等不同而不同，一般可按每人每天40~60 L计算。生产用水包括奶牛饮用、饲料调制与牛舍清洁等用水量。不同类别奶牛的每日需水量参见表1-2。采用水冲清粪系统时耗水量更大，一般按生产用水120%计算。其他用水包括消防、灌溉及不可预见等用水。消防用水是一种突发用水，可利用场内外的江河湖塘等水，也可停止其他用水保证消防。绿地灌溉用水可以利用经过处理后的污水。不可预见用水包括给水系统损失和新建项目用水等，可参照总用水量的10%~15%。

表1-2 不同类别奶牛每日需水量　　　　　　　　　　单位：L/（头·d）

类别	需水量	类别	需水量
泌乳牛	80~100	犊牛	20~30
后备牛	40~60	公牛	40~60

水质标准可以按GB 5749《生活饮用水卫生标准》执行。炎热夏季，奶牛应饮用清凉的水，寒冷的冬季，犊牛饮用水的水温应保持在15~25℃，其他牛饮用水的水温应保持在10~12℃以上。

排水系统应由排水管网、污水处理站、出水口等组成。排水量要考虑牛场规模、当地降水强度、生活污水等因素。排水方式分为分流与合流两种，即雨水、生产与生活污水分别采用两个独立系统，生产与生活污水采用暗埋管渠集中排到场区的粪污处理站，雨水专设排水管渠，不需要排入专门粪污处理系统中。

（四）采暖系统

奶牛场采暖主要用于犊牛、挤乳厅和工作人员办公与生活需要。采暖系统分为集中供暖和分散供暖。集中供暖系统由锅炉房、热水输送管道、散热设备及回水管路组成，全场形成一个完整的供热系统。分散供暖是指每个需要采暖的建筑或设施自行设置供暖设备取暖。集中供暖能保证全场供暖均衡、安全和方便管理，但投资大。

另外，在牛场中，除严寒地区外，青年牛舍和成母牛舍尽量避免采暖，应利用牛自体产热。

（五）饲喂设施设备

奶牛饲喂设备在现代奶牛养殖中扮演着至关重要的角色，其主要目的是提高饲料利用率、提升奶牛的生产性能和健康水平。其种类和功能多样，涵盖了从饲料储存、混合到自动投喂等多个环节。如饲料粉碎机、滚筒式饲料搅拌机、牵引式TMR搅拌车、固定式TMR搅拌车、自动推料机、自动饲料饲喂机、固定式犊牛自动饲喂器等。

（六）粪污处理与利用设施

奶牛场粪污主要为排泄物、生产废弃物和职工生活污水。粪污处理通常包括清理（如使用拖拉机或刮板清粪）、输送（回冲系统）、收集（集污池）、干湿分离（筛分器、绞龙及螺旋挤压机）以及最终的液体上清液和固体粪污的储存和利用等环节。奶牛场粪污的资源化利用常见的模式包括沼气生态模式、种养平衡模式、土地利用模式和达标排放模式等。

在设计和建设奶牛场粪污处理设施时，应考虑排污量（表1-3）、选址和布局，以确保处理效率和环境影响最小化。同时随着技术的进步和政策的变化，奶牛场粪污处理和利用设施也需要不断更新和完善。例如，通过智能化粪污处理技术，可以更高效地管理从牛舍到田间的粪污分配或有效利用。

表1-3 奶牛每日排粪量和排尿量　　　　　　　　　单位：kg/（头·d）

牛群种类	排粪量	排尿量
0~6月龄犊牛	3.5	5
育成牛	15	7.5
青年牛	28	14
干奶牛	30	18
泌乳牛	32	23

资料来源：王建华等（2022）。

三、挤奶厅及配套设施

随着奶牛养殖规模化、集约化程度的提升，对挤奶厅建设和挤奶设备要求也越来高。科学合理的挤奶厅设计和挤奶设备的配备不仅可以避免资金浪费,还能减少奶牛疾病发生。

(一) 挤奶厅的要求

挤奶厅包括挤奶大厅、待挤区、设备室、储奶间、休息室和办公室等场地。应建在养殖场上风处或中部侧面,距离牛舍 50~100 m,有专用的运输通道,不可与污道交叉。挤奶厅通风系统尽可能考虑能同时使用定时控制和手动控制的风机,墙体采用带防水的玻璃丝绵作为中间绝缘材料或采用砖石墙。地面要做到经久耐用、防滑、防积水和易于清洁,可设一个或多个排水口,排水口比地面或排水沟表面低 1.25 m。同时厅内光照强度应满足工作人员的相关操作。

(二) 挤奶设备

挤奶设备是挤奶厅重要的设施,按照养殖规模不同可进行选择。其中 50 头以下奶牛场可配套手推式挤奶设备 (图 1-4),100 头以上奶牛场配套并列式挤奶设备 (图 1-5),3 000 头以上奶牛场配套转盘式挤奶设备 (图 1-6)。

图 1-4　手推式挤奶车

图 1-5　并列式挤奶设备

图 1-6　转盘式挤奶设备 (余婷供图)

(三) 其他配套设施

1. 奶牛通道

从待挤区进入挤奶厅和从挤奶厅退出的通道。退出通道宽度应为 82~90 cm,这样可以避免奶牛在通道中转身。为方便奶牛快速移动，该通道设计应为直线形，如果进口处有转弯会降低奶牛的移动速度，同时会干扰挤奶员的操作。如果不得不设转弯，应在出口处设置，同时还要避免在挤奶厅进口处设台阶和坡道。从挤奶厅到牛舍要设置通道，通道应该足够宽，能够容纳拖拉机刮粪板通过。

2. 快速退出的挤奶牛栏

在挤奶厅设计中，能够使奶牛迅速、方便地离开牛栏的系统。快速退出的挤奶牛栏可以通过单个牛门或者奶牛头部前方抬起的栏杆等方式实现奶牛退出。快速退出的挤奶牛栏通过合理设计和先进技术，确保了奶牛在挤奶后的快速、安全退出，从而提高了整体的挤奶效率和牧场管理的便利性。

3. 待挤区

奶牛进入挤奶厅前等候的区域，是挤奶大厅的一部分。小规模的奶牛场，挤奶厅与牛舍直接相连，未单独建待挤区。建设待挤区要考虑挤奶位的多少，待挤区为每头牛提供 $1.6 m^2$ 的面积，但对于变换不同批奶牛挤奶厅仍继续工作的挤奶区，待挤区的面积应再增加 25%。待挤区地面的角度应设计成从挤奶厅到待挤区成一逐步降低的坡度，坡度以 2°~4°为宜。奶牛在待挤区中每次停留时间不要超过 1 h。

4. 储奶间

奶牛场中用于冷却和储藏牛奶的专门地方，通常包括奶罐、集奶罐、过滤设备、管道冷却设备以及清洗设备。储奶间的大小与奶罐的大小以及奶罐是否伸出门外有关，一般按照一个大罐两个小罐的标准设计，奶罐后面要留有最低 60 cm 的距离，前面与出奶阀和工作端应有 90 cm 的距离。许多大奶罐设计成一部分伸出储奶间墙外，这样可以减少储奶间的尺寸，降低造价，但支撑奶罐的墙壁要牢固，能够承受奶罐的重压。靠重量自流的过滤系统和大的奶罐要求屋顶高 3 m 以上。储奶间的门应保持经常性关闭状态，防止昆虫进入，并采取相应的防虫措施。

5. 设备间

用于安放奶罐及其他设备的地方。设备主要有真空泵、奶罐冷却设备、热水器、电风扇、暖风炉、电动门等。设备间设计要大小适中，室内光照、排水和通风要好，配电柜应安装在内墙上以减少水汽凝集对电线的腐蚀，同时室内要有足够的空间方便操作。设备间的门最好采用卷帘门，以方便进出。

6. 储藏室

用来存放清洗剂、药品、散装材料和挤奶机备用零件等物品的地方。储藏室应与设备间分开，并且墙壁采用绝缘材料，以减少橡胶制品的腐蚀和老化。储藏室内设计温度要低，最好能安装臭氧发生器。此外，还要有良好光照、排水环境及存放药品的冰箱。储藏室的温度应保持在 4~27℃，应采用单独的加热器或采用中央控制加热系统管道来维持安全的储藏温度。

四、牛舍环境调控设备布局

牛舍环境调控设备主要针对奶牛夏季防暑降温、冬季防寒保温及舍内通风采光等方面。合理的牛舍环境调控设备是有效利用饲料、最大限度提高奶牛生产性能的重要措施之一。

(一) 夏季降温设备

1. 喷淋降温系统

在牛舍粪沟或牛床上方，设喷头或钻孔水管，定时或不定时为牛淋浴。喷淋降温系统一般不需要较高的压力，可直接将喷头安装在自来水系统上即可使用。为获得更好的降温效果，可选择特制高压喷头，雾滴直径应达到 100 μm 以上。这种系统在密闭式或开放式牛舍中均可使用。通常，淋在牛表皮上的水需要经过一定的时间才能全部蒸发，因此系统运行宜采用间歇喷淋，具体喷淋和间隔时间应根据温度和湿度状况加以确定。使用喷淋降温系统时，应注意避免溅到牛卧床和饲槽内，运行时应尽量避免地面积水或汇流，实际生产中配合风机通风，可获得更好的降温效果（图 1-7）。

图 1-7 牛舍喷淋降温系统

2. 湿帘风机降温系统

湿帘风机降温系统由湿帘、风机循环水路和控制装置组成。湿帘可以用麻布、刨花或专用蜂窝状纸等易吸水、透风的材料制作（图 1-8）。该系统具有成本低廉、降温均衡和运行可靠等优点，是生产中最常用的降温技术，适合于密闭式或开放式牛舍使用。

图 1-8 湿帘风机降温设备

(二) 充气膜保温墙

充气膜保温墙是以空气为介质的保温、隔热产品，主要由充气膜、固定支撑件、风机、控制箱等组成（图 1-9）。通过充气使充气膜膨胀形成一面墙，使牛舍具有良好的保温效果。同时，可通过控制充气量调节充气膜升降高度，对舍内通风口面积和风量进行调节。由于充气膜主要采用聚乙烯透光材料，可使牛舍获得良好的透光效果。

图1-9 充气膜保温墙

（三）电动卷帘系统

电动卷帘系统由电动卷膜器、爬升支架、爬升杆、卷膜轴、控制箱、卷膜布及附属部件组成，一般分为上卷开启式和下卷开启式两种（图1-10、图1-11）。上卷开启式卷帘系统是通过控制箱来控制电动卷膜器在爬升杆上的上升或下降，同时卷膜器通过轴头带动下卷膜轴放开或缠绕幕布做往复运动，从而实现电动卷帘的开启或闭合。下卷开启式卷帘系统则将幕布从上往下卷，通过钢丝绳和导向轮实现向上拉升封闭，通过电动卷膜器实现向下打开。电动卷帘系统可通过卷帘升降高度对牛舍温度、通风量进行调节。

图1-10 上卷开启式电动卷窗　　　　图1-11 下卷开启式电动卷窗

（四）光照调控设备

牛舍采光可通过牛舍墙体、门窗、屋顶等敞开部分及设置屋顶采光带获得自然采光，或利用安装照明设备获得人工补光。牛舍内使用的照明设备选择应综合考虑动物福利、耐用性、防尘防潮性等因素。对于跨度不超过24 m的牛舍，只需在舍中央安装一排灯具即可。

第二章 奶牛场经营管理

奶牛场经营管理是持续发展、高效运行的根本,可有效提高经济效益。牛场的管理是一个系统工程,奶牛场的经营者不仅要掌握奶牛养殖的科学技术,还要懂得科学的经营管理,精益化牧场管理模式是牧场降本增效、高效运营的有效举措。本章从牧场的组织结构及岗位职责、牧场定额管理与绩效管理、财务管理与成本控制、牛奶利益联结机制四个方面对规模化奶牛场如何建立高效管理体系进行细致阐述。

第一节 牧场组织结构及岗位职责

明确的组织结构和岗位职责是牧场工作的基础。一个组织应该建立清晰的部门划分和职能分工,每个岗位都应该明确界定其职责和权限,这样可以避免岗位职责模糊不清或重复的情况。

一、组织结构

一个完善的组织架构能够协调各个职能部门之间的关系,实现养殖过程的高效运作。牧场岗位主要负责畜牧业生产活动,精细的岗位设计与分工明确的职责,不仅能推动牧场制度的实施,还直接关系牧场的成功运营和经济效益。根据牧场的不同生产模块,组织结构如图2-1所示。

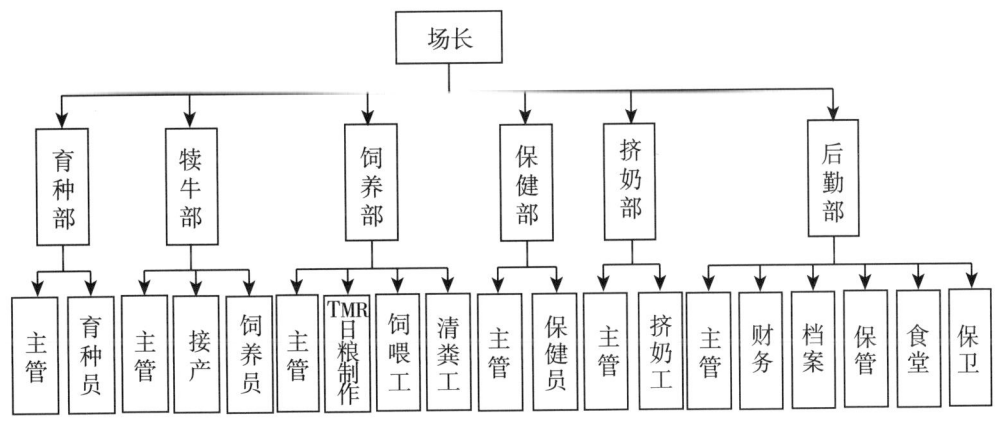

图 2-1 组织结构

二、岗位职责

（一）场长

负责牧场的全面工作，合理安排各岗位员工，在权限范围内科学有效地组织与管理生产；负责牧场整体的安全生产工作，杜绝安全隐患，确保无安全事故发生；负责牧场月度、年度生产计划的执行落实，及时跟领导汇报生产情况；全面把控牧场全年的预算制定和指标监控，及时跟领导汇报财务情况；制定和完善牧场各项规章制度，包括工作标准流程制度、奖惩管理制度等，监督实施到位；定期召开牧场经营分析会，对计划落实情况和生产经营情况及时评估反馈；负责与牧场外部工作的对接和处理，如环保、供电、农业、科研院所等政府各部门的对接。

（二）育种部

制订牧场整体繁育配种计划，包括月度和年度计划，严格按计划执行；引进先进的繁育技术和管理方法，提高奶牛的繁育效率；掌握牛只的体况评定方法，进行发情观察，做好发情鉴定，适时配种，及时分群，按规定时间做妊娠诊断；做好奶牛产后监护工作，负责奶牛繁殖疾病的预防及诊疗；及时记录奶牛发情、配种、妊检、流产、产犊、治疗等技术数据，填写繁殖卡片；负责每月牧场繁育相关数据汇总形成报告，包括成本、存在问题及建议计划。

（三）犊牛部

主要负责围产牛的接产、新生犊牛护理、犊牛的饲养管理工作；记录犊牛的体重，做到及时转群；做好犊牛疾病预防工作，负责犊牛的淘汰工作；负责每月牧场犊牛饲养的数据汇总形成报告，包括成活率、发病率和饲养费用等。

（四）饲养部

负责制定饲养管理的相关制度和要求并监管执行落地；每月负责梳理牧场牛只的产奶量、体况评分、繁殖状态以及存栏，根据牛只的泌乳天数、体况、奶量、繁殖状态及疾病进行分群，并鉴别无饲养价值牛只，按照流程反馈给场长；负责监控TMR配料和投喂制作的精准度、制作效果、营养配方执行情况和奶牛营养表现，及时调整存在的问题；负责饲料管理，包括饲草料的样品测定、饲草料的库房管理，及时提报采购计划；负责饲喂通道、牛槽、卧床、运动场等场地的卫生维护管理工作；负责青贮饲料的土地租赁及种植、青贮收割、储备、质量检测等相关工作的安排；负责饲养信息的管理，根据干物质采食量、剩料量、泌乳天数、产奶量等指标及时调整饲喂生产；负责每月饲养部相关数据的整理汇报，包括各牛群存栏变化、牛群结构、单产、成本、牛奶指标等。

（五）保健部

制定牧场保健总体计划和目标，包括防疫、入场防疫消毒、修蹄管理等计划，并严格按照标准执行落实；按照设定检疫计划开展工作，及时处理突发疾病和后期善后工作，并调整计划；设置牧场日常巡舍工作并根据奶牛场实际情况制定保健计划，针对巡舍揭发病牛并进行治疗；按照牧场制定的治疗方案开展各种疾病的治疗工作，并做好诊疗记录；制定牧场异常牛处理方案，根据生产信息进行处理；做好每日发病揭发、病牛用药治疗、新产牛护理（监护）等信息的记录和日志维护；负责每月保健部相关数据分析，包括各项指标的完成情况和分析改善方案。

（六）挤奶部

制定挤奶厅标准化生产管理制度，包括挤奶工作生产任务及指标；合理安排人员培训，监督人员严格按照挤奶操作规程、设备清洗过程和蹄浴管理等完成工作；负责设备的管理和维护保养，包括挤奶设备、制冷设备和挤奶系统；每月挤奶厅的数据分析，包括奶量、质量、效率等，完成问题排查和解决方案制定。

（七）设备部

牧场所有设备的管理计划制订，包括供水供电、排污、车辆等，确保设备正常运转；定期对设备进行检修和保养工作；牧场设备出现问题，及时进行设备整修工作；负责牧场设备配件的采购、管理存储工作。

（八）后勤部

负责牧场人员绩效管理及考核，完成考核奖惩兑现；负责所有生产部门的数据审核、信息录入和存档，做好档案管理；负责牧场人员宿舍、食堂、考勤等管理和各项采购计划的执行；负责库存管理、费用管理、财务支出、会议管理、人员及车辆进出场管理等相关后勤工作；每月将后勤管理工作进行汇总上报。

第二节 牧场定额管理与绩效管理

定额管理是指利用定额来合理安排使用人力、物力、财力的一种管理方法。绩效管理对员工一定时期内的工作行为及取得的工作业绩进行评估，并运用评估的结果对员工将来的工作行为和工作业绩产生正面引导。定额是绩效管理的依据，绩效管理是定额管理的补充和具体落实，二者互为补充，相辅相成。运用定额管理与绩效管理，在既定目标实现的基础上，员工与牧场都得到了发展，保障了牧场整体目标的实现。

一、牧场的定额管理

牧场的定额管理主要包括人员配备、劳动、饲料消耗和成本定额管理四个方面。

（一）人员配备定额

奶牛场主要人员由管理人员、技术人员、生产人员、后勤及服务人员等组成，每个奶牛场均应根据各自的实际情况，合理制订定额来配备人员，提高劳动生产效率。以1 000头存栏、600头成母牛的拴系式规模奶牛场为例，人员标准设置为62人，其中管理人员5人，占比8.1%；技术人员5人，占比8.1%；直接生产人员40人，占比64.5%；间接生产人员12人，占比19%。

（二）劳动定额

劳动定额是指在一定生产和技术条件下，采用科学合理的方法，对生产单位产品或完成一定工作量应该消耗的劳动量，或在单位时间内生产产品或完成工作量所预先规定的限额标准。奶牛场应根据不同的劳动作业，包括每个人的劳动能力和技术熟练程度、机械化、自动化水平以及其他设备条件等多方面制定相应的标准。例如：繁殖员每人管理250头奶牛；兽医每人管理200~250头奶牛；手工挤奶工每人管理12头奶牛，管道式机械挤奶每人管理40头奶牛左右，挤奶厅机械挤奶每人管理约70头奶牛；饲养员按不同的阶段管理，犊牛每人管理50头，育成牛每人管理120头，成母牛每人管理120头，围产期母牛每人管理约20头。若采用TMR饲喂，存栏1 000头奶牛场可节省10名饲养员。饲料加工人员每人可负责120~150头牛的饲料供应。

（三）饲料消耗定额

制订饲料消耗定额能做到节约饲料和经济成本核算最优化，确定饲料的需要量，合理利用。主要根据奶牛的品种、性别、年龄及生长发育阶段的不同，按照营养需求量设置。首先要根据饲养标准查找营养成分需求量，再参照不同的饲料营养价值确定日粮的配比，再计算出饲料在日粮中的占比，最后根据占有量和牛只的饲养头数计算出饲料定额消耗量。

表2-1　不同阶段奶牛饲料消耗参考定额　　　　　　　单位：kg/（头·年）

阶段	精料	干草	青贮玉米	糟渣类	块根块茎	牛乳
成年奶牛	2 500	1 500	3 000	2 500	1 000	
育成及青年牛	1 000	1 300	2 500			
犊牛	250	500				400~500

资料来源：王之盛等（2012）。

（四）成本定额

成本定额是指奶牛场在一定时期内预期成本的预估和控制标准，包括对饲料、人工、兽药、繁殖、能源等成本的预算和控制。牛群总的饲养费用除以牛群饲养的天数为牛群饲养日成本。牛群和产品的成本项目包含：人员工资和福利、日粮成本、燃料动力、牛群保健医药、固定资产折旧和维修、生物资产折旧及土地、牛舍等租赁费用等。

二、牧场的绩效管理

（一）制定绩效目标

根据牧场上一年度实际情况、本区域内牧场平均水平、本区域内牧场最高水平、国内牧场平均水平、国内牧场最高水平、参考国际发达国家水平等进行参考制定。制定一个通过努力可以实现的目标，确定侧重方向。目标分为两部分：总体目标（成本目标、产量目标、效益目标）和模块目标（饲养目标、繁育目标、兽医目标、犊牛目标、奶厅目标）。绩效考核分为月度考核（指标分解到月）、季度考核（指标分解到季）和年度考核。

制定不同的评估标准和办法，明确员工达标和未达标的标准，达成如何奖励，不合格如何惩罚。此处需注意，做绩效管理的目的不是为了考核，绩效只是一种管理手段，通过合理的正向引导来促使目标达成，因此绩效评估一定要有奖有罚，且奖励大于罚款，避免员工出现抵触情绪。考虑到牧场成本，可根据不同工作的重要程度制定不同的奖罚标准奖罚尺度自行调节。绩效应按月进行评估兑现，每月绩效结果必须进行公示，确保员工了解自身绩效结果（奖罚情况）。对于绩效达成情况较好的员工，每月按时发放绩效奖金，让员工知晓做得好是可以拿到奖励的，且当月便兑现，提升员工工作积极性。

（二）绩效指标库

根据牧场的实际情况制定不同的绩效考核指标，通过正向的引导与激励，促进员工工作的落实，确保员工努力就有收获，起到真正促进牧场整体发展的作用。在合理的范围内设置奖惩依据。以下列举几个推荐基础绩效指标供参考。

1. 饲养部

饲养部的奶牛绩效理想指标可以从以下几个方面考虑（表2-2）。

表2-2 饲养部推荐绩效指标

序号	项目	推荐值
1	成母牛日单产	35 kg
2	14月龄育成牛生长指标	体高>130 cm，体重>380 kg
3	营养代谢病月发病率	酮病<3%，真胃变位<2%，产后瘫痪<2%，胎衣不下<5%，子宫炎<2%
4	泌乳牛剩料率	3%~5%
5	干奶牛剩料率	2%
6	围产、新产牛剩料率	5%~7%
7	粗饲料装料误差	青贮饲料±20 kg，其他±10 kg
8	精饲料装料误差	±10 kg
9	投喂误差	±2%
10	青贮饲料库存损耗	≤15%
11	粗饲料库存损耗	≤5%
12	精饲料库存损耗	≤2%
13	干奶牛干物质采食量	12.8~13.5 kg
14	新产牛干物质采食量	干物质采食量达到18 kg转群

2. 挤奶部

挤奶部效率是根据转盘设备设定的，此处以1 500头泌乳牛，40位转台+药浴机器人挤奶为例（表2-3）。

表2-3 挤奶部推荐绩效指标

序号	项目	推荐值
1	前2 min奶产量占总产量的比例	≥50%
2	单头牛挤奶持续时间	<4.3 min
3	牛奶流量曲线	无双峰值
4	乳头评分	1分+2分>90%
5	并列式挤奶效率	≥4.5 批/h
6	转盘式挤奶效率	≥7 批/h
7	细菌菌落总数	<1×10^4（CFU/mL）
8	体细胞数	<2×10^5（个/mL）
9	挤完奶2 h后牛奶温度	<4℃

3. 保健部

保健部的奶牛绩效理想指标可以从以下几个方面考虑（表2-4）。

表2-4 保健部推荐绩效指标

序号	项目	推荐值
1	成母牛乳房炎发病率	<2%
2	成母牛蹄病发病率	<1%
3	成母牛产后瘫痪发病率	<2%（5%）
4	成母牛胎衣不下发病率	<5%
5	成母牛真胃变位发病率	<2%
6	成母牛酮病发病率	<3%
7	成母牛子宫炎发病率	<2%
8	成母牛其他疾病发病率	<1%
9	成母牛月淘汰率	头胎牛<1% 经产牛<1.7%
10	青年牛月淘汰率	<0.8%
11	成母牛月死亡率	<0.4%
12	青年牛月死亡率	<0.2%
13	产后60 d内死淘率	<8%
14	口蹄疫抗体合格率（1∶128）	>95%

4. 繁育部

繁育部的奶牛绩效理想指标可以从以下几个方面考虑（表2-5）。

表 2-5　繁育部推荐绩效指标

序号	项目	推荐值
1	成母牛孕检率	85%
2	青年牛孕检率	95%
3	成母牛妊娠率（21 d 妊娠率）	42%（28%）
4	青年牛妊娠率（21 d 妊娠率）	52%（40%）
5	产犊间隔	≤400 d
6	青年牛平均产犊月龄	≤24 月龄
7	繁殖障碍淘汰率	<8%
8	产后 50（55）~78 d 参配率	>85%
9	产后 100 d 参配率	100%
10	平均产后首配天数	≤75 d
11	已孕平均配次	青年牛≤1.7、泌乳牛≤2.5

5. 犊牛部

犊牛部的奶牛绩效理想指标可以从以下几个方面考虑（表 2-6）。

表 2-6　犊牛部推荐绩效指标

序号	项目	推荐值
1	经产牛接产成活率	≥97%
2	头胎牛接产成活率	≥92%
3	犊牛成活率 0~6 月龄	≥95%
4	平均日增重	60 d 断奶重是出生重 2 倍，2~6 月龄日增重≥1 000 g/d
5	犊牛腹泻发病率	<20%
6	犊牛肺炎发病率	≤2%
7	犊牛被动免疫（24~72 h 血清总蛋白）	≥5.5 g/dL，≥90%合格
8	初乳、常乳巴杀前	细菌菌落总数<1×10^5 CFU/mL 大肠杆菌数<1×10^4 CFU/mL
9	初乳、常乳巴杀后	细菌菌落总数<1×10^3 CFU/mL 大肠杆菌数<0 CFU/mL

第三节　财务管理与成本管理

随着当前市场的激烈竞争，财务管理的有效开展对牧场的可持续发展意义重大。成本控制作为财务管理的有效措施之一，对牧场综合实力的提升尤为关键。牧场要在市场中生存和发展，就是要用最小的成本获取最大的利益，需要更精细化的财务管理，利用盈亏点管理技术控制好成本开支，合理利用资源，从而保持领先地位。

一、财务管理

财务管理是牧场管理的核心之一，财务管理涉及牧场的日常经营管理、财务决策、支付和分配等方面。牧场经营主要掌握成本定额管理、财务收支管理、库存现金管理、银行存款管理和资金安全管理。

（一）成本定额管理

成本定额管理是核心，计算的基础是牛群饲养日成本。

$$牛群饲养日成本 = 牛群饲养费用 \div (饲养头数 \times 天数) \quad (2-1)$$

$$牛群的饲养费用 = 工资福利费定额 + 饲料费定额 + 燃料费定额 + 动力费定额 +$$
$$医药费定额 + 牛群摊销费定额 + 固定资产折旧费定额 + 固定资产修$$
$$理费定额 + 低值易耗品费用定额 + 企业管理费定额 \quad (2-2)$$

（二）财务收支管理

奶牛场盈利是衡量其经营成功与否的关键指标，主要看盈亏表，即收支情况，是其生存能力的体现。

$$奶牛场收入 = 产奶收入 + 公牛犊收入 + 淘汰牛收入 + 粪便收入 \quad (2-3)$$
$$奶牛场支出 = 饲料支出 + 兽药支出 + 工资支出 + 水电费 + 设备维修费 \quad (2-4)$$
$$净利润 = 收入 - 支出 \quad (2-5)$$

财务支出要求经手人、主管领导、保管员三方签字的领款凭证，必须认真填写领款凭证，并有经手人、主管领导及保管员签字方可报销，购买物品必须有统一发票，经手人、场领导审批签字，所购物品必须按金额、种类入易耗品、低值耐久或财产账，购原料一律加仓库管理员签字并入账。奶牛场各部门因采购形成的应付票据应及时进行账务处理，登记相应的账簿，定期与相关部门对账，保证双方账目核对一致。

（三）库存现金管理

现金管理分为收入和支出，收入包括家畜收入、作物收入和其他收入，其中家畜收入包含淘汰奶牛、畜产品销售等。支出包括作物支出、家畜支出和间接支出，除作物和家畜以外都算作间接支出部分。现金运作收入减去现金支出得到净现金运作收入。库存现金出纳员必须严格保管金库钥匙和密码，随时接受督查。

（四）银行存款管理

银行存款是单位存放在银行的资金，是单位货币资金的主要部分，为加强管理，建立健全银行存款管理制度。根据资金的不同性质、用途，分别在银行开设账户，严格遵守国家银行的各项结算制度和现金管理暂行条例，接受银行监督，每个银行账号必须有一本明细账，出纳员应及时将奶牛场银行存款明细账与银行对账单逐笔进行核对。从银行取回的各种结算凭证，要及时入账。银行账户只限本单位使用，不准出租出借、套用或转让。

(五) 资金安全管理

资金安全管理的关键是建立安全保障机制，并保证这一机制有效运行。保障制度包括审批授权制度、复核制度、授信制度、结算制度、盘点制度等，利用制度保障资金的安全使用。对专项资金要定期或不定期进行督查，确保项目资金专款专用，要全程参与项目验收和采购项目交接。非出纳人员不能办理现金、银行收付业务，现金出纳员不得担当制证工作，只能由财务部指定的制单人制单。银行支票与银行预留印鉴分管。

二、成本控制

奶牛生产的主要目的是组织各种资源产出一定数量合格的牛乳，为奶牛场创造价值。要使奶牛场有较高的利润，必须重视生产成本控制，有针对性地对各个生产环节进行管理。在牧场生产管理中，牧场的利润等于收入减去固定成本和变动成本，变动成本和收入相交的点为盈亏平衡点。管理者根据牧场实际情况建立盈亏平衡模型可帮助管理者更全面地了解牧场的盈亏状况，并可通过对影响盈亏的因素分析找到漏洞和突破口，为实现利润最大化和决策提供依据。

(一) 生产成本

奶牛场生产成本由直接成本和间接成本构成，其中，直接成本主要包括饲料费、劳务费、折旧费、疫病防疫费、其他费用；间接成本包括共同生产费和企业管理费，鉴于奶牛场一天中生产成本开支最大的就是饲料费用，故在此只重点介绍奶牛场直接生产成本的构成：直接生产成本包括饲料费（青饲料费、精饲料费等）、劳务费（工资、福利费）、折旧费（固定资产折旧费、成母牛折旧费）、疫病防疫费（兽药费、消毒剂及治疗费、检疫费、配种费）、其他费用（低值易耗品）。

(二) 成本核算方法

做好日常数据的收集和维护是成本核算的关键点，日常需要收集的数据包括：

（1）维护牧场信息系统奶量登记数据：包括自用量和自用牛头数、隔离量、隔离牛头数，要每天维护。

（2）维护牧场信息系统牛群事件：发生调群的，须在当天维护完成。

（3）维护牧场信息系统库存管理模块数据：定期维护入库单、入库单价、出库单、月末完成出库单价试算（系统自动计算）。

（4）维护牧场信息系统配方模块配方表数据：包括标准配方表和实际投料份数。

（5）工资表：每月记录牧场人数和工资发放额。

（6）制造费用类：每月统计水电费、煤、汽柴油、育种、兽药、奶厅消耗、奶厅设备维修、其他设备维修、垫沙垫草等费用支出。

（7）淘牛：每月记录淘牛、死亡牛、出售牛数量和金额，需分别记录成母牛、后备牛、母犊牛、公犊牛。

（8）财务费用：每月记录借款金额、支付的利息。

（9）折旧费用：每月统计房屋、设备等资产初始投入金额、开始使用日期。

（三）盈亏平衡点

影响牧场利润的因素为奶单价、公斤奶变动成本、上市总产量、固定成本四个因素。计算关系如公式2-6所示。

利润=收入-支出=销售收入-（变动成本+固定成本）= 牛奶单价×上市奶量-千克奶成本×总产量（废弃奶+饮犊+上市奶）-固定成本 　　(2-6)

盈亏平衡奶量=总成本/（牛奶单价-公斤奶成本） 　　(2-7)

根据牛奶总成本、牛奶单价、公斤奶成本即可计算出牧场的盈亏平衡点（公式2-7）。根据盈亏平衡点、泌乳牛头数即可计算出现有泌乳牛需要多少的盈亏平衡单产；当设定利润目标，根据牛奶单价、公斤奶成本、单产确定的情况下，即可计算出需要多少泌乳牛能完成设定的利润，判断是否需要扩大牛群以保证利润的完成，或者需要的牛群数是否已经超过了牛场的承载量。

（四）盈亏平衡点的关键控制措施

1. 降低投入成本，降低盈亏平衡点

提升利润率的措施主要有6点：①提升单产可以降低公斤奶饲养成本，使利润率提升，盈亏平衡点下降；②提升青贮饲料品质，减少在制作过程中的浪费，可以有效降低饲喂成本；③提升粗饲料品质，可以提升奶牛消化率，有效降低饲喂成本；④利用原料价格周期性波动，低价大量购入原料，可有效降低饲喂成本；⑤提升舒适度，提高饲料转化效率，可有效降低公斤奶饲养成本；⑥提升工作效率，减少人工、油耗、电费等变动成本，可有效提升利润率。

2. 提升产奶量，降低盈亏平衡点

提升产奶量，降低盈亏平衡点，提升利润率的措施主要有6点：①牛群数量不变的情况下提升单产是提升奶量的有效措施；②提高奶厅利用率，可将挤奶次数从3次变为4次；③通过自繁、购牛等措施增加牛舍满载率；④合理规划牛群，提高泌乳牛占比；⑤增加牛群增长率，提升泌乳牛数量；⑥减少发病率，增加用药和测抗管理，提升产销比。

3. 提升牛只管理水平，降低盈亏平衡点

按照奶牛的生命周期，不断提升各个阶段的关键指标，提高每个阶段的生产性能，使牧场的投入产出比持续提升。①犊牛期和育成牛阶段主要提高生长率，降低发病率和死淘率，控制饲喂成本；②青年牛主要控制生长率，降低发病率和死淘率，提高参配率和受胎率，适宜采食量，控制饲喂成本；③围产牛主要降低发病率和死淘率，适宜采食量，控制饲喂成本和存栏密度；④泌乳牛主要提高单产，降低发病率和死淘率，提高参配率和受胎率，适宜采食量，控制饲喂成本；⑤干奶牛主要降低发病率和死淘率，适宜采食量，控制饲喂成本和存栏密度。

4. 提升工作效率，降低盈亏平衡点

牧场生产过程中，按照提升效率、降低成本、提升质量、奶牛健康、提升能力五大维度提升各生产环节工作效率（表2-7），可减少经济损失。

表 2-7 牧场作业关键控制点

生产环节	维度	关键控制点
饲养	提升效率	①青贮饲料品质高，TMR 调制均一性和效率好。 ②饲草料储存集中，粗饲料提前预处理，TMR 制作效率快。 ③TMR 加水管加水均匀且速度快，TMR 制作效率和质量高。 ④运动场利用率高、舒适度好、舍粪污量定期清理。
	降低成本	①青贮饲料压窖密度合格、封窖及时、密封效果好，青贮饲料无发霉变质，品质好。 ②原料防雨防潮措施得当，无发霉变质。 ③投料精准，原料使用量符合计划预期，成本控制精准。 ④配方合理，奶牛产奶量高，公斤奶饲料成本适宜。
	提升质量	①原料储存良好，无发霉变质，原料奶无质量问题。 ②原料奶达到优级生乳以上标准。
	奶牛健康	①采购物资库存量在一个采购周期的使用量，饲料供给稳定。 ②滴灌带、塑料、草绳、发霉原料未进入日粮。 ③粗饲料质量优良，切割整齐，奶牛瘤胃反刍正常。 ④卧床、运动场舒适度良好。
	提升能力	①提升精准饲喂系统分析能力，提升配方分析能力。 ②提升宾州筛监控 TMR 效果能力。 ③提升粪筛监控日粮消化能力。
繁育保健	提升效率	①按"干奶—围产—产房—新产"牛群依次转舍，转舍流畅且效率高。 ②挤奶牛回舍后的繁育和保健操作，40 min 以内完成牛群繁育，30 min 以内完成牛群保健。 ③输精车、输精器具摆放整齐，配种效率良好。 ④新产牛护理和治疗病牛及时，配药用药精准。 ⑤治疗时饲喂道有 TMR，奶牛上槽率 85% 以上。
	降低成本	①发情观察及时，发情揭发率>85%，80 d 孕检有胎率≥98%，对产奶量和牛群增长产生正效应。 ②疾病的预防、揭发、监控及时，成乳牛淘汰率≤2.4%，头胎牛淘汰率<1.0%。 ③测抗及时，提高产销比。
	提升质量	①乳房炎预防到位，治疗及时，体细胞达到优级生乳以上标准。 ②病牛标识清晰、过抗转群流程规范，无原料奶抗生素风险。
	奶牛健康	①基于"治未病"理念，及时保健，做好管理，保持牛群健康。 ②夹牛时间≤40 min，保障奶牛充足的反刍休息时间。 ③诊断精准，治疗程序规范，治疗效果好。
	提升能力	①提升发情检测体系、疾病监控防治体系的能力。 ②加强牧场管理系统数据录入和数据分析的能力。 ③提高疫病精准诊断能力，实施治疗标准化操作流程。

（续表）

生产环节	维度	关键控制点
挤奶	提升效率	①挤奶、回牛通道坡度小于2%，平整、宽敞、防滑。 ②挤奶通道门的设计合理，保证牛只的顺畅通行。 ③挤奶过程中挤奶员操作标准化，不影响挤奶效率。 ④新产牛、高产牛、中低产牛整群分批挤奶，避免下奶速度慢的牛混入新产牛群或高产牛群。 ⑤避免蹄病牛混入牛群进入挤奶台，影响挤奶效率。
	降低成本	①提高奶牛舒适度，确保牛体卫生良好，降低因牛体卫生（尤其是乳区卫生）而增加的纸巾使用量。 ②牛头数和挤奶次数合理，避免奶厅低量运转，折旧增加。 ③药浴液、纸巾合理利用，避免浪费。
	提升质量	①CIP清洗过程中水的硬度、水温的控制、酸碱液的浓度、清洗流程符合标准参数要求，清洗效果要达标，不能造成原料奶微生物超标。 ②头三把奶挤弃彻底，避免因其导致的微生物、体细胞含量增加。 ③避免因奶厅卫生环境、设备维护不及时而导致牛奶异味风险。 ④避免因赶牛而导致的奶牛应激，影响产奶量。
	奶牛健康	①定期维护保养挤奶机，及时更换衬垫等易耗品，避免因其保养或更换不及时而影响奶牛乳房健康。 ②避免"前药浴、三把奶、纸巾擦拭、后药浴"操作不到位而增加乳房炎患病风险。 ③避免暴力赶牛、三把奶刺激不足而造成挤奶双高峰和乳头孔评分增加。
	提升能力	①提升挤奶工的操作速度和操作质量。 ②提升挤奶工和赶牛工"奶牛也是母亲"的意识，无应激操控奶牛。
犊牛	提升效率	①接产器具和药品齐备、摆放整齐，使用便利。 ②巴氏杀菌设备能满足牧场需求，不影响犊牛饲喂效率。
	降低成本	颗粒料采食量充足，哺乳期犊牛日增重0.85~1.0 kg，断奶犊牛日增重0.85 kg以上。
	提升质量	①奶盆定期清洗消毒。 ②巴氏杀菌设备定期清洗消毒，确保初乳和常乳卫生指标合格。
	奶牛健康	①避免暴力接产而导致的新产牛子宫受损。 ②犊牛垫料充足、干爽，舒适度良好。 ③犊牛出生后1 h内，人工灌服4 kg（体重10%）合格初乳，6 h内，再灌服2 kg。提高犊牛免疫力。
	提升能力	①做好犊牛标准化饲喂，掌握接产、犊牛灌服等操作技巧。 ②做好数据录入与分析。

5. 加强淘汰奶牛和小公牛的合理利用

对于屡配不孕的成年奶牛、产奶量低或乳质量不好的奶牛、乳房发生病变和损毁的奶牛以及年龄偏大停用的奶牛，均是奶牛生产中要淘汰的，应及时减少损失。在奶牛繁育中，现在多采取冻精或胚胎移植的方式。要充分利用小公牛进行合理开发，血清可以供医药卫生、生物制品等相关机构用于制作细胞、病毒、疫苗的培养基；胸腺可以制成胸腺肽，作为治疗肝癌的药品；肝脏可以做成"肝黄金"，用于营养食疗；牛皮能够做成皮衣、皮鞋等皮制品；牛肉、牛排等可作为食用。总之，开发利用的项目较多，应充分利用。

三、盈亏平衡点测算示例

以存栏奶牛1 000头，产奶牛500头（日产奶量为30 kg）、干奶牛100头、犊牛40头、育成牛130头和青年牛130头的奶牛场为例；饲料价格为精料3.17元/kg、苜蓿1.90元/kg、干草0.7元/kg和青贮饲料0.53元/kg，牛奶3.27元/kg；核算该场的盈亏平衡点。

（一）支出成本

1. 奶牛折旧费

1头23月龄（第一次怀孕到初产）的奶牛，购入价1.6万元，按5年折旧，残值率35%，年折旧费为2 080元，每天折旧5.70元。

2. 固定资产折旧费

一栋容纳100头奶牛的较规范奶牛舍及所需饲养设备花费资金15万元，按19年平均年限法折旧，残值率5%，每头奶牛每天分摊0.21元。

3. 犊牛饲料成本

2月龄内犊牛2个月消耗400 kg牛奶和40 kg颗粒料，哺乳期犊牛每天饲料成本23.91元；断奶犊牛每天需精料1.7 kg、苜蓿2.0 kg，断奶犊牛每天饲料成本9.19元，合计每头犊牛日饲料成本30.99元，犊牛饲料成本0.08元（犊牛饲料成本=犊牛日饲喂总金额/日交奶量）。

4. 育成牛（6月龄~初配）饲料成本

育成牛每天需精料3 kg、青贮饲料18 kg，干草1.5 kg，每头青年牛每天分摊20.1元，育成牛饲料成本0.18元（育成牛饲料成本=育成牛日饲喂总金额/日交奶量）。

5. 青年牛（初配-初孕）饲料成本

青年牛每天需精料3 kg、青贮饲料20 kg，干草3 kg，每头青年牛每天分摊22.21元，青年牛饲料成本0.20元（青年牛饲料成本=青年牛日饲喂总金额/日交奶量）。

6. 泌乳牛饲料成本

1头日产奶量为30 kg的奶牛每天需精料15.3 kg、青贮饲料30 kg和苜蓿3.5 kg，每头奶牛每天分摊71.05元，泌乳牛饲料成本2.41元（泌乳牛饲料成本=泌乳牛日饲喂总金额/日交奶量）。

7. 干奶牛饲料成本

干奶牛每天需精料3 kg、青贮饲料25 kg、干草7 kg，每头干奶牛每天分摊27.66元，干奶牛饲料成本0.19元（干奶牛饲料成本=干奶牛日饲喂总金额/日交奶量）。

8. 人工费用

1 000头的牛场，雇人30个人，月平均工资5 000元，月人工费用合计15万元，人工费用成本0.34元（人工费用=月工资额/月交奶量）。

9. 水电燃油费用

1 000头的牛场，每月水费5 500元，每月电费20 000元，燃油费42 500元，水电费用合计6.8万元，水电燃油费用成本0.15元（水电费用=月水电费/月交奶量）。

10. 技术费用

医药费每月平均10 000元，配种费每月平均12 000元，技术费用成本0.05元（技术费=月技术费/月交奶量）。

11. 财务费用

1 000头牧场运行需年财务费用（含奶牛折旧、固定资产折旧、饲料成本、人工、水电燃油、技术等）2 064万元。50%自有资金+50%借债资金，银行贷款平均利息率4%的情况下，年度借债金额1 032万元，年度利息41.28万元，财务费用成本0.08元（财务费用=年度实际支付利息/年交奶量）。

（二）销售收入

1. 公犊牛收入

一头奶牛在产奶的5年内最多生5胎，每胎产1头小牛，雌雄各半来算，一头小公牛售价约1 000元，小母牛约3 500元，公犊牛出售收入（1 000×2.5）÷5年=500元/年，600头成牛奶年收入30万元，公犊牛收入0.67元（公犊牛收入=月度公犊牛总收入/月交奶量）。

2. 淘汰牛收入

牧场按25%的淘汰率、1.6万元购入价的35%残值率计算，年淘汰250头奶牛，月淘汰牛残值收益11.67万元，淘汰牛收入0.26元（淘汰牛收入=月度淘牛总收入/月交奶量）。

3. 原料乳销售收入

单产30 kg，价格3.27元/kg，泌乳牛500头，每天生产原料乳15 000 kg，减去犊牛消耗奶量267 kg，销售14 733 kg。

（三）盈亏平衡点

引入以上数值，带入公式计算：

盈亏平衡点=总成本÷（牛奶单价-公斤奶成本）=（奶牛折旧费+固定资产折旧费+饲料成本+技术费用+人工费用+水电燃料费用+财务费用）÷[牛奶单价-（奶牛折旧费+固定资产折旧费+饲料成本+技术费用+人工费用+水电燃料费用+财务费用）÷日单产]=9.59÷[3.27-（9.59÷30）]=2.61，即该牧场盈亏平衡点为2.61元/kg。

以当前牛奶价3.27元/kg来看，该奶牛场处于盈利状态。

第四节　牛奶利益链机制建立

随着消费者对乳制品需求的日益增长，奶牛场作为乳制品生产的源头，其重要性日益凸显，然而奶牛场在奶产业链中往往仍处于相对弱势的地位。奶牛养殖周期长、资金投入大且风险高，而市场价格的波动直接影响奶牛场经营收入的稳定性，获取市场需求、价格变动等关键信息难度大，难以做出科学合理的生产决策。因此，建立奶牛场与乳品企业之间的利益联结机制显得尤为必要，不仅有助于保障奶牛场的合法权益和生产经营稳定，也有助于促进整个奶产业链的协调发展和可持续性。

一、明确利益链主体与角色定位

（一）奶牛场：生产基石

奶牛场是牛奶利益链的起点，通过辛勤劳动，为市场提供优质的生鲜乳。在利益链中，奶牛场应得到合理的回报，以激励其提高生产效率和产品质量。同时，奶牛场也需要获得必要的技术支持、市场信息以及金融服务，以应对市场波动和自然灾害等风险。

（二）乳品企业：加工销售核心

乳品企业负责将生鲜乳加工成各种乳制品，并通过销售渠道送达消费者手中。在利益链中，乳品企业应发挥龙头作用，通过技术创新、品牌建设等手段提升产品附加值，同时与奶农建立稳定的合作关系，确保原料奶的稳定供应和质量安全。

（三）政府：政策引导与监管

政府在牛奶利益链中扮演着至关重要的角色。通过制定和实施相关政策，政府可以引导奶业健康发展，保障奶农和乳品企业的合法权益。同时，政府还应加大监管力度，打击违法违规行为，维护市场秩序和公平竞争。

（四）行业协会：协调与自律

行业协会作为行业内的非政府组织，可以发挥协调、服务、自律等职能。通过组织行业交流、制定行业标准、开展技术培训等活动，行业协会可以促进奶业内部的团结协作和共同进步。同时，行业协会还可以代表行业利益与政府沟通协商，为行业发展争取更多支持。

二、构建奶业利益联结机制

（一）价格协商与保护机制

建立由地方政府引导、乳品企业、奶牛场和行业协会共同参与的价格协商机制，是保障奶农利益的关键。通过定期召开价格协商会议，各方可以就生鲜乳价格进行充分讨论和协商，形成合理的价格水平。同时，政府还可以设立生鲜乳价格保护机制，当市场价格低于成本价时给予奶牛场一定的补贴或价格支持。

（二）利益共享与风险共担机制

推动乳品企业与奶牛场建立紧密的利益联结关系，实现风险共担、利益共享。一方面，乳品企业可以通过股权合作、利润分红等方式将部分利润返还给奶牛场；另一方面，当市场出现波动或自然灾害等风险时，乳品企业应积极承担社会责任，与奶牛场共同应对困难。此外，还可以探索建立风险基金等机制，为奶牛场提供风险保障。

（三）质量追溯与安全保障机制

建立牛奶质量追溯体系是保障消费者食品安全的重要措施。通过为每头奶牛建立电子档案、记录其饲养管理、疾病防治、挤奶运输等全过程信息，实现牛奶从生产到销售的全程可追溯。同时，加大对乳品企业的监管力度，确保其严格按照国家法律法规和标准要求进行生产加工和销售。此外，还可以引入第三方检测机构对牛奶质量进行抽检和评估，提高消费者对牛奶的信任度。

三、加强支持与保障措施

（一）政策支持与资金投入

政府应加大对奶牛场的政策支持力度和资金投入规模。通过制定和实施一系列优惠政策如税收优惠、财政补贴等降低奶农和乳品企业的生产成本和经营风险；同时加大对奶牛场基础设施建设和技术改造的投入力度提高其生产效率和产品质量。

（二）技术创新与服务支持

推动奶牛养殖技术的创新与应用是提高生产效率和产品质量的重要途径。政府应鼓励和支持科研机构和企业开展奶牛养殖技术的研发和推广工作；同时加强对奶农的技术培训和服务支持提高其养殖技能和水平。此外还可以建立奶牛养殖技术服务平台为奶农提供远程咨询、在线诊断等便捷服务。

（三）市场拓展与品牌建设

拓展牛奶销售渠道和加强品牌建设是提高乳品企业市场竞争力的关键。政府应支持乳品企业开拓国内外市场建立多元化的销售渠道；同时鼓励乳品企业加强品牌建设和营销推广工作提高其品牌知名度和美誉度。此外还可以引导乳品企业开展差异化竞争策略满足不同消费者的需求。

构建奶牛场生产经营中的牛奶利益链机制是一个复杂而长期的过程需要政府、乳品企业、奶牛场和行业协会等多方共同努力。通过明确利益链主体与角色定位、构建利益联结机制以及加强支持与保障措施等措施可以逐步形成一个稳定、高效且可持续的牛奶利益链机制。未来随着科技的不断进步和市场环境的不断变化我们还需要不断探索和创新以适应新的发展需求和挑战推动奶业持续健康发展。

第三章 奶牛场生产管理

奶牛场生产管理是指在奶牛养殖过程中，为提高牛奶产量和质量，对奶牛场的饲养管理、饲料配给、卫生防疫、挤奶管理和粪便处理等各项生产活动进行计划、组织、指挥、协调和控制的一系列管理活动。奶牛场生产管理的总体原则是"以最少的投入获取最大的经济效益、社会效益和生态效益"。本章就提高牧场管理的"产奶量增产技术""原料乳品质提升技术""牧场 5S 现场管理技术""牧场 SOP 等管理技术"和"牧场数字化与智能化管理技术"进行阐述。

第一节 产奶量增产技术

产奶量增产技术是指优化奶牛品种、营养、无应激管理、饲养环境、挤奶管理和疫病防控等多个要素，实现产奶量提升的技术。生产经营者想实现产奶量提升，必须关注高产品种、优质粗饲料、奶牛干物质采食量、科学日粮配制、实时数据分析管理、奶牛环境舒适度和奶牛福利等环节方能实现牛奶增产。

一、选择高产品种

奶牛品种不同，其遗传性也不同，产奶量自然也就不同。荷斯坦奶牛目前是产奶量最高的乳用品种。生产经营者想得到高产奶量就要选用优良、高产的荷斯坦奶牛。

二、提高泌乳牛牛群比例

提高泌乳牛牛群占比，既可以提高奶产量，又可以实现基础设施使用效率的最大化，降低公斤奶全成本，缩短牧场投资成本回收年限，增加养殖收益。牧场合理的牛群比见表3-1。

表3-1 牧场合理的牛群结构比例　　　　　　　　　　　　　单位：%

成母牛		后备牛			
泌乳牛占比	干奶、围产牛占比	哺乳犊牛占比	断奶犊牛占比	育成牛占比	青年牛占比
50	12	4	6	13	15

三、提供优质粗饲料

奶牛生产对饲料资源的占用量与奶牛的单产水平有关，单产水平越高则饲料转化率越高。提供优质的粗饲料可以提高奶牛的饲料转化率，进而提高奶牛的生产效率和牛奶产量。全株青贮玉米干物质和淀粉含量均要达到30%以上，全株青贮玉米的长度为1.5 cm左右；苜蓿干草蛋白质含量要达到18%以上，相对饲喂价值达到150以上。

四、满足奶牛干物质采食量

确保奶牛能采食到足够的营养，是发挥奶牛最大生产性能的基础。一般要求奶牛产前30 d干物质采食量达到体重的2%，产前15 d达到体重的2.5%，产后70 d达到体重的4%。为确保较高的干物质采食量，日粮要达到以下标准：①使用优质干草。②精准的日粮配方。③日粮的含水量不超过50%。④实现奶牛活动区夜间照明，以利于奶牛昼夜均可采食。⑤根据产奶量和泌乳阶段分群，TMR饲养。

五、科学配制日粮

科学配制日粮对于奶牛养殖至关重要，它直接关系到奶牛的健康、产奶量和乳品质。科学配制日粮要遵循营养原则、经济原则、卫生原则、实用性（市场性）原则。要做到：①日粮干物质粗精比最好为45∶55或50∶50。②日粮粗纤维含量不低于15%，且含有1/3的长纤维。③碳酸氢钠等组成的添加剂占日粮干物质的0.75%~0.82%。④产犊后5周内的泌乳牛，日粮脂肪含量不宜超过5%~6%。日产标准乳达35 kg以上的奶牛，为有利于纤维素的分解，日粮脂肪含量应保持在7.5%，低于此值时，可添加全棉籽、膨化大豆或过瘤胃脂肪酸盐。添加脂肪时，钙、镁的含量应达到1%和0.3%，以防止因形成不溶解的脂肪酸钙和镁盐，导致钙、镁的缺乏。⑤产前30 d奶牛的日粮粗蛋白质水平为13.5%，产前15 d为14.5%，产后30 d内为19%，泌乳高峰为17%，泌乳中后期为15%。日粮可消化蛋白质是日粮粗蛋白质的60%~65%，日粮非降解蛋白为日粮粗蛋白质的35%~40%。高产奶牛适量添加过瘤胃蛋白或添加赖氨酸、蛋氨酸等限制性氨基酸。⑥配制日粮时钙和磷含量应高于奶牛饲养标准20%和5%；使用泌乳阶段相对应的复合预混料，围产期的经产牛适当添加由氯化铵、硫酸铵和硫酸镁组成的阴离子盐。⑦日粮添加活性菌及其发酵物，可促进奶牛瘤胃微生物的增殖，改善肠道微生物区系，提高产奶量。

六、实施实时数据分析管理

实施实时数据分析管理是显著提升养殖效率，降低成本和风险的有效手段。要做到：①产奶高峰过后，每天泌乳量下降幅度不高于0.2%，高胎次母牛不高于0.3%。如果超过预期，则提高日粮的蛋白质或能量含量。②牛乳乳蛋白与乳脂的比率应为0.85~0.88。比率升高意味着乳脂率低，可能是日粮脂肪不足或粗纤维不足，应增加日粮的优质干草用量；比率下降意味着乳蛋白率低，可能是日粮脂肪含量太高，或日粮粗蛋白质含量低或非降解蛋白（RUP）太少。③控制日粮精料比例，适量添加小苏打，避免瘤胃酸中毒。④瘤胃pH值应大于6.0，当pH值小于6.0时，饲料纤维素消化和菌体蛋白合成会受影响，且有酸中毒的隐患，进而使奶牛采食量降低。可通过降低精料用量或提高优质干草比例或添加小苏打等措施改善。⑤粪便pH值应高于6.0，当pH值小于6.0时,可能是淀粉过瘤胃太多并在小肠中发酵,应降低日粮结构性碳水化合物饲料的比例。

七、提高奶牛环境舒适度

提高奶牛环境舒适度有助于提升其生产性能、繁殖效率和健康。要做到:①保证奶牛有充足卫生的饮水。②提供足够大的自由运动场。③运动场或圈舍中提供牛体刷供奶牛自由使用。④卧床松软、平整、干燥,每天趴卧12~14 h的牛占比达95%以上。⑤奶牛光照时间由9~12 h延长到16 h,在同样的饲养条件下,奶牛体重可增加10%,产奶量也相应提高。

八、提高奶牛福利

提高奶牛福利有助于奶牛健康和生产效率。要做到:①每年冬春给奶牛修1次蹄,可增加产奶量。②夜间饲喂和凉爽时饲喂,可提高采食量进而增加产奶量。③实施标准化消毒、防疫、诊疗制度,有助于降低奶牛疾病发生,稳定产奶量。

第二节 生乳品质提升技术

生乳品质提升技术是通过改善饲养管理、饲料质量、挤奶卫生、疾病预防与控制等奶牛养殖环节水平而实现生乳品质提升的技术。改善牛乳成分、生产高品质的生乳是提高奶牛生产经济效益的关键。生产经营者想提升生乳品质,必须关注日粮碳水化合物、蛋白质、脂肪、矿物质、氨基酸和维生素含量等方能改善生乳品质。

一、调整日粮碳水化合物水平可改善生乳品质

乳脂是牛乳成分中重要的成分之一,其含量受日粮淀粉和纤维等碳水化合物含量的影响。碳水化合物既是能量物质,还是合成牛乳中各种成分的碳架。日粮粗饲料比例提升,可防止乳脂率下降。

淀粉能增强奶牛瘤胃发酵,降低pH值,促进丙酸的生成。丙酸是糖原的前体物质,也是作用胰腺分泌胰岛素的物质。丙酸被瘤胃上皮细胞或肠上皮细胞吸收进入血液,在肝脏中经糖异生途径转化为葡萄糖,这些葡萄糖随后被运输到乳腺,用于合成乳糖和甘油三酯(乳脂肪的主要成分)。因此,丙酸既是乳糖合成的直接前体,还间接影响乳脂的产量。

粗纤维在奶牛的瘤胃中发酵产生的乙酸和丁酸是合成乳脂肪的重要前体物质,丁酸经瘤胃上皮细胞吸收产生β-羟基丁酸。乙酸、丁酸和β-羟基丁酸等短链脂肪酸被瘤胃上皮细胞或肠上皮细胞吸收进入血液,然后通过血液循环进入乳腺上皮细胞,参与乳脂肪的合成。乙酸作为乳腺内脂肪酸从头合成的主要碳源,在乳腺上皮细胞中乙酸和β-羟基丁酸经脂肪酸的活化、碳链延长、去饱和等过程合成乳脂。乙酸、丁酸和β-羟基丁酸能增加奶牛乳脂率和乳脂产量,其中血清中的乙酸影响乳脂产量的50%~75%。

二、调整日粮蛋白质水平可改善生乳品质

日粮蛋白质含量不足,会严重影响生乳的蛋白质和脂肪含量。与低蛋白饲养组相比,在日粮中增加25%~30%可消化蛋白质,泌乳期内产奶量平均提高9%~10%,乳蛋白和乳脂肪含量分别提高14%和10%。但提高饲料蛋白质含量要有限度,过多则无效。日粮粗蛋白质含量从15.4%增加到20.7%,能使泌乳初期的乳脂含量从3.56%增加到4.16%,产奶量和乳蛋白质也有增加。

三、调整日粮脂肪水平可改善生乳品质

日粮脂肪对乳脂有正负两方面的影响。脂肪的正作用是指其对饲料热量的提高,以及能为乳脂直接提供脂肪酸。脂肪的副作用是降低日粮消化率,及其不饱和脂肪酸在瘤胃内与氢结合促进丙酸的生成,降低乳脂含量。

奶牛日粮中添加脂肪,可提高产奶量和乳脂率。普通饲料中的脂肪含量约为3%,对这种饲料添加3%的油菜籽或3%的保护脂肪酸是最适宜的。日粮含5%~6%脂肪,奶牛对营养物质的利用率最高,但每头牛每天日粮脂肪含量不能超过450 g。避免用含脂肪高的日粮,或添加过多脂肪,应把日粮中总脂肪水平保持在7%以下。奶牛泌乳初期每天饲喂0.45 kg椰油脂肪酸钙,便可使产奶量增加4%。此外,奶牛泌乳高峰期,日粮添加1 kg全棉籽,乳脂率增加0.15%;一般成母牛日粮全棉籽每头每天添加1~2 kg,最多不超过2.5 kg。

四、调整日粮矿物质含量可改善生乳品质

(一)碳酸氢钠和氧化镁

碳酸氢钠和氧化镁可维持奶牛瘤胃内的正常pH值水平、促进纤维分解菌的增殖、增加乙酸的生成量、改善乙酸丙酸比、提高乳脂率、提高瘤胃的排空速度、增强瘤胃微生物的增殖活性、促进菌体蛋白的合成。成母牛可按每头每天200 g左右添加,也可按精料量的1.0%~1.5%或饲喂饲料总量(按干物质折算)的0.5%~1.0%添加。氧化镁在奶牛瘤胃内的作用弱于碳酸氢钠,每头每天添加55~110 g。镁能够促进乳腺细胞分泌乙酸,使乳脂率提高。氧化镁与碳酸氢钠并用效果较佳,碳酸氢钠与氧化镁按2:1为宜。

日粮需添加碳酸氢钠和氧化镁的情况:①乳蛋白、无脂固形物正常水平,乳脂率异常低下。②青贮玉米饲喂量每头每天超过20 kg。③精料喂量过多。④粗纤维总量低于日粮总量(按干物质折算)的17%,其中酸性洗涤纤维低于粗纤维总量的21%。

(二)乙酸钠

日粮添加乙酸钠可解决因粗饲料添加不足而引起的乳脂率降低的问题,同时乙酸钠还可促进和改善有机体电解质的平衡,有刺激肝、肾和肠黏膜的功能。乙酸钠在泌乳牛日粮中添加可按每100 kg活重50 g计,每千克产奶量再加15~20 g,乳脂率可提高0.2%~0.3%,产奶量提高17%。日粮精料比例为50%~60%,乙酸钠添加应当不少于

300~500 g。双乙酸钠因含有乙酸钠和乙酸的成分，其饲喂效果优于乙酸钠。

此外，奶牛日粮添加抗氧化剂硒，可使乳中 α-生育酚含量增加，能有效控制乳的氧化味。

五、调整日粮氨基酸水平可改善生乳品质

日粮添加蛋氨酸可促进纤维分解菌的增殖，使乙酸的生成量增加；增强肝的功能，改善脂肪代谢，提高乳脂率；可作为蛋白质的原料，提高乳蛋白水平。蛋氨酸每头每天添加 15 g 为宜。此外，奶牛皱胃灌注酪蛋白或蛋氨酸、赖氨酸及缬氨酸等混合氨基酸，能够持续提高奶牛合成乳蛋白的量。

六、调整日粮维生素水平可改善生乳品质

高产奶牛日粮中添加烟酸可提高乳脂率或产奶量，因奶牛可从饲料中摄取烟酸及瘤胃内微生物也能合成烟酸，所以日粮添加烟酸只在开始阶段有作用。补饲烟酸还可以减少因饲喂含整粒棉籽日粮引起的乳蛋白水平下降，预防酮病，促进瘤胃内菌体蛋白的合成，提高产奶量、乳脂率和乳蛋白水平。烟酸每天每头奶牛的适宜添加量为 6 g。一般应用于泌乳初期日产奶量 38 kg 以上的经产牛、泌乳初期日产奶量 27 kg 以上的初产牛、酮病多发的牛群和日粮添加油脂的奶牛。此外，日粮添加或肌内注射维生素 E 可使乳中 α-生育酚含量增加，能有效控制乳的氧化味。

第三节　牧场 5S 现场管理

5S 现场管理是以"整理（Seiri）、整顿（Seiton）、清扫（Seiso）、清洁（Seiketsu）和素养（Shitsuke）"为主要内容的管理方法，又被称为"五常法则"，是一种旨在通过持续的管理和改善活动，提升工作效率和质量的现代企业管理手段。

一、5S 现场管理

5S 现场管理的五个"S"分别代表以下含义。

1. 整理（Seiri）

去除不需要的物品，只保留必要的物品，腾出空间，以减少浪费和提高效率。

2. 整顿（Seiton）

将必需品放在固定的位置，并做好标识，便于快速取用。

3. 清扫（Seiso）

定期清洁工作区域，清洁打扫，现场无垃圾、灰尘、污垢，保持环境的清洁和卫生。

4. 清洁（Seiketsu）

标准化、制度化"整理（Seiri）、整顿（Seiton）和清扫（Seiso）"，使之成为常态，确保工作场所持续保持整洁有序。

5. 素养（Shitsuke）

定期培养员工，使遵守制度、依规行事成为工作习惯，成为企业文化的一部分。

二、牧场 5S 现场管理实例

应用"5S 现场管理"管理牧场，可以对消毒间、奶厅、兽药房、库房、化验室、饲料库房、牛舍、员工宿舍和办公室等区域开展 5S 现场管理，以改善牧场环境、避免资源浪费、培养牧场人员的良好操作习惯、理顺牧场工作流程，提高牧场工作效率和质量。下面以消毒间和奶厅的 5S 现场管理为例举例说明。

（一）消毒间的 5S 现场管理

消毒间作为牧场的第一道生物安全防线，为保证牧场消毒间充分发挥作用，5S 现场管理可确保其有效防护。

1. 整理（Seiri）管理

人员出入区域设有消毒间，消毒间面积为 2~8 m^2。应含有脚踏消毒池（图 3-1）、手部消毒设施（图 3-2）、喷雾消毒设施（图 3-3）、更衣室（柜）与防护物资（图 3-4）等设施设备。车辆进出的区域设消毒池，内盛放消毒液或生石灰液（图 3-5）。

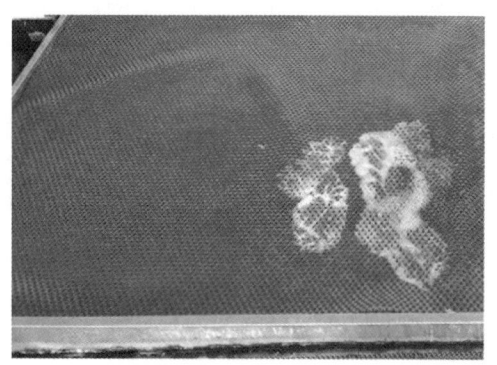

图 3-1 脚踏消毒池

图 3-2 手部消毒设施

图 3-3 喷雾消毒设施

图 3-4 更衣室（柜）与防护物资

2. 整顿（Seiton）管理

脚踏消毒池、手部消毒设施、喷雾消毒设施、更衣室（柜）与防护物资、车辆消毒池等设施设备位置固定，标识清晰（图3-6）。

图3-5 消毒池

图3-6 消毒室标识图

3. 清扫（Seiso）管理

定期清洁打扫消毒间和消毒池的卫生，定期清理（清洗）并更换脚踏消毒池和车辆消毒池的消毒液。

4. 清洁（Seiketsu）管理

消毒间和消毒池管理标准化、制度化（图3-7），使之成为必做环节。

5. 素养（Shitsuke）管理

定期培养员工，使走消毒通道成为工作习惯，成为一种企业管理考核的一部分（图3-8）。

图3-7 消毒间制度

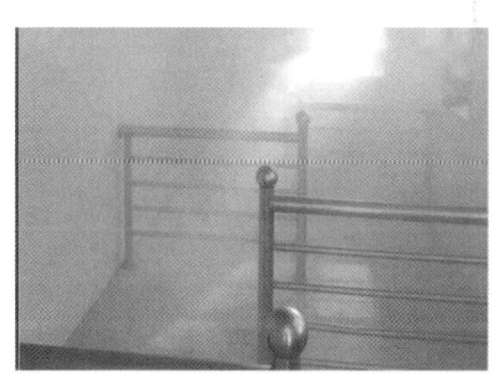

图3-8 消毒通道

（二）奶厅的5S现场管理

奶厅是牧场生产的第一车间，奶厅5S现场管理是推动挤奶现场整洁、减少微生物滋生、减少奶厅异味、保证牛奶质量的有效手段。

1. 整理（Seiri）管理

奶厅具有待挤厅、挤奶台、储奶间、设备间等功能区。建设参数为 3 m^2/头，待挤区一次能容纳挤奶头数 2 倍的奶牛。奶厅干净整洁（图 3-9），内外墙面完好无损。行牛通道平整易清洗，不积水。下水道每日清理，无异物和积水。

2. 整顿（Seiton）管理

奶厅物品摆放整齐且在固定位置，标识清晰（图 3-10）。存储正常奶和异常奶的制冷罐标识明显。

图 3-9 奶厅

图 3-10 奶厅标识

3. 清扫（Seiso）管理

每次挤奶结束后，奶杯、奶管、水管、缓冲罐等挤奶设备与配件清洗干净（图 3-11）。橡胶管件、挤奶管路、真空系统等定期检修、更换。

4. 清洁（Seiketsu）管理

奶厅操作与管理要标准化、制度化。奶牛牛体卫生合格率应≥90%，严格按照"前药浴、三把奶、纸巾擦拭、上杯挤奶、后药浴"的标准挤奶（图 3-12）。挤奶结束或奶罐清空后 30 min 内按"水、碱、水、酸、水"的 CIP 清洗程序清洗设备管路，确保最后一遍清洗的水呈中性，且设备及奶管内无残留水。

图 3-11 挤奶设备与配件清洗

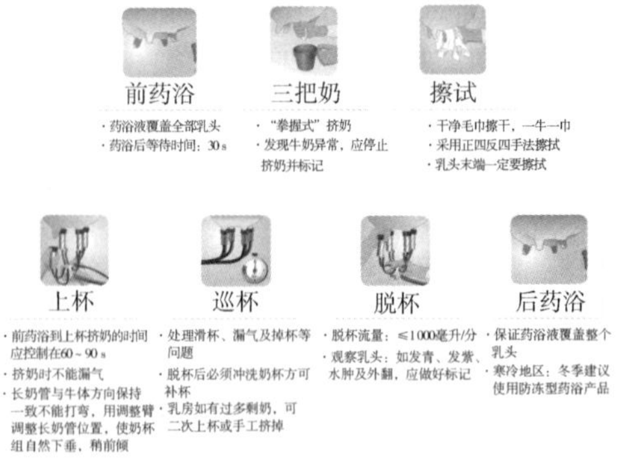

图 3-12 挤奶标准操作

5. 素养（Shitsuke）管理

定期培养员工，使奶厅标准化操作与管理成为工作习惯，成为企业管理考核的重点（图 3-13）。

兽药房、库房、化验室、饲料库房、牛舍、员工宿舍和办公室等区域均可参照消毒间、奶厅的5S现场管理提高工作效率和质量。如化验室（图3-14）作为牧场牛奶、饲料质量监控的功能区域，5S现场管理可使检验现场干净整洁、设备和物品整齐摆放及分类存储，从而有效提升检验效率和准确性，减少因环境因素、操作失误导致的检验偏差。又如兽药房（图3-15）作为牧场兽药残留风险控制及重要物资存储的重点区域，5S现场管理可确保兽药产品分类、分区、标识存放，降低兽药的误用风险。同时，兽药的先进先出原则、合适的库存，可有效降低兽药过期带来的成本浪费。又如饲料库房（图3-16）作为牧场毒素风险控制及饲料存储的重点区域，5S现场管理可保证饲料库房整洁干净，饲料分类存储、离墙离地、先进先出，不合格饲料定点标识，可有效保证饲料存储及使用安全，减少毒素交叉污染，同时，降低因饲料过期造成的成本浪费和使用风险。又如员工宿舍（图3-17）及办公室（图3-18）区域进行5S现场管理，可使住宿环境和办公场所干净、整洁，可以为员工营造愉悦的工作氛围，保障人员健康、减少牧场人员流失。同时，办公文件的整齐存放，可以进一步提升员工的工作效率。

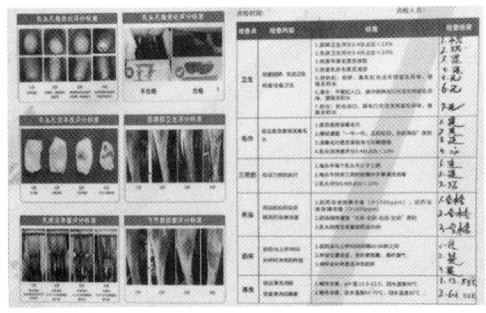

图3-13　奶厅员工培训

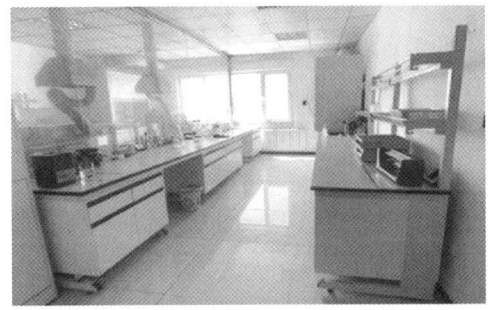

图3-14　化验室

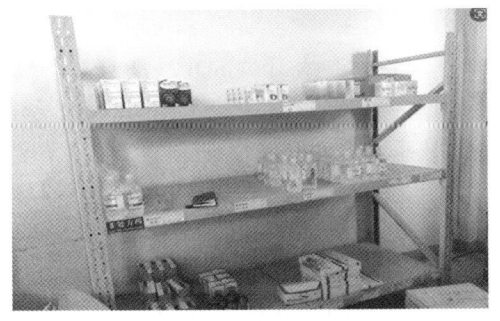

图3-15　兽药房

图3-16　饲料库房

现代化牧场可通过5S现场管理，既可营造良好的工作环境，保证设备干净、卫生，提高牧场员工的综合素养，夯实牧场基础管理，又可帮助牧场降低质量损失、缩减成本浪费、提高工作效率。更重要的是通过5S现场管理形成的企业文化，可吸引更多的从业者加入企业，并身为企业员工而自豪，值得牧场推广应用。

图 3-17 员工宿舍

图 3-18 办公室

第四节 牧场 SOP 管理技术

牧场 SOP（Standard Operating Procedure，标准操作程序）管理技术是现代牧场管理中非常重要的一部分，它有助于提高工作效率、保证操作一致性、提高牛群生产力和健康水平。

一、牧场 SOP 管理技术

牧场 SOP 管理技术是指结合牧场实际情况制定的适合本牧场员工操作执行的一整套"标准化的操作流程图"，以图文并茂的形式展现及公示于各部门操作间，其目的是方便一线员工参照学习，达到一目了然、通俗易懂、方便操作执行的目的。

二、SOP 管理实例

牧场 SOP 管理主要分为防疫管理 SOP、信息管理 SOP、饲养管理 SOP、挤奶管理 SOP、繁育管理 SOP、保健管理 SOP、围产牛管理 SOP、产房管理 SOP、新产牛管理 SOP、犊牛管理 SOP、设备保养管理 SOP 和自主管理 SOP 等 12 项。每个部门的 SOP 均有清晰的流程图及注意事项，方便学习使用，提升效率；方便开展管理工作，让员工能够快速适应陌生的工作环境，清晰地了解牧场相关操作标准及要求；图形化 SOP 标准相关养殖技术理念及技能操作要求通俗易懂；方便牧场点检等管理机制落地执行（表 3-2）。

SOP 管理的核心价值一方面明确牧场各部门的关键指标和 SOP 标准，提高牧场管理与生产水平。另一方面方便员工学习使用，培养内部优秀技能骨干，有效提升员工的专业水平及操作技能、提升工作效率。进而提升牧场效益。

表 3-2 图形化 SOP 标准示例

流程	子流程	第一步	第二步	第三步	第四步	第五步
新生犊牛护理流程	展示图					
	步骤	去除黏液、擦干或吹干	脐带消毒	母子分离，转运保温牛舍	打耳标并记录数据	饲喂初乳
	关键点	清除出生犊牛表面黏液并擦干清除口腔、鼻腔内的黏液，擦干或者吹干犊牛体表	犊牛出生后立即断脐，脐带保留至 8~10 cm，并用 10% 的碘酊来消毒（浸泡 10 s）	母牛和犊牛要尽早分开，最长不超过 30 min。冬季新生犊牛放到 >15℃ 的保温房中直至被毛干燥，冬季气温最低于 5℃ 时将 20 d 以内的新生犊牛穿上保暖马甲	犊牛出生后立即打耳标并记录产犊信息，新生犊牛护理工作结束后进行个体称重，并记录	犊牛出生 1 h 内饲喂 4 L 初乳，最好在产后 30 min 之内完成第一次饲喂

三、SOP 管理效果评价

牧场管理评价可充分调动员工工作的积极性，发现不同部门存在的问题。务实有效的综合评价体系涵盖繁殖育种、犊牛饲养管理、饲料及营养管理、挤奶厅及生乳管理、临床兽医等多个关键质控点的赋分表格，（不）定时组织人员进行考核打分，可提升牧场管理质量。本节参考光明牧业有限公司的《牧场管理评分体系（2019 版）》，阐述如何通过评分法评价各部门的 SOP 管理效果。

（一）繁育管理 SOP 效果评价

繁育管理 SOP 效果评价包含牧场繁殖室日常操作与繁殖资料管理、牧场生殖机能恢复监控、牧场发情鉴定、人工授精、妊娠诊断、繁殖障碍处理和繁殖结果数据管理，具体表格见表 3-3 至表 3-9。

表 3-3 繁殖室日常操作与繁殖资料管理评分

被评估牧场：		评估人员：		评估日期：	年	月	日

序号	检查内容	赋分	得分	备注
1	5S：应保持地面干净、桌面整洁、资料摆放有序。	5		
2	严禁出现违禁药物（如过期药、人用药等）。	6		
3	注射器、针头、冲洗子宫和输精器械使用后必须清洗消毒；注射激素必须 1 牛 1 剂量注射，必须现配现用。	6		

(续表)

序号	检查内容	赋分	得分	备注
4	一次性手套、注射后玻璃等包装物，应归类收集，不得抛弃于牛舍内。	5		
5	使用抗生素灌宫，牧场应有药物规定、使用剂量、头数控制等预案，应有每日流水账。	6		
6	对新采购的冻精均需进行活率检测，每同一批号精液在使用前，均应抽样镜检其活力，并有记录。	6		
7	10 L以下的液氮罐应每天检查一次，10 L以上的液氮罐应每两天检查一次并及时添满液氮，添加液氮和记录需拍照留档。	6		
8	散放牛舍颈架设施良好，牛只饲养密度不得超过颈架数，控制混区。	6		
9	大型牧场，应配置移动配种平台（三轮车）。	6		
10	牧场牛只耳标无缺失、无重号。牛群组别号应有定期校对机制，参配牛组别号准确率>98%。	6		
11	选配计划严格执行；公牛号录入应规范、完整，不得出现错号、少号。	6		
12	繁殖日报更新应及时准确（牛舍、配种、受孕、产犊、不正产、产后护理等记录）；每日准确记录产后护理、产检、同期注射（颜色）、生殖疾病治疗。	6		
13	繁殖日报子宫卵巢疾病记录做好档案工作。从右向左记录（便于筛选），禁止删除每次的治疗记录，记录方式：（日期+药物）。	6		
14	繁殖日报内每日下班前筛选次日要开展的工作，每日筛选未配未孕牛只，分析原因：是否已计划配种，是否在治疗等。	6		
15	繁殖日报内记录每次的孕检明细、配种流水、不正产及更正无胎明细、繁殖物品日消耗（月度汇总）。	6		
16	配种记录输精牛只，应有激素调控、自然发情配种、性欲表现、黏液性状、卵泡或子宫收缩记录。	6		
17	后备牛每月初配牛，应有开配通知单，开配通知单上应有体测数据记录。	6		
	合计	100		

表3-4 生殖机能恢复监控评分

被评估牧场： 评估人员： 评估日期： 年 月 日

序号	检查内容	赋分	得分	备注
1	牧场应有产后体温监控记录（最少监测产后0~14 d），≥39.5℃高温牛只繁殖应有治疗记录。	11		

(续表)

序号	检查内容	赋分	得分	备注
2	新产牛应有产后生殖监控记录：胎衣是否滞留、是否异常分娩、产后恶露正常与否。	11		
3	产后胎衣滞留、异常分娩、水样异常恶露应及时子宫灌注土霉素溶液，并有记录。	11		
4	产后 15～20 d 所有产后牛只（含早产、不正产天数＞150 d 牛只）注射 PG 促进子宫净化。	11		
5	产后 30 d 左右第二次 PG（预同期第一针 PG）处理后 2～3 d，观察分泌物状况，并检查子宫复旧情况，卵巢情况，对子宫炎、卵泡囊肿牛只及时处理，有记录.	11		
6	重视牧场干奶围产牛只饲养管理：关注牛只密度、体况、干物质采食量、卧床、水槽、通风、采光等重要环节，异常情况提合理化建议。	11		
7	成乳牛产后开配时间＞60 d，体况评分＜2.5 分，产后开配时间应延迟至 70 d 以上。	11		
8	产后首配，应采用同期定时输精程序，按照定时输精操作规范进行。	11		
9	后备牛 14 月龄不发情应有检查处理记录，开配体高＞127 cm，体重＞380 kg（劲夹上有标记）。	12		
	合计	100		

表 3-5 发情鉴定管理评分

被评估牧场：　　　　评估人员：　　　　评估日期：　　年　　月　　日

序号	检查内容	赋分	得分	备注
1	每天应不少于 3 次（总间隔＞6 h）巡视，观察牛只外表性兴奋、黏液性状等，以提高牛只发情检测率，避免漏情（配置发情监测辅助设备牧场，每天应不少于 2 次巡视）。无发情辅助设备散放牧场应每天一次涂蜡笔揭发发情（指定红色蜡笔）。	13		
2	发情观察记录（专用本子）应有黏液性状、出血、分泌物洁净等记录。	13		
3	每天应选择牛群静卧休息时记录发情情况（配置发情监测辅助设备牧场，每天应不少于 2 次巡视）。	13		
4	观察到发情疑似牛，应进行直肠检查，先查是否有发情黏液，再查子宫的大小和质地，然后检查卵巢是否有排卵卵泡。若确定正常，进行输精。	13		
5	配次 3 次以上的发情牛，应进行卵泡发育和子宫形态收缩情况检查，应有记录。	12		
6	配次 3 次以上的牛只，输精后 8～14 h 须触摸卵泡是否排卵，以确定排卵是否正常，是否复配。	12		

(续表)

序号	检查内容	赋分	得分	备注
7	使用 GNRH 同期排卵消黄（黄体退化）后 48 h，应仔细观察爬跨和黏液记录，如无爬跨或黏液，尽可能检查卵巢是否有卵泡并记录。	12		
8	后备牛自开配前一个月起应有发情监控记录，无子宫牛只揭发时间应<14 月龄。	12		
	合计	100		

表 3-6 人工授精管理评分

被评估牧场： 评估人员： 评估日期： 年 月 日

序号	检查内容	赋分	得分	备注
1	取冻精时，要保证提桶的顶端提取高度，要低于罐口 10 cm，如果 6 s 之内未找到目标冻精，将提桶放回液氮中，待 15 s 后，再次提出、选取。	9		
2	精液解冻应使用电加热恒温水浴锅（杯），温度要定期校准或核对精度，水浴锅应每天更换水，保持清洁。	9		
3	精液解冻水浴温度在（36±1）℃，解冻时间 30~45 s（须配备秒表），解冻后，用纸巾彻底擦干冻精细管上的水珠。	9		
4	精液解冻一次解冻数量不超 5 支（性控冻精不超 3 支），冻精解冻后 10 min 内必须输精完毕；若输精头次较多，应分批解冻，同时避免光线直射。	9		
5	冬季解冻时需注意精液细管、输精枪、输精外套管的预热保温工作。	9		
6	输精套管应贮藏在干燥和洁净地方，防尘，拆袋后套管，应放置洁净抽屉等内，避免污染（剪开一小口即可）。	9		
7	输精前用洁净纸巾将阴户擦干净（输精和子宫治疗必须做到每牛一手套）。	9		
8	输精时避免套管受到污染，做到慢插、轻拉、缓出，输精完毕应检查精液是否回流、套管口是否带血、套管上是否有脓性分泌物。	9		
9	输精完毕后，应将输精器用酒精棉花擦拭消毒，放于专门位置储存并注意防尘污染。	9		
10	输精后，应定期进行 30 d 返情率分析（包括各公牛冻精返情率分析）。	9		
11	输精后应两个月初检（妊娠诊断），应进行各公牛冻精受胎率统计。	10		
	合计	100		

第三章 奶牛场生产管理

表 3-7 妊娠诊断管理评分

被评估牧场：　　　　评估人员：　　　　评估日期：　　年　　月　　日

序号	检查内容	赋分	得分	备注
1	输精后未返情牛，应在输精 35 d 内，进行早期妊娠检查（每周至少 1 次）。	15		
2	早孕检测怀孕牛，在输精后 60 d 进行直肠妊娠诊断，确诊后报牧场统计部门录入繁殖信息。	15		
3	早孕检测空怀牛处置需按照管理部定时输精流程执行。	15		
4	初检怀孕牛，分别在妊娠 120 日龄、210 日龄进行 2 次直肠妊娠复检诊断。	15		
5	所有妊检空怀牛，应及时处置和计划配种。	10		
6	发现母牛流产，应于当日上报。流产明细汇总应注明流产发现状态（有否胎儿、胎衣等），记录可能导致流产的事件和原因分析。	20		
7	统计 60 d 直检早孕胚胎早期死亡比例（月报内）、孕 4 个月复检空胎率、干奶前复检空胎率。	10		
	合计	100		

表 3-8 繁殖障碍处理管理评分

被评估牧场：　　　　评估人员：　　　　评估日期：　　年　　月　　日

序号	检查内容	赋分	得分	备注
1	产后 90 d 未妊未配的牛，应至少每周 1 次筛选汇总，应有检查处理记录和配种计划。	15		
2	后备牛 15 月龄以上未妊未配的牛只，应至少每周 1 次筛选汇总，应有检查处理记录和配种计划。	15		
3	牛只繁殖障碍治疗后 7 d 内应进行复诊，对治疗无效的牛，分析情况，及时进行继续治疗。	15		
4	对于配种次数多的牛只，及时进行生殖机能检查。3 次以上输精不孕，应暂停 1 个情期，作净化处理。	15		
5	对于配种次数多的正常发情牛只，应使用药物辅助促进排卵和胚胎着床。	10		
6	每月底应汇总禁配牛明细，明确需禁配和解除禁配牛只，并主动申报已无价值牛只淘汰申请。	20		
7	大型牧场难孕牛应及时分群，集中或相对集中饲养。	10		
	合计	100		

表 3-9 繁殖结果数据管理评分

被评估牧场：　　　　评估人员：　　　　评估日期：　　年　　月　　日

序号	检查内容	赋分	得分	备注
1	成乳牛计划受孕完成率>140%	25		

(续表)

序号	检查内容	赋分	得分	备注
2	青年牛计划受孕完成率>108%	25		
3	成乳牛情期受胎率>38%	25		
4	成母牛首次配种情期受胎率>42%	25		
5	青年牛情期受胎率>50%	25		
	合计	100		

（二）犊牛、育成牛和青年牛管理 SOP 效果评价

犊牛、育成牛和青年牛管理 SOP 效果评价包含新生犊牛护理、初乳饲喂、常乳与开食料饲喂管理、哺乳期犊牛日常管理、断奶后犊牛饲喂管理、育成牛与青年牛饲养管理和犊牛饲养结果数据管理，具体表格见表 3-10 至表 3-16。

表 3-10 新生犊牛护理评分

被评估牧场：　　　　评估人员：　　　　评估日期：　　年　　月　　日

序号	检查内容	赋分	得分	备注
1	新生犊牛，接产人员去除犊牛口鼻中的异物和黏液、用干净毛巾或吹风机将犊牛身上的黏液和水分擦拭干净。	17		
2	接产卫生，初生犊牛接触干净卫生的环境，干净的褥草、转运车。	17		
3	呼吸异常的牛只，必须先倒立后用双手拍打两侧胸部，呼吸正常后再护理。在 30 min 内进行母子分离，严禁犊牛自己吸奶。脐带消毒碘酊杯清洁卫生。	17		
4	擦干身体后称重，并记录。	16		
5	出生后 24 h 内打双耳标（顶部注上出生日期）。填写产犊记录表（犊牛母亲号、分娩日期和时间、犊牛性别、犊牛出生重、接产人、是否助产等信息）。	16		
6	拍照（头部、左侧）两张照片，并发送牧场信息员 2 周内建立犊牛档案。	17		
	合计	100		

表 3-11 初乳饲喂评分

被评估牧场：　　　　评估人员：　　　　评估日期：　　年　　月　　日

序号	检查内容	赋分	得分	备注
1	初乳收集须在产犊后 2 h 内，血乳、临床乳房炎等异常牛初乳不得收集。	13		
2	初乳收集后，进行初乳质量检测（有记录），检测合格的初乳方可使用。	12		

(续表)

序号	检查内容	赋分	得分	备注
3	合格初乳分装后，进行巴杀，每周对初乳进行细菌培养（巴杀后细菌菌落总数低于1 000 CFU/mL，未巴杀初乳细菌数低于10 000 CFU/mL）。	12		
4	巴杀后初乳，按照质量分类进行冷冻或冷藏保存，初乳保存袋应记录收集日期、牛号、密度、检测人等信息。	12		
5	4℃冷藏初乳保质期72 h，-18℃冷冻初乳保质期1年，初乳使用做到"先进先出"原则，初乳冰柜需进行温度监控，内放电子温度计。	13		
6	初乳解冻：巴氏杀菌机执行解冻程序（温度：39.5~55℃，时间：20~40 min）。	13		
7	饲喂温度：37~38℃，第1次出生后1 h内灌服4 L，第2次6~8 h喂饲2 L；40 kg以下的犊牛第一次灌服3 L，第2次6~8 h喂饲喂2 L或3 L。	13		
8	首次灌服初乳使用优质初乳（百利度折光率大于22），灌服器灌服时控制流速。	12		
	合计	100		

表3-12 常乳与开食料饲喂管理评分

被评估牧场：　　　　评估人员：　　　　评估日期：　　年　　月　　日

序号	检查内容	赋分	得分	备注
1	常乳质量：未巴氏杀菌的细菌数低于10 000 CFU/mL，巴氏杀菌后低于1 000 CFU/mL。乳房炎奶、血乳禁止收集为常乳。	20		
2	常乳必须巴氏杀菌消毒后饲喂，饲喂温度37~38℃。常乳饲喂有方案，遵循定质、定量、定温、定时、定人原则。	20		
3	犊牛出生后24 h后给水，自由饮水；水温：17~20℃（冬季）、常温（夏季）；每天更换2次，保证24 h有干净清洁的饮水。	20		
4	犊牛出生后72 h饲喂开食料，饲喂频次：2~3次/d，每次将剩料清理，重新添加，全天保证颗粒料新鲜。	20		
5	哺乳犊牛开食料均过筛后饲喂，筛孔直径3 mm。	20		
	合计	100		

表3-13 哺乳期犊牛日常管理评分

被评估牧场：　　　　评估人员：　　　　评估日期：　　年　　月　　日

序号	检查内容	赋分	得分	备注
1	奶桶、奶罐用具管理：饲养员每天喂完牛奶后洗刷奶桶、奶罐，先用45℃清水涮洗一次，然后用消毒液泡5~10 min后刷洗，再用清水漂洗一遍，倒扣桶罐保证不能残留消毒液，然后通风晾干准备下次使用。	12		

(续表)

序号	检查内容	赋分	得分	备注
2	喂奶器具、设备等清洁卫生，无奶垢。	11		
3	水桶、料桶用具管理：两天至少消毒清洗1次，日常饲喂过程中如发现料桶有料结块、边缘有污垢，水中有杂质，则立即清理掉水或料并更换水桶、料桶。	11		
4	7日龄内进行去角。断奶时再检查一次，保证犊牛无角。	11		
5	犊牛舍清洁干燥，通风良好，无异味，无贼风。夏季有遮阳、冬季有保温设施。	11		
6	犊牛看板信息及时更新，准确记录相关信息。	11		
7	每天定时清理犊牛岛内的粪便和尿液，保证犊牛岛的清洁和干燥，通风良好；垫料定期更换、清理。	11		
8	无论夏季还是冬季，将新生犊牛舍墙壁、围栏、牛舍地面、犊牛经常行走接触的地方严格消毒，必须保证2次/周消毒，有消毒记录。	11		
9	每断奶一批将垫料重新更换一次，并将犊牛岛或犊牛栏舍彻底清洗消毒一次。	11		
	合计	100		

表3-14 断奶后犊牛饲喂管理评分

被评估牧场：　　　评估人员：　　　评估日期：　　年　　月　　日

序号	检查内容	赋分	得分	备注
1	断奶标准：连续3 d颗粒料采食超过1.2 kg，且断奶时体重应为出生重的2倍，就可以断奶。保证平均日增重在750 g以上，断奶犊牛体重不足2倍者可延续一周断奶。疾病未治愈不予断奶，治愈后走正常断奶流程及时断奶。	25		
2	断奶后3 d内必须完成称重，计算断奶时的日增重，并做好记录，以便后期分析。	25		
3	断奶后在原地过渡饲养7 d，以减少转群应激，7 d后整群转入过渡舍饲养。	25		
4	料脚严禁废弃，颗粒料和草料的剩料按2%~3%添加到后备牛日粮。	25		
	合计	100		

表3-15 育成牛与青年牛饲养管理评分

被评估牧场：　　　评估人员：　　　评估日期：　　年　　月　　日

序号	检查内容	赋分	得分	备注
1	育成牛、青年牛每月1次体尺测定，测量月龄聚焦6月、9月、14月、24月重点月龄。	25		

(续表)

序号	检查内容	赋分	得分	备注
2	根据繁殖每月20日前提供下月后备牛开配牛计划,及时开展开配牛体测工作,于下月1日前将牛只体测数据录入开配单反馈繁殖人员。	25		
3	每月一次分群,并有分群记录。参考月龄、体高及体况进行分群,遵循月龄相近,体况相近,分在一群的原则,及时淘汰生长状况较差的牛只。	25		
4	青年牛存栏较大牛场,组成参配牛群和妊娠牛群。	25		
	合计	100		

表 3-16 犊牛饲养结果数据管理评分

被评估牧场：　　　　评估人员：　　　　评估日期：　　年　　月　　日

序号	检查内容	赋分	得分	备注
1	犊牛灌服初乳后 48~72 h,抽测比例至少 50%。	14		
2	犊牛采集血样进行血清中总蛋白含量检测,合格率90%以上（有记录）。	14		
3	犊牛断奶平均日增重不低于 850 g。	14		
4	后备牛 14 月龄平均体高大于 127 cm,平均体重大于 375 kg,合格率 70%。	15		
5	体测率要求：6 月龄 20%,9 月龄 10%,14 月龄 50%,24 月龄 10%,总体测率要求小于 500 头,达到 20%,500~2 000 头达到 15%,2 000~4 000 头,达到 10%,大于 4 000 头,达到 8%。	15		
6	评估当季度后备牛头天饲料成本不超预算。	14		
7	评估当季度后备牛淘汰率不超预算。	14		
	合计	100		

（三）饲养管理 SOP 效果评价

饲养管理 SOP 效果评价包含饲料管理、营养管理、舒适度管理、TMR 管理（TMR 操作规范）和饲养效果,具体表格见表 3-17 至表 3-21。

表 3-17 饲料管理评分

被评估牧场：　　　　评估人员：　　　　评估日期：　　年　　月　　日

序号	检查内容	赋分	得分	备注
1	牧场设立饲料仓库管理制度（包括饲料出入库、贮存、使用等）,并认真执行。	4		

(续表)

序号	检查内容	赋分	得分	备注
2	饲料仓库干燥，不漏雨，有消防栓和灭火器等有效防火措施；仓库内有防鸟、防鼠措施。	4		
3	饲料仓库设有禁烟标识，禁止抽烟；不存放易污染饲料的化肥、农药物品等。	4		
4	堆放饲料的地面有防潮措施（离地、离墙、通风干燥等），避免受潮。	4		
5	饲料仓库和青贮窖地面保持清洁，及时清扫。	4		
6	贮藏于室外的干草和辅料场地高于地面，做有效防雨措施。	4		
7	每批饲料进场必须有出厂检验合格报告，入库时有入库单和签字，入库后每批饲料建立饲料标识卡，数量、供应商、保质期等信息记录完整，过磅单、出厂检验单、牧场自检或送检报告单、饲料标识卡、饲料标签5项饲料信息进行装订归档保存（一个饲料品种一个文件夹）。	5		
8	每批饲料入库时做感官质量和标签检查，每周复检1次质量和保质期信息，并记录于饲料标识卡。	4		
9	每批饲料根据原料特性（精粗原料）按批次分开堆放，整齐有序，并按"先进先出"原则使用。	4		
10	每天及时准确记录饲料进出库数量信息（饲料标识卡、饲料台账、饲料日报），账物卡相符。	4		
11	饲料入库的各项信息录入饲料信息反馈表，每周盘点一次饲料库存，并于周三及时邮件反馈。	4		
12	每月25日前及时上报下月饲料采购计划。	4		
13	精饲料辅料库存量需大于7 d，小于30 d；干草库存量需大于10 d。	5		
14	评估前1个月，饲料上报数量与实际进货数量差异小于5%。	4		
15	腐败变质饲料及时废弃，不配入使用的日粮；对可能影响饲料质量安全的赭曲霉毒素A、玉米赤霉烯酮、呕吐毒素、T-2毒素、黄曲霉毒素等指标进行抽检，保留相关检测报告。	4		
16	青贮饲料顶部和周边无霉变、无发黑层。	4		
17	青贮饲料一次开启距离小于1 m，取用截面整齐（有青贮取料机的牧场其设备正常使用），每天推进距离20 cm以上。	4		
18	青贮饲料采用分窖管理制度。	4		
19	青贮饲料等高水分饲料每月送检2次，其他样品按公司规定送样。青贮和自购料、质量跟踪等都由牧场采样，检测结果及供应商信息记录于饲料信息反馈表并分析。	5		
20	啤酒糟等饲料新鲜配送，无霉变。	4		
21	每周牧场自检青贮饲料、啤酒糟等高水分饲料的干物质，并记录青贮饲料温度、气味、色泽。	4		

第三章 奶牛场生产管理

（续表）

序号	检查内容	赋分	得分	备注
22	饲料验收制度、检测、投诉记录完善。	4		
23	青贮饲料一年两次收储，青贮饲料库存需小于270 d；一年一次收储，青贮饲料库存需小于500 d。	4		
24	精料由饲料厂上下半年各提供一次第三方全能检测合格报告（根据奶源评审要求），并符合饲料卫生标准 GB 13078。	5		
	合计	100		

表3-18 营养管理评分

被评估牧场：　　　　评估人员：　　　　评估日期：　　年　　月　　日

序号	检查内容	赋分	得分	备注
1	建立牛群养殖档案，牛只有明显唯一标识。档案信息记录准确，并归档管理。	5		
2	牛群基本信息有公示：头数、泌乳天数、产量等（除信息资源共享的牧场）。	5		
3	泌乳牛群饲养阶段划分清晰，合理分群，头胎经产分群。	5		
4	围产牛进入围产期单独分群（包括后备牛），密度小于85%。	5		
5	日粮配方配比、审批、使用建立签字制度，每次调整日粮需打印配料单并备份保存至少一年（或保存电子版调整记录）。	5		
6	日粮系统基础数据录入完整（产量、泌乳天数、理化、体重等），及时更新饲标和饲料价格。产量和泌乳天数每周更新1次；饲料价格每月更新1次。	5		
7	奶牛饮用水符合畜禽饮用水水质标准 NY 5027 或生活饮用水 GB 5749 要求。索取自来水厂水质卫生安全指标检测报告，或保存每年1次自行送样检测报告。	5		
8	牛舍内水槽或水碗清洁、不漏水、水量充足。水塔等贮水设施每年定期清洗消毒。	5		
9	运动场、待挤厅设有足够水槽（牛均≥12 cm），挤奶回牛通道上设有水槽，水槽定期清洗，水量充足。	6		
10	每月至少一次根据牛只体况和产量微调牛只分群，有调群记录。	6		
11	围产期时间平均不低于20 d。	6		
12	干奶牛和产犊时体况评分率达到100%，其他阶段抽检评估。	6		
13	干奶期间体况增加低于0.5分，产犊后2个月内体况下降低于1分。	6		
14	每月分析围产期牛只情况，确保围产期饲养管理持续提升。	6		

(续表)

序号	检查内容	赋分	得分	备注
15	每天准确更新各牛舍牛头数变化，及时根据采食量和牛头数变化调整发料量。	6		
16	使用新饲料品种或已停用一段时间的饲料，提前通知奶研所修改配方，过渡期至少1周。	6		
17	每天准确填写饲料日报，并及时邮件反馈；日报数据出现明显变化时，应备注具体原因，日报保存时间至少一年。	6		
18	每周五备份并反馈周报、日粮；每月1日备份并反馈月报。	6		
	合计	100		

表 3-19 舒适度管理评分

被评估牧场： 评估人员： 评估日期： 年 月 日

序号	检查内容	赋分	得分	备注
1	定期监控牛只躺卧时间，夏季牛只躺卧9 h以上，冬春季节11 h以上，根据躺卧时间改善管理措施。	9		
2	卧床尺寸在推荐值范围（牧场可以调节的尺寸）。	8		
3	牛舍粪道井盖完整，卧床隔栏完整、橡胶垫平整。	9		
4	有完善的垫料管理流程并按要求执行，卧床垫料铺满整个卧床，粪便污染的卧床占卧床总数的10%以内。	9		
5	牛舍地面干净、无积水、积粪、地面不滑。	9		
6	牛舍无影响牛只行走、采食、饮水的无用的隔断、门等。	8		
7	工人赶牛不大声吆喝、打牛，赶牛缓慢不急。	8		
8	赶牛通道地面干净、不滑、无积粪，牛只可正常行走。	8		
9	运动场（或卧床）无明显大石块、木屑块或湿洼地。	8		
10	产后护理、配种、治疗、调群等因素，成乳牛一次夹牛时间控制在40 min以内。	8		
11	牛舍通风良好，无刺鼻气味。	8		
12	工作人员靠近牛时，安全距离小于2 m。	8		
	合计	100		

表 3-20 TMR 管理（TMR 操作规范）评分

被评估牧场：　　　评估人员：　　　评估日期：　　年　　月　　日

序号	检查内容	赋分	得分	备注
1	投料顺序合理（先粗后精，先干后湿原则）。	4		
2	单次配料量占搅拌车容量的 50%~80%。	4		
3	每天根据配料单准确配比日粮，记录配料过程关键点重量（配料记录单）。	4		
4	加水、糖蜜等液体饲料的加料口，在 TMR 车中间。	4		
5	投料结束后搅拌时间 3~8 min（配料记录单）。	4		
6	饲料混合均匀，眼观无明显大草团或青贮饲料，无明显精料分离。	4		
7	TMR 分级筛最上层小于 12%，三层+四层筛不高于 60%。合格率大于 90%，宾州筛有变异系数记录。	4		
8	日粮干物质检测结果与配方值误差小于 2 个百分点。合格率大于 90%。	4		
9	日粮中无塑料薄膜等杂物、无可见霉变饲料。	4		
10	饲料分发均匀，眼观无明显大堆料或无料情况。	4		
11	TMR 按牛舍牛头数（颈架数）分发，发料颈架数不小于牛头数。首尾空颈架数不超过 4 个。	4		
12	根据不同批次采食量调整每批次的发料比例。	4		
13	新产牛和高产牛需做到"牛走发料"。	4		
14	发完料后 TMR 车内剩料需清理，无大量剩料存在。	4		
15	TMR 车内无霉变饲料。	4		
16	每周不定期抽查配料准确度、发料准确度，并做记录。安装监控软件的牧场，每月需做配料发料准确度考核。	4		
17	每周至少检查 1 次 TMR 搅拌颗粒度分析和均匀度分析，并做记录（分级筛检测记录）。	4		
18	泌乳牛剩料控制在 3% 以内，每天至少清理 1 次饲槽剩料，新高产区域保证全天不空饲槽，保持饲槽清洁。	4		
19	牛只挤完奶后采食时夹颈架时间不超过 30 min。	4		
20	新、高产牛、围产牛每天至少推料 12 次。新高产牛不允许出现"料远离槽"现象。	4		
21	合理利用外观与成品一致的剩料（用于后备牛或后期牛）并作为原料品种用在配方里。	4		
22	按照车辆使用说明，定期对 TMR 和铲车等车辆进行清洗维护保养，记录完整（车辆维护记录）。	4		
23	TMR 相关车辆使用记录完整，记录使用人和使用时间（车辆运行记录）。	3		

(续表)

序号	检查内容	赋分	得分	备注
24	根据TMR刀片磨损情况及时更换刀片（车辆维护记录）。	3		
25	TMR车每月校验磅秤1次，有筒仓牧场每半年校验筒仓磅秤，并做记录。	3		
26	建立TMR车和铲车等车辆保养制度；使用结束后，车辆停摆整齐（远离草堆），并保持车辆内外清洁。	3		
	合计	100		

表 3-21 饲养效果评分

被评估牧场：　　　　评估人员：　　　　评估日期：　　年　　月　　日

序号	检查内容	赋分	得分	备注
1	收付存报表盘点精料差异小于2%，粗料差异小于5%。	8		
2	干奶牛中体况未达标和超标牛比例小于20%（未达标干奶牛：体况小于等于2.75分，大于等于3.5分）。	9		
3	早期牛（泌乳天数小于100 d）中体况未达标牛比例小于10%（未达标早期牛：体况小于等于2.25分）。	9		
4	本年度至评估时胎衣滞留率小于8%。	9		
5	上个季度新产牛亚临床酮病发病率低于30%。	9		
6	头胎牛高峰产量达到36 kg（DHI报告）。	8		
7	头胎牛第2至第10泌乳月持续力达到96%（DHI报告）。	8		
8	二胎牛高峰产量达到43 kg（DHI报告）。	8		
9	二胎牛第2至第10泌乳月持续力达到93%（DHI报告）。	8		
10	二胎以上牛高峰产量达到45 kg（DHI报告）。	8		
11	二胎以上牛第2至第10泌乳月持续力达到93%（DHI报告）。	8		
12	前三季度的乳脂率≥3.3%，乳蛋白率≥3.1%比例大于90%（生乳单价汇总表）。	8		
	合计	100		

（四）挤奶管理SOP效果评价

挤奶管理SOP效果评价包含挤奶操作流程管理、挤奶效率与过挤管理、挤奶设备管理、挤奶条线数据管理、牛奶贮存、挤奶设备清洗、生乳运输、生鲜乳化验、生鲜乳质量检测和质量数据结果管理，具体表格见表3-22至表3-31。

第三章 奶牛场生产管理

表 3-22 挤奶操作流程管理评分

被评估牧场：　　　　评估人员：　　　　评估日期：　　年　　月　　日

序号	检查内容	赋分	得分	备注
1	挤奶操作规范上墙明示，与实际操作要求相一致。	4		
2	挤奶管道表面灰尘定期清洁，现场无明显积灰，挤奶器各部件及挤奶台面无奶垢。	4		
3	员工身体外露的皮肤有开放性外伤未愈前不能进行接触生鲜乳的操作。	4		
4	挤奶过程保持挤奶员手部的清洁卫生，戴好手套等防护用品，不佩戴饰品，不留长指甲（有手套分发记录）。	4		
5	废弃 3 把奶于带面网的集乳杯中，并检查有无乳房炎、创伤奶或异常奶。头把奶收集于统一的桶内，挤奶结束后统一处理。	4		
6	乳头浸液新鲜有效，备有前后药浴杯，有明显标识，易区分。药浴需做到现配现用（每周至少抽检 1 次），头均每次消耗小于等于 30 mL 稀释液（2 次前药浴小于等于 45 mL），禁止浪费。	4		
7	挤奶前药浴乳头，药浴喷洒或蘸点全面。药浴液停留时间至少保证 30 s。	4		
8	用一次性纸巾或烘干的毛巾擦净并擦干乳头保证乳头孔无牛粪残留，并有按摩动作，注意用不同部分擦拭，避免交叉感染。	4		
9	乳头末端擦拭干净，现场抽查清洁度 3 分以上占比≤10%。	4		
10	毛巾清洗必须遵循挤奶条线制度，乳房炎牛擦拭毛巾必须与健康牛用毛巾分开清洗。	4		
12	验奶开始至上奶杯的时间控制在 60~90 s，最晚不超 120 s。	4		
13	上杯前检查奶杯口卫生及气管有无脱落，并在 5 s 内完成套杯且无漏气，并进行奶杯布局调整。	4		
14	套杯挤奶，无过度挤奶、漏气滑杯等现象及时处理。	4		
15	假奶头浸在有效的、干净的 200~300 mg/kg 的消毒液中。	4		
16	奶杯跌落后对奶杯进行有效的清洗与消毒。	4		
17	巡杯人员需做好奶杯巡查工作，踢脱后及时补杯，非特殊情况无人工干预脱杯，并观察奶杯挤奶状况。	4		
18	挤过乳房炎或高体细胞牛只后，奶杯及时有效消毒。上市奶 SCC 大于 2×10^5 个/mL 时，需要增加泡杯频次。	4		
19	备用的消毒水有效氯离子浓度在 200~300 mg/kg，有监测记录。	4		
20	挤奶结束后，挤奶器具（药浴杯、集乳杯、手推车等）及时清洗消毒，无污垢奶垢。	4		
21	转盘挤奶牧场保证脱杯后在 20~30 s 内进行药浴，并列式牧场保证一致性前提下 1 min 内药浴。	3		

(续表)

序号	检查内容	赋分	得分	备注
22	制定药浴杯和药浴液的管理制度，并有效执行，保存相关信息记录。	3		
23	定期烤牛乳区毛（至少2月/次），现场乳区毛不长，有利于挤奶工擦拭工作，并做好记录。	3		
24	赶牛过程中，严禁用脚踢牛、严禁打牛、严禁大声吆喝，严禁手中拿棍子。	3		
25	奶台卫生良好，挤奶台有脚垫也需要定期清洗消毒脚垫下的卫生。	3		
26	混区后可以在3潮次内及时调整。	3		
27	奶台做到对乳房炎的100%揭发，不得有遗漏、虚报等情况。	3		
28	现场抽取部分牛群进行乳头末端评分，牧场3分、4分占比不得与表3-25的条线数据管理评分差异大于5%。	3		
	合计	100		

表3-23 挤奶效率与过挤管理评分

被评估牧场： 评估人员： 评估日期： 年 月 日

序号	检查内容	赋分	得分	备注
1	实际挤奶时间低于目标挤奶时间。	7		
2	高峰时流速达到4 kg/min以上。	7		
3	高峰流速时间小于2 min。	7		
4	前2 min产量占比达到50%以上，前2 min产量大于5 kg。	8		
5	0~15 s流速不低于0.6 m/s，且15~30 s、30~60 s、60~120 s流量呈上升趋势。	8		
6	慢速挤奶时间小于1 min。	7		
7	慢速出奶时间占比小于20%。	7		
8	初期低流速时间、末期低流速时间分别小于0.5 min。	7		
9	双高峰占比小于30%。	7		
10	6~8 min挤奶牛数比例小于10%。	7		
11	多次套杯比例小于5%。	7		
12	没有必要套杯比例小于3%。	7		
13	非正常脱杯比例小于5%。	7		
14	踢拖比例小于3%。	7		
	合计	100		

第三章 奶牛场生产管理

表 3-24 挤奶设备管理评分

被评估牧场：　　　　评估人员：　　　　评估日期：　　年　　月　　日

序号	检查内容	赋分	得分	备注
1	正常情况下，全部自动脱杯，脱杯流量 800~1 000 mL/min，每次调整有记录。	8		
2	脉动检测，每月至少 1 次，保留数据（有设备的牧场）。	7		
3	对于脉动检测异常点位进行及时处理，有处理记录。	7		
4	保持真空压力稳定，真空调节阀过滤海绵干净，且定期进行保养，有维修保养记录。	7		
5	挤奶条线检测奶杯脉动频率（波动不超 1）、比例（波动不超 3）正常。	7		
6	挤奶条线抽测脉动时像正常，要求波动≥40，比例≥20%。	7		
7	挤奶条线挤奶机检测峰值流量乳头末端真空压在 36~38 kPa。	8		
8	奶衬及其他橡胶部件无破裂现象，根据奶衬使用寿命定期更换，有更换记录。	7		
9	挤奶器具等设备维护良好，无老化、破损，有每日检查记录。	7		
10	奶衬或集乳器导流孔经常疏通，确保未堵。	7		
11	制定挤奶、制冷设备定期维护保养计划，并根据计划进行保养维护，保存维护记录、相关水印照片，每月按照要求及时反馈挤奶条线。	7		
12	挤奶、制冷设备有专人维护、保养，有专业报告反馈（有效期 6 个月）。报告至少保存 2 年。	7		
13	挤奶厅、贮奶间内外安装电子监控摄像头，并有效维护设备，保证正常运行，记录生鲜乳生产全程，特别是贮存罐口、运输车罐口信息，滚动保存 10 d 以上。	7		
14	定期专人负责对电子摄像信息、GPS 信息查看，并记录异常情况，有问题的及时跟踪、整改处理。有查看记录。	7		
	合计	100		

表 3-25 挤奶条线数据管理评分

被评估牧场：　　　　评估人员：　　　　评估日期：　　年　　月　　日

序号	检查内容	赋分	得分	备注
1	现场抽取部分牛群（高产区至少 10%）进行乳头末端评分，牧场 3 分、4 分占头胎牛≤10%，经产牛≤15%。	25		
2	评估月的上个月乳区卫生 3 分、4 分比例≤20%。	25		
3	评估月的上个月腓节卫生 3 分以上≤20%。	25		
4	累计到评估前一个月，清洗消毒费用未超预算。	25		
	合计	100		

表 3-26　牛奶贮存管理评分

被评估牧场：　　　　评估人员：　　　　评估日期：　　年　　月　　日

序号	检查内容	赋分	得分	备注
1	挤奶厅通风良好、环境整洁，无灰尘积聚、结露、长霉或脱落、蜘蛛网等情形发生；墙面有贴 1 m 以上墙砖、光滑，便于清洁；地面应有防滑措施，易于清洁。	5		
2	贮奶间室内屋顶应易于清洁，有吊顶或平面防尘处理，无灰尘积聚、结露、长霉或脱落、蜘蛛网等情形发生。	5		
3	贮奶间墙面贴有 2 m 以上浅色墙砖，地面贴有浅色防滑地砖，墙砖和地砖无破损，易于清洁，下水道带有水封地漏，无异味、积水、卫生死角。	5		
4	贮奶间有防蚊蝇、防虫、防鼠、防盗的措施。安装便于清洁的塑钢纱门、纱窗及防盗窗，捕蝇纸要及时更换，不得放在贮奶罐口上，防鼠只使用物理方法，灭蝇灯在虫害活动频繁季节每月清理一次。	5		
5	贮奶间照明照度适当，便于操作，应使用安全型照明设施，不应安装在贮奶罐罐口暴露的正上方。	5		
6	贮奶间与挤奶厅、空压机房有效隔离，无油烟等异味，无木质器具或工作台，空压机房无油烟污垢杂物。	5		
7	保持挤奶厅和贮奶间建筑完好、环境整洁，防止虫害、啮齿类动物和鸟类侵入及滋生。	5		
8	接触生鲜乳的容器、用具、奶泵、管道、奶罐、运输罐的材质符合食品卫生要求，对生鲜乳质量安全没有影响。	5		
9	奶罐外壁应保存清洁、干净，没有明显灰尘；盖子应保持关闭状态。	4		
10	奶缸搅拌机润滑油必须是食品级润滑油，每年至少更换一次，有保养记录。	4		
11	定期检查奶缸搅拌器（搅拌频率、搅拌速度、搅拌时间等），每季度至少一次，有记录可追溯。	4		
12	挤出的生鲜乳进奶罐前应使用 150~200 目过滤袋（布）过滤。	4		
13	挤下的牛奶在 2 h 内冷却到 2~4℃，有记录。	4		
14	贮奶缸内的生乳贮存温度控制在 1~4℃，不得有结冰现象，并有每潮次监测记录。	4		
15	生鲜乳牧场贮运时间不超过 24 h（从第一潮挤奶开始），贮奶罐应每天清罐、清洗。	4		
16	奶缸温度显示器工作正常。与实际奶温的温差≤1℃，每周至少监测两次，有监测记录。	4		
17	所有检测温度的设备定期验证，每季度至少一次，设备上贴有验证标签，并有记录可追溯。	4		
18	贮奶间只能用于冷却和贮存生鲜牛乳，不得存放任何化学物品和杂物。	4		

第三章 奶牛场生产管理

(续表)

序号	检查内容	赋分	得分	备注
19	贮奶间的门应保持经常性关闭上锁状态，建议安装能自动关闭门的设备；工作结束后，关闭门窗并及时上锁。	4		
20	进出挤奶厅、贮奶间人员实施有效管控，无关人员不得随便进入，访客需有生产人员陪同。	4		
21	贮奶间"禁止吸烟"警示标识醒目，无烟头。	4		
22	贮奶间不得存放双氧水、烧碱、苏打、消毒液。	4		
23	根据"5S"要求，过冷间进行"5S"管理，有检查记录。	4		
	合计	100		

表3-27 挤奶设备清洗管理评分

被评估牧场： 评估人员： 评估日期： 年 月 日

序号	检查内容	赋分	得分	备注
1	与生鲜乳接触的接口（头）、阀门、打奶管材质符合食品卫生要求，表面光滑易清洁，无死角、无粗糙的焊缝。	6		
2	所有设备进出口（奶泵、输奶管、缸口、缸考克等接口）有防护设施，防止虫、蚊蝇、鼠等进入。	6		
3	奶罐配有CIP清洗系统，所有奶罐都必须进行CIP循环清洗。	6		
4	奶泵、管道、奶罐、阀门无渗漏、无锈迹。	6		
5	过冷间有适宜的热水供应设施，及时满足清洗需要。	6		
6	清洗水槽配置热水温度监测设备（数字式温度仪），确保水温能及时监测，能正常使用。	5		
7	过滤布或过滤纸无破损、无污染，清洁卫生。	5		
8	过滤袋内容物（稻草、牛粪等）有检查、跟踪、改进，有记录。	5		
9	清洗消毒用的水符合饮用水标准。	5		
10	挤奶后应及时清洗设备（1 h内）。	5		
11	有正确的挤奶管道、设备CIP清洗程序，明确清洗方式、步骤、频次、浓度、温度、时间等参数（可参考酸碱厂家说明书），并保存验证有效性；清洗作业指导书上墙，能醒目、快速地指导操作人员正确操作。	5		
12	保存管道设备清洗、消毒操作记录，标明清洗、消毒对象、清洗剂名称和浓度、温度、频次，热水消毒温度、频次、作业人员、日期和时间，现场验证清洗操作符合性（浓度、时间等）；自动清洗系统，保存每周1次的验证（调整）记录。	5		
13	清洗结束后及时排空清洗消毒液，严禁对挤奶设备、奶缸用消毒液进行浸泡。	5		

(续表)

序号	检查内容	赋分	得分	备注
14	严禁使用化学消毒剂对挤奶管道、设备消毒，限物理方法消毒，推荐挤奶前用85℃以上热水对挤奶管道、奶罐、奶泵等进行预冲洗消毒，循环冲洗时间不少于5 min，排空残留水，管道温度回到常温方可正常挤奶。	5		
15	有清洗专用刷，使用后保存完好。	5		
16	气水分离器保持清洁，有生鲜乳进入时能及时清理。	5		
17	集乳器每月至少1次人工拆洗，保持干净，并记录。	5		
18	挤奶容器、冷缸、奶泵、管道、标尺等清洗后无奶垢、无积水。打奶管离地固定保存。	5		
19	使用板式冷热交换器，除正常清洗、消毒外，每年不少于2次的人工拆洗，并保存实施记录。	5		
	合计	100		

表3-28 生乳运输管理评分

被评估牧场： 评估人员： 评估日期： 年 月 日

序号	检查内容	赋分	得分	备注
1	装奶前对出场牛奶质量、数量进行确认，质量员开具出场合格单给装奶人员，装奶人员签字确认后才可装运。	12		
2	对生鲜乳运输车卫生及清洗铅封进行监督检查，异常情况及时记录并上报给直接管理部门，有检查记录（照片反馈）。	11		
3	对于卫生异常的生鲜乳运输车，必须清洗干净消毒后才可以装奶。	11		
4	装奶时采用全封闭管道装奶。	11		
5	装奶结束后对运输奶罐车罐口、阀门进行有效铅封，铅封号码对应于相应的缸与考克，有记录，可追溯。	11		
6	生鲜乳运输车随车携带生鲜乳交接单，应明确：生产者名称、车辆牌照（车头+罐体号）、数量、装运时间、生鲜乳温度、罐口阀门铅封编号等可追溯信息内容，并由相关人员对运输单填写的内容进行确认、签名。	11		
7	妥善保管铅封，领用与实际使用数量相符，有记录，可追溯（建议连号使用）。	11		
8	非自己的生鲜乳运输车与运输商签订生鲜乳运输质量安全承诺书，保证运输过程生鲜乳安全。	11		
9	生鲜乳运输车辆安装GPS系统或北斗导航系统，且接入监控平台。	11		
	合计	100		

第三章 奶牛场生产管理

表 3-29 生鲜乳化验管理评分

被评估牧场：　　　　评估人员：　　　　评估日期：　　年　　月　　日

序号	检查内容	赋分	得分	备注
1	有与生鲜乳检验相配套的实验室，包括：样品留样、检验分析、化学药品贮存、办公室等区域。	9		
2	有系统的实验室管理制度，特别是化学试剂的采购、验收，标准溶液的配制，操作的规范性管理控制，保存相关信息。	9		
3	检测人员应取得乳品检验员相关专业合格培训证明。	9		
4	有毒有害化学品独立空间存放禁止混放，有专人保管，有专门的采购、储存、领用和使用的制度和记录。	9		
5	应有与检测项目相适应的计量、检测设备、仪器，对仪器按规定校正并记录。	8		
6	化验室进行"5S"管理，物品标识清楚、摆放有序，环境整洁。	8		
7	使用的检测试剂有效，没有浑浊、没有沉淀，有配制与消耗记录。	8		
8	检测溶液的标贴完整，名称、浓度、配制日期等内容清晰。	8		
9	保存所有出场奶缸样、奶车样（每个奶罐），按要求进行封存；在2~5℃冰箱中保存，应至少保存加工厂验收后2 d以上，有留样记录。	8		
10	冰箱内清洁卫生，无与工作无关的物品。	8		
11	定期对过冷工进行培训，有培训记录。	8		
12	按照19年质量监测计划进行监测。	8		
	合计	100		

表 3-30 生鲜乳质量检测管理评分

被评估牧场：　　　　评估人员：　　　　评估日期：　　年　　月　　日

序号	检查内容	赋分	得分	备注
1	建立生鲜乳质量管理制度，不合格品得到有效管控。	5		
2	建立生鲜乳检验方法标准及检验记录，并有效保存2年，检验原始记录，应当载明样品来源、抽样人员、检测人员、检测项目、检测时间、检测原始数据和结果。	5		
3	抗生素使用牛只，停药、休药后采样跟踪检测抗生素残留情况，检测合格后才可开具出牛单，记录可追溯。检测结果每日反馈在牧场相关群内。	5		
4	新产牛牛奶正常身上市前必须采样检测抗生素、酒精试验、热稳定，检测合格才可以开具出牛单；记录可追溯。检测结果每日反馈在牧场相关群内。	5		
5	乳房炎牛只治愈后建议进行微生物培养，合格（<1万 CFU/mL）才可进正常牛舍，有检测记录。	5		

(续表)

序号	检查内容	赋分	得分	备注
6	牛只采样检测必须凭《采样通知单》进行检测；出牛必须开具《出牛通知单》，单据必须有检测人员、兽医签字确认。	5		
7	每日对有抗牛进行两次采样出牛。	5		
8	每天检测所有出场奶缸样、奶车样（一个奶罐一个样）的微生物、嗜冷菌，检测记录规范，有原始记录。出场检测奶样必须检测人员采样。	5		
9	生鲜乳出场检测项目：感官、理化、口感、酸度、密度、酒精、热稳定、掺碱、抗生素、黄曲霉毒素 M_1 等常规指标并按要求反馈在群里，检测情况有原始记录。	5		
10	进场垫料每批次检测干物质；使用中的垫料每月至少抽查一次（覆盖所有泌乳牛舍），监测干物质、致病菌、微生物含量。	5		
11	饲喂犊牛的牛奶微生物检测每天检测，有原始记录与每周反馈。	5		
12	氯霉素等风险监控项目每周至少检测一次，有异常的要跟踪监测。	5		
13	容器卫生每周至少抽查一次（全覆盖），有原始记录。有微生物检测能力的，进行涂抹试验。对不合格的有跟踪监测。	5		
14	管道、奶缸、奶泵等容器清洗、消毒情况每周至少抽查 2 次（全覆盖），有原始记录。	5		
15	细菌鉴定按流程操作与记录。	5		
16	初乳、抗生素乳、乳房炎乳、血乳等异常乳以及在用药期和规定休药期内的生鲜乳不得混入正常乳中，有控制措施和相关记录，可追溯。	5		
17	海绵球使用前必须检测过三聚氰胺指标，按要求进行记录。	5		
18	监控黄曲霉毒素 B_1：进场饲料按要求进行批检，库存一周以上饲料必须按要求进行监测；按要求进行记录。检测饲料样品标识好，至少保存 1 个月以上。	5		
19	药浴液每周至少检测一次，按要求进行记录。	5		
20	与生鲜乳相关的所有操作记录至少保存 2 年。	5		
	合计	100		

表 3-31 质量数据结果管理评分

被评估牧场： 评估人员： 评估日期： 年 月 日

序号	检查内容	赋分	得分	备注
1	累计到评估前一个月，上市奶细菌数≤5 万 CFU/mL，合格率≥99%。	25		
2	累计到评估前一个月，上市奶嗜冷菌加价≥0.02 元/kg。	25		

(续表)

序号	检查内容	赋分	得分	备注
3	累计到评估前一个月,上市生奶体细胞加价率≥180%。	25		
4	第四季度,无退奶事件。	25		
	合计	100		

(五) 防疫管理 SOP 效果评价

防疫管理 SOP 效果评价包含防疫管理、免疫与检疫管理、兽医室环境及操作管理、保健工作、兽药及生物制品、牛只生物资产管理和牧场保健工作,具体表格见表 3-32 至表 3-38。

表 3-32 防疫管理评分

被评估牧场:　　　　评估人员:　　　　评估日期:　　年　　月　　日

序号	检查内容	赋分	得分	备注
1	牧场所有大门(包括牧场边门、后门)正常应处于关闭状态。	5		
2	各类防疫消毒制度上墙明示,且遵照实施。	6		
3	外来人员进场经相关人员许可,执行门卫登记制度、防疫消毒制度,在贵宾更衣室更换防疫服并发放来访卡后方可进场。	6		
4	外来小轿车不得进入牧场,运输车辆进场经相关人员许可,执行门卫登记制度、防疫消毒制度,进场后车辆应停在规定停车区域。	5		
5	大门入口消毒池溶液保证新鲜有效(烧碱溶液 pH≥12),洗手盆消毒液有效氯离子浓度≥300 mg/kg,或其他有效成分消毒剂,且有监测记录。	6		
6	牧场有职工和贵宾更衣室,进生产区内必须穿工作服或一次性防护服,并佩戴安全警示背带。	5		
7	更衣室至生产区通道应设有消毒池、洗手消毒设施(盆、池或酒精消毒设备)及紫外线消毒设施,消毒液浓度合格。	6		
8	生畜禽产品或其他食品不得带入奶牛场生产区。	5		
9	在牧场内不得饲养其他畜禽,无流浪动物。	5		
10	外来人员用过的一次性防护服、口罩、手套等必须集中处理,白大褂、工作服等应及时清洗消毒。	6		
11	防疫关键期(周围有疫情)外来人员一律不得进入牧场,回家探亲的员工至少需要隔离 2 d 才可进场。	6		
12	牧场有环境消毒制度,定期开展消毒工作,消毒记录齐全。	6		
13	场区及周边环境无杂草、臭水沟。	5		
14	牧场储奶间有灭蚊蝇设施,饲料仓库有捕鼠装置。	6		

(续表)

序号	检查内容	赋分	得分	备注
15	牧场有灭蚊蝇灭鼠制度，在蚊蝇多季节，开展灭蚊蝇工作，并有记录。	6		
16	每位员工必须持有有效的健康证，有有效的员工档案。	6		
17	必须有有效的动物防疫条件合格证（要过期的需提前30 d办理延续申请）。	5		
18	牧场有重大疫病防控预案。	5		
	合计	100		

表3-33 免疫与检疫管理评分

被评估牧场：　　　　评估人员：　　　　评估日期：　年　月　日

序号	检查内容	赋分	得分	备注
1	所有疫苗进出库记录详细，储存条件合格，疫苗使用遵循先进先出原则，不得使用过期疫苗。	8		
2	按公司规定开展免疫，并给免疫牛只佩戴免疫耳标。	8		
3	及时做好免疫登记记录，并保留使用疫苗的标签便于追溯（每批次至少一张）。	8		
4	疫苗需放置在保温箱内携带，在极端温度下免疫时保温箱内放置冰块或加热设备。	8		
5	健康适龄牛免疫覆盖率达100%。	8		
6	免疫时按要求做好器械、注射部位的消毒和个人防护，免疫时确保"一牛一针头"或"一牛一消毒"。	8		
7	疫苗免疫后2 h内应有专人巡查免疫牛群，发现过敏牛只及时处理。	8		
8	免疫后的疫苗空瓶、剩余疫苗、手套、破损针头等进行集中无害化处理（深埋、煮沸消毒、焚烧等）。	8		
9	牛只免疫前后需进行抗体检测，免疫后在规定时间内进行的抗体效价检测，评估考核。不合格要做好补免，并有检测记录和检测报告。	8		
10	按当地主管部门及公司规定进行"两病"检疫，并有完整记录。阳性牛进行无害化处理，可疑牛在隔离区或隔离牛舍饲养，以备复检。	7		
11	牛只调运必须有法定检疫证，并登记编号，证明存档保存。	7		
12	有相关疫病监测计划，定期开展监测并有记录。	7		
13	牛只淘汰后，免疫、检疫报告和诊疗记录应保存3年以上，检疫档案永久保存。	7		
	合计	100		

第三章 奶牛场生产管理

表 3-34　兽医室环境及操作管理评分

被评估牧场：　　　　评估人员：　　　　评估日期：　　年　　月　　日

序号	检查内容	赋分	得分	备注
1	兽医室内应设置操作台，环境干净整洁，办公桌以及消毒用设施、冰箱，所有设备正常运转。	8		
2	兽医管理中必须有值班制度，兽医日志记录清晰有效，牧场内 24 h 都有兽医。	8		
3	疾病牛只临床诊疗记录清晰、真实、完整，并有跟踪诊疗的记录，首次诊疗牛必须有体温、食欲、精神、肢蹄、粪便等状况的判断描述记录，记录保存。	8		
4	档案必须做到材料齐全、字迹清晰、归类整齐，装订结实、整齐、规范、排列有序。	8		
5	每日 3 次巡棚，及时对异常牛只进行临床检查及治疗。	7		
6	建立并保存疾病牛只的用药记录。用药记录包括：通用名称或商品名称、产品批号、使用剂量、疗程、治疗时间、用药人员签名等，记录至少保存 3 年。	8		
7	药物应现配现用，用药时遵循药物配伍，不存在配伍禁忌、错误用药，各种给药方法、操作正确。	8		
8	用药牛只转群应遵循所用药物休药期、弃奶期要求，并检测合格后才可转群，治愈牛只转群应有相关人员的签字确认记录。	8		
9	无菌化操作 1：手术器械、注射器械等医疗用具每班次使用前必须有效灭菌消毒。	8		
10	无菌化操作 2：注射时须执行一牛一针，注射部位须严格有效消毒，注射后无局部肿胀炎症反应。	8		
11	用药牛只应明显标识（记号笔、喷颜色、脚标、挂红牌等）或者隔离措施。	7		
12	医疗废弃物应统一放置，统一交由专业机构处理，不得随意丢弃。	7		
13	牧场兽医日报准确、上报及时，兽医保健相关记录存档备案完整，保管得当，可追溯、备检。	7		
	合计	100		

表 3-35　保健工作管理评分

被评估牧场：　　　　评估人员：　　　　评估日期：　　年　　月　　日

序号	检查内容	赋分	得分	备注
1	做好牛舍消毒工作，产栏区和新产牛区每天一次消毒，干奶牛区至少每周一次消毒，消毒记录齐全。	3		
2	有产房，产房安静、干净、干燥、舒适，新产牛移到挤奶位置后，及时清理分娩卧床污物垫料并消毒。	3		

(续表)

序号	检查内容	赋分	得分	备注
3	接产员做好巡棚,及时处理分娩犊牛和需助产的牛。	3		
4	每次助产必须严格消毒,助产器械、手臂必须分开使用,使用前必须有效灭菌。	3		
5	犊牛初生后及时做好脐部消毒和初乳灌服工作(犊牛出生后立即进行脐部7%~10%碘酒消毒5 s,2 h内完成首次初乳灌服工作)。	4		
6	分娩过程的记录完整,包括开奶、坏奶情况、犊牛称重、接产评分等方面。	4		
7	针对新产异常分娩母牛,应按照公司围产牛保健规范做好重点护理工作。	4		
8	奶牛产后灌服足量的产后汤和丙二醇(必用),及时注射子宫收缩药物(选用)。	4		
9	有新产牛监控制度,有产后7 d体温监控、食欲等记录。	3		
10	按要求对新产牛进行酮病监控,并对阳性牛只按照公司要求处理。	3		
11	每周至少蹄浴2次,蹄浴液最浅处深度10 cm以上,每次蹄浴牛只蹄部可连续浴2次以上。	4		
12	蹄浴液浓度合格,有效的蹄浴液应保证每头牛1 L。	3		
13	每年至少保证成乳牛蹄部修整2次,在泌乳120~150 d和干奶前1周各修整1次(牧场春秋各普修一次),并有修蹄记录。	4		
14	牧场有专职或兼职修蹄人员,及时处理蹄病牛只,有肢蹄保健跟踪记录。	4		
15	干奶牛只在干奶前进行隐性乳房炎检测和肢蹄整修。	4		
16	在作封乳处理时,工作人员必须戴手套,一个乳区一次消毒,避免交叉污染。	4		
17	干奶牛、后备牛严格执行公司规定的定期驱虫计划。	3		
18	所有干奶牛必须要求有标识,干奶时,在牛腿上绑上标识带,并将牛只移入干奶牛舍。	4		
19	做好干奶相关记录工作(包括牛号、乳区、肢蹄、体况等),记录要求客观、清晰、完整。	4		
20	干奶后15 d和产前15 d,每天对乳头进行有效药浴,有专人每天巡查干奶牛舍,检查异常乳区,应有干奶牛管理和巡查记录。	4		
21	全群泌乳牛每月至少进行一次CMT检测,参测率98%以上,并有检测记录。	4		
22	对"++"以上隐性乳房炎进行实验室病原菌确诊,对于有传染性致病菌的牛只转移至诊疗牛舍治疗。	4		
23	DHI揭发出的高体细胞的牛只治疗前进行CMT检测,确定乳区后再转移至诊疗牛舍针对性治疗。	4		

(续表)

序号	检查内容	赋分	得分	备注
24	临床乳房炎的牛只揭发后当班治疗,同时采集奶样送检。	4		
25	兽医根据乳区情况进行乳房炎分级(1级、2级、3级),根据不同等级执行不同用药方案。	4		
26	乳房炎治愈过抗牛集中饲养,重点关注消毒频率和环境管理。	4		
27	乳房炎病原微生物鉴定为强传染性致病菌,且长时间治疗无效的牛只及时淘汰。	4		
	合计	100		

表 3-36 兽药及生物制品评分

被评估牧场:　　　　评估人员:　　　　评估日期:　　年　　月　　日

序号	检查内容	赋分	得分	备注
1	兽药、生物制品等产品由公司统一采购,建立兽药采购名录,按需采购,药库无过多器械、无过期药物、无目录外药物。	10		
2	与兽药供应商签订兽药质量安全承诺书、采购合同,保留每次交易供货单位盖章确认单(药品名称、批号、生产厂家信息等)统一存档。	10		
3	兽药入库流程合理、记录齐全(记录产品名称、厂家、规格、批文、生产批号、数量、入库时间、保质期等信息)。	10		
4	所有药品存放必须严格按照兽药产品要求贮存条件保存,存放位置离墙、柱、屋顶不低于 30 cm,离地面不低于 10 cm。	10		
5	"兽用处方药"与"兽用非处方药"分类摆放整齐,标识清楚正确,处方药必须上锁。	10		
6	需低温保存产品(激素和疫苗)存放于冰箱,每天记录冰箱温度,定期维护。	10		
7	危险类、麻醉类药物等特殊药物须单独上锁保存,并由两人监管。兽医室及药库人离开即关门,兽医室的门窗、玻璃等无破损。	10		
8	药物领用遵循先进先出、用多少领多少原则,每次领用药品量不超过一周的使用量。	10		
9	药物领用需兽医和仓管双方确认并有出库记录(含产品名称、厂家、规格、生产批号、数量、领用时间、领用人签字等信息)。	10		
10	有兽药日消耗记录、月汇总记录,每月做好药库的盘点记录。	10		
	合计	100		

表 3-37　牛只生物资产管理评分

被评估牧场：　　　　评估人员：　　　　评估日期：　　年　　月　　日

序号	检查内容	赋分	得分	备注
1	牧场牛只淘汰审批手续存档备案。	12		
2	牧场牛只发生紧急淘汰、死亡，应及时向所属管理部门发送被迫淘汰、死亡报告，并全部存档（包括出生后满 24 h 已留养犊牛）。	12		
3	牧场牛只淘汰，磅码单上日期与上报淘汰销售日期须一致。	12		
4	淘汰牛只严格执行休药期规定，严禁牛只处在休药期内淘汰。	12		
5	病死畜禽必须进行无害化处理，并有去向及化制单等详细记录和凭证，深埋的须有现场处理照片。	13		
6	淘汰牛、死亡牛只均应拍照，照片清晰，照片应显示日期，拍照后存档保存。	13		
7	死亡牛只及时报案、月初理赔资料正确（牛号、出生日期）、按时送到公司。	13		
8	被迫淘汰、死亡牛只的报告（疾病命名与移送单上一致）规范、存档 2 年。	13		
	合计	100		

表 3-38　保健工作评分

被评估牧场：　　　　评估人员：　　　　评估日期：　　年　　月　　日

序号	检查内容	赋分	得分	备注
1	上个季度生奶上市率完成预算目标（若月度未完成，但季度完成可不扣分）。	13		
2	上个季度乳房炎月发病率完成预算目标（发病率低于去年同期 25% 可不扣分）。	13		
3	上个季度乳房炎治愈率≥80%。	13		
4	上个季度成乳牛月平均死亡率≤0.45%。	13		
5	上个季度新产牛产后 60 d 内淘汰率≤8%。	12		
6	上个季度肢蹄病月淘汰占比≤15%。	12		
7	上半年口蹄疫免疫后抗体合格率≥95%，平时监测抗体合格率≥90%。	12		
8	上个季度保健费用完成预算目标（个别月份未完成，累计完成则不扣分）。	12		
	合计	100		

第五节 牧场数字化与智能化管理技术

牧场数字化与智能化管理是指运用现代信息技术,对牧场的良种繁育、挤奶管理、精准饲喂、环境控制、疾病防控和数据化绩效考核等关键生产环节进行全面监控、数据分析和优化管理的一种方式。牧场数字化与智能化管理与奶牛养殖深度融合是大势所趋,未来奶牛养殖管理必将向"挤奶数据化、饲养精准化、管理智能化"的模式发展。

一、基础条件要求

牧场数字化与智能化管理需要硬件条件和软件条件。

(一)硬件条件

硬件条件包括电子耳标、耳标信息读取设备、智能分群设备(图3-19、图3-20)、TMR精准饲喂设备、犊牛精准饲喂设备(图3-21、图3-22)、剩料管理设备、发情监测项圈(图3-23)、疫病智能诊疗设备(图3-24)、智能环境监测设备、挤奶数据自动采集设备、储奶罐监测设备、数据显示设备(图3-25、图3-26)、网络转换器和电脑等。

图3-19 奶牛智能称重分群系统

图3-20 奶牛三维体况智能采集分析系统

图3-21 犊牛精准饲喂管理系统——标识牌

图3-22 犊牛精准饲喂管理系统——饲喂器

图 3-23 发情监测项圈
（中恒国科供图）

图 3-24 疫病智能诊断设备
（百畜兴旺供图）

图 3-25 数据展示大屏

图 3-26 数据手机推送示例
（王永力供图）

（二）软件条件

软件条件包括牛群管理、分群管理、繁育管理（图3-27）、饲喂管理、疫病智能诊疗与健康管理（图3-28）、挤奶管理、DHI分析、环境监测、库房管理、报表管理、绩效管理、指标分析和决策管理（图3-29）等软件模块。

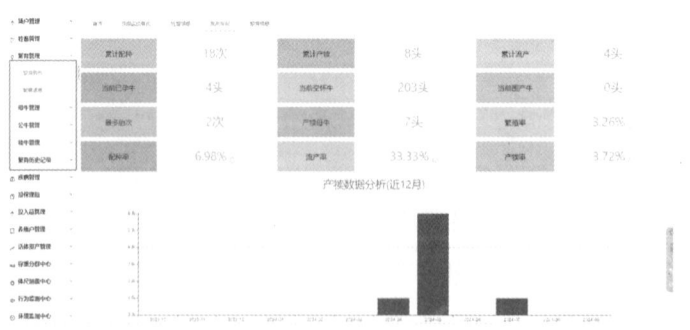

图 3-27 繁育管理（中恒国科供图）

第三章 奶牛场生产管理

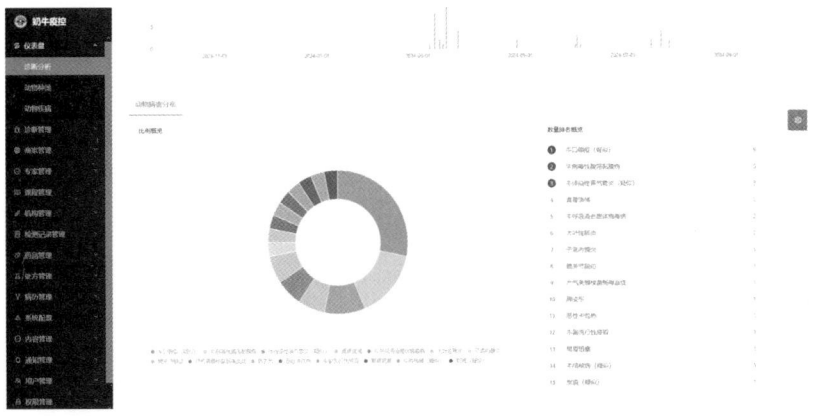

图 3-28 疫病智能诊断（百畜兴旺供图）

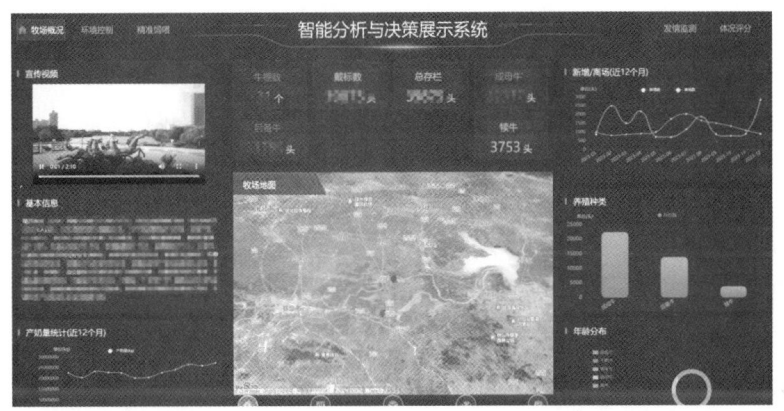

图 3-29 奶牛大数据决策指挥中心（中恒国科供图）

（三）网络条件

网络条件包括云服务器、云存储、安全防护服务等，是保证软硬件联通运行的必要条件。网络条件可采购存储器、服务器等设备自己构建，接入网络或形成局域网络；也可租用"云平台"构建，目前租用阿里云、腾讯云等"云平台"服务器是一种性价比比较高的选择。

二、牧场数字化与智能化管理模块

牧场数字化与智能化管理包括生产管理信息系统和生产管理决策系统。

（一）生产管理信息系统

奶牛生产信息库、良种繁育、精准饲喂系统、挤奶管理、环境控制系统、疾病防控系统和出入库管理等若干个相互独立的子系统。

1. 个体档案卡

形成奶牛系谱档案明细，包括牛只品种、出生、月龄、体重、饲喂、免疫、治疗等信息记录。

2. 牛群管理

主要围绕牛只的基础信息建档、进出入管理和全生命周期管理。

3. 繁育管理

通过集成发情监测设备，内置算法，实现对设备的配置、数据上传。解决母牛从发情到产后护理和犊牛从出生到断奶的全过程管理。

4. 饲喂管理

主要是对牧场牛只饲喂的配方、配料、投料的全过程进行管理。

5. 体况采集中心

通过集成三维体况采集系统设备，内置算法，实现对设备的配置、数据上传。

6. 疫病健康

主要解决监管牛只疾病治疗和疫情预防管理的全过程。

7. 挤奶管理

挤奶管理主要包括产奶量计量、乳成分在线分析、乳房炎早期监测。

8. 环境监控中心

通过集成环境监测设备和远程控制器，对牧场空气温、湿度、光照、二氧化碳、氨气、甲烷等气体监测，根据设定预警值，实现远程控制风机灯光开关、风机、喷淋设备等。

9. 投入品管理

实现牧场各种投入品的进、出和使用的综合管理。

（二）生产管理决策支持系统

该系统设有信息查询库、生产分析模块、生产预测模块、生产决策模块等，主要功能在于构造奶牛生产管理决策支持系统的任务和所要进行的决策要求。

1. 消息中心

作为奶牛养殖管理云平台的移动端业务软件，实现移动端数据的录入和查询等功能，包括牛只信息模块、犊牛饲养操作、繁育育种模块、疾病管理模块、电子耳标发放、系统管理操作、登录日志信息、检测升级操作等功能模块。全面覆盖了牛只全生命周期的养殖、管理环节所有内容。实现任务提醒、预警和通知。

2. 生产报表管理

形成各类信息报表，实现各项数据汇总。并支持根据查询条件筛选数据并导出。

3. 生产预测

用图表的方式预测奶牛发展规模、牛群结构、产奶量等。

4. 财务管理

以每头牛作为成本中心，核算每头牛的成本消耗和价值产出，定期输出各项财务统计报表。

5. 绩效考核

通过对牧场人员下发任务，实现对饲喂的精准度、繁殖配种情况、防治情况，实现对牧场人员完成度、及时率和效果评价考核。

6. 生产决策分析

用图表的方式展示牧场的生产区划布局、牛群结构优化、牛群周转、饲料配方、经济分析等生产经营指标，为公司管理人员经营决策提供科学依据。

三、牧场数字化与智能化管理技术集成案例

集成的牧场数字化与智能化管理技术系统，可涵盖良种繁育、挤奶管理、精准饲喂、环境控制、疾病防控和数据化绩效考核等关键生产环节。具体参见图3-30。

图 3-30 牧场数字化与智能化管理技术集成图（中恒国科供图）

第四章 奶牛良种繁育技术

良种繁育是畜牧业现代化的重要标志,奶牛良种繁育技术是提高奶牛生产性能和经济效益的关键,对于推动奶牛养殖业的发展、提升乳品质量和安全,以及促进社会和环境的可持续发展都具有重要意义。本章主要从优质奶牛品种选购技术、奶牛选配选育技术、基因组选育技术、奶牛发情鉴定技术、人工授精技术、胚胎移植技术、妊娠诊断技术、分娩助产技术、DHI技术、奶牛场繁殖管理技术等方面进行阐述,以期提升良种繁育水平。

第一节 优质奶牛良种选购技术

优质奶牛品种通常具有优良的遗传基因,能够遗传给后代良好的生产性能和健康状态。品种改良(育种)对奶牛生产性能提高的影响力占到40%(图4-1)。因此,在选购时,应了解奶牛品种的遗传背景和家族系谱,选择具有优良遗传潜力的奶牛。

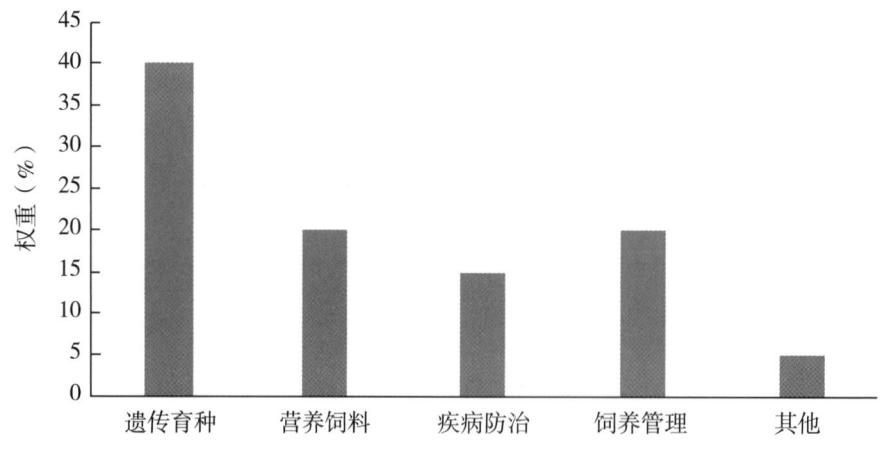

图4-1 各因素对产奶影响的权重(刘亚清等,2023)

根据奶牛品种选育

不同奶牛品种的产奶量、疾病的抵抗力及遗传潜力有显著差异,主要分为乳用型和乳肉兼用型品种。乳用型品种主要有荷斯坦牛、娟姗牛、爱尔夏牛和更赛牛等品种。乳肉兼用型品种主要有西门塔尔牛、瑞士褐牛、丹麦红牛、三河牛和新疆褐牛等品种。

(一) 乳用型品种

1. 荷斯坦奶牛

荷斯坦奶牛是目前世界上产奶量最高、饲养数量最多的奶牛品种。荷斯坦牛又称荷兰牛、黑白花奶牛。体格高大，被毛细短，毛色呈黑白斑块，界线分明，额部多白斑。母牛腹大而不下垂，乳房庞大、发达且结构良好，多呈圆形。世界多国从荷兰引进该品种牛，并且不断选育提高，目前世界各地饲养的奶牛中80%~90%都是荷斯坦奶牛的后代。成年母牛体重平均为680 kg，鬐甲高约145 cm，一般在16~18月龄配种，一年一胎，平均寿命为5.4岁。

中国荷斯坦牛（图4-2）是我国培育的第一个专用乳用型牛。目前我国饲养的奶牛80%以上为中国荷斯坦牛及其杂交牛。中国荷斯坦牛初情期在8~10月龄，随饲养和环境条件不同而有差异，发情周期19~22 d，平均21 d，妊娠天数母犊为277.5 d，公犊为278.7 d。高产奶牛场平均产乳量已达到12 t/（头·年）以上，乳脂率为3.6%、乳蛋白率为3.2%以上。日单产平均可达40~45 kg。

图4-2 中国荷斯坦牛（吴妍妍供图）

2. 娟姗牛

娟姗牛（图4-3）原产于英吉利海峡岛屿，毛色从浅灰色、深黄色到接近黑色。该品种与其他品种相比，耐热耐粗饲，采食性好，乳脂和乳蛋白率含量显著高于普通奶牛。娟姗牛性成熟早，初情期一般为8月龄，15~16月龄便开始配种，年平均产奶量为4~5 t，乳脂率平均为5.5%~6%，乳蛋白率为3.7%~4.4%。在中国，娟姗牛奶的市场价格通常比普通牛奶高出2~3倍，许多乳制品企业开始引进娟姗牛并生产娟姗牛乳制品。

3. 艾尔夏牛

艾尔夏牛（图4-4）原产于英国苏格兰

图4-3 娟姗牛（谭世新供图）

西南部的艾尔郡，现已广布世界各国。被毛多为红白花色或红白沙毛，有些为白色或黑褐色。角尖长，根部向外凸出，逐向上弯，尖端稍向后弯，为蜡色，角尖呈黑色；鼻镜、眼圈浅红色，尾帚白色。艾尔夏牛耐粗饲，易肥育，产奶量一般低于荷斯坦牛，但高于娟姗牛。年产乳7~8 t，乳脂率3.8%~4.0%，脂肪球较小，牛奶适合制作奶酪和黄油。

图 4-4 艾尔夏牛（吴妍妍供图）

4. 更赛牛

更赛牛（图 4-5）原产于英国更赛岛，属于中型乳用品种。被毛为棕褐色或浅黄色，腹部、四肢下部和尾帚多为白色，额部常有白星，鼻镜为深黄色或肉色，也有浅褐色。更赛牛头小，额狭，乳房发达。更赛牛登记平均年产奶量为 6~7 t，乳脂率为 4.49%，乳蛋白率为 3.48%。更赛牛以高乳脂率、高乳蛋白率以及乳中较高的 β-胡萝卜素含量而著称。同时，更赛牛的饲料转化率较高，产犊间隔较短，初产年龄较早，易分娩，性情温驯，耐粗饲，采食性好，易放牧，对温热气候有较好的适应性。在中国纯种更赛牛较为稀少，但也有少量引进。

图 4-5 更赛牛（吴妍妍供图）

（二）乳肉兼用型品种

1. 西门塔尔牛

西门塔尔牛（图 4-6）原产于瑞士西部的阿尔卑斯山区，主要产地为西门塔尔平原和萨能平原。该牛毛色为黄白花或淡红白花，头、胸、腹下、四肢及尾帚多为白色，皮肤为粉红色，头较长，面宽。西门塔尔牛是兼具奶牛和肉牛特点的典型品种，泌乳期 207 d，平均产奶量为 4 t，乳脂率 3.9%。该牛生长速度较快，均日增重可达 1.35~1.45 kg 以上，生长速度与其他大型肉用品种相近。胴体肉多，脂肪少而分布均匀，公牛育肥后屠宰率可达 65% 左右。成年母牛难产率低，适应性强，耐粗放管理。在我国一般饲养条件下，西门塔尔牛杂交牛也表现出较好的生产性能。用西门塔尔牛改良

图 4-6 西门塔尔牛（谭世新供图）

黄牛而形成的杂种母牛有很好的哺乳能力，能哺育出生长速度快的杂交犊牛。

2. 瑞士褐牛

瑞士褐牛（图4-7）是在瑞士阿尔卑斯山区培育成的三用品种牛，即乳用、肉用和役用。瑞士褐牛呈棕黑色或灰色，纯色无花斑。骨骼宽大，结构匀称，体型和体重都比荷斯坦奶牛略小，成年公牛体重为1 000 kg，成年母牛体重为635 kg，特别适合于放牧。从世界范围看，瑞士褐牛的存栏数仅次于荷斯坦奶牛。瑞士褐牛成熟较晚，一般2岁才配种。耐粗饲，适应性强。年产奶量为4 t，其牛奶的乳蛋白含量高于荷斯坦奶牛，乳脂率为3.2%~3.9%，18月龄活重可达485 kg，屠宰率为50%~60%。瑞士褐牛曾对新疆褐牛的育成起重要作用。

图4-7 瑞士褐牛（谭世新供图）

3. 丹麦红牛

丹麦红牛（图4-8）原产于丹麦，由丹麦默恩岛、西兰岛和洛兰岛上所产的北斯勒淮西牛经过长期选育而成。丹麦红牛体格大，体躯深、长，胸宽，胸骨向前突出，垂皮大。背长、腰宽，尻宽而长，腹部容积大。全身肌肉发育中等。乳房大，发育匀称，乳头长8~10 cm。皮肤薄、有弹性。毛色为红色或深红色。公牛一般毛色较深，还能见到腹部和乳房部有白斑的个体。产肉性能好，屠宰率一般为54%。在用精料育肥条件下，12~16月龄的小公牛平均日增重为1 010 g，屠宰率为57%，胴体中肌肉占72%。22~26月龄的去势小公牛，平均日增重为640 g，屠宰率为56%，胴体中肌肉占65%。产奶性能中等，平均产奶量达6 712 kg，乳脂率为4.31%，乳蛋白率为3.49%。丹麦红牛性成熟早，生长速度快，肉品质好，体质结实，抗结核病能力强。

图4-8 丹麦红牛（谭世新供图）

4. 三河牛

三河牛（图4-9）是我国优良的乳肉兼用型品种，因育成于大兴安岭西麓的额尔古纳市的三河（根河、得耳布尔河、哈布尔河）地区而得名。三河牛主要分布在额尔古纳市的三河地区及呼伦贝尔市、兴安盟、通辽市、锡林郭勒盟等地。三河牛毛色为红（黄）白花，花片分明，头白色或额部有白斑，四肢膝关节下、腹部下方及尾尖呈白色。体格高大结实，结构匀称。角稍向前上方弯曲，有少数牛角向上。胸深，背腰平直，腹围圆大。体躯较长，肌肉发达。肢势端正，四肢强健，蹄质坚实。乳房大小中等，质地良好，乳静脉弯曲明显，乳头大小适中。三河牛遗传性能稳定，乳用性能好，基础母牛305 d平均产奶量为5 105.8 kg。所产牛奶干物质含量高，乳脂率为4.06%、乳蛋白率为3.19%。三河牛耐粗饲、宜牧，能适应严寒环境，抗病力强，适合高寒牧场条件。

图4-9 三河牛（谭世新供图）

5. 新疆褐牛

新疆褐牛（图4-10）是以当地黄牛为母本，引用瑞士褐牛、阿拉托乌牛以及少量科斯特罗姆牛与之杂交改良，经长期选育而成。它包括原伊犁地区的"伊犁牛"、塔城地区的"塔城牛"和其他地区的褐牛。新疆褐牛中心产区位于新疆伊犁河谷及塔额盆地，主要分布于伊犁州昭苏县、特克斯县、巩留县、新源县、尼勒克县和伊宁县，以及塔城地区裕民县、塔城市、额敏县。在阿勒泰、昌吉、哈密、巴州等其他地区也有少量分布。新疆褐牛体格中等，体质结实，被毛、皮肤为褐色，深浅不一，头顶、角基部为灰白或黄白色，多数有灰白或黄白色的口轮和宽窄不一的背线。新疆褐牛在伊犁、塔城牧区草原全年放牧饲养，产乳量受天然草场水草条件的影响，挤乳期多集中在5—9月青草季节。挤乳期的长短也与产犊月份有关，牧区一般按挤乳150 d计算产乳量，城郊奶牛场以305 d计算产乳量。牧区育种场在常年补饲的情况下，最高日产乳量高达30 kg，如母牛第3胎305 d产乳5 162 kg。在城郊育种场全年舍饲情况下，母牛第1胎268 d产乳5 212 kg。

图4-10 新疆褐牛（范守民供图）

第二节 奶牛选配/选育技术

在奶牛群体的遗传改良中，选配和选育的目的在于通过科学的选择和配种策略，减少自然的繁育中出现的近交衰退、遗传多样性破坏等问题，提高奶牛群体的生产性能和遗传品质。选育的关键点在于种牛的选择和适宜的选配技术。

一、种牛的选择

选种的依据是种牛的测定成绩，种牛种用价值的高低最直接的体现是育种值，计算育种值的依据是种牛本身、亲属祖先同胞后裔所提供的遗传信息，因此要做好种牛的测定工作。

（一）外貌选择

要看其体型结构是否匀称，外形及毛色是否符合品种要求，雄性特征是否突出，有没有明显的外貌缺陷。种公牛的外貌等级不得低于一级，种子公牛要求特级（图4-11）。

对母牛生产性能，一头优秀的奶牛应该具备以下体型外貌特征：头部清秀，轮廓鲜明。眼大明亮。鼻镜宽、鼻孔大。嘴宽大，唇整齐。颈长，上下有无数细皱纹，垂皮小。头、颈、前躯结合良好。胸深而长，肋骨扁平，肋间距宽，弯曲大。腹围大而圆，但不下垂或收缩呈卷腹。背腰长宽而平直，背腰结合良好，腰角显露。尻部宽长而平直，不要斜尻、尖尻或屋脊尻，与腰角结合良好。乳房要求容积大，发育匀称，柔软而有弹性，前乳房向前伸展，后乳房附着较高，底部平坦，呈四方形。乳头粗细长短适中，呈圆柱状，大小均匀，底线略高于飞节，没有副乳头。乳静脉粗大、弯曲、交叉成网状。乳房皮肤宜薄而柔软并富有弹性，被毛细短而少，挤奶前后乳房形状变异较大，属于腺质乳房。四肢应稍长，两肢间距宽，站立时无内外弧现象，肢势正常，蹄质坚实（图4-12）。

图4-11 荷斯坦公牛

图4-12 荷斯坦母牛

(二)系谱选择

系谱是系统地记载个体及其祖先情况的一种文件,即种用档案。完整的系谱除记载种畜的品种、编号、名字外,还记载生产成绩、外形评分、生长发育情况、有无遗传缺陷及鉴定结果。系谱上的各种资料,来自日常的各种记录,因此要认真做好日常工作中的各种记录,如配种记录、产仔记录、称重和体尺测量记录、外形鉴定、产品产量记录、饲料消耗记录等。根据家畜系谱间比较来推断其种质优劣的方法称为系谱测定。

确保种公牛系谱三代清楚,以便准确评估其遗传背景。根据系谱记载的祖先资料,如生产性能、生长发育、鉴定等级以及其他有关资料,以上述资料开展系谱选择评定种公牛。在选择过程中,牧场还需要考虑种公牛的遗传多样性,以避免近亲交配导致的遗传缺陷。生产群选配后代近交系数一般控制在 6.25% 以下。系谱通常记载 3~5 代祖先的资料,因代数太远的祖先对种畜的影响很小。系谱分种畜系谱和畜群系谱两类。

1. 种畜系谱

种畜系谱的格式有竖式系谱和横式系谱两种。

(1)竖式系谱:各代祖先的血统关系模式如表 4-1 所示,即子代在上,亲代在下,公畜在右侧,母畜在左侧。

表 4-1 竖式系谱各代祖先的血统关系模式

子代	种畜编号与名字							
亲代	母				父			
祖代	外祖母		外祖父		祖母		祖父	
曾祖代	外祖母的母亲	外祖母的父亲	外祖父的母亲	外祖父的父亲	祖母的母亲	祖母的父亲	祖父的母亲	祖父的父亲

(2)横式系谱:横式系谱各代祖先的血统关系模式如图 4-13 所示,即子代在左,亲代在右,公畜在上,母畜在下。

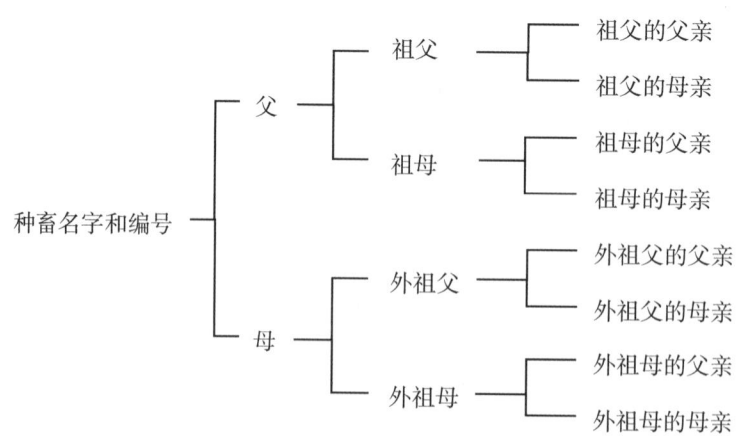

图 4-13 横式系谱各代祖先的血统关系模式

生产性能等也应在系谱中尽量详细记载。记载可以简写，如体尺资料记载方法按体高—体长—胸围—管围的顺序填写；产奶性能按 xx 年—n 胎次—产奶量—乳脂率的顺序登记。

2. 畜群系谱

畜群系谱是一种群体系谱，是为整个畜群统一编制的。它是根据整个畜群的血统关系，按交叉排列的方法编制起来，故又称交叉式系谱。编制步骤如下：①编制群体母系记录表。根据畜群内所有种畜卡片，查明其出生时间及各自的父母及母系祖先，并按出生先后顺序排列，编制母系记录表。②绘制草图。根据母系记录表，在雄性个体各列中查出留有后代的雄性个体号，按其利用的先后由下而上写在图的左侧，以☑表示，并从每一雄性向右画一横线；再在母系记录表最下一行查出最远的雌性个体写在图的下边，以○表示，并向上引出直线与横线相交，如与某个雄性个体交配生有后代时，就将后代编号写在交叉处；如后代又生子女，继续向上引线，在与交配雄性个体的横线交叉处写出子女编号，以此类推。③绘制正图。对草图进行调整，通过反复查对核实，画出一个精确、清晰、美观的畜群系谱，每个个体在系谱中只能出现一次。本场留作种用的公畜，可以从它所在位置向上引箭头，并在图的左侧引出该个体的横线。

（三）旁系选择

在选择后备公牛时，除审查本身外貌和系谱外，可分析其半同胞的泌乳性能，借以判断从父母接受遗传性的好坏。旁系亲属与公牛的关系越近，它们的各种表型资料对选择的参考价值越大。

（四）后裔测定

后裔测定指根据公牛后代的生产性能测定记录、体型鉴定评分以及繁殖、健康、长寿性等功能性状数据，使用特定的统计分析方法估计各性状的育种值，并以此为基础计算选择指数，评定公牛种用价值的技术过程。

1. 后裔测定方法

（1）女母对比法：通过女儿成绩和母亲成绩的比较来判断种公畜的优劣。当女儿成绩超过母亲成绩，该公畜被认为是"改良者"；如果女儿和母亲成绩相似，则该公畜是"中庸者"；如果女儿成绩低于母亲成绩，则该公畜是"恶化者"。

女母对比常用对角线法，以母畜成绩为横坐标，女儿成绩为纵坐标，由 O 点画一平分角线。将女儿成绩和母亲成绩的坐标标在图中，斜线上方点多者为"改良者"，多数位于斜线下方，则为"恶化者"，在斜线附近为"中庸者"。

（2）公牛指数法：该指数主要用于奶牛生产中，是按照公牛和母牛对女儿性能有同等影响的原则制定的。用公式 $D=1/2(F+M)$ 换算成公牛指数公式：

$$F = 2D - M \qquad (4-1)$$

式中：F 为父亲的产奶遗传潜力，即公牛指数；D 为女儿的平均产奶量；M 为母亲的平均产奶量。

公牛指数有了具体的数量指标，有利于各公牛间相互比较。在饲养管理条件基本相同的情况下，这种方法是比较正确而简单易行的方法。

（3）不同后代间比较：这种方法适用于种母畜的测定。被鉴定的母畜与同一头公畜在同一时期内交配，产下后代，在相同的饲养条件下饲养，根据后代的性能来判定种母畜的优劣。

这种方法也可用于测定种公畜。当测定数头种公畜时，将条件类似的母畜分成与雄性个体数目相等的小组，被测公畜在同一时期分别与一个母畜小组交配，所有后代在相同条件下饲养，然后比较后代成绩以判定种公畜的优势。

（4）同期同龄女儿比较法：这种方法广泛用于奶牛业中，即被测公牛的女儿与其同期产犊的其他公牛的女儿进行比较。

2. 后裔测定注意事项

（1）各公畜的与配母畜的条件要一致，以减少由母畜引起的差异。为此可采用随机交配的方法，或组成类似的母畜个体群与不同的公畜交配。对妊娠期短的畜种，还可以采用不同公畜在不同季节与同一群母畜交配，比较它们的后代品质，但一定要用对照组作季节校正。

（2）后代的年龄、饲养管理条件应尽量达到一致，以减少由环境条件引起的差异。

（3）后裔数目越多，鉴定结果越准确可靠。因此，大家畜至少需要20头有生产性能的后代，多胎家畜可适当多一些。

（4）后裔测定除突出后代的一项主要成绩外，还应全面分析其体质外形、生长发育、适应性及有无遗传缺陷等。

（5）在资料整理中，无论后代表现优劣，都要全部统计在内，严禁只选择优良后代进行统计。

3. 实用性平台和工具

（1）国内种公牛。可查阅每年的《中国乳用种公牛遗传评估概要》或中国畜牧兽医信息网（www.nahs.org.cn）查询全国畜禽遗传改良计划版块的遗传评估栏目发布的乳用种公牛遗传评估结果（报告），也可以到中国奶牛数据中心网站（www.holstein.org.cn）查询。

（2）国外种公牛。国外引进种公牛的遗传评估结果可根据国别到加拿大奶业数据网（www.cdn.ca）、全球种公牛遗传改良公司（ABS Global，https://absbullsearch.absglobal.com/）、国际奶牛种公牛数据库（Dairy Bulls，http://www.dairybulls.com/breeds.asp）、美国荷斯坦奶牛协会（Holstein USA，https://www.holsteinusa.com/）查询。

（3）排序。在网站查询后裔测定计算得到的CPI和GCPI值对种公牛进行排序，选择排名靠前的个体作为候选种公牛（图4-14）。选择种公牛时重点看后裔测定种公牛遗传评估的结果，重点选用后裔测定可靠性高的种公牛。根据不同选育目标，选择不同指数指标，具体如下：

CPI_1（China Performance Index-1，中国奶牛性能指数1）：既有女儿生产性能，又有女儿体型鉴定结果的国内后裔测定验证公牛。适用于国内常规评估的种公牛，包括7个性状，如产奶量、乳脂率、乳蛋白率、体型、泌乳系统、肢蹄、体细胞评分。

CPI_2（China Performance Index-2，中国奶牛性能指数2）：只有女儿生产性能，没

第四章 奶牛良种繁育技术

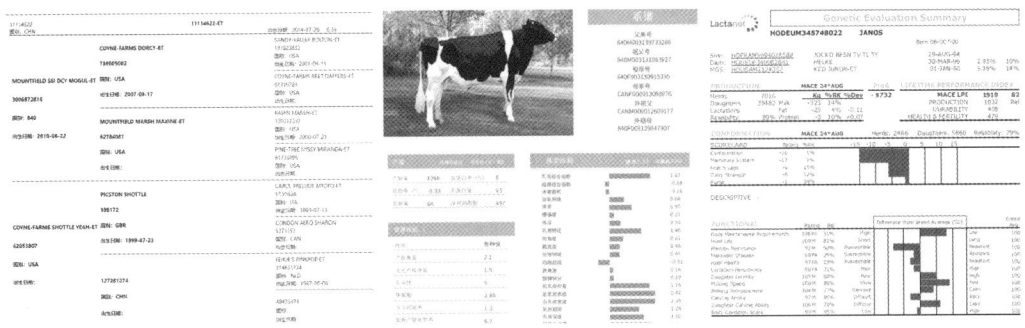

图 4-14 种公牛系谱及性能查询图

有体型成绩。适用于只有女儿生产性能数据、没有体型鉴定结果的种公牛，包含性状有产奶量、乳脂率、乳蛋白率。

CPI_3（China Performance Index-3，中国奶牛性能指数 3）：从国外引进公牛的后裔测定成绩。适用于国外引进的种公牛，包含产奶量、乳脂率、乳蛋白率、体型总分、泌乳系统评分、肢蹄评分、体细胞评分。

GCPI 值（Genomic China Performance Index）：合并基因组检测和系谱信息。多用于青年公牛，包含产奶量、乳脂率、乳蛋白率、体型总分、泌乳系统评分、肢蹄评分、体细胞评分的合并基因组的估计育种值。

TPI（Total Performance Index，总性能指数）：奶牛综合性能指标，它综合了奶牛的产奶量、乳脂率、乳蛋白率等多个生产性状，用于全面衡量奶牛的生产能力。

TPPI（Total Profit Per Index，总利润指数）：经济性能指标，它考虑了奶牛的生产性能以及相关的经济因素，如饲料成本、牛奶售价等，用于评估奶牛对养殖场的经济贡献。

LPI（Lactation Persistence Index，泌乳持久性指数）：衡量奶牛泌乳持久性的指标，它反映了奶牛在整个泌乳期内保持高产奶量的能力。泌乳持久性高的奶牛能够在更长的泌乳期内保持稳定的产奶量，从而提高养殖场的整体经济效益。

二、精液质量

确保奶牛精液的质量是实施有效选配和选育技术的前提，冷冻精液品质符合国家标准要求《牛冷冻精液》（GB 4143—2022）（表 4-2）。以下是关于冷冻精液质量管理的具体内容和操作指南：

（1）外观检查：在接收和处理精液时，首先要进行外观检查。确保细管冻精无裂痕，两端封口严密，没有破损或泄漏的迹象。这是评估精液质量的第一步，也是保证后续步骤顺利进行的基础。

（2）剂量要求：根据不同的需求，微型细管的精液剂量应不低于 0.19 mL，而中型细管的剂量则应不低于 0.42 mL。

（3）精子活力：解冻后的精子活力是评估精液质量的重要指标之一。精子活力应达到或超过 40%，这意味着大部分精子在解冻后仍然能够保持活跃状态，具有受精的能力。

(4) 前进运动精子数：每剂量冻精中，前进运动精子的数量应不少于 600 万个。这些精子是最具活力和受精能力的，它们的数量直接影响到受胎率和繁殖效率。

(5) 精子畸形率：精子的形态结构对其受精能力也有重要影响。因此，精子畸形率应控制在 20% 以内。这有助于确保只有形态正常、健康的精子被用于授精。

(6) 细菌菌落总数：为了确保精液的卫生和安全，每剂量冻精中的细菌菌落数不得超过 500 CFU。高细菌含量可能会对精子造成损害，并增加母牛感染疾病的风险。因此，在精液生产和储存过程中，必须严格遵守无菌操作规程。

除了以上几点外，还需要注意精液的储存和运输条件。确保精液在整个过程中都处于适宜的温度和湿度环境中，避免受到外界污染和损伤。同时，定期对精液进行质量检测，以确保其符合相关标准和要求。

表 4-2　细管冻精质量要求

项目	指标
剂量（mL）	微型 ≥0.19；中型 ≥0.42
精子活力（%）	≥40
前进运动精子数（10^4 个/剂）	≥600
精子畸形率（%）	≤20
菌落总数（CFU/剂）	≤500

三、选配技术

奶牛的选配技术包括表型选配和亲缘选配两种方式。把奶牛群划分为核心育种群和商品奶生产群：通过区分育种群和生产群可以按牛群性能采用不同的选配方法，有利于加速选配的进程。

(一) 核心群选育方法

采用开放式核心群选育法对核心群进行连续选择。对核心群和生产群母牛进行主要指标的测定，根据测定结果，采取开放式核心选育法进行选择，核心群与普通生产群双向流动。

普通生产群个体达到核心群选择标准选入核心群。普通生产群向核心群转移的比例 0~50%。核心群个体低于选择核心群标准，淘汰进入普通生产群。核心群母牛向基础群转移的比例不加限制。

1. 青年母牛的选择

综合分析青年母牛双亲的各项育种值，对备选青年母牛进行初选，初选合格个体完成一个泌乳期测定后根据 CPI 成绩决定是否进入核心群。

2. 成母牛的选择

按照核心群组建标准选择。

(二) 个体选配

个体选配是指根据每头奶牛的具体特点和生产性能进行选配。这种方法注重每头牛的个体差异，以确保选配方案能够最大限度地发挥每头牛的潜力。具体需要评估：

外貌特征：观察奶牛的体型结构是否匀称，外形及毛色是否符合要求，有没有明显的外貌缺陷。参考《中国荷斯坦牛体型鉴定技术规程》（GB/T 35568—2017）进行。

生产性能：查看奶牛的泌乳量、乳脂率、乳蛋白率等关键生产指标，了解其生产性能。

高产奶牛根据国际标准的要求，具体指标如下：泌乳量：头胎奶牛 8 500 kg 以上，经产奶牛 10 000 kg 以上，全群平均泌乳量在 9 500 kg 以上；乳脂率：3.4%~3.5%，乳蛋白率：3.3%~3.6%。

健康检查：经过防疫人员检测，确保奶牛没有任何遗传疾病或传染病，身体健康状况良好。

选择适配公牛：根据上述表型和生产性能评估结果，结合家系记录排除近交，选择与奶牛匹配度高的公牛进行交配，以期获得优良后代。公牛的生产性能与体型等级应优于与配母牛等级。

(三) 品质选配

根据体型外貌和生产性能特点，安排公、母牛的交配组合称之表型选配。表型选配中，主要包含同质选配和异质选配。

1. 同质选配

是选择具有相似的体质类型、生产方向及生产能力，以及血统来源相近的公母牛的交配。一般在杂交育种后期，牛群外貌和生产性能往往参差不齐，分化很大，以及为了巩固和提高牛群某些优良性状，则采用同质选配。同质选配可巩固双亲遗传特性，增加遗传稳定性，选出优良后代。

2. 异质选配

凡是体型、生产力以及其他性状的表现程度有明显差异的公母牛之间的选配称之异质选配。异质选配的目的是提高差异性，通过具有不同理想性状的家畜之交配，以期在后代中结合这些有价值的性状。从而达到改善和提高牛群体质、外貌、生活力、适应性和生产力，并纠正某些缺点的作用。

表型选配如果需要改良的性状较多，应先选择急需改良的重点性状，使主要缺陷尽快得到改良。

(四) 亲缘选配

根据公母牛之间亲缘关系的远近来安排交配组合。

1. 近亲选配

近亲选配可以揭示和淘汰带有隐性有害基因的个体，有助于净化牛群，保持优良祖先的血统，牛群中有特别优良个体出现时，可采用亲子、全同胞的选配。例如，短角牛的育成，就是由英国柯林兄弟用一头同父异母的兄妹所生的短角公牛，与其女儿、孙女和曾孙女交配产生优秀后代所育成的。但必须指出，在进行近亲选配时，必须严格地选优汰劣，对近交过程中出现的不良个体，应果断地淘汰掉。

2. 远亲选配

远亲选配的核心目的是避免近亲交配带来的遗传问题，确保奶牛群体的遗传多样性和健康。注意一是需要通过绘制牛群的系谱图，了解牛群的遗传背景和血缘关系，为选配提供依据；二是避免同一公牛在同一牛群中使用过长时间，定期更换种公牛，以维持遗传多样性。

(五) 选配流程

1. 选配的准备

(1) 分析待配母牛的品质：详细分析待配母牛产奶性能、线性评定成绩、主要优点和需要克服的某个（些）缺陷等。根据个体选配原则，选出符合要求的即可。

(2) 分析待配母牛的系谱：详细分析待配母牛三代以内系谱，包括主要祖先的生产性能、育种值、体形线性评定成绩、有无遗传缺陷等。

(3) 分析以前的选配结果：详细分析经产母牛之前选配结果，包括所生子女的性能、生长发育、线性评定成绩等亲合力情况，作为选配的依据之一。

2. 选配的原则

①公牛综合品质或性能指数应优于待配母牛，且能够克服待配母牛的主要缺陷；②公牛与待配母牛应无亲缘关系，或亲缘关系系数≤1.56%。

3. 与配公牛或提冻精公牛的选择

①应是"国家畜牧良种补贴项目"入选的种公牛站和种公牛（特级和1级）；②至少三代详细系谱；③经过后裔测定，有详细的测定结果（CPI或GCPI）。

4. 选配方案的编制

以选配表形式（表4-3），编制详细的选配方案。

表4-3 中国荷斯坦系谱格式

个体编号：			
牛场名称、所有人		牛场编号	
头部正面照片		性别	
		出生日期	
		出生体重（kg）	
		来源 a*	
左侧照片	右侧照片	品种纯度 b*	
		毛色 c*	
		是否胚胎移植	

（续表）

父亲编号	出生日期	国家	发布日期	父父编号	父父父号
					父父母号
		指数名称	综合育种值	父母编号	父母父号
					父母母号
母亲编号	出生日期	头胎305 d产奶量（kg）	最高305 d产奶量（kg）	母父编号	母父父号
					母父母号
				母母编号	母母父号
					母母母号
a) 来源：1-自繁，2-购买，3-其他；					
b) 品种纯度：1-100%，2-93.75%，3-87.5%；					
c) 毛色：1-黑白花，2-全黑，3-红白花；					
负责人					

四、育种值预测

育种值预测，即育种值估计。育种值估计可以帮助我们更好地选择优良种牛，从而提高整个牛群的生产性能和遗传品质。在家畜育种实践中，就是依据估计育种值，对每一个体做出遗传评价，即个体遗传评定，以保证尽可能准确地将遗传上优良的个体选择出来作为种畜。从统计学角度理解，传统的育种值估计方法也称为选择指数法（Selection index method）。在家畜育种学中，选择指数的构建有两种情况：一是单个性状多种表型信息来源的育种值估计；二是多个性状多种信息表型来源的育种值估计。后者又称为综合选择指数。

（一）育种值估计的基本原则

（1）遗传性状可量化：育种值估计首先需要确保所研究的性状是可量化的，这样才能进行准确的遗传评估。例如，奶牛的产奶量、乳脂率等都是可以量化的性状。

（2）数据的数量、准确性和完整性：为了进行准确的后代育种值预测，需要收集大量的数据；且在进行育种值估计时，所使用的数据必须准确、完整。这包括个体的生产性能记录、系谱信息、表型数据等。任何数据的缺失或错误都可能导致估计结果的不准确。

（3）考虑环境因素的影响：首先在估计育种值时，还需要考虑环境因素对性状表现的影响，也就是需要对环境加以控制。例如，饲养管理、营养水平、疾病状况等都可能影响奶牛的生产性能。其次，允许个体间存在一定程度的环境差异，各个体仍然可在其原来所在的场或圈舍中进行性能测定（称为场内测定或现场测定），然后用适当的统计学方法对个体间的环境差异进行校正。

（4）长期性和稳定性：育种值估计是一个长期而稳定的过程。它需要基于大量的历史数据和长期的观察来进行。同时，估计结果也应该具有一定的稳定性，能够在不同时间和环境下保持一致性。

（5）结合多种信息来源：为了提升育种值估计的准确性和可靠性，我们需要综合考虑个体的多种信息来源。这些信息包括表型数据、系谱信息和基因组信息等。除了该个体本身的表型值外，所有与其有亲缘关系的亲属（如祖先、同胞及后裔）的表型值也能提供重要参考，因为它们携带了部分与该个体同源的基因。亲缘关系通过综合分析这些信息，我们可以更全面地了解个体的遗传潜力和生产性能（图4-15）。

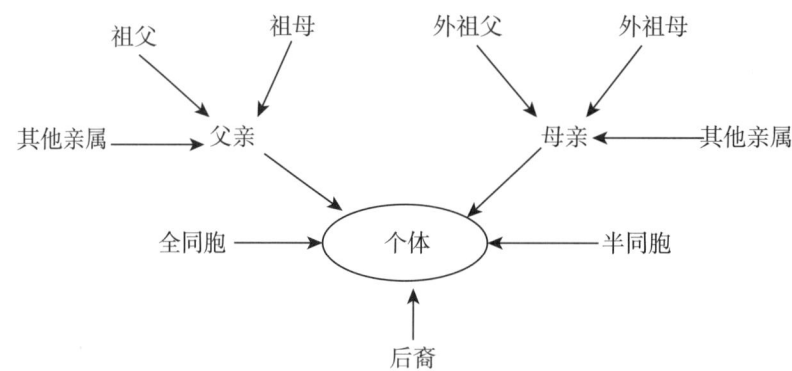

图4-15　估计育种值常用的各种信息关系示意图（张沅，2018）

（二）育种值估计的基本方法

（1）选择指数法：选择指数法是一种常用的育种值估计方法。它通过构建一个包含多个性状信息的指数来评估个体的遗传价值。在选择指数中，每个性状都会被赋予一个权重，权重的大小取决于该性状在育种目标中的重要性。然后，根据个体在各个性状上的表现和相应的权重计算出选择指数值，从而对个体进行遗传评估。

$$I = b_1X_1 + b_2X_2 + \cdots + b_nX_n = \sum b_iX_i = b'X \tag{4-2}$$

式中：b_i为指数对各性状表型值的加权系数，即偏回归系数 X 为各性状表型值向量。

显然，多性状选择的目的是要获得指数 I，用它可以最准确地估计综合育种值 H，从而获得最大的综合育种值进展 $\triangle H$，利用求极大值方法可以利用下面的方程组求解偏回归系数 b_i。

（2）BLUP法：最佳线性无偏预测（BLUP）法是另一种常用的育种值估计方法。

它利用混合模型对个体的育种值进行预测。在BLUP法中,首先需要构建一个包含固定效应和随机效应的混合模型。然后,通过迭代算法求解模型参数,并利用求解得到的参数对个体的育种值进行预测。BLUP法的优点是可以同时考虑多个性状和环境因素的影响,从而提高育种值估计的准确性和可靠性。

$$y = Xb + Zu + e \tag{4-3}$$

式中:y是某动物的表型观察值;b是固定效应的估计值;u是需要估计的动物的育种值(加性遗传效应);e是随机误差;X是与固定效应(如场、年、季、胎次等)有关的个体数矩阵;Z是与加性遗传效应有关的个体数矩阵。

(3)基因组选择:随着基因组学的发展,基因组选择已经成为一种重要的育种值估计方法。基因组选择通过分析个体的基因组信息来预测其育种值。在基因组选择中,首先需要对个体进行基因分型,获得其基因组序列信息。其次,利用统计学方法和机器学习算法对基因组数据进行分析,筛选出与目标性状相关的遗传标记。最后,根据遗传标记的信息对个体的育种值进行预测。基因组选择的优点是可以提前预测个体的生产性能和遗传品质,从而加快育种进程并提高育种效率。

(4)多性状综合选择:在实际应用中,往往需要同时考虑多个性状的育种值估计。这时可以采用多性状综合选择的方法。多性状综合选择通过构建一个包含多个性状信息的综合指数来评估个体的遗传价值。在选择指数中,每个性状都会被赋予一个权重,权重的大小取决于该性状在育种目标中的重要性。然后,根据个体在各个性状上的表现和相应的权重计算出综合指数值,从而对个体进行遗传评估。多性状综合选择的优点是可以同时考虑多个性状的影响,从而更全面地了解个体的遗传潜力和生产性能。

(5)实践应用中的注意事项:一是要确保所使用的数据准确可靠;二是要根据具体的育种目标选择合适的育种值估计方法;三是要结合实际情况进行灵活调整和应用;四是要加强与其他育种工作者的交流和合作,共同推动育种工作的开展。

(三)操作步骤:以BLUP法示例

1. 数据来源

参考王金玉和陈国宏(2004)主编的《数量遗传与动物育种》的第四节:单性状BLUP育种值估计。

2. 安装软件

在R语言中,也可以使用asreml包快速地计算育种值,最佳线性无偏预测(Best Linear Unbiased Prediction,简称BLUP)。它可以对多环境数据进行整合,去除环境效应,得到个体稳定遗传的信息。需要提前安装asreml软件。

3. 输入数据格式要求

需要以下格式的数据,缺失值使用NA代替,注意环境和样品的数据类型应该为因子格式,表型为数值型。

```
dat = data.frame(id=c(4,5,6),sire = c(1,3,3),dam=c(2,2,4),y=c(200,170,180))
dat
```

可以看到,方差组分设置好了,状态为F,Fixed固定。

4. 使用 asreml 软件读入数据

```
va = 3333.33
ve = 6666.66
ped = dat[,1:3]
ainv = ainverse(ped)

inbreeding = attr(ainv,"inbreeding")
inbreeding

mode = asreml(y ~ 1, random=~ vm(id,ainv),residual = ~ idv(units), start.values = T,data=dat)
vc = mode$vparameters.table
vc[c(1,3),2] = c(va,ve)
vc[c(1,3),3] = c("F","F")
vc
```

可以看到，方差组分设置好了，状态为 F，Fixed 固定。solution 为 BLUP 值，std. error 为标准误，sqrt（PVE），inbreeding 为近交系数，va 为加性方差组分。

5. BLUP 值计算及准确性计算

分别运行下列两个程序包：

```
inbreeding = attr(ainv,"inbreeding")
inbreeding
```

```
library(tidyverse)
library(learnasreml)
blup = tiqu_blup(summary(mod1,coef=T)$coef.random)
head(blup)
blup %>% mutate(accur = sqrt(1 - std.error^2/((1+inbreeding)*va)),reli = accur^2)
```

获得每个个体的 BLUP 值、准确性和可靠性数据。

（四）注意事项

对于育种值评估，BLUP 法已经成为遗传育种的主要方法。基于 BLUP 值的计算，已发开出 gBLUP、rrBLUP、Bayes A（BA）、Bayes B（BB）、Bayes C（BC）、Bayesian Lasso（BL）、Bayes Ridge Regression（BRR）等多种模型进行育种值估算。其中 gBLUP 为一步法，直接得出育种值；其他模型为二步法，可分别估算育种值和 SNP 效应值。育种工作者需要通过评估所有应用模型的准确度，寻找最适合该物种、性状或是数据集情况的预测模型。

第三节 基因组选育技术

全基因组选择（Genomic Selection，GS）是一种利用覆盖全基因组的高密度标记进行选择育种的新方法，可通过早期选择缩短世代间隔，提高育种值（Genomic Estimated Breeding Value，GEBV）估计准确性等加快遗传进展，尤其对低遗传力、难测定的复杂性状具有较好的预测效果，真正实现了基因组技术指导育种实践。

一、技术方法描述

常规育种手段主要利用性状记录值、基于系谱计算的个体间亲缘关系，通过最佳线性无偏估计来估计各性状个体育种值（EBVs），通过加权获得个体综合选择指数，根据综合选择指数高低进行选留。标记辅助选择（MAS）育种是利用遗传标记，将部分功能验证的候选标记联合最佳线性无偏差预测（BLUP）计算育种值，这样不仅可以提高育种值估计的准确性，而且可以在能够获得DNA时进行早期选择，缩短世代间隔，加快遗传进展。

GS则通过覆盖全基因组范围内的高密度标记进行育种值估计，继而进行排序、选择，简单可以理解为全基因组范围内的标记辅助选择，主要方法是通过全基因组中大量的遗传标记估计出不同染色体片段或单个标记效应值，然后将个体全基因组范围内片段或标记效应值累加，获得基因组估计育种值，其理论假设是在分布于全基因组的高密度单核苷酸多态性（SNP）标记中，至少有一个SNP能够与影响该目标性状的数量遗传位点（QTL）处于连锁不平衡（LD）状态，这样使得每个QTL的效应都可以通过SNP得到反映。

二、基因组育种值估计方法

经过多年的研究与发展，育种学家们提出了许多基因组育种值估计方法，常见的包括：最小二乘法、GBLUP法、ssGBLUP法等。

（一）最小二乘法

最小二乘法先采用逐步回归的方法，假设标记效应和染色体片段为固定效应，对单个标记或染色体片段进行回归分析，筛选出显著性片段。然后用多元回归估计这些位置上的染色体片段效应，最后把精选出的SNP效应根据其基因型相加得到个体基因组育种值。但是该方法目前在畜禽基因组选择中几乎不再用。

GBLUP法、RR-BLUP法及Bayes类方法的出发点均基于如下混合线性模型：

$$y = X\beta + Z\alpha + e \tag{4-4}$$

式中：y是一个$n \times 1$的性状的表型值向量，X是一个$n \times p$的关联矩阵（关联固定效应的矩阵β与y），Z是k个SNP标记的基因型变量的关联矩阵，是影响表型值的固定效应，是k个标记效应的随机偏回归系数，即影响表型值的随机效应，e是残差效应。从模型中求解获得各标记效应的估计值，则个体i的基因组育种值为：

$$EBV_i = \sum Z_{ij}\alpha_j \tag{4-5}$$

式中：EBV_i 是个体 i 的基因组育种值，Z_{ij} 是个体 i 在位点 j 的基因型，α_j 是位点 j 的效应值。

一般情况下，公式 4-4 的表型值向量 y 和固定效应的关联矩阵 X 都是已知的，目标是求解标记效应向量。

（二）GBLUP 法

GBLUP 法是对传统的 BLUP 模型的扩展，与传统 BLUP 法相比，该方法利用全基因组遗传标记构建加性遗传关系矩阵 G，替代传统方法的分子血缘相关矩阵 A（通过通径系数的方法构建），进而估计个体的基因组育种值。GBLUP 方法估计个体基因组育种值的统计模型如下：

$$y = Xb + Zg + e \tag{4-6}$$

式中：y 是个体的表型值，X 是固定效应的关联矩阵，Z 是加性遗传效应的关联矩阵，b 是固定效应，g 是随机加性遗传效应，即个体基因组育种值，e 是残差效应。

（三）ssGBLUP 法

Single-step genomic best linear unbiased prediction（ssGBLUP）是由 Miszatal 等和 Christensen 等提出的，由于该方法将表型、基因型和系谱信息整合到了一个直接的遗传评估过程中，更加方便与准确，所以很快成为基因组育种值评估的标准方法。ssGBLUP 将用一个联合系谱信息及基因信息的矩阵 H 代替原来的亲缘关系矩阵 A。

三、注意事项

（1）GS 主要考虑加性效应，对于显性效应及互作效应等未纳入育种值估计模型中。

（2）GS 目前主要在品种内进行，品种间由于遗传背景不同，跨品种预测准确性难以保证。

（3）同品种间亲缘关系太远的个体育种值预测效果也不理想，如不同育种公司间由于育种策略不同，选择方向差异，导致同品种间遗传背景也不同，难以实现跨公司预测。

（4）GS 只用到基因组信息，大量的多组学研究结果利用不够充分，如何将多组学信息进行整合，通过整合组学提高选择准确度也是目前待解决的问题。

（5）GS 的分型个体数目越来越大，相比传统 BLUP 的稀疏矩阵，利用基因组信息计算的稠密矩阵给混合模型参数估计及模型求解带来了巨大的挑战，通过数学或者计算机手段简化计算复杂度，才能更高效利用庞大的基因组数据甚至其他各组学数据。

（6）个体分型主要是芯片技术，芯片分型具有良好的稳定性，但由于密度不足，使得全基因组选择对 LD 的依赖性强，通过测序手段可以得到较高密度 SNP 标记从而减少对 LD 的依赖，同时测序方法可以捕获不同品种间所有遗传变异，可能实现跨品种预测，并且测序能够得到更丰富的遗传信息，如 CNV 等，对于亲缘关系较近的群体，可以通过填充技术将芯片个体标记密度填充到测序水平。因此，测序技术的应用将成为全基因组选择新时代的转折点。

四、操作步骤图例

全基因组选择首先要建立一个参考群体（或训练群体），对参考群体中每个个体都进行表型和基因型鉴定，通过合适的统计方法构建基于基因型的表型预测模型；然后对候选群体（或育种群体）每个个体进行基因型检测，利用参考群体构建的预测模型计算候选群体中每个个体的基因型估计育种值（GEBV，简称基因型育种值），根据基因型育种值排名筛选高育种值个体进行表型测定确认。对于单个性状，可以直接根据 GEBV 排名进行个体选留；如果是多性状，则需要计算个体的综合选择指数，按综合选择指数排名进行个体选留。保留个体完成表型测定后，这些个体的基因型和表型数据又可以被放入参考群体，对原有预测模型进行优化，如此反复（图 4-16）。

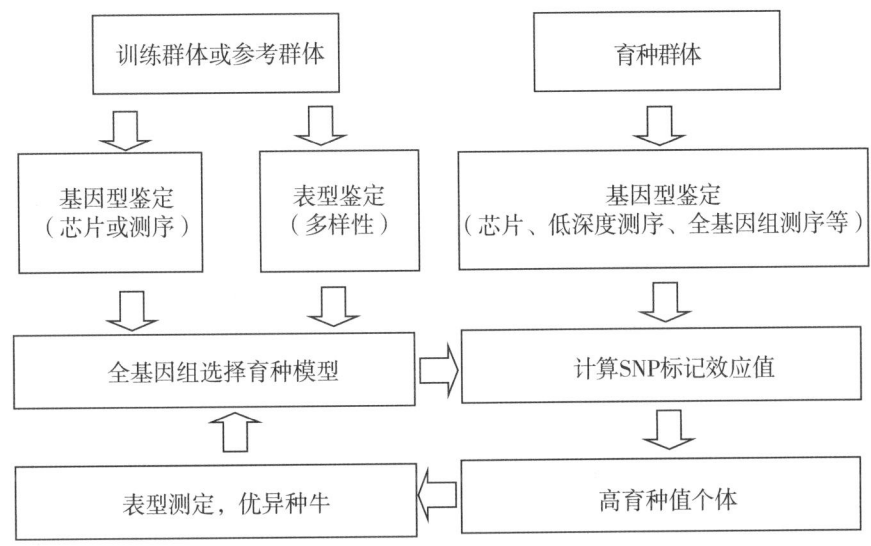

图 4-16　全基因组育种技术流程图

五、全基因组选择操作步骤

（一）参考群体建立

1. 群体规模

根据畜禽品种和目标性状选择适度的群体规模，参考群体规模越大，基因组选择准确性越高。参考群体大小需达一定规模后（通常千头以上）才建议实施基因组选择。基因组选择的准确性受到多种因素影响，其中参考群体规模大小是重要的影响因素。通常而言，参考群体规模越大，基因组选择准确性越高。当参考群规模较小时，无法提供足够多的不同类型的单倍型，从而使得估计的遗传标记效应不适用候选群体，进而降低基因组选择的准确性。参考群宜选择遗传背景相近的个体进行构建。基因组选择准确性高度依赖于遗传标记和数量遗传位点间连锁关系。

2. 群体遗传背景

宜选择遗传背景相近（如同一品种），具有群体代表性的个体构建参考群。

（二）表型测定

奶牛表型测定参考《中国荷斯坦牛体型鉴定》（GB/T 35568）、《中国荷斯坦牛公牛后裔测定》（GB/T 35569）和《中国荷斯坦牛生产性能测定》（NY/T 1450）。

（三）基因测定

（1）采样：对应进行基因分型检测的个体采集生物样本。生物样本包括血液、尾巴和耳朵皮肤等可提取DNA的组织。样品采集应避免个体间DNA交叉污染，每个个体的采样工具应更换或清洗，按照GB/T 31016的规定执行。

（2）DNA提取：所提取的DNA应符合基因芯片或测序对样品质量和数量的要求。DNA提取方法按照NY/T 1673的规定执行。

（3）基因型测定方法：可采用全基因组SNP（单核苷酸多态性）芯片或测序方式对所采集的生物样品进行基因分型，也可直接送基因检测公司检测。芯片检测平台技术成熟，自动化和自主化程度高，建议推广使用。

（4）预测方程构建：①根据参考群所采集的信息，选取可最大化利用群体信息且能得到育种值的准确性最高的基因组选择育种值预测方程。②基因组选择的育种值预测方程宜选择GBLUP（基于基因组信息的最佳线性无偏估计）类方法、贝叶斯方法、机器学习方法。进行基因组选择育种时宜采用可同时利用系谱信息、基因分型信息和表型信息的一步法模型构建预测方程。

（四）候选群个体遗传评估及选留

（1）候选群个体确定：根据育种目标，选留符合要求的个体，参考个体选择中的规定执行，候选个体应尽量和参考群有亲缘关系。

（2）基因型测定：按照参考群体中基因检测的规定执行。

（3）个体基因组遗传评估：使用本章第二节的"育种值预测"的预测方程对个体进行遗传评估。

（4）种用个体选留：根据生理健康状况、综合选择指数排序、近交系数大小、体型等因素综合考虑，确定种用个体的选留。

（五）测序结果判读

结果一：对于国内的育种体系而言，综合育种值（TPI）和净效益（Net Merit，NM）指数都具有很重要的参考意义。表4-4列出了两家牧场育种性状评分，两个牧场参测牛只TPI平均值分别为2015和2006，净效益平均值为864和857。

表4-4 两家牧场育种性状评分

牧场	牛只出生年份	牛数（头）	综合育种值（TPI）	净效益（元）	产奶量（kg）	乳脂量（kg）	乳蛋白量（kg）	体细胞评分	生产寿命（月）	女儿情期受胎率（%）	公牛配种易产性	肢蹄结构评分	乳房综合评分	体型总分
1	2023	100	2015	864	92.7	5.35	4.33	2.89	0.85	0.10	2.25	-0.19	0.22	0.32
2	2023	200	2006	857	45	5.03	2.67	3.03	0.75	0.12	2.20	-0.40	-0.45	-0.53

根据奶牛基因组检测报告，可以针对牧场牛群的短板性状确定遗传改良方向，因为TPI 可能不完全符合国内或者本牧场的遗传趋势，而每个牧场由于群体、环境、管理等因素不同，面临的问题和育种目标也不尽相同，因此制定适合自己牧场的育种目标至关重要。可以根据育种值建立本牧场指数，如参测牧场育种指数为：产奶量（15%）+乳蛋白量（20%）+乳脂量（10%）+生产寿命（20%）+女儿怀孕率（15%）+体细胞数（10%）+乳房结构（10%）（表 4-5）。

表 4-5 母牛育种指数

母牛	乳蛋白量（g/100 mL）	乳蛋白率（%）	乳脂量（g/100 mL）	乳脂率（%）	产奶量（kg）	终身效益指数（LPI）	体型评分	乳房结构评分	肢蹄结构评分	生产寿命（年）	女儿怀孕率（%）	体细胞数评分	综合育种值（TPI）
前 1%	54	0.10	77	0.25	1 823	670	3.01	2.71	2.31	5.8	3.5	2.59	2 509
前 5%	42	0.07	60	0.19	1 413	526	2.55	2.31	1.93	4.6	2.6	2.68	2 333
前 10%	36	0.07	51	0.16	1 212	451	2.3	2.08	1.73	4	2.1	2.72	2 234
前 20%	29	0.05	41	0.13	986	366	2.01	1.81	1.49	3.3	1.6	2.77	2 122
前 30%	24	0.04	35	0.11	835	313	1.81	1.63	1.32	2.8	1.2	2.8	2 049
前 50%	18	0.03	27	0.08	612	236	1.51	1.35	1.97	2.1	0.7	2.85	1 947
所有牛	5	0.00	8	0.01	120	80	0.83	0.69	0.48	0.8	-0.4	2.95	1 749

牧场应持续对后备牛做基因组检测，陆续制定犊牛淘汰或出售计划。基因组检测对于犊牛的早期筛选和核心群划分，应按照参测牛只的 TPI、NM 或者牧场自己的指数对牛群进行筛选或划分核心群。建议将牛群划分为高、中、低遗传水平三个等级，TPI、NM 指数排名前 10% 的可作为胚胎供体等，中间 80% 可用于性控冻精扩群及常规生产，后 10% 可作肉用、胚胎移植受体牛或者根据牛只繁殖状况和健康状态决定是否淘汰。

建议牧场将前 20% 最优质的犊牛作为供体母牛，生产高产奶牛性控胚胎，后 20% 低产奶牛作为受体母牛，阻断其基因在牛群中的流动，提高利用率，快速提高牛群素质和水平，加快育种进展。

第四节 奶牛发情鉴定技术

奶牛发情时间短且表现不明显，如果不能及时准确监测，将导致配种机会的丧失、空怀天数的增加、产犊间隔的延长、受胎率的降低以及产奶量的减少，从而严重影响奶牛养殖的经济效益。母牛的发情鉴定最常用的方法是外部观察法、直肠检查法。随着智能化技术的推进，奶牛发情鉴定可采用先进的活动量监测法、乳成分分析法以及其他智能化技术，能够显著提高奶牛的繁殖效率和产奶量，降低人工成本并提升牧场管理的智能化水平。

一、生殖功能发展阶段概括

初情期的母牛虽然开始正常发情排卵，但是还没有达到性成熟，更没有达到体成熟，因此，初情期的母牛还不适宜配种。目前，国内有些牛场青年奶牛开配年龄提早到 13 月龄，但要求青年牛的体高达到 130 cm。体重达到 350 kg 以上（成年母牛体重的 75% 左右）。

表 4-6　母牛生殖发展阶段概括

发育阶段	性状表现	年龄
初情期	初次表现发情并发生排卵的时期，开始具备繁殖能力，但生殖器官尚未发育完全	6~12 月龄
性成熟	生殖器官已发育完全，生殖机能已成熟，具备正常的繁殖机能，但身体发育尚未完成	12~14 月龄
繁殖适龄期	已达性成熟，能正常配种繁殖的时期	14~18 月龄
体成熟期	身体发育完全并具有成年牛固有的体型和外貌	18~30 月龄
繁殖机能停止期	繁殖能力消失或停止的时期	13~15 周岁

二、发情特征

（一）发情期母牛外部表现

随着卵泡发育与成熟，卵泡会分泌大量雌激素，刺激母牛生殖道、行为等发生一系列变化。不同时期母牛外部变现如表 4-7、表 4-8 和图 4-17 所示。

表 4-7　母牛发情前后期表现

发情阶段	外部表现	生殖器官
发情前期	母牛食欲减退，兴奋不安，哞叫，四处走动，舔嗅其他母牛外阴或爬跨其他母牛，但不愿意接受其他母牛爬跨	外阴轻度充血、肿胀、阴道和子宫腺体分泌少量稀薄、透明的黏液
发情期	食欲明显下降，哞叫，常举起尾根，后肢开张，作排尿状，愿意接受其他牛爬跨并站立不动	外阴充血肿胀，可见大量稀薄、透明黏液流出阴道
发情后期	母牛性欲减退，逐渐安静下来，尾根紧贴阴门，虽然仍愿意接近其他母牛，但已不再接受爬跨	外阴肿胀减退黏液由稀薄变得黏稠，颜色也由透明变为黏稠的乳白色

(二) 发情期母牛卵巢变化

表 4-8 母牛发情前后卵泡变化情况

阶段	卵泡情况
卵泡出现期	母牛卵巢上有多个有腔卵泡在促卵泡素的刺激下开始发育
卵泡发育期	发情盛期的母牛卵巢上卵泡继续发育，体积不断增大，其中一个卵泡发育成为优势卵泡
卵泡成熟期	优势卵泡体积继续发育到最大，卵泡液充盈整个卵泡。卵泡成熟期母牛发情行为明显，但有些母牛发情表现可能已开始减弱并进入发情后期
排卵期	成熟卵泡破裂而排出卵母细胞，卵巢表面排卵的地方塌陷而形成明显的排卵窝。一般来说，排卵期的母牛发情表现相对较弱，发情母牛已拒绝爬跨

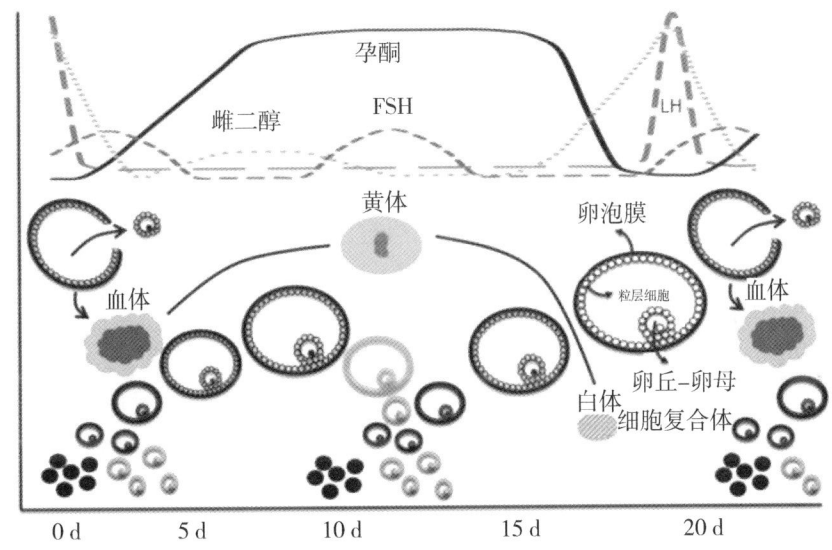

图 4-17 牛发情周期生殖激素水平及卵泡发育的
变化示意图（王国艳等，2019）

三、奶牛发情鉴定的主要方法

1. **外部观察法**

该法是最主要、最便捷鉴定奶牛是否发情的方法，每天观察次数不少于 3 次，主要观察母牛是否接受其他母牛爬跨、黏液量和黏液性状，必要时检查卵泡发育情况。奶牛发情时通常会表现出兴奋不安，频繁哞叫，双眼充血，食欲不振，泌乳量下降，排尿次数增加，尾根举起，追逐或者爬跨其他奶牛，并接受其他牛的爬跨。当发情奶牛爬跨其他牛时，可见阴门搐动，有滴尿现象，并表现出公牛交配的动作。另外，外阴部发生红肿，流出黏液，即所谓的"吊线"。如果奶牛被毛潮湿、粗乱，附着泥垢或者黏液、血丝，可能是由于发情被爬跨后形成的痕迹，由此可确定发情状况，适时进行配种。推荐观察发情时间：6:00、12:00、19:00 和 23:00。

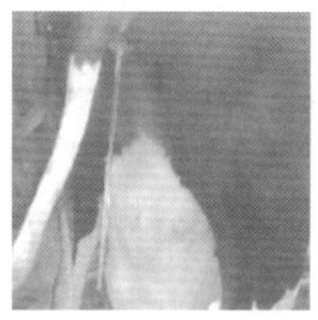

图 4-18　奶牛接受爬跨与阴部黏液"吊线"

2. 阴道检查法

该法是指向奶牛阴道内插入阴道扩张筒或者阴道开腔器，在光源下对阴道黏膜颜色、肿胀、充血程度和开口大小，是否有黏液流出，以及分泌物的颜色、量的多少和黏稠程度等进行观察，据此判断其发情程度。需要注意的是，所用的阴道扩张筒或者开腔器必须提前洗净、消毒，避免造成感染，且插入时要小心谨慎，防止阴道黏膜发生损伤。但由于无法准确判定排卵时间，现在仅作为一种辅助性检查手段应用。现将奶牛不同阶段的阴道情况加以介绍。

休情期：阴道色泽苍白，完全闭合，没有黏液，公牛不会对其进行追逐。

发情初期：阴道黏膜轻度充血，变为淡红色，子宫颈稍微充血、肿胀，分泌少量透明的稀薄黏液。

发情盛期：阴道黏膜潮红并富有光泽，宫颈明显充血、发亮、肿胀，并充分张开，沿着插入的扩张筒口会有大量黏液流入，液质透明，没有黏性，牵缕性强。

发情后期：阴道黏膜的充血现象逐渐消退，宫颈发生肿胀，且颈口不断收缩，变为暗红色，流出的黏液逐渐减少，呈半透明或者乳白色，质地由稀变稠，牵缕性变差，有黏性，且往往混杂血丝。

排卵期：阴道黏膜呈淡红色，宫颈外口完全关闭，呈淡红色，只有很少黏液，质地浓稠，呈乳皮状。

3. 试情法

该法是根据试情牛追逐爬跨情况以及母牛接受爬跨的程度来判断母牛的发情情况。通常将结扎输精管的试情公牛按 1:30~1:20 比例放入牛群中，以此来发现发情母牛。目前，规模牧场基本不采用此方法。

4. 尾根标记法

对参配牛每天在尾根上用涂料做标记，涂蜡长度 10~15 cm、宽度 3~5 cm。发现尾根的颜料呈不规则分布时，观察被毛、外阴等部位。确认发情后，做好发情记录。

5. 活动量监测法

利用智能项圈内置的加速计技术记录奶牛的活动量，包括躺卧、站立、行走等行为,通过云端平台和人工智能算法分析这些数据,判断奶牛的发情周期和最佳配种时机。此方法具有高准确性,发情揭发率通常能达到90%以上,可实时监测,覆盖全天24 h,减少人工劳动和时间成本。但要注意的是,要与奶牛的某些行为特征进行区分,如快走、慢走、静止以及跨栏等,因此使用时要注意区分。研究发现,采用计步器法的发情鉴定检出率甚至可以提高到95%,而且奶牛排卵时间与步伐数开始增加时间的间隔为(29.3±3.9) h (22~39 h),与步伐数增多结束时间相差(19.4±4.4) h (12~35 h)。可以看出,采用计步器能准确鉴定发情,是预测排卵时间的有效工具。示例产品推荐爱农云联、斯维垦等品牌的智能项圈,不仅具备高效的发情监测功能,还能监测奶牛的健康状况、采食量等,提供多重功能支持。

6. 体温监测法

奶牛在发情期间,由于体内激素水平的变化,体温也会发生相应的波动。因此,通过实时监测奶牛的体温变化,可以间接判断奶牛的发情状态。利用智能耳标、项圈等设备内置的体温传感器,实时监测奶牛的体温变化,通过云端平台或智能终端的数据分析功能,对采集到的体温数据进行处理和分析。利用算法模型识别体温波动规律,判断奶牛是否进入发情期以及发情期的持续时间等关键信息。当监测到奶牛体温发生显著变化时,系统会及时发出预警信号,提醒养殖人员关注该奶牛的发情状态,以便及时采取配种等管理措施。

第五节 人工授精技术

奶牛人工授精技术是一种高效的繁殖方法,是指将经过处理和保存的公牛精液在适当的时候注入发情母牛的生殖道内,达到受精的目的。我国从20世纪50年代开始推广该技术,取得了很大成就,已成为养牛生产的常规繁殖技术。

一、采精前准备

(一) 假阴道的准备

工作人员用肥皂清洗双手,清水冲净并用75%酒精进行消毒,然后取出已经消毒好的采精筒、假阴道内胎、三角带,将假阴道安装在采精筒,内胎安装后,必须保证内胎在采精筒中平整无皱褶,对于老化破损的内胎应该及时更换,然后用橡胶套把内胎固定住。用持物钳夹持大块酒精棉对内胎和采精筒进行消毒,用长柄镊子夹持酒精棉对三角套进行消毒。采精前一天,将39℃的温水注入采精筒内(注水量为假阴道内胎和外壳夹层容积的1/2左右),以75%酒精棉球消毒后打开进气阀,并用消毒纱布将假阴道口包裹好,将三角套套在假阴道上,然后放置在42℃恒温箱中。因为酒精对精子有严重的杀伤作用,采精时假阴道上严禁酒精残留(必须提前一天准备)。

(二) 集精管的安装以及假阴道的充气处理

采精前,从冻精实验室取出消毒处理好的集精杯,认真检查集精杯是否存在破损或裂纹,一旦发现破损及时更换。检查无异常后,将集精杯安装在三角套上,确认一切正常后，将组装好的假阴道继续放置在恒温箱中备用。

（三）润滑剂的准备

采精时所使用的润滑剂是采用灭菌的白凡士林和液体石蜡按照 1∶1 的比例调制，然后放置在加热台中加热灭菌后，即可使用。采精前，对假阴道口涂抹润滑剂，深度 3~5 cm 为宜，涂抹润滑剂利于阴茎顺利进入假阴道，避免阴道损伤，切忌涂抹润滑剂过多过深，使润滑剂混入集精杯中。

（四）采精器械和设施的准备

采精员需要提前向包皮清洗机中加入大量 38℃ 左右的清水，并准备足够的纸巾。饲养员协助采精员将已经晾晒干燥的地毯铺设到采精厅，避免由于地面湿滑而造成公牛爬跨损伤。

调整假台牛（图 4-19）合适的高度，对于能够在假台牛上正常采精的公牛，安排在假台牛上采精，

由于假台牛比较稳定，增加了采精人员的安全性。对于不能在假台牛上顺利采精的公牛，只能选择真台牛。

图 4-19 假阴道与假台牛

台牛的选择标准，必须选择健康、温顺、强壮、体高适宜的公牛作为台牛。铺设采精地毯后，应将台牛提前保定在采精架中，清洁台牛后躯，特别是尾根部和肛门附近，用喷壶喷洒 2% 来苏尔溶液进行消毒，并用毛巾擦拭干净。在采精过程中，随时观察台牛后躯，一旦发现台牛后躯污染粪便，及时清理消毒，以免台牛粪便污染精液。

二、公牛采精

（一）公牛的准备

公牛的成熟期：8~14 月龄，人工采精的公牛，12~14 月龄可以开始人工采精训练。平时要经常护理采精牛的蹄趾和修剪阴毛，公牛采精前还应清洗牛体，特别是牛腹部和包皮部，以避免污垢污染精液。公牛在采精前 1~2 h，不应大量采食饲料。在夏季，不要让公牛在采精前后立即饮用凉水。采精前还应避免牛的激烈运动。

（二）公牛采精要点

（1）假阴道内壁不要沾上水。在冬季，宜将采精杯置于保温瓶或利用保温杯直接采精，以防温度剧变造成精子冷休克。

（2）应让公牛空爬跨1~2次，以提高其性欲。

（3）采精员立于台牛右后侧。

（4）公牛爬跨时，右手持假阴道，左手托包皮，将公牛的阴茎导入假阴道内。不要将假阴道套在公牛的阴茎上。

（5）公牛射精后，将假阴道集精杯向下倾斜，以便精液完全流入集精杯内。

（6）采精后，应立即取下集精杯，盖上集精杯盖，以防精液受污染。

（7）成年公牛采精一般每周不得超过2次，每次不得超过2回。

（三）精液检查

确保奶牛精液的质量是实施有效选配和选育技术的前提，冷冻精液品质符合国家标准要求（GB 4143—2022《牛冷冻精液》）（见本章第二节"精液质量"）。

三、人工输精

（一）母牛的准备

1. 严格筛选受配母牛

初选育成牛：初选育成牛在16~18月龄，参配母牛选择优良高产奶牛及其后代作为使用对象，体重达到350 kg以上，营养和健康状况良好，膘情适中、体格健壮，无繁殖机能疾病。

选择经产母牛：选择身体健康、无生殖疾病、无难孕史、无难产史、无胎衣不下史相关疾病，产后50 d以上，发情正常的高产奶牛。

2. 鉴定母牛发情

外部观察法结合直肠检查法进行发情鉴定，外部观察法，发现母牛接受爬跨或爬跨其他牛12~16 h后，进行直肠检查，直肠检查时手法要轻，不易牵动卵巢导致卵泡损伤，触摸卵泡成熟状态。卵泡发育成熟，即卵泡突出，圆而光滑，波动明显，有一触即破之感1~2 h后，或母牛静立、接受爬跨和阴户流出透明具有强拉丝性黏液时，为母牛发情期，输精时间；准确鉴定发情母牛，并将受配母牛保定在输精室配种架内（也可在牛舍内就地配种），外阴部及附近皮肤进行清洁和消毒。

（二）精液的准备

首先消毒输精相关器械，包括玻璃棒、离心管、镊子、剪刀等。其次，精液置于水浴锅中一起加热至37℃。从液氮罐中用镊子快速取出一支细管冻精，在40℃水浴锅中快速摆动，最好在10 s内解冻，用无菌纸擦拭细管表面的水珠，剪刀在封口端1 cm左右剪开。用玻璃棒蘸取少量精液到载玻片置于显微镜下观察，无致病菌、精子复苏率≥50%、畸形率≤20%、精子活力≥0.35、精子顶体完整率≥40%，即可作为输精精液。将输精枪（图4-20）用蒸馏水冲洗2~3次，再装入精液。

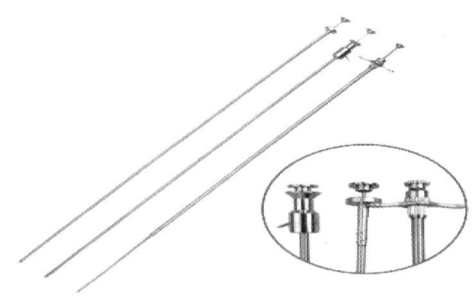

图 4-20 输精枪

（三）输精方法

人工授精常用直肠把握子宫深部输精法，精液不易倒流，可以提高受胎率。这是当今国内外普遍采用的一种授精方法。

1. 操作要领

输精前，输精者清洁双手，戴上塑料或橡胶长臂手套，手套外侧和输精管前端涂润滑剂。右手持输精器，左手指合拢呈圆锥状，以螺旋钻似的动作，从肛门缓慢地插入直肠内，先将直肠的宿粪掏出，用清水洗净肛门、会阴及阴门周围，然后再次插入直肠内，隔直肠把子宫颈握住（有软骨样感觉），然后左手臂往下压一下，使阴门张开，或者助手用手指拨开阴门。右手持输精器由阴门插入，先向上倾斜插入一段（约 5 cm），以避开尿道口，而后平插，当输精器尖端抵达子宫颈外口时，在左右手的协调作用下，让输精器轻轻越过子宫颈，即插到子宫颈内口与子宫体连接部，然后注入精液。注入时将输精器稍微往回拉一点，以避免肌肉堵塞尖端出口（图 4-21）。

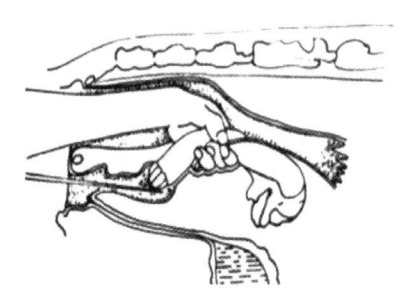
奶牛直肠把握输精法错误的操作

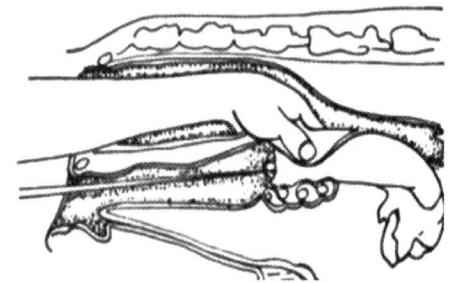
奶牛直肠把握输精法正确的操作

图 4-21 奶牛直肠把握输精法操作要领

2. 注意事项

（1）当手握子宫颈时，如发现肠壁绷得过紧，不要采取强制，轻揉按摩或轻搔肠壁，待松弛后，再去把握子宫颈管。

（2）如果子宫颈管太粗或太细，就要把子宫头压住或用手夹住，将其按在骨盆侧壁上再输精。

（3）插入输精器时，手要轻提，并随牛移动，如果子宫颈皱褶挡住输精器，则不可往里硬插，应变换方向，移动输精器，并以直肠里的左手按摩或轻摇肠壁，以分散母牛的注意力。

（4）当输精器与子宫颈口无法对准时，查看左手是否把握过于靠前，使得子宫颈口游离下垂，应及时更正左手；如发现皱褶阻挡，要把子宫颈管前推以拉直皱褶。

（5）输精器一定要穿过子宫颈到达子宫体基部，方可注入精液。

第六节　体内胚胎生产与移植技术

胚胎移植指将受孕母牛早期胚胎或者通过体外受精及其他方式得到的胚胎，移植到另一头相同生理状态的母牛体内。牛胚胎移植技术不仅提高了奶牛的整体遗传水平，还加速了优良品种的推广和应用，是现代畜牧业中的重要技术手段。体内胚胎生产与移植技术内容包括：供体母畜的选择和超数排卵处理、超数排卵处理与人工授精、胚胎回收、胚胎鉴定与保存和胚胎移植。

一、供、受体牛选择与同期发情

供受体牛是一切的基础，选择很重要。其中，供体牛均应选品系优良、系谱记录齐全、生产性能良好、体格健康、无遗传和传染性疾病、15月龄以上的青年母牛或者1～3胎产后60～120 d的泌乳母牛。受体牛必须选择健康无疾病的体况良好的母牛，最好选择在移植前2个月正常发情的初配牛。将供受体进行同期发情处理，一般应用较多的为孕激素法（FSH）和前列腺法（PG）。孕激素法是将使用孕酮阴道栓（CIDR）或孕酮海绵栓（PIDR）在母牛体内制造人工黄体，10 d后撤栓操作实现促性腺激素释放。前列腺法是通过肌内注射前列腺或用输精管在子宫注入前列腺的方法，肌内注射氯前列烯醇2～4 mL，本地黄牛一般2 mL即可。

二、超数排卵处理

供体牛确定之后，在发情周期的功能性黄体期进行超排处理，一般为发情后第9～12天进行，通过肌内注射孕马血清促性腺激素（PMSG）或促卵泡生成素来刺激卵巢产生额外的卵泡。连续处理4 d，每天早晚各1次，剂量每日递减（图4-22）。超数排卵后，检测出发情特征时实施一次人工授精，第二天早上再进行一次授精，以提升受精率。具体授精方法见本章第五节。在发情配种时输精量是平时的一倍，注入精子数量不低于2 000万个。

三、胚胎回收

受精卵和精子形成胚胎，胚胎发育经过桑葚胚胎、早期囊胚和扩张囊胚三个阶段。在配种或输精后第7天开始胚胎回收工作，常采用灌流法。将外阴冲洗干净，用扩张棒扩张子宫颈，使用2%普鲁卡因或利多卡因5 mL硬膜外腔麻醉。使用两通路或三通路冲卵管通过直肠把握的方法进行冲胚，即把带钢芯的冲胚管缓慢插入子宫角，直到冲胚管的前端到达子宫角前1/3处为止。向气囊充气，使气囊胀起堵塞子宫角，避免冲胚液

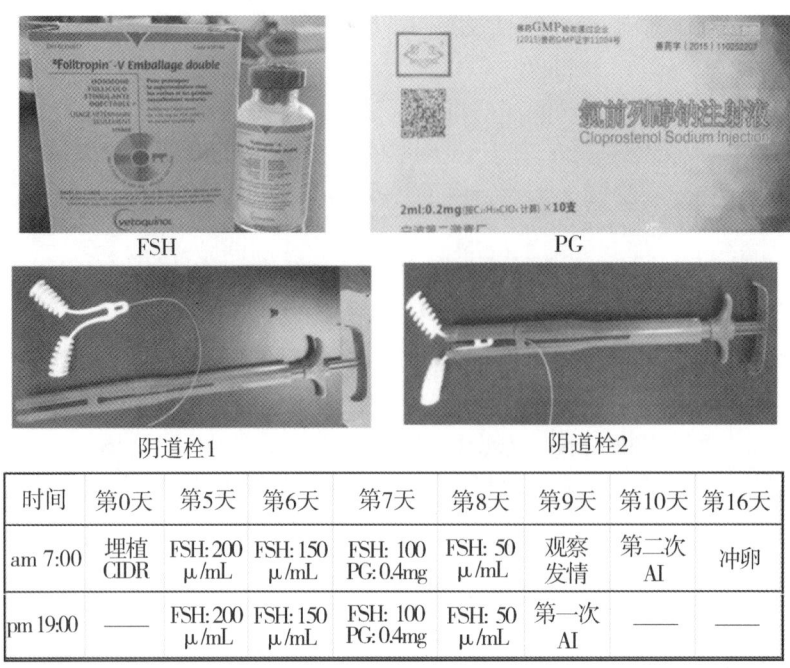

图 4-22 奶牛超数排卵操作时间点

倒流，固定后抽钢芯。往子宫角倒入冲胚液，每次 20~50 mL，反复 5~6 次，并将冲胚液收集在带漏网的集卵杯内。双侧子宫冲完后，放掉空气，将冲卵管抽回至子宫体，从冲卵管倒入已经稀释过的前列腺素和抗生素，最后将冲胚管取出即可（图 4-23）。

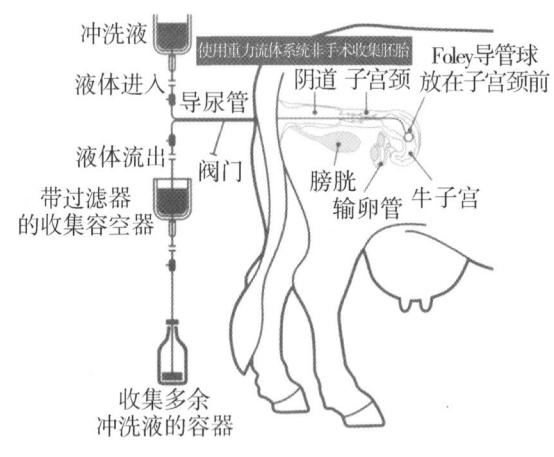

图 4-23 奶牛冲胚

四、胚胎鉴定

回收的胚胎进行计数和分类，胚胎质量是移植成功的首要条件。一般根据胚胎形态及发育阶段进行等级分类，分为 A、B、C、D 四个等级，A 级和 B 级胚胎为可用胚胎，C 级和 D 级不建议移植（表 4-9）。

表 4-9　胚胎等级判定

等级	判定条件
A级：优秀胚胎	胚胎形态完整，轮廓清晰，呈球形，内细胞团数量多，出现囊胚腔，细胞碎片比例小于10%
B级：良好胚胎	胚胎形态完整，轮廓清晰，色调和透明度及细胞密度良好，可见到一些游离的细胞和液泡，细胞碎片占10%~20%
C级：一般胚胎	胚胎轮廓不清晰，色调变暗，细胞团结构较松散，游离的细胞或液泡较多，细胞碎片达50%以上
D级：不良胚胎	细胞团无组织结构，凋亡细胞占胚胎大部分，约75%

五、胚胎保存

移植新鲜的胚胎效果最佳，但当条件不允许的情况下，需要将胚胎进行冷冻处理。一般采用逐步降温法、一步细管法和玻璃化冷冻法。现在常用的方法是玻璃化冷冻法，是将胚胎与冷冻保护剂混合液短时间处理后，直接放入液氮中。此种方法简化了冷冻的过程，不需要冷冻仪器，操作简便（图4-24）。

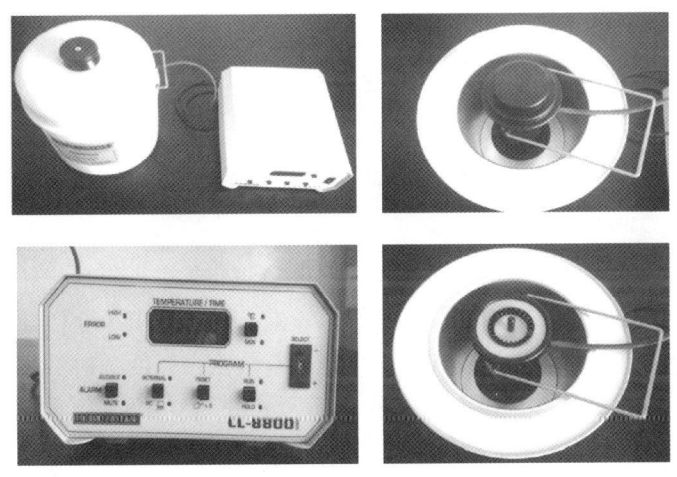

图 4-24　胚胎冷冻仪

六、胚胎移植

目前牛多采用非手术移植法，即使用特制的胚胎移植器，通过阴道和子宫颈，将胚胎注入子宫角的一定部位。具有人工授精经验的技术人员可完成胚胎移植工作，注意必须做好器械的消毒灭菌工作。

1. 受体牛处理

将受体牛牵入保定架，去除直肠内粪便，使用2%普鲁卡因或利多卡因 5 mL 硬膜外腔麻醉，对外阴进行清洗并使用高锰酸钾进行冲洗消毒，酒精棉球擦拭干净。

2. 移植

胚胎的移植环节与人工授精相似，不过胚胎移植操作的对象是胚胎而不是精子，输送的位置是黄体发育较好一侧子宫角的上 1/2 至下 1/3，如有可能则越深越好。胚胎移植操作时间越短越好，要求不超过 10 min（图 4-25）。具体操作：将封装好胚胎的细管，开口一端（远离棉芯的一端）向内装入移植器中。直肠检查受体牛卵巢排卵一侧的黄体质地，通过直肠把握子宫颈，将移植器送入子宫颈，再直肠把握子宫角，把移植器轻轻推入有黄体一侧的子宫角，并使其深入到子宫角的大弯部，随后将胚胎推入并缓慢取出移植器。操作时注意动作要稳、快，移植部位要准确，移植后检查细管，看有无胚胎遗漏。如有遗漏，则需重新移植。当受体牛为初产牛时，需要使用子宫颈扩张棒处理后再进行移植。做好移植记录，定期检查受体。

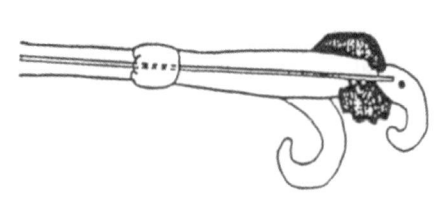

移植枪在子宫位置模式图

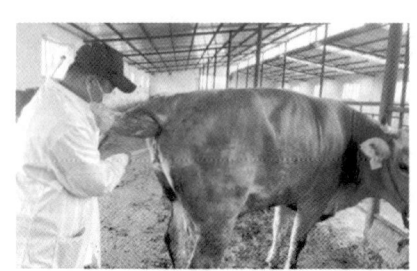

胚胎受体移植

图 4-25　胚胎移植

第七节　妊娠诊断技术

妊娠诊断是指在母牛妊娠后，通过表现出的各种变化来判断是否妊娠以及妊娠进展的情况。母牛配种后应尽早确定其是否妊娠，这对于保胎、减少空怀、提高繁殖率是非常重要的。通过妊娠诊断还可以发现某些生殖器官疾病，以便及时治疗。现阶段主要通过外部观察法、阴道检查法、直肠检查法、超声波诊断和孕酮监测法开展妊娠诊断。

一、外部观察法

母牛妊娠后行为和外部表现常作为早期妊娠诊断的辅助或参考。母牛妊娠后，周期性发情停止，食欲增进，膘情改善，毛色光泽，性情温驯。妊娠中期或后期，腹围右侧增大突出。乳房胀大，育成母牛在妊娠 4~5 个月后，乳房发育速度加快，乳房体积明显增大，而经产母牛的乳房在妊娠的最后 1~4 周才明显增大。

二、阴道检查法

主要观察阴道黏膜色泽、黏液性状和子宫颈状况等变化。该方法在母牛妊娠早期诊断较困难，只能作为辅助方法。一般妊娠 3 周以后，阴道黏膜由粉红色变为苍白色，表面干燥、无光泽、滞涩，阴道收缩变紧。妊娠 1.5~2 个月，子宫颈口处有黏稠的黏液，量较少，3~4个月后，量增多，为灰白色或灰黄色糊状黏液。6个月以后，黏液变得稀薄而透明。妊娠后子宫颈紧闭，阴道部变成苍白色，有子宫栓存在。子宫颈的位置随妊娠的进展，向前向下移动，发生相应的位置变化。牛妊娠过程中子宫栓有更替现象，被更替的黏液排出时，常黏附于阴门下角，并有粪黏着，是妊娠的表现之一。

三、直肠检查法

早期妊娠检查最为可行的方法，一般在母牛配种后 30 d 进行检查。已妊娠的母牛，子宫角不对称，孕侧子宫角增粗，并有液体波动感。用手轻轻触摸子宫时，非孕侧子宫角收缩力较强，而孕侧子宫角无收缩反应。触摸孕侧卵巢，感觉体积变大，黄体明显突出卵巢表面，而非孕侧卵巢体积较小、无黄体（表4-10）。

表 4-10 母牛妊娠前期生殖器官及胎儿变化情况

器官	妊娠状态			
	未妊娠	妊娠 1 个月	妊娠 2 个月	妊娠 3 个月
卵巢	位于骨盆腔耻骨前缘，有黄体且增大	位于骨盆腔耻骨前缘，妊娠侧有较大黄体	位于耻骨前缘下，妊娠侧有较大黄体	孕角卵巢移至耻骨前缘下，妊娠侧有较大黄体
子宫角	左右子宫角大小一致，子宫间沟清楚	左右子宫角不对称，孕角稍粗，质地松软，有波动感，角间沟清楚	孕角比空角粗1倍，孕角薄软，有波动感，角间沟不清楚	孕角比空角粗3倍，波感明显，角间沟消失
胎儿	无	摸不到	摸不到	有时可以摸到
子宫颈	骨盆腔内	骨盆腔内	骨盆腔内	耻骨前缘
子宫中动脉	正常	正常	孕角比空角粗1倍	可感受到微弱妊娠脉搏

四、超声波诊断法

将超声波的物理特性和不同组织结构的声学特性密切结合的一种物理学检查方法。目前用于妊娠诊断的超声波妊娠诊断仪主要有 2 种类型。

1. 多普勒超声波诊断仪

多普勒超声波诊断仪通过听妊娠牛子宫血流音、胎儿心音、脐带上的动脉和静脉血流音来诊断（图4-26）。将探头缓慢插入阴道，使探头位置在阴道穹窿 2 cm 以下区域。母体子宫血流音在妊娠 35 d 左右出现"啊呼"音，40 d 以后有"蝉鸣"音。未妊娠牛或探头接触不良时，仅有"呼呼"声，其频率同母牛脉搏。胎儿死亡时，也为"呼呼"音。胎儿脐带血流音比较快，频率为 120~180 次/min，从妊娠 50 d 起比较明显。应用多普勒超声波诊断仪检查 30~70 d 的母牛，妊娠诊断准确率可达 90% 以上。

2. 超声断层扫描（简称 B 超）

将超声回声信号以光点明暗显示出来，回声的强弱与光点的亮度一致，这样由点到线到面构成一幅被扫描部位组织或脏器的二维断层图像，称为声像图。超声波在牛体内

图 4-26　台式与便携式多普勒超声波诊断仪

传播时，由于脏器或组织的声阻抗不同、界面形态不同以及脏器间密度较低的间隙，造成各脏器不同的反射规律，形成各脏器各具特点的声像图（图 4-27）。用 B 超通过探查羊水、胎体或胎心搏动以及胎盘来判断母牛妊娠阶段、胎儿数、胎儿性别及胎儿的状态等。

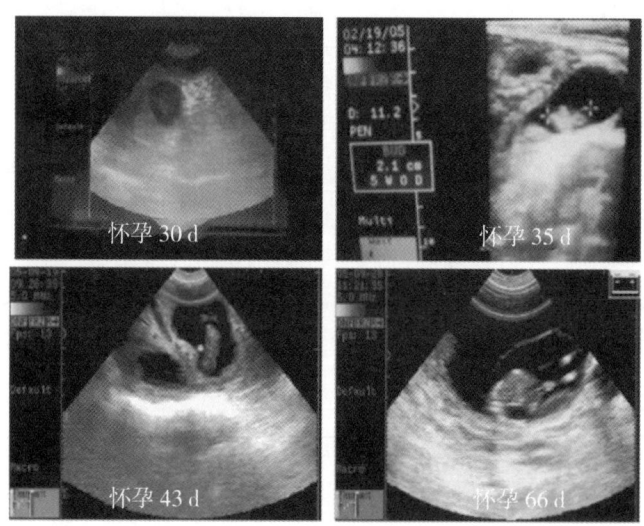

图 4-27　奶牛 B 超结果

五、孕酮水平测定法

母牛妊娠后，其血浆和乳汁孕酮含量明显高于未妊娠母牛，而且在长时间内保持稳定的水平，因此采用放射免疫测定或酶联免疫测定法，可以根据孕酮含量的变化进行妊娠诊断。在配种后 20~25 d 的乳汁中孕酮含量≥7 ng/mL 为妊娠，≤5.5 ng/mL 为未妊娠，介于 5.5~7 ng/mL 为可疑。乳汁中孕酮含量≥200 ng/mL 为妊娠，≤100 ng/mL 为未妊娠，介于 100~200 ng/mL 为可疑。由于用乳样较采集血样简单方便，对牛的孕酮检测常用乳汁。由于造成孕酮水平高的原因很多，如持久黄体、黄体囊肿、胚胎死亡等，往往造成误诊。其妊娠诊断准确率为 65%~85%，未妊娠诊断的准确率为 90%~100%。

第八节 分娩助产技术

奶牛分娩助产技术是为了促进分娩顺利进行，保护母畜和犊牛的安全，提高犊牛的成活率，避免母牛在分娩时遇到不应该发生的损伤。尽早干预虽然可能减少死胎，但干预过多生产的风险也会增加，因此正确的适时助产接产和规范的操作，是十分重要的。

一、临产症状

母牛分娩前，在生理、形态及行为方面发生一系列变化，称为分娩预兆。根据分娩预兆可大致预测和判断分娩的时间，以便做好接产的各项准备工作，保证母牛安全生产。

1. 乳房的变化

经产母牛乳房在分娩前 10 d 迅速增大，有的并发水肿，可挤出少量清亮胶样液体或乳汁，产前 2 d 内乳房极度膨胀，皮肤发红，乳头中充满白色初乳，乳头表面被覆一层蜡样物且变为圆柱状。有的母牛有漏乳现象，乳汁成滴或成股流出，漏乳开始后数小时至 1 d 分娩。初产牛妊娠 4 个月后乳房开始增大，后期加快。

2. 生殖器官的变化

牛阴道黏膜潮红，能分泌出一些稀薄的润滑液体，在分娩前 1 周，阴唇肿胀变软，皱褶消失，一般可增大 2~3 倍。

3. 骨盆韧带的变化

在分娩前 1~2 周，骨盆部韧带开始软化，尤其是荐坐韧带特别松弛，使尾根两侧肌肉塌陷，在分娩前 12~36 h，荐坐韧带松弛达最大程度。初产牛变化不明显。

4. 行为表现

临产前，母牛表现不安，时卧时起，回顾腹部，尾高举做排尿姿势，食欲废绝。

5. 体温升高现象

妊娠 7 个月母牛开始有体温升高现象，产前 1 个月到产前 7~8 d，体温逐渐上升可达 39℃，分娩前 12 h，体温下降。

二、分娩过程

当母牛临产时，助产人员要保持母牛的干燥和清洁，铺垫柔软草，保持安静的环境，减少其他外界的刺激，使母牛大脑皮质更易接受来自子宫的刺激。

1. 子宫颈开张期

是指从子宫颈开始阵缩到子宫颈充分开大为止。子宫开始有规律收缩是分娩的开始信号，随着阵缩，胎儿被推入到子宫颈，子宫颈被迫向产道张开，接着产道的胎膜压破，胎儿前部顺着胎水流入产道。

2. 胎儿产出期

当子宫颈阵缩越来越频繁，腹肌和膈肌也强烈收缩，腹内压明显升高，胎儿就从产道中排出。

3. 胎衣排出期

经过 4~12 h 的时间，子宫肌收缩一直到胎衣全部排出，分娩结束。

三、难产及其救助

胎儿正常分娩产出取决于推动胎儿娩出的适宜力量、通畅的产道及胎位或胎儿发育正常 3 个方面。如一方面出现问题，就会出现分娩异常，造成难产。

1. 难产的分类

难产主要是由胎儿异常的胎儿性难产引起，占牛难产的 3/4，其次还有母体异常引起的产力性难产和产道性难产。单犊过大造成母体骨盆不适、胎儿姿势不正、胎儿位置和方向不正等会引起胎儿性难产；母牛努责微弱、阵缩及破水过早以及子宫疝气等会引起产力性难产；子宫扭转、子宫颈狭窄、骨盆狭窄、阴道与阴门狭窄等会导致产道性难产。

2. 预防难产

难产会威胁犊牛和母牛的安全，甚至影响母牛今后繁殖能力。做好预防工作尤为重要。第一，青年牛仍在发育阶段，不宜过早配种，会因骨盆狭窄导致难产。第二，在保证胎儿生长和母牛健康的前提下，合理饲喂妊娠母牛，以免母牛过肥、胎儿过大，增加难产的可能性。第三，安排适当运动和使役，这对胎儿在子宫内位置的调整、减少难产和胎衣不下等都有积极的作用。第四，临产前及时检查妊娠牛、矫正胎位，可以降低难产发生率。

3. 助产措施

当发现母牛难产时，应注意观察。如果是母牛生产时不用力，适当补充红糖水，同时注射缩宫素促进生产。如果母牛用力，但不见犊牛产出，要考虑胎儿性难产，胎位不正时，我们要将手消毒后伸入产道，轻柔推动来改变胎儿的位置，最终就是胎儿的头部朝下，背部朝上，腿部弯曲，这样才能让胎儿顺利通过产道。若还是无法顺利产出，使用产钳协助生产，将产钳伸入生殖道，夹住前肢，轻轻地把产钳沿着胎儿的身体插入，直到夹住胎儿的头部。在夹住胎儿头部的同时，我们要适当的拉动产钳，来帮助胎儿顺利通过产道。如果上述方式都无法解决难产问题，及时联系兽医进行剖宫产手术，以确保母牛和胎儿安全。

4. 产犊 SOP 管理

根据产犊难易度可进行标准化作业程序管理（SOP 管理）：顺产评为 0 分；一人助产评为 1 分；二人助产评为 2 分；动用助产必器械评为 3 分；剖腹产评为 4 分；产犊难易度评分 ≥2 分的高危牛，产后立即连续 3 d 肌内注射头孢类抗生素等护理措施。

四、产后护理

1. 犊牛护理

当顺利产出，马上用干净毛巾或抹布，擦拭犊牛的口、鼻及全身黏液，确保呼吸顺畅。脐带可自行断开或用消毒剪刀在距离腹部 8~10 cm 处剪断，用 5%碘酊充分消毒。剥去小牛的软蹄，进行称重、编号和登记作卡。若发生假死现象，将犊牛后肢拎起，倒出咽喉部羊水，人工呼吸抢救（图 4-28）。当犊牛想要站立，可辅助其站立，喂食初乳。

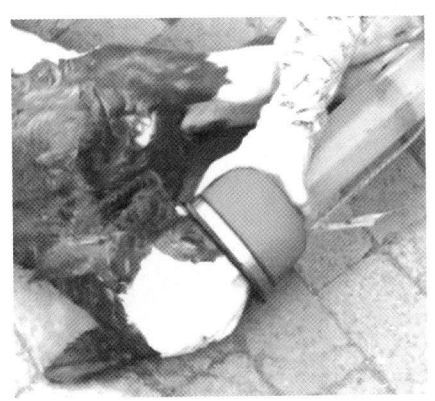

图 4-28　呼吸泵抽犊牛呼吸道内的黏液

2. 母牛护理

检查排除胎衣是否完整，若不完整，12 h 后联系兽医进行手术剥离。恶露排除属于正常生理现象，注意观察即可。24 h 未排除为胎盘滞留。14 d 左右基本排净，正常情况下，无须冲洗阴道。但是当恶露呈灰褐色、气味恶臭，应及时诊断治疗。

第九节　DHI 技术

奶牛 DHI（Dairy Herd Improvement）技术是指奶牛生产性能测定，是通过测定奶牛的泌乳性能、乳成分等信息。DHI 报告应反映牛只及牛群配种繁殖、生产性能、饲养管理、乳房保健、疾病防治等信息，牛场管理者利用 DHI 报告能够科学地对牛群进行饲养管理，发挥牛群的生产潜力，提高经济效益。该技术对奶牛场的饲养管理、繁殖育种、疾病控制和经济效益提高具有重要意义。

一、DHI 推广应用的意义

DHI 是适用于奶牛生产的一项应用型技术，克服了过去依据奶牛体型、体况（膘情）和兽医学检查等方法在评定奶牛生产性能与生理或病理状态时的主观性、滞后性等缺陷，通过客观测定牛乳成分、体细胞含量与分类、综合生产性能等指标，应用计算机程序的系统分析与评定，更科学地预测和判断奶牛生产性能、生理状态和健康状态，从而使牛场管理者做到：①通过调节奶牛饲料日粮的营养成分、营养水平和饲养管理方法，改善奶牛体质，提高产奶量和牛乳营养含量；②监测奶牛健康状况，实现牛乳房炎、消化与代谢紊乱等高产奶牛常见疾病的早期预防和控制，维持产奶牛最佳生理与生产状态；③预测奶牛产奶潜力，淘汰低产牛，辅助牛的选种。

二、DHI 的工作程序

DHI 测试对象为具有一定规模（20 头以上母牛）且运用这一先进管理技术来进行管理的奶牛场。采样对象为所有泌乳牛不含 15 d 之内新产牛，测定间隔时间为 1 个月 1 次（21~35 d/次），步骤包括单个奶牛样品采集、收集牧场基础信息、牛奶样品 DHI 测定、奶牛信息及测定结果上传及形成报告和 DHI 报告分析与咨询（图 4-29）。参加测定应保持联系，否则影响数据的准确性。

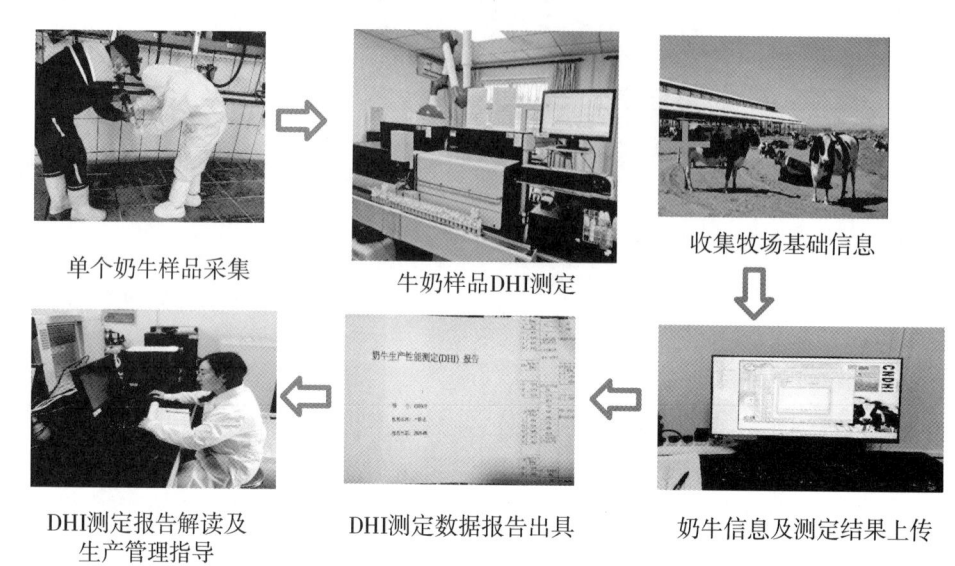

图 4-29 DHI 指导生产

1. 单个奶牛样品采集

测试中心派技术人员每月固定 1 次到各牛场收集乳样，采样包括参加 DHI 的每头产奶牛。每天 2 次或 3 次均可，若 3 次，即早、中、晚，比例为 4∶3∶3，若为 2 次，早晚的比例为 6∶4，但取乳样总量约为 40 mL 即可。

2. 牛奶样品 DHI 测定

测试中心进行乳成分和体细胞检测，乳成分包括乳蛋白率、乳脂率、乳干物质、乳糖率等。

3. 收集牧场基础信息

若为新加入的奶牛场，做好专业表格的填写，包含奶牛的系谱、胎次、产犊日期、干乳日期、淘汰日期等牛群饲养管理的基础数据；若为已有牛场，则直接填报数据即可。

4. 奶牛信息及测定结果上传及形成报告

牧场数据与测试结果上传至 DHI 管理软件或其他同类软件，形成 DHI 报告。一般在牛场乳样到达测试中心后的 3~5 d，DHI 报告可以完成。如果奶牛场有传真机或互联网则可在测试完成的当天或翌日获得 DHI 报告，用以指导生产。

5. DHI报告的解读及生产管理指导

DHI报告可指导牧场提高牛乳质量、提升奶牛营养管理水平、加快奶牛遗传进度;DHI报告还可与全混合日粮(TMR)技术及牛场管理软件等结合起来,根据脂蛋比和尿素氮等指标的变化(表4-11)调整日粮和饲养管理方案,指导牛场根据泌乳天数和产奶量进行分群。

表4-11 不同DHI指标在奶牛营养管理上的应用

指标名称	标准范围	原因分析和预测
平均日产奶量	26~50 kg	平均日产奶量较低,可能是奶牛体况较差、日粮结构不合理;平均日产奶量较高,表示饲料配方合理,饲养管理、分群管理得当
乳脂率	2.5%~5.0%	乳脂率过高或过低均不利于提高产奶性能,若乳脂率变化范围较大,可能是精料占比过高、TMR搅拌不均匀、奶牛挑食引起瘤胃代谢异常,或是工作人员采样操作不够规范;另外,泌乳初期乳脂率过高,预警牛只可能患有酮病
乳蛋白率	2.5%~4.0%	乳蛋白率过低可能是干物质采食量不足,日粮缺乏粗蛋白质或易发酵碳水化合物,可溶性蛋白或非蛋白氮含量高,日粮能氮不平衡
脂蛋比	1.12~1.30	脂蛋比过低可能是奶牛饲料采食过量谷物类精料、粗饲料不足或TMR搅拌过细,容易导致瘤胃出现亚临床酸中毒等问题;脂蛋比过高则可能预警奶牛存在潜在的酮病风险
乳尿氮素	11~18 mg/dL	乳尿素氮偏低预警饲料供给的蛋白质或瘤胃可降解氮不足;偏高则代表饲料中蛋白质或瘤胃可降解蛋白供给过剩,瘤胃可发酵碳水化合物缺乏
高峰日	55~60 d	不能达到理想高峰的原因可能是干奶期饲养管理存在问题,或者围产期患有酮病、低血钙等营养代谢病,高峰期延后则会影响胎次和总奶量
持续力	(100±5)%	持续力低可能是日粮能量不足、代谢病、消化紊乱、挤奶操作或设备问题;持续力过高,可能是泌乳前期的生产性能表现不充分

第五章 饲料与日粮调配技术

饲料与日粮调配技术对奶牛场的运营至关重要，是确保奶牛健康、产奶量、乳品质以及牧场经济效益的关键。随着精准营养理念和奶牛养殖技术的进步，高产规模化牧场通过优质牧草生产、奶牛高效配方调制、精料补充料生产、全混合日粮生产和配合颗粒饲料生产等技术的应用，提高了饲料转化率、奶牛的单产和整体养殖效率。

第一节 优质牧草生产技术

优质牧草的生产技术是现代畜牧业健康发展的基石，它涉及种植、田间管理、收获和加工等多个环节。优质全株玉米青贮、苜蓿和燕麦是奶牛养殖中重要的饲料来源，其生产技术直接影响到奶牛的营养摄入和生产性能。

一、优质苜蓿生产技术

苜蓿有"牧草之王"的美誉，是奶牛常用的优质饲草。三级以上的苜蓿（相对饲用指数（RFV）≥130）可提高乳脂率，增加奶产量，降低奶牛蹄病及其他营养代谢病的发生率，提高日粮转化效率。RFV值越高，其营养价值越高，对奶牛的饲养效果也越好。

（一）品种选择

选择适宜当地的苜蓿品种是成功建植并获得高产的基础。如缺乏足够试验数据的情况下，苜蓿品种选择依据重要性依次为：①秋眠级（FD）和耐寒指数（WSI）。通常秋眠级分为1~11级，数值越低在秋季的生长速度越慢，不受冻害，安全越冬的能力越强。一年只刈割2~3次的地区，优选秋眠级2~3的晚熟品种；一年刈割4~5次的地区，优选秋眠级4~5的较早熟品种。②根据土壤状况确定是否需要选择耐盐碱或其他特殊类型的品种。③根据利用方式选择，直立型品种用于生产干草或青贮，根蘖型品种用于放牧。④针对当地常发病害，选择对这类病害抗性强的品种。⑤尽可能选择丰产性和牧草品质都较好的品种。⑥品种的再生速度、抗碾压能力等，干草和青贮生产都需要直立性好、再生速度快、抗碾压能力强的品种。国产苜蓿品种见表5-1。

表5-1 国产苜蓿品种名录

苜蓿品种特性	品种名称	品种数
抗寒	公农1号、2号、3号、4号、5号；龙牧801、803、806、808、809；草原1号、2号、3号、4号等	34

(续表)

苜蓿品种特性	品种名称	品种数
抗旱	草原2号、3号、4号	27
高产	中苜2号、4号、5号、6号；甘农4号、5号、6号、7号；新牧4号等	21
耐盐碱	中苜1号、中苜3号、中苜5号；龙牧801、803、806、809	13
耐牧	杂花苜蓿公农3号、公农6号、甘农2号	3
抗病	中兰1号、新牧4号、新牧2号、龙牧801等	6
抗虫	甘农5号、甘农9号、草原4号、龙牧801	4

枝叶茂盛、稠密的植株是苜蓿高产的关键，决定成功建植的关键因素在于：合适的土壤pH值和肥力、种床良好、调整轮作顺序、选择优良品种、适时播种、精确调整播量和播深、控制杂草和虫害的危害。

1. 选地与整地

苜蓿对土壤质地的要求比较宽泛，在壤土、淤沙土和沙质壤土等质地中等的土壤中种植最好；沙性特别大的土壤除非具备灌溉条件，否则不宜种植苜蓿；太黏的土壤如不具备良好的排水设施，往往因水分含量太高，不利于根系健康，且冬季易发生冻伤。苜蓿种植地必须平坦、排水良好。地表1 m以下没有限制根系生长的限制层，地下水位距地表不足2 m的地块，会限制苜蓿根系发育，不建议种植。在干旱且无灌溉条件的地区，土层深度如达不到1 m，苜蓿根系难以吸收充足的水分。新疆地区苜蓿多种植于沙性土壤，施用有机肥能改良保水保肥性。

2. 播种

播种前最好深翻（30~35 cm），苗床土壤要足够细碎平整，耙地后保证地面紧实和平坦。合理的种床：硬实但表面有疏松的土壤可以覆盖种子，人站在上面有清晰的脚印，但没有深陷的感觉，约1 cm深。太软导致播种太深，过于紧实不利于种子与土壤接触，均不利于种子萌发。

（1）播种时间：理论上，苜蓿种子在土壤温度稳定在3℃以上时便开始发芽。播种太早，低温湿润土壤易诱发真菌病害，幼苗纤弱。播种太晚，易因高温干旱、杂草竞争导致建植失败，气候冷凉地区一般采用春播，气候较温暖地区夏末秋初播种较好，但需要足够的水分和足够的积温，最晚播种时间在致死霜冻之前8周，新疆北疆8月上中旬需完成播种，新疆南疆可适度延后。

（2）播种方式：苜蓿最基本的播种方式为条播和撒播，有些地区需要免耕播种或保护播种。条播时条播机要求能精确控制播种深度和播种量，播种行距一般为15~30 cm。

（3）播深：黏重的土壤播深不应超过1.2 cm，特别黏重的土壤需要播种在地表；沙土的播种深度应在1.5~2.5 cm，壤土的播种深度则应介于两者之间。

（4）播量：沙性土壤一般为1.2~1.5 kg/亩，黏性土一般为1.5~2.0 kg/亩，包衣率超过33%的种子提高播种量。播种后一个月，株数达到200~250株/m²。

3. 杂草防除

杂草密度很大的地块，播种前采用灭生性除草剂处理后翻耕，可有效消除已萌发的多年生杂草。苗期和苗后杂草控制主要有：①使用除草剂。播种前用地乐胺、氟乐灵等苗前除草剂与土壤混合。出苗后可选用盖草能除草剂防除狗尾草、稗草等禾本科杂草；防除蒺藜、老鹳草等阔叶杂草可选用普施特等广谱性除草剂。②刈割防除。刈割可有效除去苍耳、藜等直立生长的阔叶杂草，对禾本科杂草、匍匐生长的多年生阔叶杂草抑制效果有限。刈割防除杂草必须等到杂草生长点足够高，刈割后不能再生时为佳。

4. 施肥管理

一般认为苜蓿是养地作物，既可以生物固氮，也可以改良土壤结构，但苜蓿对土壤中的磷、钾的消耗非常大（表5-2）。充足的磷肥对于苜蓿的建植成功和良好的根系发育非常重要。钾肥对维持苜蓿产量、降低病害、提高耐寒性和存活率起关键作用（图5-1）。地表施磷、钾肥应该在苜蓿收割后及再生开始前迅速完成，避免肥料与湿叶片接触。地表施肥可以在头茬刈割后，以促进第二茬和第三茬的生长，或者在秋季（8—9月）以提高苜蓿的抗寒性。尽量避免施肥时对苜蓿根冠造成机械损伤。如年施肥量达到40 kg/亩，肥料应分次施用以避免土壤盐分过多胁迫苜蓿生长。

表5-2 每生产1 t苜蓿干物质所转移走的营养物质及缺素表现

营养物质	转移量（kg/t）	缺乏时的症状
氮（N）	—	叶片呈浅绿至黄色，植株纤化
磷（P）	2.7	蓝绿色，植株直挺、发硬、矮化，叶片不展开，叶背面和茎秆可能为红或紫色
磷肥（P_2O_5）	6.35	
钾（K）	21.77	茎秆底部叶片的边缘出现白色斑点，严重的话叶片全部变黄、死亡
钾肥（K_2O）	26.3	
钙（Ca）	13.6	根系生长缓慢或腐烂，幼叶叶柄发软
镁（Mg）	2.72	底部叶片叶脉间黄萎，叶片边缘最初还呈绿色
硫（S）	2.72	植株发黄，类似于缺氮症状，长势不好且纤弱
硼（B）	0.036	叶片变黄，主茎顶端新生茎节变短变密
锰（Mn）	0.054	幼叶的叶脉间黄萎
铁（Fe）	0.15	最幼嫩叶片叶脉间黄萎，出现脱色症状
锌（Zn）	0.023	叶面积小，最幼嫩叶片向上卷曲
铜（Cu）	0.0048	叶柄严重卷曲，叶片中部出现灰色斑点
钼（Mo）	0.001	浅绿色，生长缓慢，类似缺氮症状

5. 合理灌溉

苜蓿生长时的需水量受温度、风速、湿度及日照强度等因素影响，季节差异较大。

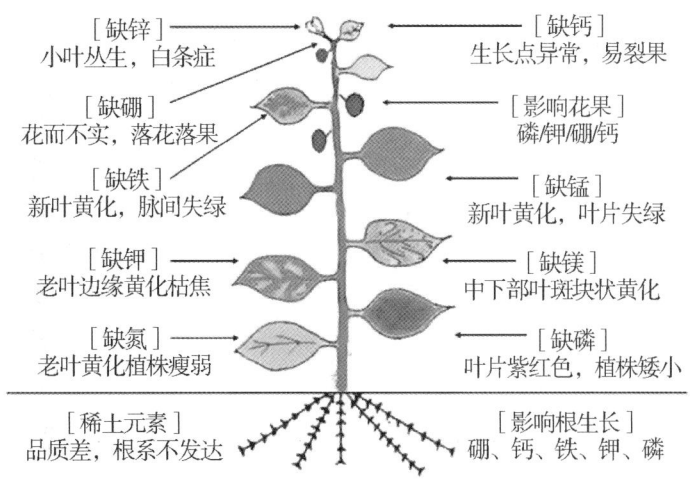

图 5-1 植物缺素表现示意图

苜蓿生长时需水量较大，每亩地产 1 t 干草需 70~100 cm 的水分。除了苗期需要频繁灌溉，其他时间灌溉的原则是每次浇水足够深，灌溉深度最好达 1 m 以下，春季最好接近 2 m。灌溉方式有漫灌、滴灌（包括浅埋式滴灌）、喷灌，应因地制宜，注意控制成本，方便栽培管理及刈割收获。以年收 4 茬苜蓿地为例：第一茬需水量 9 cm；第二茬需水量 14 cm；第三茬需水量 18 cm；第四茬需水量 12 cm。

灌溉要点：①刚收割完的苜蓿地不要马上灌溉，可参考表 5-3，抑制杂草生长。②尽量保证春季灌溉，同样多的水，增产作用大于夏季。③新建植的苜蓿地要逐步减少灌溉频次，增加灌溉深度，引导须根系深扎。④即将收获前不宜浇水，否则不利于机械作业。表层 60 cm 土壤的含水量降至最大持水量一半时才适宜收获。⑤两次收获之间要浇一次透水，为下茬苜蓿生长储备足够的水分。⑥越冬一定要掌握好浇灌时间且要求浇大水，沙性土壤浇越冬水一定要将地表土封冻，防止春季风沙容易将苜蓿根冠周围土壤吹走，造成根冠暴露，发生冻害。

表 5-3 灌溉制度举例

步骤	时间	操作
1	1 d	刈割
2	6 d	完成打捆
3	10 d	草捆转移出田间
4	11~30 d	之间进行灌溉，要尽快开始灌溉，要深浇
5	30 d 后	表层土壤风干，准备收割，尽量保证有 3 d 以上的风干时间

6. 病虫害防治

苜蓿常见病害有炭疽病、丝囊霉根腐病、褐斑病、镰刀菌枯萎病、疫霉根腐病、菌核病，土壤排水不良是导致苜蓿发生病害最主要原因，要以预防为主。适当对症喷洒杀菌剂、杀虫剂，尽快将受到病虫害的植株刈割移除处理，保持土壤干燥，防止感染扩散。

(二) 苜蓿草产品的加工调制

苜蓿收获时间应控制在现蕾期至初花期之间刈割，一般留茬 8~10 cm。最后一次刈割在初霜期前 40 d，留茬 10 cm 以上。新建植的苜蓿地当年至少有一次推迟至开花中期再刈割，以便促进根系发育。

1. 苜蓿干草制作要点

苜蓿干草制作：①早晨收割可加快苜蓿脱水速度，减少因呼吸作用的养分损失。②草条尽可能摊薄，加快干燥速度。③苜蓿含水量在 40%~50% 时翻晒，减少叶片脱落。④含水量降至 15% 以下开始打捆（小方捆可提高含水量至 18% 或更高），尽可能在傍晚或清早，干草带露水时打捆，减少叶片脱落。⑤含水量过高要使用防腐剂，防止草捆发霉。⑥草捆及时堆垛覆盖，防止阳光、雨水造成损失。

我国苜蓿干草品质不高的关键原因是苜蓿干草制作时叶片脱落较多，致使苜蓿干草品质下降。苜蓿青贮可避免叶片损失，因夏季雨水较多、贮存场地及配套机械限制等因素而导致腐烂变质等问题，具有营养价值高、制作损失小、适口性好、消化率高、成本低等优势。经验表明，国产苜蓿青贮替代进口苜蓿干草每吨可节约 700 元，实现牧场公斤奶成本下降 0.06 元左右，有助于牧场降本增效。

2. 苜蓿窖藏青贮制作要点

苜蓿窖藏：①现蕾到初花期刈割，留茬 8~10 cm，刈割后晾晒（不宜太厚）1~2 d，使水分含量从 80% 下降到 45%~55%；②晾晒萎蔫至适宜含水量，使用驱动式搂草机（保证既不搂地也不漏草），采用青贮收割机，边粉碎边喷菌（每吨添加量在 50~100 g 乳酸菌），干物质含量在 45%~55%，切割长度 2 cm 左右；③运回场区装窖，装窖时每铺 10 cm，压实 2~3 遍（每平方米 400 kg 力压实），压实密度达到 240 kg/m³ 以上，如此反复，直至封窖；④窖顶压 4~6 遍，采用阻氧膜和塑料片双层密封，再用轮胎等物压实（图 5-2）。⑤平时加强管理，避免漏进雨水或阻氧膜及塑料片破裂，始终保持密封厌氧。

收割　　　　　　　　喷洒菌剂　　　　　　　分层碾压

图 5-2 苜蓿窖藏青贮调制流程图

3. 苜蓿裹包青贮制作要点

裹包青贮：①、②和③三个步骤与苜蓿窖藏青贮相同。④运回场区的青苜蓿经裹包机打包，操作程序为：进草—打捆—出草捆—缠绕拉伸膜（图 5-3），裹包层数 6 层左右。⑤平时加强管理，避免鼠害等造成的破裂，始终保持密封厌氧。

田间收割　　　　　　喷洒菌剂　　　　　　裹包机裹包

图 5-3　苜蓿裹包青贮调制流程图

（三）饲喂量

苜蓿干草在泌乳前期奶牛日粮干物质中的比例一般为 10%~20%，而在泌乳中后期奶牛日粮中的比例则为 4%~10%。苜蓿青贮密封厌氧 60 d 后即可饲用，在奶牛日粮干物质中的比例一般为 20%~30%。

二、全株玉米青贮生产技术

全株玉米青贮是奶牛日粮的主要组成部分，具有最大限度保持青绿饲料营养成分、适口性好且消化率高的特点，是非常优质的粗饲料。青贮能杀死青饲料中的病菌、虫卵，调剂青饲料供应的不平衡。饲喂优质、安全的全株玉米青贮能减少精料的投入量，提高养殖效益，降低养殖成本。提高全株玉米青贮品质对于提高奶牛的生产性能、乳成分和整体健康至关重要。

（一）品种选择

从实际生产反馈看，粮饲兼用型玉米认可度较高（表 5-4）。玉米品种应具有植株高大、茎叶繁茂、抗倒伏、抗病虫和不早衰等特点。玉米品种还要求对牲畜适口性好、消化率高，即要求青饲料中淀粉、可溶性碳水化合物和蛋白质含量高、纤维素和木质素含量低，抗大斑病、小斑病、丝黑穗病、穗腐病和穗部虫害。结合当地自然气候条件，选择熟期适宜、抗逆、抗病性强、适应性广、品质优良、增产潜力大的玉米品种。

表 5-4　玉米品种区域选种建议（新疆）

主区	亚区	主要分布县市	品种名称
北疆春播玉米种植区	北疆春播中晚熟玉米种植区	伊宁市、伊宁县、霍城县、察布查尔锡伯自治县、博乐市、精河县、乌苏市、奎屯市、沙湾市、玛纳斯县、呼图壁县、昌吉市、阜康市等	和育 187、新引 M751、新引 M753、金粒 1702、先玉 1483、新玉 108 号、九圣禾 2468、华西 948、科沃 868、必祥 101、新引 KWS2564、斯泰 112、先玉 1611 和正泰 101 等
	北疆春播中熟玉米种植区	塔城市、额敏县、托里县、裕民县、博乐市以东、吉木萨尔县、奇台县、新源县、巩留县、特克斯县、尼勒克县、阿勒泰市、福海县、富蕴县等	华美 1 号、和育 187、新玉 108 号、新玉 77 号、正泰 101、华西 703 等

(续表)

主区	亚区	主要分布县市	品种名称
南疆春播玉米种植区	南疆春播中晚熟玉米种植区	拜城县、乌什县、疏勒县、叶城县、疏附县、英吉沙县、泽普县、莎车县、阿克陶县、焉耆回族自治县、和硕县等	新饲玉13、新玉103号、先达203等
	南疆复播早熟玉米种植区	喀什市、疏附县、疏勒县、伽师县、岳普湖县、英吉沙县、麦盖提县、巴楚县、莎车县、泽普县、叶城县、和田市、皮山县、于田县、墨玉县、洛浦县、策勒县、民丰县、阿克苏市、库车市、新和县、沙雅县、温宿县、阿瓦提县、轮台县等	新玉54号、广宇101、奥玉一号、新玉110号、新玉82号、新玉42号、新玉80号、新玉103号、先达203、广宇902、新引KWS3376、新引KX9384等

（二）种植技术

1. 选地与整地

玉米是喜肥水、好温热、需氧多、怕涝渍的作物，选择地势平坦，土壤肥沃的地块（有机质含量在1.2%以上、碱解氮60 mg/kg以上、速效磷5 mg/kg以上），土壤盐碱不宜过高（土壤盐含量0.2%以下），水利设施完善的耕地，整地前使用有效剂量的杀虫剂均匀拌入土壤，可以防治地下害虫。在苜蓿翻耕地、绿肥地及常年施用有机肥的土壤上，易获得高产。

选地后进行深耕耙平，一般要做到两犁两耙，耕作层深30 cm以上，以达到"地平、土细、墒足、肥高"的整地质量要求。在深耕整地时应施基肥，亩施优质厩肥1.5 t左右，磷酸二铵20 kg，尿素10 kg。保全苗的前提条件整好地。

2. 播种

种子播前应晒2~3 d，没有包衣的种子需要拌种，一般使用50%的辛硫磷乳剂按种子量的0.25%加入少量水进行闷种，可以有效防治地下害虫和丝黑穗病。

（1）播种时间：适时早播，一般在10 cm土壤温度稳定在10℃以上即可播种，新疆北疆地区春播一般在4月下旬，南疆地区春播一般在4月上中旬，南疆地区复播一般在6月中旬至7月上旬。如果采用地膜覆盖播种生育期会提前10 d左右。

（2）播种方式：采用等行播种，行距45~60 cm，专用型青贮玉米株距以30 cm左右为宜（使用膜下节水栽培模式时采用1膜双行栽培模式，植株距滴灌带25 cm左右），粮饲兼用玉米根据材料耐密性不同，平展型品种宜稀植，一般亩植3 000~3 500株。紧凑型品种宜密植，一般亩植4 500~5 500株。株距一般为25 cm左右。

（3）播深：一般为5~6 cm左右，播后进行土壤镇压以促进种子萌发。

（4）播量：推荐采用精量播种以节约成本，在精量播种时用种量为1.5~2 kg/亩，但种子要达到一级标准，普通条播用种量为2.5~3 kg/亩。

3. 田间管理

玉米要做好苗期、出穗期、结实期的管理。苗期管理的主攻目标是：促进根系发育，培育壮苗，做到苗全、苗齐、苗壮，为穗粒期的生育打好基础；穗期田管目标是：攻秆、攻穗、严防缺水脱肥，使植株整齐、茎节粗短、叶片宽厚、根粗量多，雌雄穗发育好。抽穗结实期决定有效果穗数，每穗结实数和粒重的关键时期，此时，主要抓适量补肥（尿素10 kg）、抗旱与排涝、人工辅助授粉等工作。

播种时应追施种肥，种肥以磷肥为主，氮肥为辅。施肥量为氮磷复合肥大约5 kg/亩。实际操作过程中切勿种肥混合，以防烧苗，影响出苗率。苗期中耕2~3次，玉米现行后进行第一次中耕，深度10~12 cm；叶期前结合中耕，追施促蘗肥尿素5 kg/亩；浇头水追施尿素20 kg/亩；抽雄、吐丝期结合浇水，追施穗肥尿素15~20 kg/亩；全生育期灌水4~5次。

参照图5-4（引自《全国粮油等主要作物大面积单产提升行动——西北灌溉区春玉米密植精准调控高产技术模式图》），根据全株玉米青贮生产需要，因地制宜调整播种密度、开展适时收获、省略秸秆还田环节。

（三）全株玉米青贮调制

全株玉米青贮制作质量关键控制点：①适时收割；②适宜的切碎长度；③水分控制；④压实；⑤封窖不留死角；⑥制作时间短；⑦保持密封；⑧开窖与取食少暴露。

1. 窖贮要点

（1）选址：青贮窖应选在地势高燥，排水容易，地下水位低，取用方便的地方。

（2）清理青贮设施：清除杂物、拍打平整、消毒处理。在进入装有陈旧原料尚未清理的青贮设施时候，如果有闷气或不适感，则要立即走出，用吹风机或扇车将青贮设施内的有害气体排出。

（3）原料的收割和运输：乳熟后期至蜡熟前期（即1/2乳线至3/4乳线）全株具有较高的干物质和蛋白质总量，水分含量在65%~70%，是制作青贮饲料的最佳时期（图5-5）。根据牧场规模选择适宜的收割机械及切短设备，留茬高度：20~30 cm。切割长度：1.5~2.5 cm。

（4）玉米籽粒破碎度：联合收割机或切碎机械必须带有籽粒破碎装置，每粒玉米至少破碎为4瓣，以利于动物吸收。经过籽粒破碎的青贮玉米淀粉消化率最高可达95%以上。籽粒破碎度检查的方法是称取1 kg粉料放入水中，滤去碎料机秸秆，水底整粒玉米不超过2个为适宜的籽粒破碎度。

（5）水分控制：青贮饲料的适宜含水范围在65%~70%；在手里握1 min，松开后能流出水汁，则含水量大于75%；若原料呈团状但无水分流出，则含水量为70%~75%；青贮原料仍比较有弹性且慢慢散开为宜水分。

（6）装填与压实：切短的原料应立即装填入窖，第一车料的卸料位置是装填工作的基础，第一车料的正确卸料位置应为距离窖头2倍窖高处，直接向窖头推料，可一次形成约30°坡面（图5-6）。每层装入15~20 cm厚原料时，需用铲车或大型机械压实2~3次以排出空气。进而减少窖内存留空气，无论是机械还是人工压实都要注意四周及四个角落处不易被压到的地方。通常呈"U"字形镇压（图5-7）。

（7）密封：在装满青贮窖后，立即密封，使青贮窖周边原料与窖边持平，中间略高，约高出墙顶20 cm即可，整体呈拱形，覆上一层黑白膜，薄膜要延伸到墙底，之后

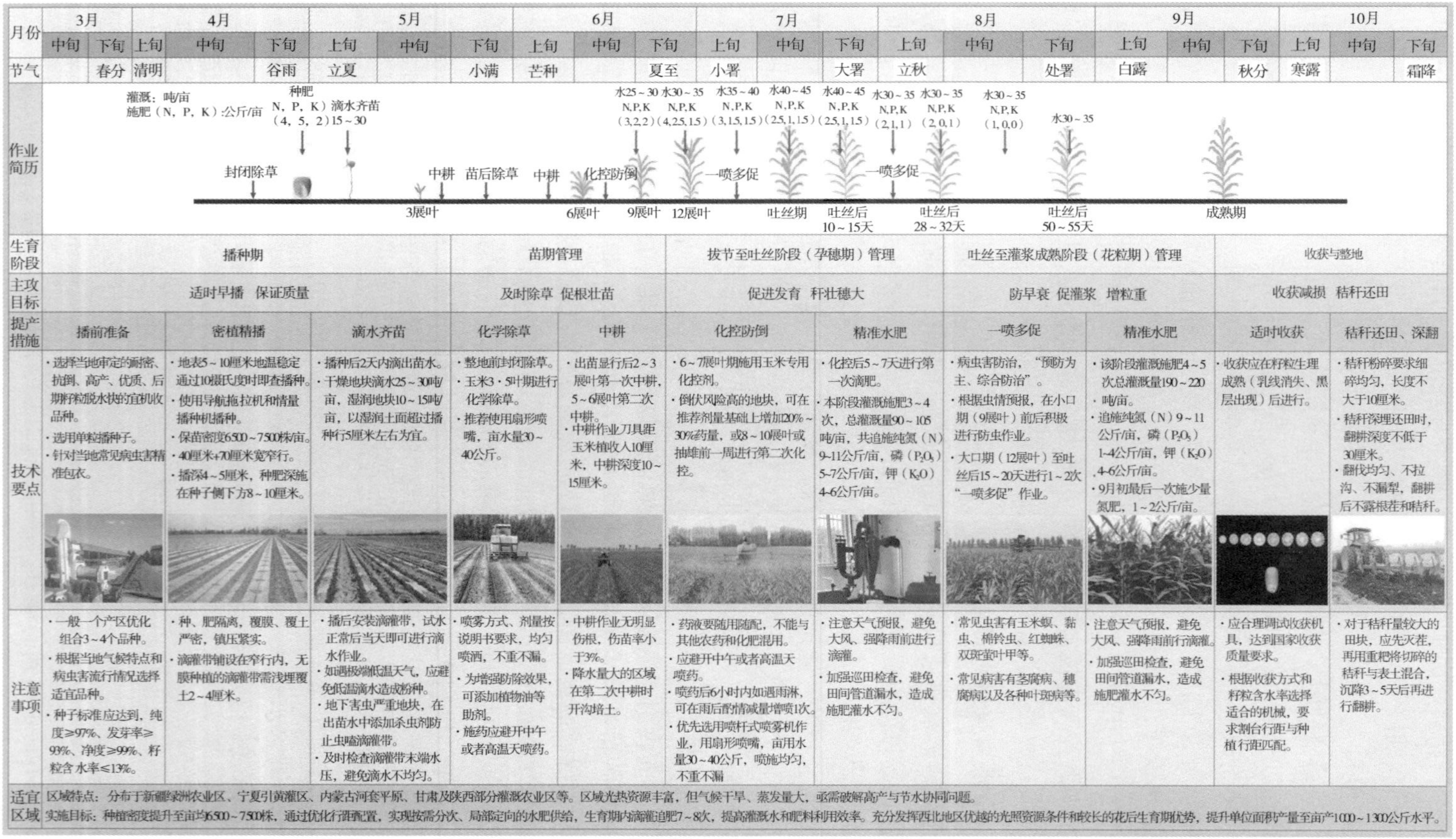

图5-4 玉米栽培管理流程图（李少昆，2014）

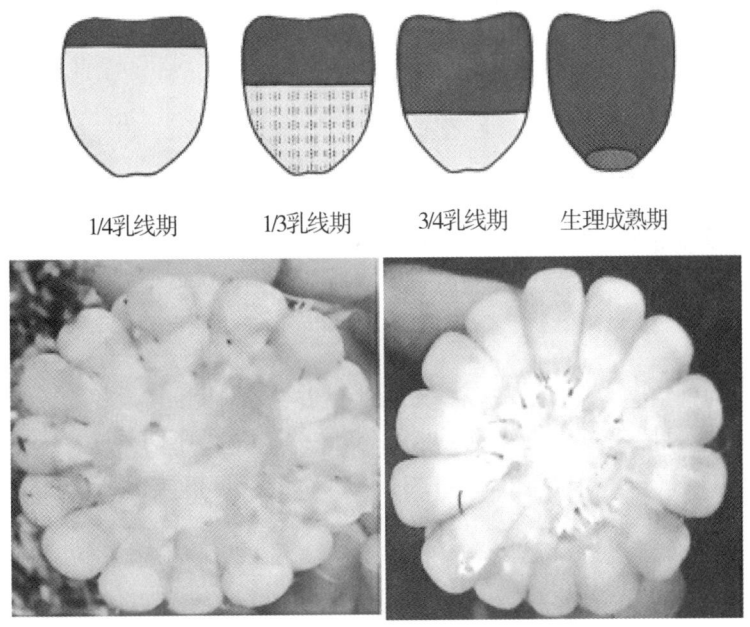

图 5-5　玉米成熟期示意图（张养东等，2020）

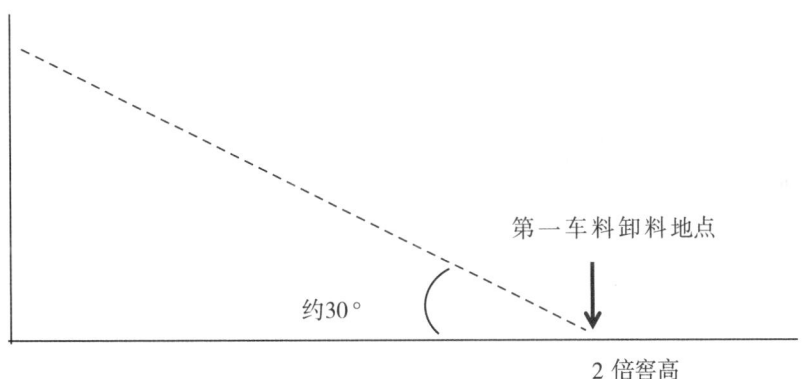

图 5-6　第一车料卸料地点示意图（张养东等，2020）

在塑料膜上压上厚泥土或轮胎，要做到不透气、不透水。

（8）开窖与取食：青贮饲料的适宜发酵温度是 15~35℃，发酵时间需要 1~2 个月。取料时，应尽量减少暴露面，从上至下逐段取用，确保每天青贮饲料掘进 15 cm，每次取出的量不宜太多，尽量当天喂完。

2. 地面堆贮要点

堆贮应选择地势较高而平坦的地面，塑料薄膜应选 0.2 mm 厚的聚乙烯薄膜。地面堆贮不受场地限制，操作效率较高，但要求相应配备较完善的配套设施，机械化要求较为严格，且在贮存的过程中要严防不利的外界因素干扰。

地面式堆贮与窖贮类似，大致分为四个步骤：第一步收割，第二步切碎，第三步堆

图 5-7　压实方式（马记成，2023）

码成垛，在地面铺上塑料薄膜，塑料薄膜大小足够包裹堆起的青贮堆。将铡好的原料堆在塑料薄膜上。每堆 30 cm 厚度，用拖拉机开上去压实。第四步密封，即用塑料薄膜将物料包裹严实，不留缝隙，然后在塑料薄膜上面压一些重物（如废轮胎），避免塑料薄膜被风吹开。

3. 裹包青贮要点

裹包青贮因存放方便，近年来逐渐被国内外大型牧场使用。裹包青贮需专用设备和拉伸膜外，其他制作要求同窖贮。

4. 注意事项

（1）玉米青贮原料应保持适当水分，当青贮原料含水量较低时，可将较干的原料与新鲜多汁的植物进行交替填装，制作混合青贮饲料；也可以在粉碎后用喷雾器均匀喷洒水分，将原料水分提高到适宜青贮的含量。当青贮原料含水量较高时，可采用晾晒原料、混合青贮、在青贮底部铺垫一定厚度的干草等可以吸收水分的原料等措施。

（2）在生产中，当青贮饲料加工处理不当，易出现青贮饲料发霉现象。造成发霉的原因可能是收割时间过早引起水分含量过高，霉菌大量繁殖；或密封处理不当，不能充分保证厌氧环境造成霉菌滋生等。应当及时清理发霉的青贮饲料，防止霉变进一步扩散。发霉的青贮饲料不能喂牲畜。

（3）青贮原料粉碎长度可用宾州筛检查，取用切碎原料 0.5~1 kg 放入上层，按照前后左右 4 个方向各筛动 5 次，分别对一、二、三、四层称重，以二层粉料占 45%~65% 为佳。切割长度越短，干物质含量越高，宾州筛上层比例越小（图 5-8）。

图 5-8　宾州筛检查（北京厚德瑞，2019）

（四）饲喂量

采用 TMR（全混合日粮）方式饲喂为佳，不具备 TMR 饲喂方式的牧场，应先饲喂青贮饲料，再饲喂干草和精料。由于青贮饲料具有轻泻作用，过量饲喂易导致幼畜腹泻。在对青贮饲料品质进行评定后，应结合奶牛种类、年龄、体型、体况和生理阶段等因素，依据饲养标准，制定科学合理的日粮配方，确定饲喂量（表5-5）。

表5-5 不同种类的奶牛推荐饲喂量

种类	饲喂推荐量 [kg/（头·d）]
泌乳牛	15.0~25.0
5~6月龄断奶犊牛	5.0~10.0
种公牛	10.0~15.0

三、燕麦草生产技术

燕麦是一年生禾本科植物，具有耐旱、耐贫瘠、抗逆性强等优良特性，属粮饲兼用作物，适宜生长在夏季凉爽，雨量充沛的地区。燕麦草因其高营养价值、良好的适口性、高消化率、对乳品质的积极影响及预防奶牛产后瘫痪等优点，可以作为粗饲料的一部分，减少精料的使用，从而降低奶牛养殖成本，提升效益。

（一）品种选择

在新疆地区干草产量高的品种有歌莱德、甜燕1号、草莜1号、坝燕4号；生育期短适宜无霜期短的冷凉地区的早熟品种有青海444、青引1号；中熟品种贝勒、巴燕3号等；粗蛋白质含量高的品种有蒙燕3号、草莜1号、青引1号。

（二）种植技术

1. 选地与整地

播种前施基肥，翻耕20~30 cm并配合进行耙、耱、压等播前准备工作。

2. 播种

播种要求：①播种时间：平原农区3月中下旬开始播种，高海拔冷凉地区从5月上中旬开始播种，最迟不宜晚于6月中旬。②播种方式：机械条播，单播行距15~30 cm，平原荒漠灌区可采用滴灌方式，滴灌带铺设方式同小麦种植。可与紫花苜蓿等豆科牧草混播，行距30~50 cm。播后覆土、耙耱和镇压。③播深：一般为3~4 cm。④播量：条播为10~15 kg/亩，撒播为13~18 kg/亩。

3. 杂草防除

分蘖期人工除杂草或使用除草剂（50 mL/亩、72%的2,4-D丁乳酯或225 mL阔叶净兑水375 kg稀释喷雾）清除阔叶杂草。

4. 施肥管理

施有机肥2~3 m³/亩作基肥，施磷酸二铵5~6.5 kg/亩作种肥，拔节期施尿素5~

8 kg/亩作追肥。

5. 病虫害防治

锈病用粉锈宁或 15%氟硅酸液喷雾；黑穗病用 1%福尔马林或 5%皂矾液浸种；蚜虫、黏虫等害虫用 2.5%溴氰菊酯乳油 25 g/亩喷雾。

（三）加工调制

青贮利用在抽穗期至盛花期进行刈割，避免将泥土带到饲料中，留茬高度 10~15 cm。调制青干草在开花期至乳熟期进行刈割，刈割后进行晾晒至叶片卷缩，叶片颜色由鲜绿色变成深绿色，茎秆颜色基本未变，含量达到 14%~16%即可打捆、堆垛保存。

（四）饲喂量

优质燕麦草可在奶牛各阶段使用。泌乳前期，优质燕麦草代替 15%~30%苜蓿干草。泌乳中期，可用优质燕麦草代替 20%~40%苜蓿干草。泌乳后期，可用优质燕麦草代替 35%~50%苜蓿干草。干奶前期，可用优质燕麦草饲替代苜蓿干草。优质燕麦干草从犊牛（0~6 月龄）4 kg/（头·d）逐渐增加到 8 kg/（头·d）。

四、牧草质量评价技术

高品质饲草料对养殖业的生产效益产生积极的影响。饲草料安全与食品安全息息相关。对饲草的质量进行有效检测，按照不同的发展阶段和技术方向可以分为传统与新兴饲草料检测技术，各有优缺点。在生产中根据应用场景需求，选择合适的检验检测技术和评价方式（表5-6）。

表5-6　饲料检测手段与技术优缺点

项目	检测手段	技术优缺点
传统技术检测	感官检测	主观性强、方便、快捷
	化学性检测	成本高、耗时长、准确
新兴技术检测	电化学检测技术	高灵敏度、安全、快速
	计算机视觉系统	简单、快速、无损
	光谱技术	快速、无损、无污染
	液相色谱-质谱联合应用技术	灵敏、检出限低、成本高
	新兴技术小型化	方便、快捷、易于操作

（一）苜蓿干草的品质评定

苜蓿干草的品质直接影响奶牛的采食量及其生产性能。苜蓿干草的品质评价有很多指标，但是最重要的指标是营养成分含量及其消化率，它对动物的生长、发育及畜产品的品质起着决定性的作用。但在生产实践中，常以苜蓿的刈割期、干草中叶的含量和杂草的比例、干草的颜色和气味以及干草的水分含量等感官特征，来评定干草的饲用价值。优质的苜蓿干草不仅具有良好的感官特征，而且具有较高的营养价值、采食量和消化率及较好的适口性,并含有丰富的可消化粗蛋白质、矿物质和维生素。苜蓿干草产品品质评定可以从感官和营养成分含量两个方面进行。

1. 感官特征

颜色、气味、叶片含量、含水量、杂草含量及被病虫害的感染情况等特征均是苜蓿干草品质评定的重要感官特征。不同等级豆科牧草干草质量的感官特征应符合我国农业农村部制定的农业行业标准(NY/T 1574—2007)。

2. 营养成分含量

干草的品质应根据消化率及营养成分含量来评定,其中CP、NDF、ADF是青干草品质评价的重要指标,美国关于市场紫花苜蓿干草评价的国家标准如表5-7所示。

表5-7 豆科、豆科与禾本科混合干草质量标准

质量指标	等级					
	特级	一级	二级	三级	四级	五级
粗蛋白质(%)	>19	17~19	14~16	11~13	8~10	<8
中性洗涤纤维(%)	<40	40~46	47~53	54~60	61~65	>65
酸性洗涤纤维(%)	<31	31~35	36~40	41~42	43~45	>45
可消化干物质含量(%)	>65	62~65	58~61	56~57	53~55	<53
干物质采食量(%)	>3.0	3.0~2.6	2.5~2.3	2.2~2.0	1.9~1.8	<1.8
相对饲喂价值	>151	151~125	124~103	102~87	86~75	<75

注:可消化干物质含量(DDM)% = 88.9 − 0.779×酸性洗涤纤维(ADF);干物质采食量(DMI)% = 120÷NDF;相对饲喂价值(RFV) = DDM×DMI÷1.29。下同。

中国畜牧业协会发布的团体标准《苜蓿干草质量分级》(T/CAAA 001—2018),主要是从感官特征和化学指标两方面对牧草干草质量进行评定(表5-8)。

表5-8 苜蓿干草质量分级(T/CAAA 001—2018)(干物质基础)

理化指标	等级				
	特级	优级	一级	二级	三级
粗蛋白质(%)	≥22.0	≥20.0,<22.0	≥18.0,<20.0	≥16.0,<18.0	<16.0
中性洗涤纤维(%)	<34.0	≥34.0,<36.0	≥36.0,<40.0	≥40.0,<44.0	>44.0
酸性洗涤纤维(%)	<27.0	≥27.0,<29.0	≥29.0,<32.0	≥32.0,<35.0	>35.0
相对饲喂价值	>185.0	≥170.0,<185.0	≥150.0,<170.0	≥130.0,<150.0	<130.0
杂类草含量(%)	<3.0	<3.0	≥3.0,<5.0	≥5.0,<8.0	≥8.0,<12.0
粗灰分(%)	≤12.5				
水分(%)	≤14				

(二)玉米青贮品质评定

青贮品质评定一般在开窖后立即进行,一般采用九点法采集样品,即排除青贮饲料

堆（壕）表层 40~50 cm 的料层，然后将上下左右边层 50 cm 排除，以规则的 9 点取样法取样（图 5-9），取样量不少于 2 kg，然后四分法获得代表性样品 500~1 000 g 用于感官、青贮制作工艺质量、营养品质、发酵品质和卫生指标等方面的评定。

图 5-9　九点取样法

1. 感官评定

感官评定主要从气味、颜色和质地 3 个方面评定，评定标准分为优、良、中、差四等（表 5-9、图 5-10）。

表 5-9　感官品质分级标准

等级	优	良	中	差
气味	酸香，酒酸味	醋酸味强，丁酸臭	酸且臭，刺鼻，有强丁酸臭味	霉烂，腐臭有氨味
颜色	与原料颜色一致，通常呈绿色或黄绿色	颜色变深，呈深绿或草黄色	颜色发暗，褐色或黑绿色	严重变色，暗黑褐，烂草色
质地	茎叶明显，结构良好	茎叶可分，结构尚好	叶片软，变形，结构不分明	叶片、嫩枝霉烂腐败、粘连成泥状

 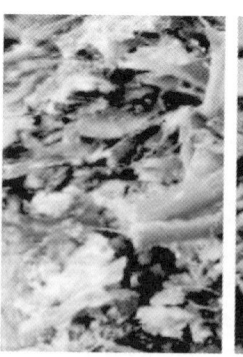 

优先级：　绿黄色　＞　黄绿色　＞　淡黄色　＞　棕褐色

图 5-10　青贮颜色分级

2. 青贮制作工艺质量评定

青贮制作工艺质量评定指标包括留茬高度、铡切长度、籽粒破碎度、颗粒度一致性、压窖密度等，评定标准分为特级、一级和二级（表5-10）。

表5-10 青贮制作工艺质量分级标准

项目	特级	一级	二级
留茬高度（cm）	≥30	≥20，<30	<20
铡切长度（cm）	≥1.5，≤2.1	≥1.2，<1.5	>2.1，<1.2
籽粒破碎度	完整或半粒的玉米籽粒数≤2粒/L容积（自然密度）	完整或半粒的玉米籽粒数3~5粒/L容积（自然密度）	完整或半粒的玉米籽粒数≥6粒/L容积（自然密度）
颗粒度一致性	颗粒度一致性好，宾州筛第一、二层占≥75%，≤80%；第二层≥65%	颗粒度一致性不整齐，宾州筛第一、二层占≥65%，<75%；第二层≥55%，<65%	颗粒度一致性极不整齐，宾州筛第一、二层占<65%，第二层<55%
压窖密度（kg/m³），鲜重基础	≥760	600~759	<600

注：压窖密度指在原料干物质为30%条件下的密度。

3. 营养品质评定

营养品质评定以实验室化学分析为主，测定指标包括干物质（DM）、淀粉、中性洗涤纤维（NDF）、酸性洗涤纤维（ADF）、中性洗涤纤维30 h消化率（dNDF 30 h）和产奶净能（NE_L）等，评定标准分为特级、一级和二级（表5-11）。

表5-11 营养品质分级标准

项目	特级	一级	二级
干物质（%）	≥32，≤36	≥28，<32	<28
淀粉（%）	≥32	≥28，<32	<28
中性洗涤纤维（%）	≤42	>42，≤47	>47
酸性洗涤纤维（%）	≤23	>23，≤27	>27
dNDF 30 h（%NDF）	≥60	≥56，<60	<56
产奶净能（Mcal/kg）	≥1.65	≥1.60，<1.65	<1.60

注：各项指标均以干物质基础计。

4. 发酵品质评定

发酵品质评定指标包括pH值、乳酸、乙酸、丁酸、氨态氮/总氮等，评定标准分为特级、一级和二级（表5-12）。

表 5-12　发酵品质分级标准

项目	特级	一级	二级
pH 值	≥3.6，<3.9	≥3.9，≤4.2	<3.6，>4.2
乳酸（%）	≥5.0，≤8.0	≥4.0，<5.0 或 ≥8.0，≤9.0	<4.0，≥9.0
乙酸（%）	≥3.0，<3.5	≥2.5，<3.0	<2.5，>1.5
丁酸（%）	≤0.06	≤0.09，>0.06	>0.09，≤0.14
氨态氮/总氮（%）	≤10	>10，≤13	>13，≤16
有氧稳定性（h）	≥72	≥48，<72	<48

注：乳酸、乙酸、丁酸以干物质基础计。

5. 卫生指标评定

卫生指标评定指标包括黄曲霉毒素、玉米赤霉烯酮、呕吐毒素、伏马毒素、赭曲霉素和 T2 毒素等，评定标准分为特级、一级和二级（表 5-13）。

表 5-13　卫生指标分级标准

项目	一级	二级	三级
黄曲霉毒素（μg/kg）	5~10	11~20	>20
玉米赤霉烯酮（μg/kg）	50~100	101~200	>200
呕吐毒素（μg/kg）	500~1 000	1 001~2 000	>2 000
伏马毒素（μg/kg）	1 000~2 000	2 001~4 000	>4 000
赭曲霉素（μg/kg）	50~100	101~300	>300
T2 毒素（μg/kg）	50~100	101~800	>800

注：各项指标均以干物质基础计；一级为低风险，二级为中度风险，三级为高度风险。

玉米青贮在评判感官、青贮制作工艺质量、营养品质、发酵品质和卫生指标等方面的各自质量等级时，所有单项指标均同时符合某一等级时，则判定该批次产品为该等级；当有任意一项指标低于该等级标准时，则按单项指标最低值所在等级定级。卫生指标评定中，任意项指标低于二级标准时，则判定该批次产品为等级外产品。感官评定中，判定该批次产品为差的为等级外产品。

玉米青贮在综合感官、青贮制作工艺质量、营养品质、发酵品质和卫生指标等 5 个方面的质量分级时，至少包括营养成分质量、制作工艺质量和发酵品质质量的指标数据，当有任意一个方面的指标低于该等级标准时，则按这个方面的最低值所在等级定级判定。卫生指标存在高度风险（三级）的青贮不宜参与综合质量等分级评判。

(三) 燕麦干草的品质评定

在实际应用中，A 型和 B 型燕麦干草的选择取决于奶牛的饲养阶段和营养需求。

A 型燕麦干草：特点是含有 8% 以上的粗蛋白质（干物质基础），部分可达到 14% 以上（表 5-14）。适用于需要较高蛋白质饲料的奶牛，如泌乳奶牛、断奶犊牛、育成牛等。主要产自中国的部分产区以及美国、加拿大等国。

B型燕麦干草：特点是含有15%以上的水溶性碳水化合物（WSC，干物质基础），部分可达到30%以上（表5-15）。更适合用于围产期奶牛的饲养，以提高其能量摄入和改善适口性。因为它们含有较高的糖分，适口性好，被称为"甜干草"。主要产自中国的部分产区以及澳大利亚等国。

表5-14 A型燕麦草干草质量分级（干物质基础）

指标	等级			
	特级	一级	二级	三级
中性洗涤纤维（%）	<55.0	≥55.0，<59.0	≥59.0，<62.0	≥62.0，<65.0
酸性洗涤纤维（%）	<33.0	≥33.0，<36.0	≥36.0，<38.0	≥38.0，<40.0
粗蛋白质（%）	≥14.0	≥12.0，<14.0	≥10.0，<12.0	≥8.0，<10.0
水分（%）	≤14.0			

表5-15 B型燕麦草干草质量分级（干物质基础）

指标	等级			
	特级	一级	二级	三级
中性洗涤纤维（%）	<50.0	≥50.0，<54.0	≥54.0，<57.0	≥57.0，<60.0
酸性洗涤纤维（%）	<30.0	≥30.0，<33.0	≥33.0，<35.0	≥35.0，<37.0
水溶性碳水化合物（%）	≥30.0	≥25.0，<30.0	≥20.0，<25.0	≥15.0，<20.0
水分（%）	≤14.0			

A型燕麦干草的等级由中性洗涤纤维、酸性洗涤纤维、粗蛋白质三个指标确定，而B型燕麦干草的等级则由中性洗涤纤维、酸性洗涤纤维、水溶性碳水化合物三个指标确定。样品等级以三者中较低等级为准。

第二节 奶牛高效配方调配技术

奶牛高效配方调配技术是一种综合考虑奶牛营养需求、饲料原料特性、饲养管理条件以及经济效益的科学配方方法，其目的是确保奶牛获得均衡的营养，提高饲料转化率，提高牛奶产量和质量，同时降低饲养成本和环境影响。本节主要讲述奶牛高效配方调配的关键技术点。

一、日粮调配原则

奶牛日粮调配是指将粗饲料（干草、青贮饲料、青绿饲料）、精饲料（玉米、豆粕、麸皮等）、预混料（矿物质、维生素）和其他饲料添加剂按照科学的原则，配置成营养平衡的配合饲料。日粮配合必须遵循以下原则：①选用《奶牛营养需要 2021》或《奶牛饲养标准》（NY/T 34—2004）等饲养标准，确定各阶段牛群营养标准；同时确定要选用的各种饲料的营养价值。目前，高产牧场在调配配方前，均对饲料原料进行营养成分实测。②奶牛日粮组成尽量多样化以便发挥不同饲料在营养成分、适口性以及成本之间的补充性。在粗饲料方面，尽量做到豆科与禾本科互补；在草料方面，尽量做到高水分与低水分互补；在蛋白质饲料方面，尽量做到降解与非降解饲料互补。③追求粗饲料比例最大化。在确保满足奶牛营养需要的前提下，要追求粗饲料比例最大化，选择适口性好、养分浓度高的粗饲料，促进奶牛健康。④在粗饲料质量有限或奶牛生产水平高的情况下，要尽可能不让精饲料比例超过 60%。⑤配合日粮时必须因地制宜，充分利用本地的饲料资源，以降低饲养成本，提高生产经营效益。

二、日粮配方调整关注的关键参数与判定依据

（一）营养指标

做好奶牛饲料配方主要考虑的营养指标有干物质、能量、蛋白质、中性洗涤纤维、酸性洗涤纤维、脂肪、瘤胃非降解蛋白（RUP）、钙磷比例、精粗比、代谢蛋白（MP）、小肠代谢赖氨酸（MPlys）、小肠代谢蛋氨酸（MPmet）、矿物质、维生素、淀粉和糖等主要指标，不同阶段奶牛的营养需要各不相同，同一阶段也因牛群不同而异。

（二）配方设计的重要关注点

做奶牛饲料配方时要重点关注干物质采食量、精粗比、能氮平衡、氨基酸平衡、物理有效纤维（peNDF）含量、矿物质平衡等指标是否在合理范围内，误差是否控制在正负 10% 之内。配方成本、原料使用量、饲料转换效率和各原料配比（组合）等指标是否在合理范围内。

（三）配方需调整的判定依据

配方调整的目标是为实现健康、高产、优质、高效。调整配方之前，一是了解牧场基础硬件设施设备、现有技术实力和管理水平及牧场管理软件、TMR 监控系统等的使用现状；二是了解牛群规模、泌乳天数、产奶水平、繁殖状况、健康状况和体况评分等牛群的基本情况；三是了解现有饲料资源、数量、稳定性、适口性、原料营养成分送检等情况；四是要进行饲料配方数据库的更新校正，然后对日粮配方的干物质采食量、产奶净能、粗蛋白质、粗饲料等营养指标进行分析，了解目前日粮营养水平；五是确定配方目标，分阶段逐渐过渡，确定配方调整策略。

判断各阶段奶牛配方是否需要调整的依据是：①后备牛看体尺、体重、膘情；②干奶牛、围产牛主要看干物质采食量、体况评分、产后疾病；③泌乳牛主要看疾病发生情况（代谢病、肢蹄病、繁殖、乳房炎），DHI 报告内容（干物质采食量、产奶量、高峰奶、高峰日、持续力、脂蛋比、乳尿氮、体细胞数），牛奶理化指标，繁育情况（21 d 妊娠率、180 d 妊娠率、妊娠间距、胎间距），饲料成本、饲料转化率、利润等，泌乳牛还要注重日粮的宾州筛和粪便粪筛的评判是否合理。泌乳牛营养配方指标的制定还需要综合考虑牧场现有的饲养水平、管理水平、牛的状况及营养状况，做出合理的过渡，

不能操之过急。

三、日粮配方调配关键技术环节

(一) 哺乳期犊牛 (出生至 2 月龄) 配方技术关键点

犊牛哺乳期是后备牛培育过程中最核心的阶段，哺乳犊牛单日饲喂成本是整个后备牛阶段中最高的，同时哺乳犊牛的健康也是最重要的。哺乳期犊牛日增重 0.85～1.0 kg。哺乳期犊牛的营养配方管理应注意以下几点。

(1) 犊牛出生时瘤胃没有发育完全，具有消化功能的真胃占据整个胃的 70%，但此时瘤胃发育情况将直接影响犊牛未来的生长发育。为了促进瘤胃发育，要在犊牛断奶前保证足够的精饲料摄入，建议断奶时开食料采食量能达到 1.5～2.0 kg。开食料最好选择不同发酵速度且颗粒度较大的饲料原料，让能量逐步在瘤胃中释放，还可以起到摩擦作用，更适合犊牛消化吸收，同时可以刺激瘤胃乳头发育。

(2) 要保障第一周龄采食平均 2% 体重的干物质，最大干物质采食量约为体重的 2.25%，体重大于 65 kg 的犊牛，干物质采食量增加到体重的 2.5%。

(3) 适口性与淀粉：犊牛在第 1 周龄时就应该鼓励饲喂开食料，越早开食犊牛的瘤网胃就能越早接受刺激而发育，这取决于犊牛开食料的适口性以及可发酵碳水化合物含量。犊牛适口性上，开食料如能添加乳制品或乳清粉则更有利于犊牛尽快开食，因为乳糖仍是这个阶段犊牛最好的能量来源；此外，糖蜜通常被认为是可以促进犊牛采食的，但过多添加 (12% vs 5% 干物质) 会降低犊牛料采食量。对于谷物来讲，其适口性由高到低依次为小麦>高粱>大麦/玉米>其他能量饲料，而在蛋白原料上豆粕的适口性最高，其次才是 DDGS。

(4) 粗蛋白质：正常犊牛开食料的粗蛋白质含量在 18%～20% (饲喂基础)，粗蛋白质含量的高低取决于犊牛料配方中必需氨基酸 (EAA) 的平衡性，日粮较高的氨基酸平衡可以采用低蛋白策略，依次考虑赖氨酸、蛋氨酸、精氨酸、苏氨酸。

(5) 脂肪：犊牛开食料中的粗脂肪含量通常控制在干物质的 5% 以下，犊牛料添加"中链脂肪酸与亚麻酸和丁酸"的混合物可以提高犊牛的生长效率。

(6) 添加剂的使用：目前有关犊牛的功能性添加剂主要有两类，第一类是调节瘤胃发酵功能的离子载体抗生素主要包括莫能菌素、拉沙里菌素以及癸氧喹酯等，主要用于改变瘤胃发酵模式和控制犊牛的球虫病；但目前在国内，国家法律法规并不允许在犊牛料中添加包括莫能菌素在内的离子载体抗生素；第二类则是稳定胃肠道消化和免疫功能的添加剂，包括中短链脂肪酸如丁酸盐和月桂酸、酵母类 (包括活性干酵母、酵母细胞壁和酵母培养物等)、植物精油 (EOs)、低聚寡糖 (低聚半乳糖)、乳铁蛋白、免疫球蛋白、卵黄抗体以及益生菌等，这类添加剂主要用于刺激肠道免疫以及控制有害病原菌的增殖；当然还有其他在肠道中起收敛作用的植物类添加剂比如单宁酸，其功效如何仍有待验证。

(二) 断奶犊牛 (断奶至 6 月龄) 配方技术关键点

断奶是犊牛培育最重要的关键节点之一，对犊牛后期生长发育影响显著。断奶犊牛的营养配方管理应注意以下几点。

（1）从犊牛断奶开始每天要至少饲喂 2.5~3.0 kg 颗粒饲料，其中精饲料在 80%~90% 以上，NDF 采食量控制在体重的 0.75%，粗饲料可以是任何高质量的粗饲料，如补饲燕麦草或优质苜蓿 0.5~1.0 kg/（头·d）。研究表明断奶犊牛饲喂不同类型的优质干草都能维持良好的能量摄入，淀粉消化率均在 90% 以上，若发现犊牛粪便存在未消化玉米，考虑犊牛消化道可能存在问题，瘤胃发育不全。整体日粮（颗粒料+干草）中粗蛋白质 16.4%，可溶性蛋白 30%~35%。

（2）4 月龄以后，在保证采食量的前提下瘤胃微生物蛋白可以满足犊牛生长需要，不需要额外补充过瘤胃蛋白，此时可使用缓释效果较好非蛋白氮替代部分真蛋白。4 月龄以前禁止饲喂青贮饲料。

（3）5 月龄以后，饲喂 TMR，精料 2.0~2.5 kg/（头·d）、苜蓿干草 1.5~2.0 kg/（头·d）、青贮饲料 3.0~6.0 kg/（头·d）。粗蛋白质占总日粮比例为 16.4%，可溶性蛋白 30%~35%。这个阶段断奶犊牛日增重 0.85 kg 以上，群体体况评分平均数应在 2.75 分左右。

（4）粗饲料来源中性洗涤纤维（FNDF）6 月龄推荐值为 15%~25%；淀粉 6 月龄推荐值为 15%~20%。

（三）育成牛（7 月龄至配种前）配方技术关键点

7 月龄至首次配种的育成牛饲料主要以优质粗饲料（如干草、青贮等）为主，精料每天每头 0.5~1.5 kg；日增重控制在 0.7~0.8 kg，预防过肥。13~15 月龄配种时体重达到 380 kg 以上、体高达到 127 cm 以上。育成牛的营养配方管理应注意以下几点。

（1）此阶段后备牛需要足够的蛋白质促进肌肉发育，日粮中粗蛋白质应达到 14% 以上，需要瘤胃可降解蛋白，促进微生物蛋白合成，此间段添加缓释非蛋白氮替代部分真蛋白效果很好，NDF 采食量建议为体重的 1%。

（2）当粗蛋白质含量为 14%，代谢能为 5.94 MJ/kg 时，育成牛平均日增重为 0.80 kg，并且对于乳腺发育效果良好。补充过瘤胃氨基酸（蛋氨酸、亮氨酸、异亮氨酸）可以适当降低日粮粗蛋白质水平，但不影响后备牛生长性能，且提高了日粮氮转化效率，降低饲养成本。

（3）不同饲粮代谢蛋白质（MP）与代谢能（ME）比值对荷斯坦奶牛乳腺发育存在一定影响。当 MP/ME 低于 38 时，会导致乳腺脂肪蓄积，因此日增重超过 1 kg/d 的后备牛，为避免脂肪的过度沉积，不建议使用 MP/ME 低于 38 的日粮。

（4）日粮粗蛋白质水平对性成熟前后备牛乳腺发育存在一定影响，早期高蛋白日粮能够促进乳腺发育，低蛋白日粮有抑制乳腺发育的风险。高能日粮通过改变乳腺发育相关基因对乳腺发育产生负面影响。

（5）育成牛日粮干物质的总磷水平推荐范围为 0.35%~0.67%，以 0.47% 为宜，育成牛日粮干物质的微量元素：铜 5 mg/kg，钴 0.2 mg/kg，碘 0.78 mg/kg，铁 90 mg/kg，锰 50 mg/kg，硒 0.3 mg/kg，锌 70 mg/kg。

（6）FNDF 12 月龄推荐值为 19%~22%，淀粉 12 月龄推荐值为 15%~20%。

(四) 青年牛（配种后至分娩前 2 月）配方技术关键点

首次配种至第一次产犊的育成牛前期仍按配种前日粮进行饲养；当育成牛怀孕至分娩前 3 个月，精料加到每天每头 1.0~2.5 kg；产前 20~30 d 精料每天每头 2.5~3.0 kg。青年牛的营养配方管理应注意以下几点。

（1）在此阶段，日粮特点是高纤维，粗饲料的质量会限制采食量。日粮中 NDF 应为体重 1%，在不影响生长的情况下，可以使用品质相对较低的饲料，但应当根据采食量进行调节。日粮粗蛋白质控制在 13%~14%，适当补充缓释非蛋白氮，同时瘤胃微生物可合成大量微生物蛋白，满足蛋白需求。

（2）首次分娩体重应当在成年体重 700 kg 的 77% 左右（体重太轻影响产奶量，体重太重增加被淘汰的风险），体况评分不超过 3.5。

（3）日粮干物质的微量元素：铜 5 mg/kg，钴 0.2 mg/kg，碘 0.78 mg/kg，铁 90 mg/kg，锰 50 mg/kg，硒 0.3 mg/kg，锌 70 mg/kg。

(五) 干奶牛（产前 60 d 至产前 21 d）配方技术关键点

想做好干奶、围产期奶牛日粮配方，要清楚奶牛从干奶到围产阶段的一系列生理变化。

（1）这些变化主要包括：①泌乳细胞的变化：旧的乳腺细胞萎缩，临近产犊时新乳腺细胞重新形成，且数量增加；②日粮由较少精料向高精料型的变化；③瘤胃代谢乳酸菌种类和瘤胃壁上皮细胞的变化；④甲状腺素、胰岛素（代谢）、孕激素、雌激素、糖皮质激素（分娩）、催乳素（泌乳）等系列激素的变化；⑤血糖、游离脂肪酸（NEFA）、血钙等血液营养素的变化；⑥干物质采食量、葡萄糖、能量供需、产奶变化；⑦免疫力的下降。干奶期的重要作用是恢复体况和乳腺组织活力，为下一个泌乳周期做好准备。

（2）干奶期奶牛的营养配方管理应注意以下几点：①干奶牛日增重 350~500 g/d，体况评分 3.0~3.5。精料每头每天 2.5~3 kg，粗饲料以中等质量为主，以禾本科干草或混合干草为宜。②做好干奶、围产前期、新产日粮的精粗比和日粮原料种类的平稳过渡（菌群建立需 14 d）；控制好日粮能量蛋白水平，保证产前奶牛体况评分 3.5，青年牛体况评分 3.25。③做好干奶、围产前期钙、磷、钾含量的控制和镁的补充，科学合理使用低钙日粮和阴离子盐日粮。④尽量提高干奶牛的干物质采食量，保持在 13~14 kg。

(六) 围产牛（产前 21 d 至产后 7 d）配方技术关键点

围产期又细分为围产前期（产前 21 d 至分娩）和围产后期（分娩至产后 7 d）。围产期，由于临近产犊，奶牛的内分泌发生急剧变化，同时胎儿营养需求不断增加。在这个时期奶牛开始分泌初乳，机体激素发生变化，产生的应激会导致奶牛在分娩前后采食量下降。奶牛血液中游离脂肪酸（NEFA）水平会显著提高，NEFA 水平提高是奶牛能量负平衡的标志，而高 NEFA 水平与脂肪肝、酮病的发生直接相关。奶牛产犊后，产后产奶量上升迅速，但是采食量上升缓慢，处于能量负平衡状态，能量负平衡持续将影响奶牛产后的泌乳和繁殖性能。同时，大部分奶牛在产后几天内都会经历血钙浓度降低的过程，而低血钙是多种代谢疾病发病的直接原因或诱因，易诱发酮病、胎衣不下、乳房炎等疾病。低血钙还导致奶牛肌肉收缩无力，并损伤神经功能，严重时引起产乳热（产后瘫痪）。此外，由于围产期特殊的营养与生理状况会导致奶牛内分泌的变化和免疫功能抑制，而低血钙和能量负平衡都会加剧免疫力继续下降，包括降低嗜中性粒细胞功能，降低淋巴细胞增殖的数量，减少抗体数量和浆细胞的产生。能量负平衡是免疫功能抑制的主要因素之一，同时，长期蛋白质、维生素 A、维生素 E、铜、锌、硒等的缺乏对免疫功能都会产生影响。同时，产犊后的奶牛由于利用乳酸的微生物区系还未建立、乳酸转换能力弱、瘤胃乳头尚未伸长壮大、挥发性脂肪酸吸收能力弱，所以不能饲喂过量的精料，要选用优质的粗饲料。以上这些发病诱因相互关联，会影响产犊后奶牛的生产性能，甚至导致奶牛淘汰。围产期奶牛的营养配方管理应注意以下几点。

1. 围产前期日粮配制要点

（1）头胎围产牛干物质采食量应达到 12 kg 左右，经产围产牛干物质采食量应达到 13.5 kg 左右，围产牛的干物质采食量低于以上水平，应立即检查围产牛群的疾病情况，以及围产牛的日粮变化情况。日粮粗蛋白质含量一般较干奶期提高 20% 左右，同时补充过瘤胃氨基酸，可使奶牛产后乳蛋白质含量增加，减少妊娠后期母体养分的动员，提高产犊后的生产性能。

（2）体况评分应控制在 3.0~3.5，体况过肥或过瘦都易导致奶牛产后代谢障碍，如酮病、脂肪肝、胎衣不下、真胃变位、产褥热、子宫炎及产奶量的降低等各种问题出现。

（3）为避免围产前期奶牛乳房过度水肿，应控制日粮中的钠和钾等阳离子的含量，最好选择钾含量低的牧草（如燕麦草）。对于产后瘫痪发病率较高的牛场，还应将日粮中钙的含量降为 20~40 g/d，磷为 30 g/d，钙磷比约为 1∶1。如果已经发生过度乳房水肿，则需酌情减少精饲料饲喂量，特别是要降低日粮中淀粉含量。围产前期奶牛饲喂阴离子盐日粮，能有效降低血液和尿液中的 pH（奶牛采食阴离子盐日粮一周后，尿液 pH 应降到 5.5~6.5），从而使骨钙动员机制处于活跃状态，促进钙的吸收和代谢，提高血钙水平，能有效减少产后瘫痪的发生率。常用的阴离子盐主要有：氯化铵、硫酸铵、硫酸镁、氯化镁、氯化钙、硫酸钙等。其中，硫酸铵的适口性较好，氯化铵和氯化钙适口性较差。

（4）补充磷酸氢钙、碳酸钙以补充钙磷需要外，要注意添加适量的硒、维生素 A、维生素 D 和维生素 E 等。常年饲喂青贮饲料的牛群，易缺乏维生素 A，要注意补充。补充硒和维生素 E 可降低母牛产后胎衣不下发病率 50% 以上。

2. 围产后期（新产牛）日粮配制要点

（1）为充分满足新产奶牛对营养物质的需求，尽量降低因采食量较低而导致的能量负平衡的影响，应提高新产牛日粮营养浓度，给新产牛饲喂优质牧草，改善饲喂管理，提高干物质采食量，但粗饲料比例不低于 40%。产后前 7~10 d，干物质采食量在正常采食量的 70% 以内；产后干物质采食量增加的速度，初产牛产后 21 d 干物质采食量 >17 kg，经产牛产后 21 d 干物质采食量 >19 kg。

（2）适当增加过瘤胃脂肪的用量，日粮中脂肪的补充量应限制在干物质的 2%~

3%，即泌乳前 5 周内日粮中脂肪总含量占日粮干物质总量的 5%~6%。

（3）日粮中额外添加一些饲料添加剂来调节牛体健康。小苏打饲喂量为 100~250 g/（头·d）或占干物质总采食量的 0.8%；氧化镁饲喂量为 50~90 g/（头·d）或占干物质总采食量的 0.5%。小苏打与氧化镁的比例为（2~3）：1 效果较好。

（4）补充蛋氨酸、胆碱和烟酸，有利于改善牛只健康和能量负平衡状态，防止奶牛酮病，提高干物质采食量；添加酵母能刺激纤维素降解细菌的生长繁殖，有助于维持瘤胃 pH。

（七）泌乳牛（产后 8 d 至干奶）配方技术关键点

泌乳牛配方技术关键点主要围绕四个方面展开：一是新产牛尽早提高和达到峰值产量；二是减少体脂动用，保证高峰奶的持续力；三是运用小肠代谢蛋白氨基酸平衡技术，提高饲料转化率；四是降低公斤奶饲料成本，保持高产、优质、高效。

1. 泌乳前期（产后 8~100 d）配方调整策略

产后第 8 天奶牛转入泌乳牛圈，产奶量迅速上升，产后 16~21 d 就可达到泌乳高峰，高峰期可持续到产后 100 d。处在高产状态的奶牛瘤胃乳头伸长并壮大，吸收挥发性脂肪酸的能力达到最大，同时瘤胃转化乳酸和利用精饲料的微生物区系也已稳定，饲料转换效率高。此时期除了日粮的高质量、高水平供应外，还要加强管理，使奶牛尽快进入产奶高峰，保持旺盛的食欲，减少体内的负平衡，增加产奶量。

泌乳前期日粮配制时应把握以下几点：①最大化地给高产奶牛使用精饲料；②提供优质的粗饲料，减少高产牛瘤胃酸中毒；③增加优质青贮饲料的饲喂量，减少苜蓿等昂贵粗饲料的饲喂量，提升牧场产量和效益；④增加 TMR 投喂次数与推料次数，尽早达到并维持产奶高峰；⑤添加植物源性脂肪产品（过瘤胃脂肪、膨化大豆或全棉籽等）；⑥精饲料中加入 1.0%~1.5% 小苏打和 0.5% 氧化镁等缓冲剂。⑦产奶量超过 40 kg/d 的奶牛，补充过瘤胃胆碱、过瘤胃烟酰胺、过瘤胃蛋氨酸、酵母（酵母培养物）或糖蜜类产品等。

2. 泌乳中后期（产后 101 d 至干奶）配方调整策略

泌乳中后期奶牛产奶量逐渐下降，每月下降 5%~7% 或 2~3 kg，此时母牛处于妊娠前期，食欲旺盛，摄取的营养物质除用于产奶外，还在体内蓄积一部分，以补充在泌乳前期出现的营养负平衡。

泌乳中后期日粮配制时应把握以下几点：①泌乳中期奶牛应保证奶牛自身和瘤胃的健康，恢复体膘，日增重在 100~200 g，理想的体况评分为 2.75~3.25。产奶量尽量少下降，一般每 10 d 下降 3% 以内，高产奶牛不超过 2%。②泌乳后期奶牛应保证奶牛自身和胎儿的健康，逐渐恢复体膘，日增重达到 500~700 g，理想的体况评分为 3.0~3.5。奶产量每个月下降幅度控制在 10% 以内。③奶牛体况差异较大，则分群饲养，根据体况调制不同日粮配方，使母牛在干奶前就恢复到正常的体况。④减少非必要饲料进入日粮，例如过瘤胃蛋白和脂肪饲料，以节省饲料开支。⑤适当降低日粮能量、蛋白质水平，增加粗饲料比例，若饲喂优质粗饲料，精饲料的比例可以下调 10%；若饲喂低质粗饲料，精饲料的比例可以上调 10%。

四、日粮配方调配范例

高效日粮配方调配一般按照"了解(牧场饲喂原料分析和现场观察牧场管理现状等)—确定配方设计关键性因素—计算分析(分析分群、确定挑战指标和成本等因素)—沟通(向管理者陈述预计的结果、获得结果的需求和可能出现的情况等)—监督与跟踪(配方的过渡、采食量跟踪和产奶量的变化等)"五个步骤逐步进行。日粮配方设计的工具有手工计算法和计算机法(如Opilac、AMTS、CPM等配方软件)等。本节以计算机法和手工计算法为例配制平均体重650 kg,日产奶35 kg(乳脂率3.8%)的奶牛日粮配方。

(一)计算机法

1. 了解

到牧场实地查看牧场饲喂原料,其中包括现场采样、原料营养值化验分析;再者了解牧场管理现状,包括产奶量、分群状况、膘情、现用日粮配方及采食情况和执行力。例如,各阶段牛群(后备牛、泌乳牛、干奶牛,牛群平均胎次、月龄、体重、怀孕天数、体况、泌乳天数、产奶量等)信息、牛奶质量(乳脂率及乳蛋白)、当前使用的日粮配方和饲料原料价格、检测结果及用量等信息(表5-16、表5-17)。

表5-16 牧场基础参数确定

信息类型		参数内容
环境应激	热应激、冷应激	环境最高气温、最低气温、湿度、风速,录入配方软件
各阶段奶牛基础信息	后备牛	当前月龄,当前体重、预计成熟体重、十字部高、体况分值
	泌乳牛	胎次、当前月龄、当前体重、成熟体重、怀孕天数、体况分值、实际产奶量、乳脂率、乳蛋白、泌乳天数
	干奶牛(包括围产前期)	胎次、当前月龄、当前体重、成熟体重、怀孕天数、体况分值
牛群平均信息	胎次	如牛群中头胎牛的比例小于30%,应选择3胎;如头胎牛的比例在30%~40%时,应选择2胎;如头胎牛的比例大于40%,应选择1胎
	月龄、怀孕天数、体况、泌乳天数、犊牛出生重	采用评估牛群的平均值
	产奶量	对于不分群的奶牛来讲,目标产量应比实际的提高30%,分两群饲养的,目标产量应比实际提高20%,分三群饲养的,目标产量只比实际的产量提高10%即可
牛奶质量信息	乳脂率及乳蛋白	乳脂率采用全群的平均值即可,乳蛋白可根据生产目的和基因潜力比实际的提高0.2%

第五章　饲料与日粮调配技术

（续表）

信息类型		参数内容
牛群评分	精准营养数据	收集牧场各阶段奶牛宾州筛、粪筛、粪便评分、肢蹄评分
当前配方信息	日粮配方	收集牧场各阶段奶牛日粮配方及实际干物质采食量
饲料原料信息	各种原辅料的价格、检测结果及用量	根据检测结果，准确无误地录入配方软件

表 5-17　玉米青贮饲料营养成分含量

营养成分	%NDF	%DM	营养成分	%SP	%CP	%DM	营养成分	%淀粉	%NFC	%DM	营养成分	%DM
酸性洗涤纤维	62.2	28.9	干物质%	—	—	90.2	醇溶性碳水化合物	—	7.0	2.4	粗脂肪	3.74
中性洗涤纤维	—	46.5	粗蛋白质	—	—	8.7	水溶性碳水化合物	—	—	3.4	脂肪酸（占脂肪%）	55.4
灰分校正NDF	—	45.8	校正蛋白	—	—	8.7	淀粉	—	61.5	21.2	总脂肪酸	2.07
粗纤维	—	—	可溶性蛋白	—	63.6	5.5	可溶性淀粉	—	—	—	C16:0	0.38
木质素	8.65	4.02	氨态氮（折算成粗蛋白质）	21.3	13.6	1.18	可溶性纤维	—	13.6	4.70	C18:0	0.03
NDF 12 h 消化率	38.2	17.6	酸性洗涤不溶蛋白	—	7.6	0.66	淀粉消化率（7 h, 4 mm）	74.6	—	—	C18:1	0.36
NDF 30 h 消化率	51.3	23.8	中性洗涤不溶蛋白	—	10.8	0.94					C18:2	0.87
NDF 72 h 消化率	—	—	酸氮（折算成粗蛋白质）		59.0	5.13					C18:3	0.15
NDF 240 h 消化率	67.5	31.3									不饱和脂肪酸	1.38
12 h 未消化 NDF	—	—										
30 h 未消化 NDF	48.8	22.6										

(续表)

营养成分	%NDF	%DM	营养成分	%SP	%CP	%DM	营养成分	%淀粉	%NFC	%DM	营养成分	%DM
240 h 未消化 NDF	32.5	15.1										

注：近红外分析数据，NDF、DM、SP、CP、Starch 和 NFC 分别表示中性洗涤纤维、干物质、可溶性蛋白、粗蛋白质、淀粉和非纤维性碳水化合物。

2. 确定配方设计关键性因素

设计配方前配方师需查《奶牛营养需要（2021）》或《奶牛饲养标准》（NY/T 34—2004），确定各阶段奶牛的营养需要标准（表5-18）。一般配方软件均内置了各阶段奶牛的营养需求标准参数范围或嵌套了营养需求函数模型。同时配方师要基于维持瘤胃健康和发挥最大生产性能而重点考虑干物质采食量等因素，具体见表5-19和表5-20。

表5-18 各阶段牛群营养标准

泌乳阶段	高产牛	中产牛	低产牛	干奶牛	围产牛	3~6月龄	7~13月龄	14~24月龄
产奶量（kg/d）	35~45	25~35	15~25	—	—	—	—	—
干物质采食量（kg/d）	24~26	22~24	20~22	13~14	12~13	5~6	8~11	11~12
泌乳净能（Mcal/kg）	1.70~1.80	1.60~1.70	1.50~1.60	1.30~1.35	1.35~1.55	1.4~1.60	1.30~1.35	1.20~1.30
淀粉（%）	26~28	24~26	22~24	12~13	16~17	10~11	10~11	10~11
粗蛋白质（%）	17~18	16~17	15~16	12.0~13	13.0~15	18~20	17~18	16~17
钙（%）	0.6~0.67	0.6~0.67	0.6~0.67	0.50~0.70	0.50~0.70	0.45~0.54	0.38~0.49	0.36~0.41
磷（%）	0.32~0.38	0.32~0.38	0.32~0.38	0.35~0.45	0.35~0.45	0.23~0.28	0.21~0.23	0.18~0.27
中性洗涤纤维（%）	25~33	25~33	25~33	40~43	40~43	17~20	22~25	23~30
酸性洗涤纤维（%）	17~21	17~21	17~21	20~22	20~22	27~30	32~35	35~40

表5-19 日粮制作考虑的主要因素

项目	考虑因素
干物质采食量	确保牛能吃得下
营养素的优先次序	纤维>能量>粗蛋白质>可吸收蛋白>常量矿物元素>微量元素和维生素
日粮纤维平衡	重点满足各阶段泌乳牛的 NDF 需要量
犊牛、后备牛	体高、体重、日增重
日粮能氮平衡	在满足奶牛纤维需要量的基础上，选择的能量饲料与蛋白饲料释放速度保持相同，能量（Mcal/kg）与蛋白（%）比大概为 1∶9
可吸收蛋白平衡	瘤胃降解蛋白和瘤胃非降解蛋白的比例大致保持在 6∶4
日粮氨基酸平衡	赖氨酸∶蛋氨酸=（2.8~3）∶1，同时考虑限制性氨基酸数量（组氨酸）

第五章 饲料与日粮调配技术

（续表）

项目	考虑因素
日粮钙磷平衡	（1.5~2）：1
常量矿物元素	在满足常量矿物元素的需要，考虑几种元素的比值
微量元素和维生素	日粮中的微量元素和维生素主要是通过预混料进行添加，其在粗饲料和精饲料中的含量可以忽略不计

表 5-20　几种常见矿物质的比例

元素比	比例	元素比	比例
钙：磷	（1.5~2）：1	锌：镁	1：1
锌：铜	4：1	铜：钼	6：1
铁：铜	40：1	钾：钠	3：1
钾：镁	4.5：1	氮：硫	10：1

3. 计算分析

（1）填入基本信息：打开 Opilac 软件设计日粮配方，将上面了解的基本信息填入，见图 5-11。

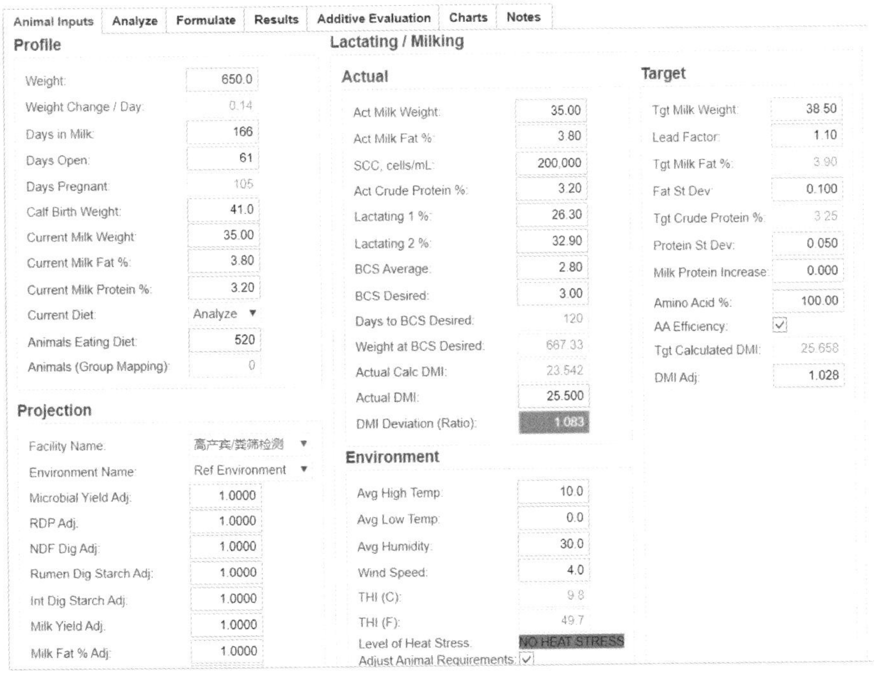

图 5-11　基本信息输入

（2）现执行日粮配方分析：现执行配方分析结果与建议标准奶牛营养需要在 Opilac 软件分析模块下进行（图5-12）。比较要关注：①主要比较 DMI、淀粉、泌乳净能、精粗比、NDF、ADF、非纤维性碳水化合物（NFC）、粗蛋白质、过瘤胃蛋白、赖蛋比（2.8∶1）等主要营养指标是否在合理范围之内，尽可能使上述营养需要偏差在标准的正负误差10%之内。②考虑配方成本变化，原料使用量是否合理，饲料转换效率和各原料配比等指标变化是否在合理范围内。

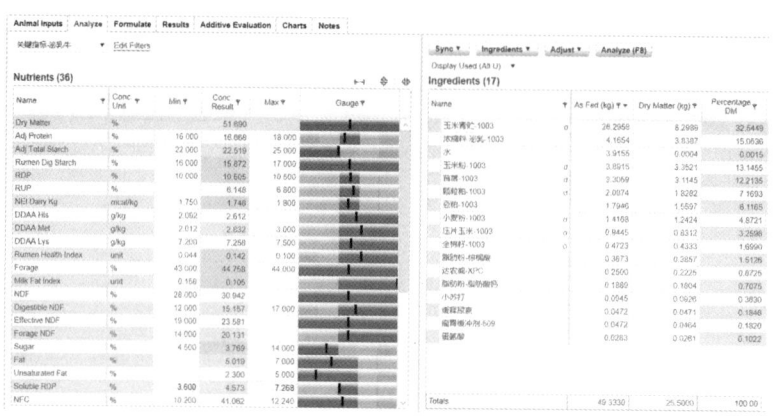

图5-12　奶牛日粮现执行配方分析

（3）日粮配方优化：在 Opilac 软件的配方设计模块调整具体营养参数，Gauge 模块中显示不同颜色代表不同意义，具体见软件释义（图5-13）。调整时要考虑：①根据检验结果、配方分析、生产数据、现场评估进行配方调整。②结合牧场牛群当前产奶量、分群情况、当前体况、反刍比例、粪便评分、步态评分、首配天数、空怀天数、怀孕率、营养代谢发病等情况进行分析，确定配方优化方向。③综合考虑气温变化、牛舍防寒保暖，各牧场应设计冬季、夏季两个配方。

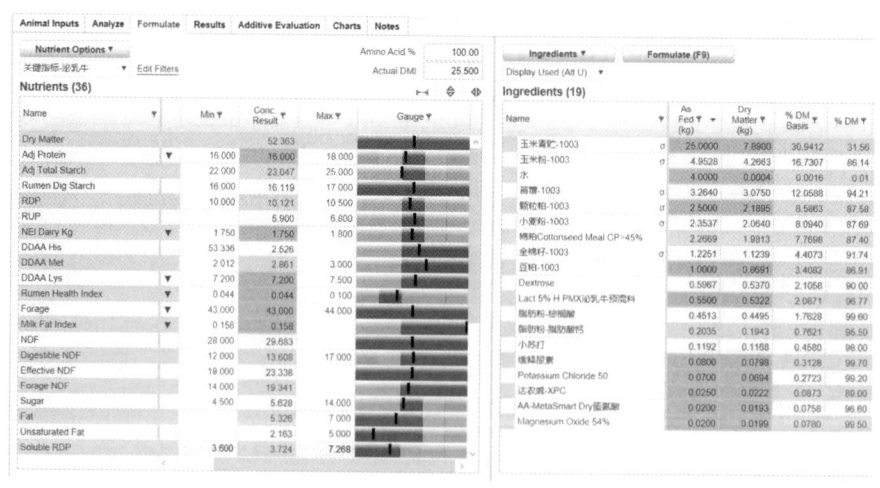

图5-13　奶牛日粮配方优化

（4）日粮配方确定：完成以上3步就可确定分析配方和优化配方具体参数，导出的优化配方即可作为牧场执行日粮配方（表5-21）。

表5-21 牧场执行日粮配方

原料	干物质（%）	分析配方（kg）	优化配方（kg）	营养成分（干物质基础）	分析配方	优化配方
苜蓿	94.21	3.31	3.26	干物质（%）	51.69	52.36
玉米青贮	31.56	26.30	25.00	酸性洗涤不溶蛋白质（%）	0.32	0.31
颗粒粕	87.58	2.09	2.50	校正后的蛋白质（%）	16.63	16.00
玉米粉	86.14	3.89	4.95	可溶性蛋白质占粗蛋白质的比例（%）	27.39	23.19
浓缩料-泌乳	92.16	4.17	—	可溶性降解蛋白质（%）	4.57	3.72
全棉籽	91.74	0.47	1.23	降解蛋白质（%）	10.53	10.12
脂肪粉-棕榈酸	99.60	0.39	0.45	过瘤胃蛋白质（%）	6.17	5.90
瘤胃缓冲剂	98.27	0.05	—	组氨酸（g/kg）	2.61	2.53
水	0.00	3.92	4.00	蛋氨酸（g/kg）	3.03	2.86
小苏打	98.00	0.09	0.12	赖氨酸（g/kg）	7.26	7.20
小麦粉	87.69	1.42	2.35	瘤胃健康指数	0.14	0.04
脂肪粉-脂肪酸钙	95.50	0.19	0.20	牛奶乳脂指数	0.10	0.16
缓释尿素	99.70	0.05	0.08	产奶净能（kg Mcal/kg）	1.75	1.75
蛋氨酸	96.60	0.03	0.02	粗饲料比例（%）	44.76	43.00
豆粕	86.91	1.79	1.00	中性洗涤纤维（%）	30.94	29.68
达农威-XPC	89.00	0.03	0.03	粗饲料中性洗涤纤维（%）	20.13	19.34
压片玉米	88.00	0.94	—	有效中性洗涤纤维（%）	23.58	23.34
棉粕CP>45%	87.40	—	2.27	可消化中性洗涤纤维（%）	15.16	13.61
5%泌乳牛预混料	96.77	—	0.55	非结构性碳水化合物（%）	41.06	42.12
氧化镁	99.50	—	0.02	校正淀粉（%）	22.52	23.05
葡萄糖	90.00	—	0.60	瘤胃可降解淀粉（%）	15.87	16.12

（续表）

原料	干物质（%）	分析配方（kg）	优化配方（kg）	营养成分（干物质基础）	分析配方	优化配方
氯化钾	99.20	—	0.07	瘤胃可溶性糖（%）	3.77	5.63
鲜重（kg/头）		49.11	48.70	脂肪（%）	5.02	5.33
干物质采食量（kg/头）		25.50	25.50	瘤胃生物活性脂肪酸（%）	13.91	13.19
日粮成本（元/头）		68.70	64.05	钙（%）	0.83	0.89
				磷（%）	0.39	0.38
				钙磷比	2.15	2.35
				镁（%）	0.29	0.36
				钾（%）	1.12	1.16
				钠（%）	0.25	0.31
				阴阳离子差 mEq/100g	14.55	15.00
				硒（mg/kg）	0.25	0.35
				维生素 A（IU/g）	5.07	7.55
				维生素 D（IU/g）	1.62	2.16
				维生素 E（IU/kg）	20.28	36.67

4. 沟通

配方师制作完配方后，及时向牧场管理者陈述配方优化思路，包括但不限于：①配方执行后预计的结果：成本、产奶量、膘情、乳指标；②获得结果的需求：执行力、舒适度、TMR；③如何衡量成功：改善幅度；④可能出现的情况：采食量、产奶量变化；⑤强调执行力对于结果的影响。

5. 监督与跟踪

配方确定后，需要关注内容有：配方的过渡；配方执行情况：加料精准性；TMR制作质量跟踪：水分、颗粒度、均匀度等；采食量跟踪；粪便分析；反刍状况观察；产奶量变化；体况评分（BCS）跟踪等。

（二）手工计算法

手工计算法与计算机法整体思路一致，只是在第三步计算分析中有所不同，以平均体重 650 kg，日产奶 35 kg（乳脂率 3.80%）的奶牛的日粮配合为例，以下对手工计算法（Excel 法）的步骤说明如下：

1. 查询《奶牛饲养标准》(NY/T 34—2004) 中奶牛营养需要量

确定体重 650 kg, 日产奶 35 kg (乳脂率 3.80%) 的奶牛的营养需要, 见表 5-22。

表 5-22 查得的奶牛营养需要量

项目	干物质采食量 (kg/d)	奶牛能量单位 (NND/d)	可消化粗蛋白质 (g/d)	钙 (g/d)	磷 (g/d)
维持需要	7.98	14.6	386	39	30
产奶	17.50	34.0	1 890	151	102
合计	25.48	48.5	2 276	190	132

2. 查询《奶牛饲养标准》(NY/T 34—2004) 所用饲料的营养成分含量

结果如表 5-23 所示。

表 5-23 查得的奶牛饲料营养成分含量

饲料种类	干物质 (%)	奶牛能量单位 (NND/kg)	可消化粗蛋白质 (g/d)	钙 (g/d)	磷 (g/d)
苜蓿干草	94.2	1.54	68	14.3	2.4
玉米青贮	31.6	0.25	3	1.0	0.2
豆腐渣	20.0	0.31	28	0.5	0.3
玉米	86.1	2.35	59	0.2	2.1
麦麸	88.0	1.88	97	1.3	5.4
棉籽饼	88.0	2.34	153	2.7	8.1
豆饼	88.0	2.64	366	3.2	5

3. 日粮配合

(1) 首先计算奶牛食入的粗饲料的营养。拟配制精粗比为 60∶40 的日粮, 粗饲料理想含量为干物质采食量 25.48 kg×40% = 10.1 kg, 则补充粗饲料按 10.1 kg 初步拟定配方, 每天饲喂玉米青贮 22 kg, 苜蓿干草 2.5 kg, 豆腐渣 4 kg, 可获营养物质量如表 5-24 所示。

表 5-24 奶牛食入的粗饲料可获得营养物质量

饲料种类	数量 (kg/d)	干物质采食量 (kg/d)	奶牛能量单位 (NND/d)	可消化粗蛋白质 (g/d)	钙 (g/d)	磷 (g/d)
苜蓿干草	2.5	2.36	3.9	170.0	35.8	6.0
玉米青贮	22	6.94	5.5	66.0	22.0	4.4
豆腐渣	4	0.80	1.2	112.0	2.0	1.2

（续表）

饲料种类	数量（kg/d）	干物质采食量（kg/d）	奶牛能量单位（NND/d）	可消化粗蛋白质（g/d）	钙（g/d）	磷（g/d）
合计		10.10	10.6	348	60	12
不足		15.38	-38.0	-1 928	-130	-120

（2）不足营养用精料补充。精料理想含量为干物质采食量 25.48 kg×60%＝15.29 kg，则补充精料量按 15.3 kg 初步拟定配方，每天饲喂玉米 9.0 kg、麦麸 0.5 kg、棉籽饼 5.5 kg，其精料营养如表 5-25 所示。

表 5-25　补充精料的营养成分

饲料种类	数量（kg/d）	干物质采食量（kg/d）	奶牛能量单位（NND/d）	可消化粗蛋白质（g/d）	钙（g/d）	磷（g/d）
玉米	9	7.75	21.2	531.0	1.8	18.9
麦麸	0.5	0.44	0.9	48.5	0.7	2.7
棉籽粕	5.5	4.84	12.9	841.5	14.9	44.6
合计		13.03	35.0	1421	17	66
粗饲料营养		10.10	10.59	348	60	12
营养合计		23.13	45.6	1769	77	78
不足		-2.35	-4.0	-542	-119	-57

（3）补充能量、可消化粗蛋白质。加豆粕 1.6 kg（NND＝1.6×2.64＝4.21，可消化粗蛋白质 DCP＝1.6×366＝585.6 g，钙＝1.6×3.2＝5.12 g，磷＝1.6×5＝8 g），则日粮 NND 总量为 49.8，粗蛋白质为 2 355 g，钙为 82 g，磷为 86 g。

（4）补充矿物质。尚缺钙 114.3 g，磷 49.3 g，补磷酸钙 0.4 kg，可获得能量、蛋白质及钙、磷平衡的日粮。

（5）补充营养及非营养性添加剂。小苏打按占精料的 2% 计算为 300 g，食盐按占精料的 1% 计算为 150 g，微量元素及维生素预混料按 1% 计算为 150 g。

按照上述步骤配出的体重 650 kg、日产奶 35 kg（乳脂率 4.0%）的奶牛日粮结构如表 5-26 所示。

表 5-26　体重 650 kg、日产奶 35 kg 的奶牛日粮结构配制

饲料种类	进食量（kg/d）	干物质采食量（kg/d）	能量单位（NND/d）	可消化粗蛋白质（g/d）	钙（g/d）	磷（g/d）
苜蓿干草	2.5	2.36	3.9	170	36	6
玉米青贮	22	6.94	5.5	66	22	4

(续表)

饲料种类	进食量（kg/d）	干物质采食量（kg/d）	能量单位（NND/d）	可消化粗蛋白质（g/d）	钙（g/d）	磷（g/d）
豆腐渣	4	0.80	1.2	112	2	1
玉米	9.0	7.75	21.2	531	2	19
麦麸	0.5	0.44	0.9	49	1	3
棉籽饼	5.5	4.84	12.9	842	15	45
豆粕	1.6	1.41	4.2	586	5	8
磷酸钙	0.4	0.40			112	58
小苏打	0.3	0.30				
食盐	0.15	0.15				
1%预混料	0.15	0.15				
合计	46.1	25.54	49.8	2355	194	143

设计好的配方在牧场执行时，第四步（沟通）和第五步（监督与跟踪）与计算机法的第四步和第五步相同。

第三节 奶牛生产配方推荐

营养的均衡供给才能保证奶牛充分发挥遗传潜力，实现高效生产，达到健康养殖的目的。根据不同阶段奶牛对各种营养物质的消化与代谢规律、饲料的组合效应和常用饲料的营养价值，调制科学的饲料配方，是科学饲养奶牛，提高养殖效益的根本。本节在前期的研究基础上，结合奶牛生产实际中的应用效果，推荐一些适宜不同阶段奶牛生产的日粮配方。

一、哺乳期犊牛饲喂方案及开食料推荐配方

犊牛培育是奶牛养殖中最重要和最关键的时期之一，该阶段的饲养管理水平至少可决定犊牛在成年后10%~20%的产奶量。哺乳犊牛阶段培育的目标是哺乳犊牛成活率≥97%，日增重在0.85~1.0 kg，断奶时体重为出生重2倍以上，体高≥90 cm。犊牛出生1 h内人工灌服4 kg合格初乳，6 h内再灌服2 kg。体重小于30 kg的犊牛，第一次灌服3 kg，6 h内再灌服2 kg。出生第2天的犊牛转至犊牛岛或单圈饲养，喂足常乳，做到定时（间隔8 h）、定量、定温（39℃）、定人。3日龄后开始自由饮水，冬季禁饮冰水。7日龄时为犊牛提供开食料，开食料参考配方见表5-27。

表 5-27　哺乳期犊牛牛奶与开食料参考饲喂量

日龄（d）	早班喂奶量（kg/d）	晚班喂奶量（kg/d）	阶段牛奶总量（kg）	开食料（kg/d）	备注
1	4.0	2.0	6	0	初乳
2~5	3.0	3.0	24	0	
6~10	3.5	3.5	35	0.1	
11~15	4.0	4.0	40	0.1	
16~20	4.5	4.5	45	0.3	
21~53	5.0	5.0	330	0.6	
54~55	4.5	4.5	18	0.6	
56~57	4.0	4.0	16	0.8~0.9	
58	3.5	3.5	7	1.0	
59	3.0	3.0	6	1.1	
60	2.5	2.5	5	1.2	
61	2.0	2.0	4	1.5	
62	1.5	1.5	3	1.5	
63	1.0	1.0	2	1.5	
合计			541		

（1）犊牛初重 36 kg 的标准，低于此体重的要降低奶量。

（2）哺乳 500 kg 奶量的开食料参考配方：玉米 49%、豆粕 20%、麸皮 20%、菜籽粕 5%、磷酸钙 4%、碳酸钙 1% 和食盐 1%。

（3）哺乳 300 kg 奶量的开食料参考配方：玉米 50%，豆饼 35%，麸皮 9%，菜籽粕 3%，磷酸钙 1%，碳酸钙 1%，食盐 1%。

二、断奶犊牛日粮推荐配方

断奶后的犊牛在原栏饲养 7~10 d 后整群转入断奶犊牛舍饲养，每群 14~20 头（保持双数）。76 日龄至 4 月龄自由采食颗粒料，投放量 2.5~3 kg/（头·d）；补饲燕麦草或优质苜蓿 0.5~1.0 kg/（头·d），4 月龄以前禁止饲喂青贮饲料。5 月龄以后饲喂 TMR，精料 2.0~2.5 kg/（头·d）、苜蓿及干草 1.5~2.0 kg/（头·d）、青贮 3.0~6.0 kg/（头·d）。颗粒料（精料）参考配方见表 5-28。断奶犊牛平均日增重达到 0.85 kg 以上。

第五章 饲料与日粮调配技术

表 5-28 断奶犊牛饲喂参考　　　　　　　　　　　　　　　　　　　　单位：kg

阶段	颗粒料（精料）喂量	干草喂量	苜蓿喂量	青贮喂量
64~75 日龄	2.0~2.5	0.3~0.5	0.2~0.25	0
76 日龄至 4 月龄	2.3~3.0	1.0~1.5	0.5~1.0	0
5~6 月龄	2.0~2.5	1.5~2.0	0.75~1.0	3.0~6.0

注：（1）64~75 日龄犊牛日粮为开食料与断奶犊牛料 1∶1 混合。
（2）3~4 月龄犊牛采食颗粒料，补饲优质牧草；5~6 月龄犊牛采食 TMR。
（3）颗粒料（精料）参考配方：玉米粉 35.25%、豆粕 31.43%、大麦粉 11.11%、小麦粉 13.33%、糖蜜 4%、石粉 1.78%、脂肪粉 0.44%、食盐 0.44% 和预混料 2.22%（犊牛预混料）。

三、育成牛日粮推荐配方

育成牛指 7 月龄至初配的母牛，此阶段日增重要达到 0.8 kg/d 左右，促进乳腺发育，初配时体重达到 380 kg 以上（约为成年母牛体重的 55%），体高达到 127 cm 以上，胸围达到 170 cm 以上。育成牛干物质采食量达到体重的 2%~2.5%，精料每日每头牛 2.0~3.0 kg，粗饲料选用中等质量的干草和适量青贮饲料。育成牛日粮推荐配方见表 5-29。

表 5-29 育成牛日粮推荐配方

原料名称	饲喂量 [kg/(头·d)]	营养指标	干物质基础
全株玉米青贮	6.00	干物质采食量（kg/d）	7.50
麦草	2.50	代谢能（Mcal/kg）	2.42
苜蓿青贮	1.50	粗蛋白质（%）	15.50
棉粕 46%	1.35	脂肪（%）	2.21
玉米	1.00	中性洗涤纤维（%）	44.63
麸皮	0.65	酸性洗涤纤维（%）	29.87
后备牛 5% 预混料	0.25	干物质（%）	53.00
水	1.00	精粗比	37∶63
合计	14.25	校正淀粉（%）	15.00

四、青年牛推荐配方

配种后至分娩前 4 个月的青年牛仍可按配种前日粮进行饲养，干物质采食量达到体重的 2%~2.5%，精料每日每头牛 2.0~2.5 kg；粗饲料选用中等质量的干草和适量青贮饲料。分娩前 3 个月至产前 60 d 的青年牛的干物质采食量达到体重的 2%~2.5%，精料每日每头牛 2.5~3.0 kg，粗饲料选用中等质量的干草和适量青贮饲料，日粮钙磷比为 1.6∶1。青年牛日粮推荐配方见表 5-30。

表 5-30 青年牛日粮推荐配方

原料名称	饲喂量 [kg/(头·d)]	营养指标	干物质基础
全株玉米青贮	10.00	干物质采食量（kg/d）	10.00
麦草	4.00	代谢能（Mcal/kg）	2.20
苜蓿青贮	1.50	粗蛋白质（%）	10.00
棉粕46%	1.30	脂肪（%）	2.18
玉米	1.00	中性洗涤纤维（%）	48.40
麸皮	0.65	酸性洗涤纤维（%）	33.17
后备牛5%预混料	0.22	干物质（%）	50.75
水	1.00	精粗比	27:73
合计	19.67	校正淀粉（%）	14.00

五、围产前期奶牛日粮推荐配方

产前21 d至分娩的母牛干物质采食量10~11 kg/d，精料每日每头牛4.5 kg，不喂苜蓿等高钙饲料，控制青贮喂量，日粮钙磷比为0.8:1。围产前期奶牛日粮推荐配方见表5-31。

表 5-31 围产前期奶牛日粮推荐配方

原料名称	饲喂量 [kg/(头·d)]	营养指标	干物质基础
全株玉米青贮	14.00	干物质采食量（kg/d）	12.60
麦草	4.50	泌乳净能（Mcal/kg）	1.31
玉米	1.70	粗蛋白质（%）	14.22
棉粕46%	1.60	脂肪（%）	2.23
麸皮	1.00	中性洗涤纤维（%）	45.66
豆粕43%	0.35	酸性洗涤纤维（%）	30.62
干奶牛预混料5%	0.35	干物质（%）	51.50
膨化尿素	0.05	精粗比	35:65
水	1	校正淀粉（%）	17.00
合计	24.55		

六、新产牛日粮推荐配方

分娩至产后7~10 d母牛的干物质采食量达到体重的2.5%以上，提高精料的比例，但优质牧草比例不低于40%。产28 kg牛奶的新产牛的日粮推荐配方见表5-32。

表 5-32 新产牛日粮推荐配方

原料名称	饲喂量 [kg/(头·d)]	营养指标	干物质基础
全株玉米青贮	14.00	干物质采食量（kg/d）	16.50
苜蓿	3.80	泌乳净能（Mcal/kg）	1.71
全棉籽	1.50	粗蛋白质（%）	17.00
甜菜颗粒粕	2.00	脂肪（%）	5.12
玉米	3.40	中性洗涤纤维（%）	32.43
豆粕43%	1.00	酸性洗涤纤维（%）	20.80
DDGS	0.85	干物质（%）	53.50
棉籽蛋白50%	0.65	精粗比	54∶46
泌乳奶牛5%预混料	0.35	校正淀粉（%）	20.00
脂肪粉	0.15		
小苏打	0.15		
膨化尿素	0.05		
食盐	0.01		
水	3.00		
合计	30.91		

七、泌乳高峰期日粮推荐配方

泌乳高峰期日粮干物质采食量逐渐增加到体重的3.5%以上，精料比率达到50%~60%。产40 kg牛奶的泌乳高峰期的日粮推荐配方见表5-33。

表 5-33 泌乳高峰期日粮推荐配方

原料名称	饲喂量 [kg/(头·d)]	营养指标	干物质基础
全株玉米青贮	26.00	干物质采食量（kg/d）	25.50
苜蓿	4.50	泌乳净能（Mcal/kg）	1.77
全棉籽	1.50	粗蛋白质（%）	17.30
甜菜颗粒粕	1.20	脂肪（%）	5.66
玉米	4.50	中性洗涤纤维（%）	30.04
压片玉米	2.50	酸性洗涤纤维（%）	18.93
豆粕43%	2.00	干物质（%）	52.50
DDGS	1.00	精粗比	54∶46
棉籽蛋白50%	1.00	校正淀粉（%）	25.00

（续表）

原料名称	饲喂量 [kg/(头·d)]	营养指标	干物质基础
棉粕46%	0.50		
泌乳奶牛5%预混料	0.50		
脂肪粉	0.50		
小苏打	0.15		
膨化尿素	0.07		
食盐	0.01		
水	2.50		
合计	48.43		

八、泌乳中后期奶牛日粮推荐配方

泌乳中后期奶牛日粮干物质采食量应占体重3.0%~3.5%，精料比率达到45%~55%。产33 kg牛奶的泌乳中后期的奶牛日粮推荐配方见表5-34。

表5-34 泌乳中后期奶牛日粮推荐配方

原料名称	饲喂量 [kg/(头·d)]	营养指标	干物质基础
全株玉米青贮	24.00	干物质采食量（kg/d）	21.50
苜蓿	3.70	泌乳净能（Mcal/kg）	1.72
全棉籽	1.50	粗蛋白质（%）	17.00
甜菜颗粒粕	2.30	脂肪（%）	5.30
玉米	4.50	中性洗涤纤维（%）	32.33
压片玉米	0.50	酸性洗涤纤维（%）	20.40
豆粕43%	1.00	干物质（%）	52.00
DDGS	1.00	精粗比	54:46
棉籽蛋白50%	1.32	校正淀粉（%）	22.00
棉粕46%	0.50		
泌乳奶牛5%预混料	0.43		
脂肪粉	0.35		
小苏打	0.15		
膨化尿素	0.05		
食盐	0.01		
水	2.00		
合计	43.31		

九、干奶牛日粮推荐配方

干奶牛日粮干物质采食量占体重的2%,日粮以中等质量粗饲料为主,混合精料每头每天2.5~3 kg。干奶牛日粮推荐配方见表5-35。

表5-35 干奶牛日粮推荐配方

原料名称	饲喂量[kg/(头·d)]	营养指标	干物质基础
全株玉米青贮	11.00	干物质采食量(kg/d)	12.00
麦草	5.50	泌乳净能(Mcal/kg)	1.26
玉米	1.50	粗蛋白质(%)	13.22
棉粕46%	1.40	脂肪(%)	2.17
麸皮	0.80	中性洗涤纤维(%)	47.93
豆粕43%	0.30	酸性洗涤纤维(%)	32.93
干奶牛预混料5%	0.30	干物质(%)	52.50
膨化尿素	0.05	精粗比	32∶68
水	2	校正淀粉(%)	15.00
合计	22.85		

第四节 精料补充料生产技术

精料补充料是为了补充以粗饲料、青饲料和青贮饲料为基础的奶牛营养而用能量饲料、蛋白质饲料、矿物质饲料、维生素饲料和部分饲料添加剂按一定比例配制的饲料,也称为混合精料。精料补充料是提高奶牛生产性能、繁殖性能和整体健康的关键因素,特别是在粗饲料营养不足时,精料补充料的作用更加明显。提高精料补充料生产和管理水平,既可实现配方设计的预期,也可最大限度地发挥奶牛的生产潜力,提升养殖效益。本节就如何生产合格的精料补充料进行讲述。

一、精料补充料的饲喂特点

与猪鸡全价日粮不同,奶牛的精料补充料加上干草、青贮玉米等粗饲料才能成为全价日粮(图5-14)。精料补充料具有以下饲喂特点:①其可弥补奶牛在仅采食青、粗饲草及青贮饲料等粗饲料时可能存在的营养不足。②根据奶牛不同阶段的营养需求,精料补充料按照科学的比例配制,可确保营养基本均衡。③精料补充料可以直接与粗饲料混合饲喂,简化了饲养过程。④由于精料补充料中结构性碳水化合物含量较低,且粉碎、混合时部分原料经过熟化处理,因此更利于奶牛快速消化吸收,可提高奶牛的生产性能。⑤在变换基础饲草时,可以根据动物的生产反应及时调整精料补充料的给量。⑥精料补充料的生产遵守国家相关标准,产品质量和安全性可靠。

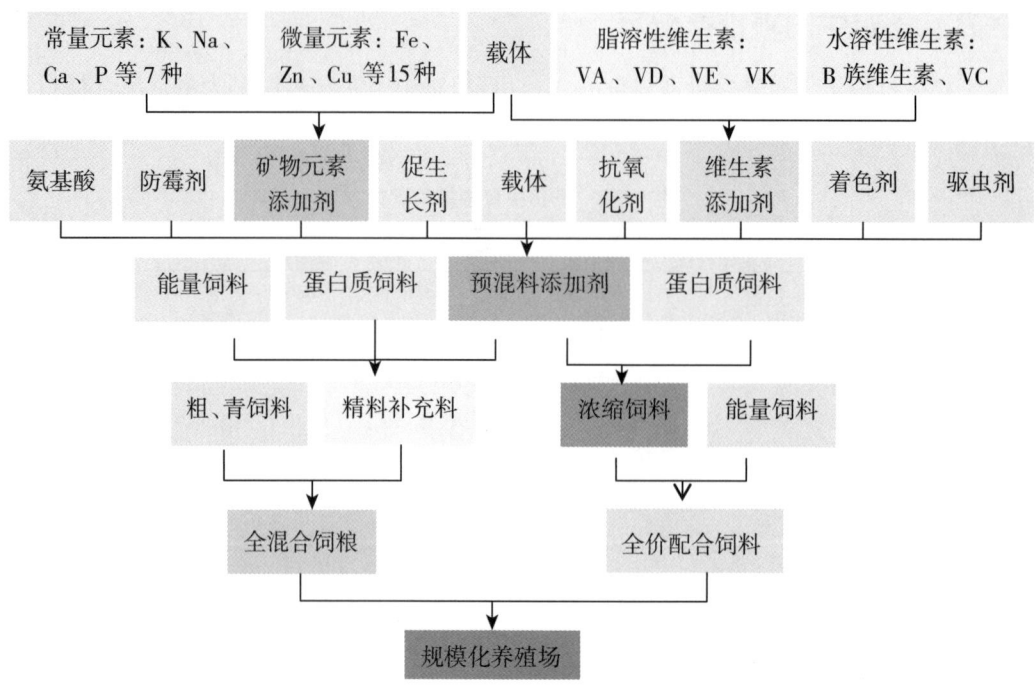

图 5-14　饲料产品设计执行流程

二、精料补充料的生产原则

（1）原料选择过程中应选择优质原料，避免使用发霉、变质或污染的原料，确保饲料的安全性和营养价值。

（2）除粗饲料外，精料补充料应含有奶牛所需的其他所需的蛋白质、能量、维生素和矿物质等营养成分。

（3）奶牛精料补充料配方设计应根据奶牛的生长阶段、生产性能和基础饲料的情况进行设计，以达到最佳的饲养效果。

（4）生产过程中应确保精料补充料的混合均匀、颗粒大小适中。

（5）生产的精料补充料符合过程中应符合《饲料卫生标准》（GB 13078—2017）、《饲料和饲料添加剂管理条例》等法律法规。

（6）有完善的原料和成品的追溯体系，确保产品的质量可控和问题可追溯。

三、精料补充料的原料

精料补充料是由能量饲料、蛋白质饲料、矿物质饲料、维生素饲料和部分饲料添加剂按一定比例配制而成，常用的饲料有以下几种。

（一）能量饲料

能量饲料指饲料干物质中粗纤维含量低于18%，同时粗蛋白质低于20%的饲料。主要包括谷实类、糠麸类、淀粉根块茎类及其加工副产品、油脂、糖蜜等。

1. 谷实类饲料

谷实类饲料是指禾本科作物的籽实，包括玉米、小麦、稻谷、大麦、高粱和燕麦等。这类饲料无氮浸出物含量高，占干物质的70%~80%，主要为淀粉，消化率高；粗纤维含量低，为2%~6%；蛋白质含量低，为8%~10%，缺乏赖氨酸、甲硫氨酸，蛋白质品质差；脂肪含量低，一般为1%~6%，且以不饱和脂肪酸为主；矿物质含量低，钙少磷多，其中磷主要以植酸磷形式存在，干扰其他矿物元素的吸收和利用率；维生素含量不平衡，一般B族维生素、烟酸和维生素E含量较丰富，但缺乏B族维生素、维生素D和维生素A。

（1）玉米：玉米，具有产量和可利用能值高，适口性好等特点，在能量饲料中用量最多，被称为"饲料之王"。其无氮浸出物含量70%~80%，并以淀粉为主，消化率高；粗蛋白质含量7%~9%，品质差，赖氨酸和色氨酸严重不足；粗脂肪含量3%~4%，其中80%为不饱和脂肪酸，50%为亚油酸；有效能值高；矿物质含量低，钙少磷多，其中磷多以植酸磷形式存在；维生素含量低，缺乏维生素D、维生素K和大部分B族维生素，维生素E和烟酸含量较高，但烟酸利用率低（多为结合态）；黄玉米中色素含量高，主要是β-胡萝卜素、叶黄素和玉米黄素，较易感染霉菌毒素。

使用注意事项：①黄玉米中富含的色素，对奶牛奶油具有着色效果。②由于玉米中烟酸的前体——色氨酸和可利用烟酸含量均较低，以玉米为主的饲粮饲喂易出现烟酸缺乏症，典型缺乏症状是糙皮病。③奶牛采食发霉玉米，可能导致其免疫抑制生产性能下降，严重的会引起中毒或死亡。

（2）高粱：蛋白质高于玉米但品质差，缺乏赖氨酸与色氨酸，蛋白质消化率低于玉米。脂肪低于玉米其中亚油酸约为1.13%碳水化合物与玉米相当，但有效能低于玉米。矿物质与玉米相当。含单宁是水溶性多酚化合物，又称鞣酸或单宁酸。

（3）小麦：小麦无氮浸出物含量75%以上，非淀粉多糖（NSP）含量较高，粗纤维含量约为1.9%；粗蛋白质含量高达12%~14%，居谷实类蛋白含量之首，但蛋白质品质差，缺乏赖氨酸；粗脂肪含量低，为1.7%~1.9%；能量比玉米的略低；矿物质含量约为1.9%，磷和钾含量较高，其中磷主要以植酸磷形式存在，生物利用率差；维生素E和B族维生素含量较高，维生素A、维生素D、维生素K和维生素C含量低，色素含量低。日粮中用量不宜过多（<50%）。

（4）大麦：大麦蛋白质平均含量为12%，高于玉米，品质优于玉米，除蛋氨酸与亮氨酸外，赖氨酸2倍于玉米（0.52%）；脂肪含量为2%，只有玉米一半，亚油酸含量低（0.78%）；矿物质方面钙少磷多，磷利用率低；富含B族维生素（维生素B_2除外），烟酸是玉米的3倍，维生素A、维生素D、维生素K含量低。大麦主要是葡聚糖含量高。过多引起动物食糜黏性增加，影响营养物质消化率。奶牛日粮中用量宜低于40%。

（5）稻谷：稻谷无氮浸出物含量高于60%，但粗纤维含量达8%以上，主要集中在谷壳内，且半数以上为木质素；粗蛋白质含量为7%~8%，蛋白质品质略优于玉米，赖氨酸含量相对较高，约为0.5%；粗脂肪含量约为1.6%，主要由油酸和亚油酸组成；有效能值低于玉米和小麦；矿物质含量极低，钙少磷多，磷主要以植酸磷形式存在；B族维生素含量丰富，维生素A含量极低。

2. 麸糠类

糠麸类饲料是指谷实经加工后形成的一些副产品,主要由种皮、外胚乳、糊粉层、胚、颖稃纤维残渣组成,包括米糠、小麦麸、大麦麸、玉米糠、高粱糠等。这类饲料无氮浸出物含量低;纤维含量高于籽实,为9%~14%;粗蛋白质含量高,为12%~15%;脂肪含量13%左右,多为不饱和脂肪酸;矿物质含量比籽粒高,钙少磷多,植酸磷含量较高;B族维生素含量高,尤其是维生素B_1。

(1) 米糠:米糠无氮浸出物低于50%,粗纤维含量约为8%;粗蛋白质含量约为13%,氨基酸组成较合理,其中赖氨酸、蛋氨酸含量较高;粗脂肪高达15%~17%,主要是不饱和脂肪酸;有效能值高,与玉米相当;矿物质含量高,钙磷比例极不平衡(1:20),且80%以上的磷为植酸磷;B族维生素和维生素E含量高;含有胰蛋白酶抑制因子、植酸、非淀粉多糖等抗营养因子,影响饲用价值;含脂肪水解酶,易造成米糠氧化/水解酸败。奶牛日粮用量可达20%~30%。

(2) 小麦麸:小麦麸无氮浸出物含量低于60%,有效能值低;纤维含量10%左右;粗蛋白质含量为12%~17%,蛋白质品质差,蛋氨酸含量低;粗脂肪含量4%左右,以不饱和脂肪酸为主;矿物质含量较高,钙磷比约1:8,植酸磷占总磷的75%左右,此外锰、铁、锌等微量元素含量较高;B族维生素和维生素E含量较高,维生素A和维生素D含量较低;小麦麸中的植酸酶活性较高;结构疏松,具有轻泻作用,防便秘。奶牛日粮用量25%~30%,有助于提高奶牛泌乳量。

(3) 次粉:次粉无氮浸出物含量67%左右;粗纤维含量1.5%左右,有效能值远高于麦麸,但变异度大;蛋白质含量13%~15%,蛋氨酸含量低;粗脂肪含量2%左右,以不饱和脂肪酸为主;矿物质含量较低,钙磷比例失衡;B族维生素含量相对小麦麸较低。可作为饲料黏结剂使用;由于颗粒过小,宜制粒使用,否则易造成动物粘嘴现象,影响适口性。

3. 块根块茎类饲料

此类饲料水分含量高,为75%~90%;干物质中无氮浸出物含量高,以淀粉和蔗糖为主,粗纤维含量低;有效能值与谷物籽实相当;矿物质含量低,钙和磷的含量极低,但钾含量较高;维生素含量变异度较大。甘薯含胰蛋白酶抑制因子,未成熟、发芽、发青、腐烂的马铃薯中含有龙葵素,木薯中含有氰苷类化合物,要注意控制用量。

4. 糖蜜

糖蜜粗蛋白质含量较低,为3%~6%,以非蛋白氮为主,氨基态氮为38%~50%;无氮浸出物含量高,为85%~95%,且以蔗糖为主;矿物质含量高,为8%~10%,钙磷含量不高,主要含钾、钠、镁等微量元素;维生素含量低,几乎不含维生素A和维生素D;有甜味,可掩盖饲粮不良气味,适口性好;具黏稠性,是优质的饲料黏结剂;作为营养性添加剂,提高青贮饲料的品质。奶牛日粮用量5%~10%。

5. 油脂(植物油)

油脂主要有大豆油、棉籽油、菜籽油和棕榈油等,主要成分是甘油三酯。其能值高,总能和有效能远高于一般能量饲料,如大豆油的代谢能是玉米的2.87倍;动物必需脂肪酸的重要来源之一;促进脂溶性维生素的运输和吸收;延长饲料在消化道的停留时间，提高养分的消化吸收效率；热增耗低，减少热应激，适合高温季节使用；改善饲粮风味和外观，防止原料分级；减少饲料加工粉尘，降低机械磨损度。奶牛日粮中添加水平为3%~6%，可提高产奶量和乳脂率，减少瘤胃酸中毒和酮病发病率，提高繁殖机能。奶牛对不饱和、中短链的脂肪酸消化率较高，但中短链脂肪酸含量较高会抑制瘤胃微生物，改变VFA比例，降低乳脂率。

（二）蛋白质饲料

蛋白质饲料是指干物质中粗纤维含量在18%以下，粗蛋白质含量在20%及20%以上的饲料。与能量饲料相比，本类饲料的蛋白质含量高，且品质优良，在能量价值方面差别不大，或者略偏高。

植物性蛋白质饲料包括豆类籽实、饼粕类和糟渣类饲料等。

1. 豆类籽实

包括大豆、豌豆、蚕豆、绿豆等。

（1）大豆的蛋白质含量高，为37.1%。必需氨基酸含量高，特别是赖氨酸含量高达2.2%以上。蛋氨酸含量相对较少（0.56%），赖氨酸：蛋氨酸=100：25，大豆的第一限制性氨基酸是蛋氨酸。脂肪含量17%以上，可利用能值高于玉米，属高能高蛋白质饲料，脂肪酸中亚油酸和亚麻油酸高，营养价值高。含有胰蛋白酶抑制因子、植物凝集素、胃肠胀气因子、植酸、脲酶等抗营养因子。

（2）豌豆的赖氨酸含量较高，但蛋氨酸和色氨酸含量很低，不能满足猪、鸡的营养需要。生豌豆中也含有胰蛋白酶抑制因子、植物凝集素和胀气因子，不宜生喂。

（3）蚕豆的赖氨酸及精氨酸含量较高，但含硫氨基酸含量低。蚕豆中胰蛋白酶抑制因子很少甚至没有。但种皮中单宁类化合物含量较高，影响适口性和消化率，脱皮处理有利于提高其营养价值。蚕豆的营养价值低于大豆，与豌豆相似。

2. 饼粕类

油料籽实榨油的副产品。饼粕类分为以下14种：豆粕、花生粕、棉粕、菜粕、葵粕、亚麻仁粕、蓖麻粕、芝麻粕、棕榈油粕、发酵豆粕、发酵棉粕、膨化大豆粉/大豆分离蛋白、大豆浓缩蛋白。

（1）大豆饼粕是使用最广泛的饼粕类蛋白质饲料，是食用油加工企业的主要副产品。其蛋白质含量为43%；蛋氨酸相对缺乏；含赖氨酸2.7%，在饼粕类中居第一位；蛋氨酸0.6%，赖氨酸：蛋氨酸=100：22；代谢能高；适口性很好，有浓郁的豆香；矿物质中钙少磷多，磷多为植酸磷，约占总磷61%，硒含量低；生大豆饼粕含有胰蛋白酶抑制因子、植物凝血素、胃肠胀气因子、植酸束缚金属离子、脲酶、大豆抗原等抗营养因子。

（2）菜籽饼粕的蛋白质含量高，达34%~38%；粗纤维含量较高，12%~13%；有效能值低；矿物质中钙磷较高，但磷高于钙；大部分是植酸磷，植酸达2%；铁含量丰富，而其他元素含量较低；维生素含量高于豆饼；含有硫葡萄糖甙、芥酸、植酸、单宁等抗营养因子。

（3）棉籽饼粕的粗纤维含量主要取决于制油过程中棉籽脱壳程度，粗蛋白质含量较高，达34%以上；棉仁饼粕粗蛋白质可达41%~44%；矿物质中钙少磷多 其中71%

左右为植酸磷，含硒少；维生素 B_1 含量较高，维生素 A、维生素 D 含量低。含有游离棉酚、环丙烯脂肪酸、单宁和植酸等抗营养因子。

（4）花生饼中一般含有 4%~6% 的粗脂肪，高者可达 11%~12%。花生饼中的残留脂肪可供作能源，残脂容易被氧化，不利保存。

3. 酵母培养物

粗蛋白质 40%~50%，必需氨基酸的组成与豆饼近似。酵母在饲粮中用量不应超过 10%。

4. 非蛋白氮饲料（NPN）——尿素

非蛋白氮饲料包括尿素、双缩脲及其铵盐等。尿素最高不得超过饲粮总氮的 1/3；最高不得超过饲粮总干物质的 1%；最高不得超过浓缩饲料的 3%。尿素要避免与含脲酶活性高的饲料搭配使用，如生大豆粕；首次使用尿素，要有 7 d 以上的适应期。

（三）维生素饲料

维生素饲料是指由工业合成的或提纯的单一或复合维生素制品，包括脂溶性维生素饲料和水溶性维生素饲料。脂溶性维生素包括维生素 A、维生素 D、维生素 K、维生素 E 等，它们在体内的功能包括保护视力、促进骨骼发育、维持皮肤和黏膜健康、调节代谢和促进血液凝固等。水溶性维生素包括 B 族维生素和维生素 C。B 族维生素参与体内多种代谢过程，而维生素 C 则有抗氧化作用，增强免疫力，促进伤口愈合等。奶牛维生素饲料添加剂是维持奶牛正常生理功能所必需的营养物质，对奶牛的生长发育、繁殖及泌乳都起着重要的作用。在现代奶牛生产体系中，除了维生素 K（可在瘤胃合成）外，某些情况下可能需要额外补充维生素 A、维生素 D 和维生素 E，以满足奶牛的特定需求。胆碱和维生素 C 容易吸湿和破坏其他维生素，通常需要独立添加。维生素缺乏会造成不良的后果，详见表 5-36。

表 5-36 维生素的功能与缺乏后遗症

种类		功能	缺乏症
脂溶性维生素	维生素 A	对视觉、生长发育、骨骼健康、免疫功能等方面至关重要	犊牛易出现生长缓慢、失明、食欲不振、癫痫及其他神经症状、皮炎、腹泻、干眼病和肺炎。成年牛表现为失明、胃肠、神经及繁殖障碍等，并易引起流产
	维生素 D	促进钙和磷的吸收，维持血液中钙和磷的正常浓度，有利于骨骼和牙齿中钙、磷的沉积	导致犊牛软骨病，成年牛骨质疏松，消化不良，奶牛产后瘫痪等症状
	维生素 E	保护细胞膜不受自由基的损害，对肌肉功能和繁殖性能有积极影响	导致肌肉营养不良，繁殖性能下降，犊牛可能会出现行走困难等症状
	维生素 K	促进血液凝固、维持骨骼健康	影响骨骼健康，导致骨质疏松；影响生殖健康，导致繁殖障碍

第五章 饲料与日粮调配技术

(续表)

种类		功能	缺乏症
水溶性维生素	B族维生素	参与能量代谢，对神经系统功能至关重要	导致消化不良、皮炎、贫血、生长迟缓等
	维生素C	作为抗氧化剂，对缓解氧化应激、提升免疫力、促进胶原蛋白形成等	犊牛尤其容易受到影响，可能会出现皮下出血、腹泻、粪便带血等

(四) 矿物质饲料

矿物质饲料是奶牛饲料中的重要组成部分，用于补充奶牛所需的常量和微量元素，这些元素对奶牛的健康和生产性能至关重要。常量矿物质元素，包括钠、氯、钙、磷等。微量矿物质元素铁、铜、锰、锌、钴、碘、硒等。矿物质饲料添加剂的适宜应用有助于提高奶牛的生产性能，改善乳成分，促进奶牛健康。

矿物质元素缺乏会造成不良的后果，详见表5-37。

表5-37 矿物质的功能与缺乏后遗症

种类		功能	缺乏症
常量元素	钠	维持体液平衡，参与酸碱平衡和神经肌肉功能	导致食欲不振、生长迟缓、生产力下降
	镁	参与神经传导和肌肉功能，是细胞内重要的电解质	导致神经系统问题，如兴奋性增加、肌肉震颤
	钙	构成骨骼和牙齿的主要成分，参与神经传导和肌肉收缩	奶牛可能出现反应迟钝、嗜睡、后躯震颤、肢蹄软弱无力，严重时可能导致死胎和胎衣不下，产乳热
	磷	与钙共同构成骨骼和牙齿，参与能量代谢和酸碱平衡	导致骨骼易碎、关节僵直、生长迟缓，以及繁殖受损
	硫	构成某些氨基酸，对蛋白质合成至关重要	导致毛发粗糙、皮肤病变、生长迟缓
	钾	维持细胞内外液体平衡，参与神经冲动和肌肉收缩	导致肌肉无力、心率不齐、消化不良
微量元素	铁	造血必需元素	导致贫血、食欲下降、生产力下降
	铜	是多种酶的组成部分，参与铁代谢和神经系统功能	导致生长受阻、骨骼异常、毛色变淡、繁殖力下降
	锰	是骨骼和软骨形成所必需的，参与生殖和神经系统功能	导致繁殖障碍、骨骼异常、生长受阻
	锌	参与免疫功能、基因表达、细胞分裂和伤口愈合	导致皮肤病变、繁殖力下降、生长迟缓、免疫力下降

(续表)

种类		功能	缺乏症
微量元素	钴	维生素 B_{12} 的组成部分，对红细胞的生成至关重要	导致贫血、食欲下降、生产力下降
	碘	甲状腺激素的组成部分，对新陈代谢和生长发育至关重要	导致甲状腺肿大、生长发育迟缓、繁殖性能下降
	硒	抗氧化酶的组成部分，保护细胞免受氧化损伤	导致白肌病、心肌病变、繁殖障碍

(五) 其他添加剂

其他添加剂主要包括饲料级氨基酸、酶制剂等，以及为了提高饲料的营养价值和利用效率而添加的其他物质。

1. 氨基酸

氨基酸是蛋白质的基本组成单元，对奶牛的生长发育、繁殖、泌乳等都有显著影响。奶牛饲料中通常需要添加的氨基酸包括必需氨基酸和非必需氨基酸。赖氨酸是奶牛饲料中的第一限制性氨基酸，对支持奶牛的乳蛋白合成非常关键。蛋氨酸同样对奶牛乳蛋白合成至关重要，并且与生物素一起在体内参与甲基供体的代谢，对奶牛的能量代谢和脂肪酸合成都有重要作用。除了赖氨酸和蛋氨酸，其他重要的氨基酸还包括色氨酸、苯丙氨酸、苏氨酸和缬氨酸等。色氨酸是生成烟酸（维生素 B_3）的前体，而烟酸对奶牛的能量代谢和神经系统功能至关重要。在奶牛饲料添加剂中，过瘤胃氨基酸产品的应用可以帮助氨基酸更有效地通过瘤胃，到达小肠被吸收利用。这对于维持氨基酸平衡、提高奶牛的生产性能和乳品质非常重要。

2. 酶制剂

奶牛饲料中添加酶制剂是为了提高饲料的消化率和利用率，帮助奶牛更好地消化饲料中的纤维和蛋白质等成分，改善奶牛的生产性能和健康水平。酶制剂还可以改善瘤胃发酵，维持瘤胃的理化环境，对使用高精料的奶牛尤为重要。此外，酶制剂可以作为瘤胃微生物的益生元，促进瘤胃微生物的生长，提高奶牛的整体健康和生产性能。纤维素酶和木聚糖酶是常用的酶制剂，它们通过分解饲料中的纤维素和半纤维素，提高饲料的消化率，从而增加奶牛的能量摄入和产奶量。此外，β-葡聚糖酶和果胶酶也常用于奶牛饲料中，以提高饲料的营养价值和消化率。复合酶制剂比单一酶制剂更有效，如纤维素酶、木聚糖酶、β-葡聚糖酶和果胶酶的复合使用，可以显著提高泌乳奶牛对中性洗涤纤维、粗蛋白质和干物质的表观消化率，从而提高奶牛的产奶量和改善乳成分。

3. 抗氧化剂

抗氧化剂是一类重要的饲料添加剂，其可提高奶牛的抗氧化能力，保护细胞免受氧化损伤，减少氧化应激对免疫功能、奶牛健康和生产性能的负面影响。抗氧化剂包括合成抗氧化剂和天然抗氧化剂。合成抗氧化剂如乙氧基喹啉（ETH）和丁基羟基茴香醚（BHA）等，而天然抗氧化剂包括类黄酮、多酚类化合物和维生素等，它们可以从植物性饲料添加剂中获得。在实际应用中，抗氧化剂的添加量需要根据奶牛的种类、生理阶段、生产水平和饲料成分进行精确计算,以确保既不缺乏也不过量。此外,抗氧化剂的使用也需考虑到成本效益和对环境的影响。

四、奶牛精料补充料的生产

精料补充料的配方设计参见第五章第二节,或依据第五章第三节列出的推荐配方,去除粗饲料部分,按原配方的比例换算成100%进行精料补充料生产。本节以表5-38为例,针对牧场精料补充料加工和饲料厂精料补充料加工两种模式进行阐述。

表5-38 奶牛各阶段精料补充料参考配方   单位:%

原料	哺乳犊牛	断奶犊牛	育成牛	干奶牛	围产牛	泌乳牛
玉米	40	30	20	25	30	48
豆粕	22	20	22	20	22	25
棉粕	13	8	10	10	18	10
菜粕			5	10		
麸皮	7	15	18	10	10	7
玉米皮		6	7	10	5	
DDGS	8	5	8	5	5	5
豆皮		6				
小麦粉	5	5	5	5	5	
预混料	5	5	5	5	5	5
合计总量	100	100	100	100	100	100
营养指标(干物质基础)						
干物质	87.8	88.5	88.0	89.0	88.2	88.0
粗蛋白质	21.5	20.2	23.5	23.3	24.1	21.5
粗脂肪	3.3	2.6	2.8	2.6	2.6	2.9
粗灰分	6.0	6.5	7.0	6.7	6.5	5.9
淀粉	28.5	24.5	19.5	21.0	23.8	32.0
钙	0.7	0.7	1.3	1.3	1.0	1.4
磷	0.4	0.4	0.6	0.6	0.6	0.5

(一)牧场精料补充料加工

牧场精料补充料加工一般包括以下几个步骤(图5-15)。

(1)原料选择:按照奶牛饲料配方中除去粗料后剩余原料进行原料收集,且需选择优质的原料,如玉米、豆粕、麦麸、矿物质和维生素预混料等。

(2)原料除尘:使用简单的除尘方法,如振动筛或手工筛选,去除饲料原料中的大杂质、沙土及铁块,粉料中的大杂质及铁块。

(3)粉碎:粉碎工艺可能较为简单,主要利用小型粉碎机对谷物类饲料进行粉碎,

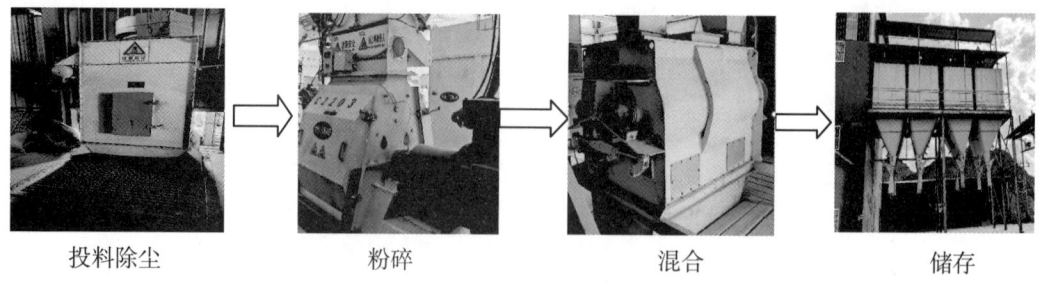

图 5-15 牧场精补料加工操作步骤图例

以增加其表面积,提高消化率。

(4) 混合:配料混合依赖于人工或者简单的机械设备,如立式混合机、卧式混合机。将称量好的原料投入混合机中混合。

(5) 储存:主要保存在料塔中,无料塔的牧场饲料应储存在干燥、通风良好的环境中,避免阳光直射和高温潮湿,以防止饲料发霉和变质。仓库的墙壁和地面应进行防潮处理,定期清理和消毒仓库,以杀灭可能存在的细菌和害虫,确保饲料的卫生和安全。遵循先进先出的原则,确保先混合的饲料先使用,以保证饲料的新鲜度和营养成分。

(二) 饲料厂精料补充料加工

饲料厂精料补充料加工一般包括以下几个步骤(图 5-16)。

(1) 原料选择:按照奶牛饲料配方中除去粗料后剩余原料进行原料收集,且需选择优质的原料,如玉米、豆粕、麦麸、矿物质和维生素预混料等。

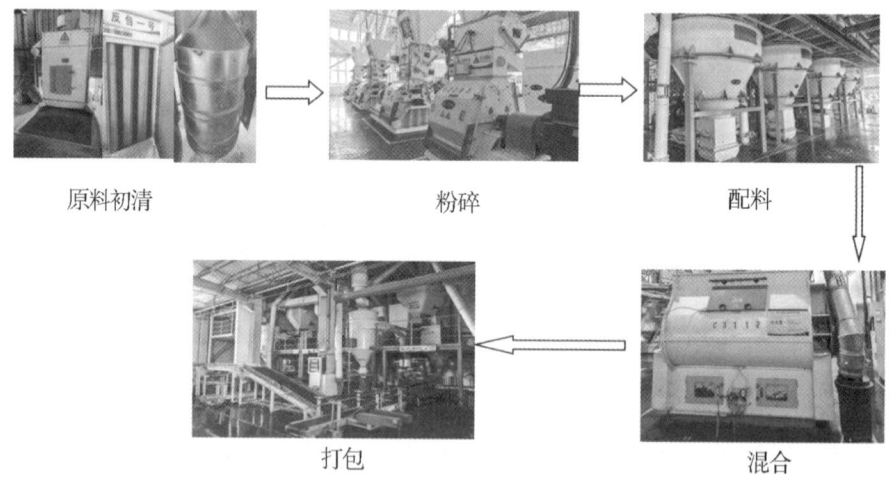

图 5-16 饲料厂精补料加工操作步骤图

(2) 原料初清:包括筒仓、车间投料口、提升机、初清筛、振动筛、永磁筒等设备。可去除饲料原料中的大杂质、沙土及铁块,粉料中的大杂质及铁块,确保饲料质量品质。

(3) 粉碎:包括粉碎仓、粉碎机、脉冲除尘、绞龙、提升机等设备,主要是将原料按照配方要求细度进行粉碎，按照配方要求细度选用孔径合适的筛片检查粉碎的粒度是否达到粉碎粒度的要求及时调整喂料速度。常用的粉碎筛片为1.0 mm、2.0 mm、3.0 mm等。

（4）配料：设备为配料秤，配料精度需要达到≤0.3%，主要是按照配方所需原料排列顺序称重，达到和配方一致的数量，确保质量品质。

（5）混合：混合机根据大小的不同，每批混合1 000~3 000 kg，混合机混合的变异系数标准为cv≤7%，混合时间需要进行混合试机，时间基本为90~150 s，达到物料混合均匀。

（6）油脂添加：加油系统包括油泵、输油管、储油罐、电子加油控制箱，电子加油系统准确计量称重。通过油泵把油脂进行雾化，均匀地喷洒在料中，达到添加均匀的效果。

（7）计量、打包：设备包括成品仓、定量自动打包机、封口机、输送带等设备。按照标准称量打包。打包秤采用自动定量包装秤，分度值0.01 kg；先校准归零称量工具，按照包装袋标注的重量分装产品，分装过程中严格控制杂质污染，包括检验包装袋的卫生；封口过程中避免洒落，确保重量符合要求；打包封口过程中，接包人员应定期对接包的重量进行复核一次，每一批次抽查一个样品送化验室。

（8）防交叉污染措施：按照同类品种集中生产安排生产计划。盛放各原料及中间产品的器具或者包装物必须执行"专桶专用、专袋专用"并在盛放器具和包装物上明确标识。配料称量现场应保持清洁卫生，称量不同品种的原料，更换品种时应对小料称进行卫生清理；小料经预混合后，小料分装使用的袋子应做到分品种使用；原料投料转运过程中，应对小料进行明确的挂卡标识。

五、精料补充料饲喂注意事项

（1）确保精料补充料与干草、青饲料和青贮饲料等粗饲料搭配合理，合理饲喂量，满足奶牛的营养需求。

（2）根据奶牛的体重、产奶量、乳成分、生理阶段和活动水平调整饲喂量。

（3）更换饲料时，应逐渐过渡，避免突然改变饲料组成而造成的奶牛消化紊乱。

（4）密切观察奶牛的采食行为、产奶量和健康状况，记录每批精料补充料的饲喂量、奶牛的生产性能、牛奶的乳脂和乳蛋白含量，评估精料补充料的饲喂效果，及时调整饲料配方及饲喂计划。

（5）根据季节变化、奶牛健康状况和生产性能，适时调整精料补充料的配方和饲喂量。

第五节　全混合日粮生产技术

全混合日粮（Total Mixed Ration，TMR）生产技术是以奶牛某一阶段日粮配方为依据，将粗饲料、精饲料、矿物质、维生素和其他添加剂按照一定的比例混合，制作成营养均衡的日粮生产技术。它可以保证奶牛采食的每一口饲料都是均一的、营养均衡的，其是现代奶牛养殖业中提高效率和质量的重要手段。

一、TMR 饲喂特点

（一）保证饲粮全价性

TMR 技术的优势是能够准确控制奶牛日粮中精饲料与粗饲料的饲喂比例，使奶牛采食每一口都是营养全价的日粮，能够更精确地调控日粮营养水平，避免奶牛由于精饲料和粗饲料单独饲喂而造成精饲料采食过多，粗饲料采食不足，进而导致瘤胃机能障碍。

（二）改良饲粮适口性

TMR 技术通过改变饲粮的物理形态（如切割、粉碎等），控制饲粮水分（40%～55%范围内），便于奶牛咀嚼和消化，同时保持足够的纤维含量刺激瘤胃蠕动，避免瘤胃机能障碍；适当添加调味剂（如糖蜜、甜菜浆等），改善饲粮风味；对于适口性不佳但价格低廉的饲料或工业副产品，可通过 TMR 技术与玉米青贮等混合而得以改善，并降低了饲养成本。

1. 提高奶牛生产性能

TMR 技术通过调整饲粮配方，确保不同生理阶段奶牛均可摄入均衡的营养物质。稳定的营养状态，可提高奶牛产奶量以及牛奶中的乳脂率和乳蛋白含量，且在优良 TMR 机械的充分混匀条件下，排除奶牛对某一饲料的挑食，最大限度地利用最低成本的饲粮配方。

2. 提高奶牛健康水平

TMR 技术将粗饲料、精料、矿物质、维生素和其他添加剂等混合均匀，被奶牛统一采食后，减少瘤胃 pH 值波动，维持瘤胃内环境的稳态，预防营养代谢紊乱，减少真胃移位、酮血症和酸中毒等营养代谢病的发生。

3. 提高奶牛经济效益

TMR 技术简化了饲养程序，便于实现饲喂机械化、自动化，与规模化、散栏饲养方式的现代奶牛生产相适应，并通过减少饲料浪费和提高饲料转化率，降低奶牛养殖的总体成本，达到提高奶牛经济效益的作用。

（三）TMR 加工调制

TMR 加工调制一般包括 TMR 配方确定、原料准备、原料装填、水分调控、原料搅拌和 TMR 投喂等 6 个步骤（图 5-17）。

1. TMR 配方确定

为了科学配制 TMR，首先对奶牛进行分群，根据牛群和饲养标准确定 TMR 营养指标。对于大型奶牛场，可根据泌乳阶段将母牛分成早期、中期、后期、干奶期、围产期牛群。中小型奶牛场，可根据产奶量分为高产、低产和干奶牛群。配方师根据牛群、饲料原料种类及营养成分调制不同阶段的日粮配方，供 TMR 加工。

2. 原料准备

选择优质高产的地域性饲料原料，建立每批次饲料原料进场检测机制，根据检测结

第五章 饲料与日粮调配技术

原料准备 → 原料装填 → 水分调控 → 原料搅拌 → TMR投喂

注意事项：原料是否发霉、搅拌时是否有死角、搅龙是否锋利、加水管是否超过搅拌车的2/3

图 5-17 TMR 加工调制流程

果设计日粮配方，使 TMR 配方营养成分含量最大限度接近奶牛理论营养需要量。TMR 原料选择应基于地域资源、产量稳定、营养价值高且无副作用的优质饲草料。选用原料须避免霉变、适口性差的饲料原料。牧场自配精料补充料的，可以提前混合好备用。

3. 原料装填

TMR 原料装填前应清除原料中的杂物（如包装绳、塑料布和金属等），防止奶牛吞食异物引发疾病；应粉碎粗料和精料，保证 TMR 中精粗饲料混合均匀。投料员投料操作误差应控制在 5% 以内，装填顺序为"先干后湿，先粗后精，先轻后重"。通常顺序为"干草类—粉状干草类—全棉籽/压片玉米/甜菜颗粒—草贮—湿的原料和副产品—玉米青贮—液态饲料（糖蜜、水）"。取料时需保证青贮饲料截面的整齐，杜绝发霉变质的原料进入 TMR 搅拌车内；投料时铲车需缓慢抖动，避免将大块饲草料直接投入 TMR 车中，影响 TMR 搅拌机械的正常运转，导致饲料混合不均匀。

4. 水分调控

TMR 含水量应控制在 45%～50% 的范围，确保奶牛干物质采食量达到最佳水平。TMR 太干，精粗饲料易出现混合均匀度差的问题，影响奶牛的采食；TMR 太湿，则易导致饲料抱团，影响营养均一性和干物质采食量，增加瘤胃酸中毒的风险。TMR 制作过程中加水，要根据青贮饲料和部分高水分原料的含水量随时调整。添加水分时应注意对加水管的长度和宽度，需达到 TMR 车的 2/3；注意搅拌车是否水平，防止出现单点加水的问题。同时，避免 TMR 死角出现发霉腐败的情况。

5. 原料搅拌

原料开始装填时就启动搅拌机，其中以原料出现"火山喷发"效应为最佳，直到所有原料添加完毕后再继续搅拌 4~8 min，确保饲料混合均匀。搅拌时间应根据饲料种类和搅拌机的类型进行调整，TMR 投料员要观察每车 TMR 的搅拌情况，达到标准后方可投喂。搅拌过程应注意绞龙是否有死角；定期检查和维护绞龙、提料板和刀片，确保其正常运行。

6. TMR 投喂

投喂新料前清理料槽，并在奶牛挤奶结束返回前，将 TMR 均匀投送到食槽中，确保每头奶牛有足够的采食空间。投料时要严格按照投料监控单数据均匀投料，严禁将饲料投到颈枷坎墙或牛舍内。

（四）TMR 质量评价

TMR 质量评价一般包括感官评定、粒度评定（宾州筛法）、营养成分评定、饲喂效果评定（包括采食情况、反刍情况、奶牛体况和粪筛法评定等）。

1. 感官评定

随机从奶牛饲槽中取出部分日粮，通过色泽、温度、松散度及味道进行感官评价，优质的 TMR：精料能够均匀附着在粗料的表面，松散不分离，色泽均匀，粗饲料长度一致，新鲜不发热，无异味，不结块。

2. 粒度评定

TMR 粒度评定是确保奶牛日粮质量的重要环节，目前主要使用宾州筛来评估饲料颗粒的大小和分布。宾州筛是由三个叠加式的筛子和一个底盘组成的，用于评估粗饲料和 TMR 粒度分布的工具（图 5-18）。其主要评估 peNDF 的含量和日粮的粒度分布，判定结果用于调整奶牛不同阶段饲粮配方和搅拌工艺。

图 5-18 宾州筛分析奶牛日粮（夏建民供图）

(1）宾州筛筛选出各层饲料的作用。

第一筛层（19 mm）：筛留粒径较大的苜蓿、麦草、青贮等长纤维粗饲料，该层饲料长度都大于 19 mm，无法被奶牛瘤胃快速降解，其有促进反刍的物理有效纤维为 100%，需要持续不断地反刍才能消化，并且大量的唾液在奶牛不断反刍的过程中产生，可帮助瘤胃维持 pH 稳定。

第二筛层（8 mm）：筛留颗粒较小的粗饲料，该层饲料长度在 8~19 mm，其对促进反刍的物理有效纤维就要比 19 mm 以上的低一点，但是对瘤胃形成食糜团，有较大的刺激反刍作用，可被瘤胃中快速地降解并被微生物分解利用。

第三筛层（4 mm）：该层饲料为进一步切短后的苜蓿、麦草、青贮以及破碎玉米等长度在 4~8 mm 的物质，4 mm 为物理有效纤维的临界值，因此这一层对于瘤胃的缓冲体系建立有重要作用。

第四筛层（筛底）：用于收集那些小于 4 mm 的精料以及青贮中破碎的玉米等物质或者青贮和苜蓿叶搅拌成粉等物质。这些细小的饲料颗粒易于消化，但它们对瘤胃起不到的物理刺激作用。

（2）宾州筛法评估。

在日粮投放后奶牛未采食之前分多点取样，每栏牛舍至少均匀地取 6 个点，每个点取 400~500 g，采样时手心向上，手指不能分开，不能抖。6 个点样品混合后按四分法采样 400~500 g 放入宾州筛最上层筛。将手放置于宾州筛第 2 或 3 层带突出的边缘处，水平摇，不要垂直抖动；摇一下 17 cm 远，频率 1.1 Hz；每摇 2 下（水平前后摇一个来回为一下），转 90°；以上操作共重复 7 次，总共摇动 40 次；摇动完成后，将每层筛子上的饲料颗粒收集起来，分别称重，计算每层占总重量的百分比，并填写记录。数值用于分析和评估日粮的 peNDF 含量。

（3）宾州筛检测结果分析

不同阶段奶牛宾州筛各层日粮含量推荐值见表 5-39。如未达标，对照分析如下：

第一筛层结果分析：过高造成日粮精粗分离、奶牛挑食、长干草剩余，有效采食量降低。可能由于：①长纤维粗饲料可能添加过量；②TMR 搅拌时间不够。过低导致不能有效刺激反刍，反刍时间缩短，产生唾液量减少，瘤胃 pH 降低导致代谢病、肢蹄病、低乳脂率；瘤胃排空加快，粗料的消化率降低。可能由于：①长纤维粗饲料可能添加不够；②TMR 搅拌时间过长。

第二筛层结果分析：过高可能由于青贮类物质可能添加过多，奶牛挑食，粪便状况不稳定。过低可能由于：①TMR 过度搅拌原因；②日粮中谷物及蛋白类添加过大。

第三筛层结果分析：偏高时可能由于 TMR 过度搅拌。偏低时可能由于 TMR 中粗饲料比例太高，搅拌不充分。

底层结果分析：过高可能由于：①搅拌时间可能过长；②精料添加可能过量。偏低可能由于：①精料添加不足；②粗饲料添加量大且搅拌不足。

表 5-39 不同阶段奶牛日粮宾州筛各层日粮含量推荐   单位：%

筛层	宾州筛孔径	新产牛	高产牛	中低产牛	干奶牛	围产牛	青年牛
一层	>19 mm	2~8	3~5	2~8	10~20	10~15	10~20
二层	8~19 mm	30~50	40~45	35~50	30~50	30~50	30~50
三层	4~8 mm	10~20	10~20	10~20	10~20	10~20	10~20
底层	<4 mm	30~40	30~40	30~40	<20	<20	<20

3. 奶牛粪便状况的评定

奶牛粪便状况的评定是检测TMR的搅拌工艺和消化情况的另一种评价手段。奶牛粪便状况评价分为粪便形态评估、粪便的恶臭强度评估和消化分析筛（粪筛）评估。

（1）粪便形态评估。成年奶牛一天排粪8~12次，排粪量为20~35 kg，在采食和瘤胃消化正常的情况下，奶牛排出的粪便黏稠，落地有"扑通"声，落地后的粪便呈叠饼状，中间有一较小的凹陷。奶牛粪便形态及原因分析见表5-40和图5-19。如果奶牛排出稀粪，可能是由于日粮中含有过多的精饲料以及糟渣类饲料，缺乏长的干草和有效中性洗涤纤维；如果排出的粪便过于干燥，厚度过大，呈坚硬的粪球状，则可能干草饲喂过多，食入劣质的粗饲料过多，或精饲料饲喂量小。如果出现以上情况，要及时请兽医诊治，同时立即纠正不合理的日粮配置。

表 5-40 粪便形态评分标准

级别	形态描述	原因
1	粪很稀，像豌豆汤，呈弧形下落	食入过多蛋白质、青贮、淀粉、矿物质或缺乏有效中性洗涤纤维
2	粪软，没有固定形状，能流动，厚度小于2.0 cm，没有固定形状，周围有散点	缺乏有效中性洗涤纤维，精饲料、青贮和多汁饲料喂量大
3	粪呈较细的扁状，中间有较小的凹陷，厚度在2~5.0 cm	日粮精粗比例合适
4	粪干、厚度大于5~7.5 cm，半成型的圆片状	食入质量低的饲料，纤维含量高，精饲料量低或蛋白质缺乏
5	粪很干，呈粪球状，超过7.5 cm高	日粮基本以低质粗饲料为主

（2）粪便的恶臭强度评估。饲料在胃肠消化过程中，因微生物分解而产生臭气，同时未被消化的养分排出体外后又被微生物分解产生更多的臭气，因此好的日粮应该有较高的消化率，特别是较高的蛋白质消化率，从而减轻粪便的臭味。粪便的恶臭强度也可间接反映日粮的消化率，粪便的恶臭强度评分等级见表5-41。

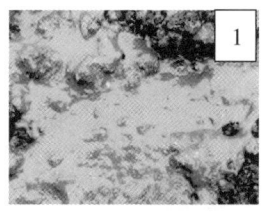
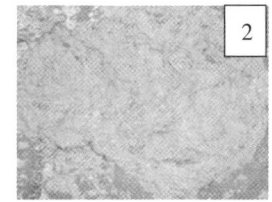

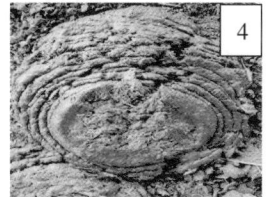

图 5-19　奶牛不同形态粪便（杨春，2019）

表 5-41　粪便的恶臭强度等级标准

级别	强度	说明
0	无	无任何臭味
1	微弱	一般人难以感觉，但嗅觉灵敏的人可以觉察到
2	弱	一般人很难感觉
3	明显	能明显感觉到
4	强	有很显著的臭味
5	很强	有强烈的臭味

（3）消化分析筛（粪筛）评估。粪便检查能提供很多饲料消化过程和消化部位的信息，能够判定奶牛瘤胃和肠道的状况。消化分析筛（粪筛）是由两个叠加式的筛子和一个底盘组成的，用于分析奶牛日粮的消化率和奶牛的瘤胃健康状况的简便、有效的工具（图 5-20）。通过粪便检查结果，改进日粮结构，使奶牛粪便正常，进一步提高饲料的利用率和提高产奶量。

①粪筛各层的作用。

粪筛第一层：孔径大小为 4.8 mm，这一层上残留的物质多少就能反映出瘤胃将宾州筛上三层物质由大颗粒向小颗粒消化能力强弱，消化能力强，在这一层的物质就少；消化能力差，留在这一层的物质就多。这一层理想值<10%，上层标准一般<20%，低产可以降为<15%（表 5-42）。

粪筛第二层：孔径大小为 2.4 mm，这一层的残留物长度为 2.4~4.8 mm，这一块就可以反映出精料的品质，可降解蛋白、瘤胃内可发酵非纤维碳水化合物（NFC），可降解脂肪添加量的问题，是否存在酸中毒现象。这一层理想值<20%，实际生产过程中高产、新产这一层可以设置为<30%，低产<25%。

粪筛底层：孔径大小为 1.6 mm，这一层残留物长度为 1.6~2.4 mm，这一层的理

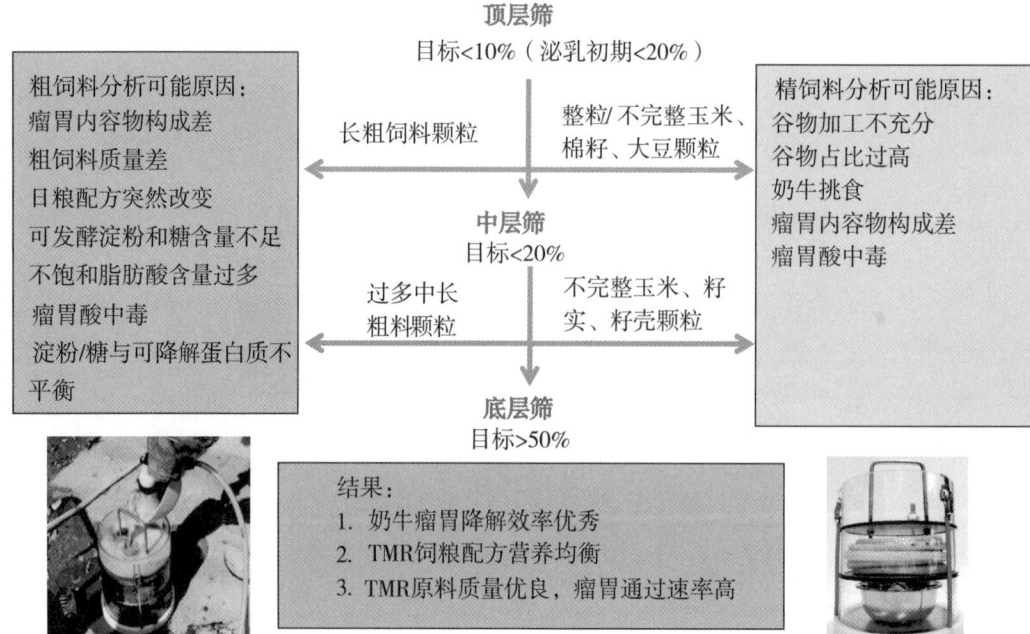

图 5-20 粪样成分分析结果参考图

想值>70%。

表 5-42 不同阶段奶牛粪筛残留物含量推荐　　　　　　　　　　　　　　　　单位：%

筛层	粪筛孔径	新产或泌乳前期	泌乳中期	泌乳后期	干奶牛	围产牛	青年牛
一层	4.8 mm	<20	<15	<15	<20	<20	<15
二层	2.4 mm	<30	<30	<25	<20	<20	<20
底层	1.6 mm	>50	>55	>60	>60	>60	>65

②粪筛法评估。

消化分析筛（粪筛）分析时只采集新鲜粪便，不要沾染饲料或牛栏中的垫草，采集的样本要达到牛栏中至少10%的牛，采集全部种类的粪便。平衡稀、厚粪的比例，确保质地均匀。采样步骤：a. 对所要监测的牛群分别取样：每群100~150头，取10~15头牛粪样，每个取样2 L；b. 对放入筛中的粪便冲洗（淋浴状态）；c. 冲洗完后，以第一层体积为标准，呈扇形面积，放置半个小时后，称重，并做好记录，如日期、筛检人、牛群、筛上物比例、拍照；d. 根据筛上物颗粒种类判断出结果，从而对发现问题改善措施。

③消化分析筛（粪筛）结果分析。

粪筛第一层结果分析：在分析这一层的物质时，首先将上面的未被消化完的大颗粒

(如全棉籽、完整玉米粒等）挑选出来并拍照记录数量。全棉籽的数量较多（>30 颗），其造成的原因：a. 全棉籽的添加量可能偏大；b. 全棉籽存在质量问题；c. 能量提供不足。玉米过多可能原因：a. 青贮饲料添加量可能过大；b. 青贮原料在收割过程中未破碎的玉米可能较多，且干物质含量较高。长纤维在第一层比例过多的原因：a. 粗饲料质量可能不佳；b. 突然配方调整；c. 搅拌过细，纤维悬浮层形成不佳，瘤胃通过率太高；d. 能量提供不足。

粪筛第二层结果分析：出现过多的中纤维颗粒可能原因：a. 粗饲料质量不佳；b. 提供的可降解蛋白以及瘤胃内可发酵 NFC 提供不足；c. 瘤胃酸中毒。出现较多的谷物颗粒物可能原因：a. 精料的粉碎粒度未达标；b. 精料质量有问题；c. 精料饲喂过量；d. 瘤胃酸中毒。

粪筛底层结果分析：这一层的理想值>70%。这一层比例过低的原因就是上层/中层残留物过多的原因。

宾州筛和粪筛是检测 TMR 的搅拌工艺和消化情况的工具，两者必须协同合作，宾州筛检测出的数据应该与粪筛的数据存在因果关系，一般情况下，TMR 做得好，宾州筛数据满足推荐值，粪筛上的结果也就应该满足推荐值。如果两者数据分析出现矛盾可能的原因：a. 采样是否具有群体代表性；b. 宾州筛粪筛操作是否规范；c. 饲草原料是否新鲜；d. 配方是否存在问题等。

4. 营养成分评定

每周定期对 TMR 进行抽检采样分析。将实验室检测的实际 TMR 各营养成分含量与 TMR 理论各营养成分含量进行对比，实际与理论两者之间的营养成分含量的误差干物质±2%、粗蛋白质±1%、粗脂肪±0.5%、中性洗涤纤维±3%、酸性洗涤纤维±2%、粗灰分±0.5%。做好 TMR 饲养技术工作的基础是确保 TMR 在组成原料的营养成分含量实现科学合理配比。

5. 饲喂效果评定

（1）奶牛采食情况的评定。合理的 TMR 可刺激奶牛的食欲，从而保证奶牛每天的干物质采食量。所以通过奶牛采食的积极程度、实际的采食量测定以及饲槽剩料情况对 TMR 的使用效果进行综合评估。通过饲喂记录，可以看出奶牛采食量稳定，它的采食量变动范围应该在 1~2 kg，每天剩料量在 3%~5%。实际配置的 TMR 和每群奶牛每天实际采食的 TMR 变异很小，如果剩料量过大就需要分析剩料原因。

评价奶牛采食情况的方法有饲槽评分和瘤胃充盈度评分。

饲槽评分。主要检测饲料供应量和奶牛采食行为是否合适。每次清槽前对饲槽上的剩料进行评分。①1 分，饲槽上无剩料。②2 分，剩料在饲槽不同区域分布不均匀，或剩料量少于投料量的 5%，且剩料多为无法采食的秸秆和玉米芯等。③3 分，剩料在饲槽不同区域分布基本均匀，为投料量的 5%~10%。剩料均在饲槽 70 cm 以内，剩料与投料在物理性状上基本一致。④4 分，食槽上饲料的最大厚度为 5~10 cm，或剩料多集中于饲喂线 70 cm 外。⑤5 分，食槽中饲料的最大厚度超过 10 cm。饲槽评分以 3 分为宜。分数过低，表明奶牛饥饿，应每 5 天增加 5%投料量，直到评分达到 3 分为止；分数过高，表明饲料堆积，应检查原料适口性（贮存时间长、变质、发霉）、含水率（青贮和啤酒糟)、卸料均匀度和推料次数，排除上述问题后，应每 5 天降低投料量 3%，直到评分为 3 分为止。

瘤胃充盈度评分。能够间接评价奶牛的采食情况，反映瘤胃的健康状况。瘤胃位于牛体左侧，从牛体后面观察左侧腹部，可以评价瘤胃充盈度。瘤胃充盈度评分参考表 5-43。

表 5-43 奶牛瘤胃充盈度评分（Zaaijer 等，2001）

评分	细节描述	图例
1 分	左侧腹部深陷，腰椎骨以下皮肤向内弯曲，从腰角处开始皮肤皱褶垂直向下，最后一节肋骨后肷窝大于一掌宽。从侧面观察，腹部这部分呈直角。表明采食过少或没有采食。	
2 分	腰椎骨以下皮肤向内弯曲，从腰角至最后一节肋骨处开始皮肤皱褶呈对角线，最后一节肋骨后肷窝一掌宽。从侧面观察，腹部这部分成三角形。常见于产后第一周的母牛。如为泌乳后期，表明采食量不足或饲料流通速率过快。	
3 分	腰椎骨以下皮肤向下呈直角弯曲一掌宽，然后向外弯曲。从腰角处开始皮肤皱褶不明显。最后一节肋骨后肷窝可见。表明采食量充足，且饲料在瘤胃中停留时间适宜。	
4 分	腰椎骨以下皮肤向外弯曲，最后一节肋骨后肷窝不明显。适于泌乳后期牛和干奶牛。	
5 分	腰椎骨不明显，瘤胃被充满。整个腹部皮肤紧绷，看不见腹部和肋骨的过渡。干奶牛的适宜评分。	

（2）奶牛生产性能情况的评定。奶牛的生产性能包括产奶量、乳脂率和乳蛋白率等指标，TMR 配制的依据之一就是奶牛的生产性能，所以在奶牛采食了配制好的 TMR 以后，通过生产性能测定（DHI）结果，就能监测 TMR 使用效果。

(3) 奶牛反刍情况的评定。通常情况下，奶牛采食 0.5~1.0 h 以后便开始反刍，每天反刍 6~8 次，每次持续 40~50 min，因此奶牛每天大约有 7 h 在进行反刍活动。奶牛在反刍活动中，每千克干物质可以产生 6~8 kg 的唾液，一头采食 23 kg 干物质的奶牛，每天产生的唾液量为 160~180 L。食团通过逆呕返回口中，不停咀嚼，每个食团咀嚼 20~60 s 后再次下咽。如果一个奶牛群，卧下的奶牛中有超过 50% 的在反刍，说明 TMR 铡切长度和饲养管理正常。只有很少甚至没有奶牛进行反刍，可能是铡切过短或者是发生了酸中毒。另外还可以根据观察反刍次数、咀嚼时间来分析 TMR 中精粗比是否合适。如果反刍次数或者咀嚼时间减少，每千克干物质的咀嚼时间低于 30 min，则说明日粮中精料所占的比例偏高或饲料物理有效纤维含量不足。

(4) 奶牛体况的评定。体况评分即评定母牛的膘情。主要依据是臀部和尾根脂肪的多少，除了对这两个部位重点观察外，还应从侧面观察背腰的皮下脂肪情况。评定时让牛只自然站立，观察并触摸尾根、臀部、背腰等部位，判定皮下脂肪的多寡，进行评分。奶牛的体况评分一般为 5 分制，牛的体况（膘情）随分数升高而升高。

定期评定泌乳母牛和育成牛的体况，可以及时发现饲养管理不当的问题，对奶牛的日粮做出及时的调整。泌乳母牛可在产犊后 2 个月内、泌乳中期和泌乳末期各评定一次。如要检查干奶期饲养管理的效果，还应在产犊时进行体况评定。育成牛应至少在 6 月龄、配种前和产犊前两个月各评定一次。6 月龄体况评定的目的是避免牛只生长过快或过慢，两种情况均影响乳腺的发育。配种前体况评定是为了使育成牛在配种时处于良好的体况，以提高初配的受胎率。产犊前两个月的评定是为了减少难产和产后代谢病的发生（表 5-44）。

表 5-44 奶牛各时期适宜的体况评分

牛类别	评定时间	体况评分
成乳牛	产犊	3.0~3.75
	泌乳高峰（产后 21~60 d）	2.5~3.0
	泌乳中期（90~120 d）	2.5~3.5
	泌乳后期（干奶前 60~100 d）	3.0~3.75
	干奶时	3.5~3.75
后备牛	6 月龄	2.5~3.0
	第一次配种	3.0~3.5
	产犊	3.0~4.0

各关键时期体况评分过高或过低，都会严重地影响奶牛的泌乳或繁殖性能，从而影响经济效益，其产生的原因、造成的后果及预防措施如表 5-45 所示。

表 5-45　各关键时期过高或过低体况评分的原因、产生的后果和预防措施

阶段	评分	原因	后果	措施
产犊	>3.75	1. 干奶期脂肪沉积过多； 2. 干奶时体况过肥； 3. 干奶期太长。	1. 食欲差； 2. 乳热症发病率高； 3. 亚临床或临床性酮病发病率高； 4. 脂肪肝发病率高； 5. 胎衣滞留发病率高； 6. 潜在产奶性能不能充分发挥。	1. 降低干奶期日粮能量水平； 2. 降低泌乳后期日粮能量水平； 3. 将干奶时间限为 60 d。
	<3.0	1. 干奶期掉膘； 2. 在干奶时体况过瘦。	1. 体况过瘦意味着在营养不足时可动用的体脂储存不足； 2. 乳蛋白率可能会降低。	1. 增加日粮能量和（或）蛋白水平； 2. 提高泌乳后期日粮能量水平。
泌乳高峰期	>3.0	产奶量潜力未发挥。	影响产奶量。	提高日粮蛋白水平。
	<2.0	1. 在产犊时奶牛太瘦； 2. 在泌乳早期失重过多。	1. 不能达到潜在产奶高峰； 2. 第一次配种受胎率低。	1. 检查奶牛进食量和饲养措施； 2. 提高日粮能量水平。
泌乳中期	>3.5	1. 产奶量低； 2. 饲养高能日粮时间太长； 3. 易见于采用全混合日粮方式饲喂的未分群牧场。	1. 进入泌乳后期可能会太肥； 2. 下一胎次酮病及脂肪肝发病率高。	1. 降低日粮能量水平或采用泌乳后期日粮； 2. 检查日粮蛋白质水平； 3. 提早将牛转至低产牛群饲养。
	<2.5	泌乳早期失去的体况未能及时得以恢复。	影响产奶和繁殖性能。	提高日粮能量水平或按泌乳早期能量水平进行饲养，避免过早降低日粮能量浓度。
泌乳后期	>4.0	日粮中精饲料过多，能量水平太高。	1. 干奶及产犊时过肥； 2. 难产率高； 3. 下一胎次的泌乳早期食欲差，掉膘快； 4. 下一胎次酮病及脂肪肝发病率高； 5. 下一胎次繁殖率低。	1. 减少精饲料比例，降低日粮能量水平； 2. 减少日粮干物质进食量。
	<3.0	1. 泌乳中期日粮能量水平偏低； 2. 泌乳早期奶牛失重过多。	1. 长期营养不良； 2. 产奶量低，牛奶质量差。	1. 检查日粮中能量、蛋白是否平衡； 2. 提高泌乳中期日粮能量水平。
干奶期	>4.0	1. 泌乳后期日粮能量水平过高； 2. 未能及时配种。	由于储存在骨盆内的脂肪会堵塞产道，难产率高。	1. 调整泌乳后期日粮能量水平； 2. 考虑淘汰； 3. 如已出现脂肪肝，应在干奶期减少能量摄入。
	<3.0	泌乳后期未能达到理想体况。	产犊时体况差，为维持产奶及牛奶质量，动用了过多的体脂储存。	1. 提高泌乳后期日粮能量水平； 2. 提高干奶期日粮能量水平。

二、TMR 饲喂及剩料处理流程

（1）剩料清理：每次投喂后及时清理剩料，避免 TMR 变质和滋生细菌。

（2）剩料评估：定期评估剩料的品质，包括使用宾州筛分析剩料的粒度分布，与新鲜 TMR 进行营养成分的对比，确保 TMR 整体的品质。

（3）剩料利用：根据剩料的品质与营养成分，考虑将其用于其他牛群，如后备牛或低产牛，但避免用于新产牛和高产牛。

（4）剩料记录：记录牛群每日剩料量及剩料中各成分的比例，及时调整饲粮配方，用于增加牛场的经济效益。

（5）剩料分析：分析剩料产生的原因，是否由于饲料配方不当、饲料制作不均匀或奶牛健康问题导致，并及时根据剩料情况调整下一批 TMR 的配方。

（6）剩料管理：对于连续产生过量剩料的牛群，应检查其健康和生产性能，分析剩料产生的原因，并调整饲料配方或饲喂策略，避免牛群减产，剩料量应在 1%~3% 范围内。

第六节　颗粒饲料生产技术

颗粒饲料生产技术是现代养殖业中提高饲料利用率、降低成本、方便储存和喂养的重要手段。在肉牛肉羊养殖中，颗粒饲料已成为改善饲料适口性、保障日粮营养均衡、提高平均日增重、降低料肉比、降低饲料投入成本、节省人工和提高经济效益的有效手段。奶牛养殖中，颗粒饲料已成为提高瘤胃内丙酸含量，维持瘤胃内环境稳定，促进犊牛瘤胃发育和平均日增重的有效手段。未来，颗粒饲料因其可实现饲料原料来源多元化、改善适口性、保障日粮营养均衡和降低饲料投入成本等优势，必将部分或全部替代奶牛 TMR。

一、颗粒饲料的优点

（1）同 TMR 生产技术所需的饲料原料相同，颗粒饲料生产技术也是将粗饲料、能量饲料、蛋白饲料、矿物质饲料、维生素饲料及其他添加剂类饲料等饲料原料混合均匀，经制粒机压制成颗粒状的饲料。与粉状饲料相比，颗粒饲料具有多方面的优点：

（2）降低饲料投入成本，让低质秸秆饲料进入日粮，饲料原料来源多元化。

（3）改善饲料适口性，提升饲料利用率，降低饲料隐性浪费。

（4）颗制粒过程中，淀粉糊化，蛋白质结构改变，有助于提高饲料在动物消化道中的消化率。

（5）制粒过程产生的高温高压，可以杀死饲料原料中的病原体和寄生虫，降低疾病传播风险，降低了奶牛发病概率。

（6）饲料原料搭配组合，动物不能挑食，减少养分分离，采食日粮营养均衡全面。

（7）缩短动物采食时间，增加奶牛采食量，提高生产性能（如日增重）。

（8）颗粒饲料可以自动化饲喂，减少人工投入，提高养殖效率。

(9) 改善饲料的储运特性,便于储存和运输。

二、颗粒饲料加工调制

颗粒饲料加工通常包括原料粉碎、小料预混合、混合、调质与制粒、冷却干燥、包装与质量检测等步骤(图5-21)。

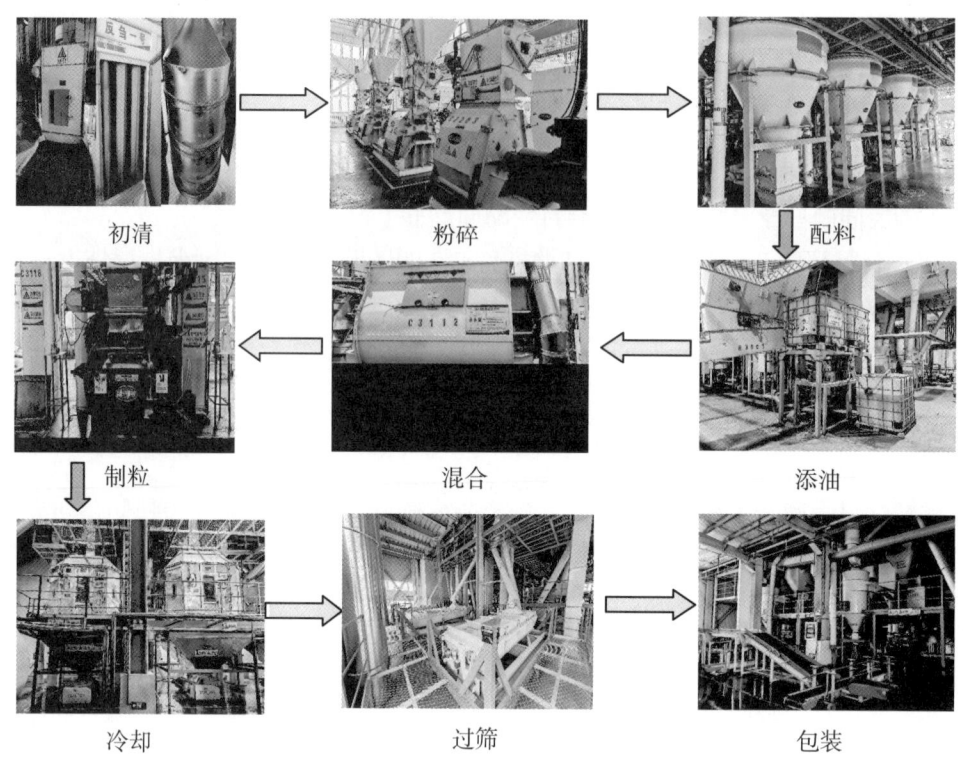

图 5-21 颗粒料生产操作步骤

(一) 原料粉碎

对于颗粒饲料来讲,粉碎粒度越碎,黏合度越高,易于制粒,但物理有效纤维含量会降低,在秸秆配合饲料制粒过程中,粗饲料可用 16~20 mm 孔径筛网粉碎。谷物饲料制粒前需粉碎,麸皮、豆粕、菜籽粕、葵粕等无须粉碎进入制粒机制粒。犊牛开食料制粒时,玉米等饲料原料过 1~2 mm 筛网粉碎,断奶犊牛颗粒料制粒时,玉米等饲料原料过 2~3 mm 筛网粉碎。

(二) 预混合

将小苏打、石粉、食盐、预混料等量比较少的饲料原料,按照日粮配方(每批次搅拌机的最大容量)称好与麸皮等进行等量混合、逐级放大,用于配制全价配合饲料。

(三) 混合

按组分量从大到小的原则,先加秸秆等粗饲料,其次加玉米、棉粕、豆粕等精料,最后加预混合的小料进入混合机混合均匀。总量应按混合机容量的 60%~80% 计量入仓。

(四) 调质与制粒

从混合机械由传输带将混合好的饲料传输到制粒机的过程中可通过加水调质,小型的平模制粒机制粒过程中需水量较高,需加水 8%~12%调节至 22%左右;大型环膜制粒机可在搅拌机中可加水 4%~5%进行调节至 17%左右,或通过调质器用蒸汽调节水分含量至 15%~18%,蒸汽气压大小根据配合饲料进料量和速度以及饲料品质有关,通蒸汽时,蒸汽压力为 0.3~0.4 Mpa。在实际操作中,需根据颗粒机造粒情况来及时调整进料速度和加水量或蒸汽气压,最终制粒出软硬适度的颗粒饲料。犊牛开食料、断奶犊牛颗粒料和奶牛颗粒料的直径推荐 4 mm、6 mm 或 8 mm 和 10 mm 或 12 mm。

(五) 冷却干燥

制好颗粒饲料随传输带进入冷风干燥箱,由温度 80~110℃、水分 12%~17%甚至更高,下降到不超出室温的 5~10℃、水分 14%以下。如没有冷风干燥箱,需将其铺撒到水泥地进行晾晒,使其水分降至 14%以下可以较久保存。

(六) 包装与质量检测

颗粒料降温干燥后,经筛分机除去粉料和不合格的颗粒。合格的颗粒料进入成品缓存仓进行包装。包装应当符合国家有关安全、卫生的规定,并且包装上必须附有标签。自用的颗粒料可以采用吨袋包装。包装完成后,品管部门要对每批次样品进行质量检验,除符合饲料卫生标准 GB 13078—2017 外,颗粒饲料的粉化率≤10%、含粉率≤10%、成品水分≤14%。每批次样品留样保持时间应当超过产品保质期 1 个月。

三、颗粒饲料饲喂注意事项

(1) 为避免因配合颗粒饲料中粗饲料粉碎太细而造成的瘤胃酸中毒,一是控制精粗比,粗饲料不小于 40%;二是采用 20 mm 筛网粉碎粗饲料,三是日粮中添加 0.5%的小苏打,四是适当补饲长草供奶牛自由采食。

(2) 采食颗粒饲料的奶牛,要保证其随时能接触到充足、干净、卫生的饮水,缺水时奶牛采食量会降低。

(3) 颗粒饲料不能加水浸泡,更不能加热,加水和加热会使颗粒饲料软化;雨天不宜在敞圈饲喂,避免颗粒饲料遇水膨胀变碎,影响采食量和饲料利用率。

(4) 改变饲粮(日粮)时,例如由粉料改为颗粒饲料时应遵循 7~14 d 的过渡期。日饲喂量以饲槽内剩余饲料 3%左右为宜。

第六章　奶牛饲养管理技术

奶牛按生产周期和生产周期综合分类可分为犊牛、育成牛、青年牛、成母牛（围产期奶牛、泌乳期奶牛和干奶期奶牛）（图6-1）。奶牛饲养管理涉及多个方面，有效的饲养管理可以提高奶牛的生产性能和健康状况，从而提高牛奶的质量和产量。本章将从奶牛行为信号、犊牛、后备牛、精准分群、围产期、泌乳牛、热应激、冷应激等方面的饲养管理实用技术展开论述，以期为饲养者提供参考。

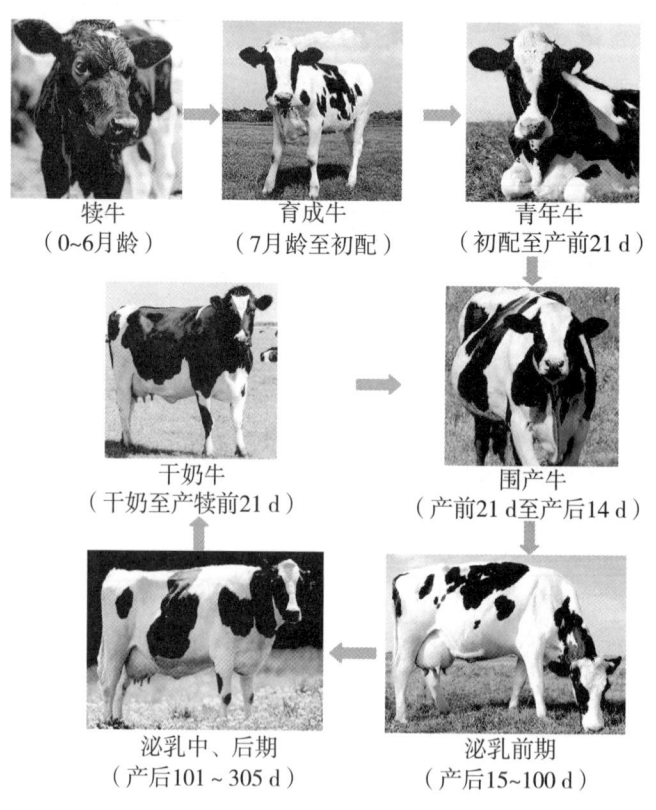

图6-1　奶牛生产周期

第一节　奶牛行为与信号分析

奶牛是一种昼行动物，主要在白天进行采食、饮水、社交、梳理被毛、休息、反刍、泌乳；在夜间主要进行休息、反刍。日常生活还受昼夜时间变化、气候、饲喂和挤奶等因素影响而变化。奶牛这些行为信号释放出饲养管理和健康状况等信息，管理人员可以利用这些行为信号改善牛群健康、舒适度和生产性能等状况。

一、采食信号

1. 饲喂量信号

奶牛摄食依靠灵巧的舌头，将草料卷入口内，在舌的搅拌下咀嚼5~6次再咽下。舍饲奶牛采食通常为4~6 h，全天采食次数为6~12次，每次20~30 min。吃饱的奶牛，瘤胃内充盈度高，牛体左肷部基本看不见瘤胃隐窝（图6-2）；如果瘤胃隐窝非常明显，就是奶牛没有吃饱的信号（图6-3）。

图6-2 饱食信号

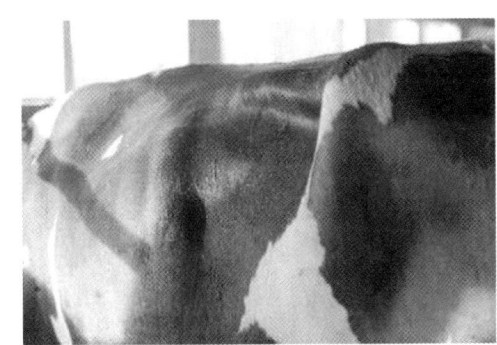
图6-3 采食不足信号

2. 采食料槽空间充裕信号

当大群饲养奶牛且食槽空间不够时，奶牛同时采食就会产生竞争性采食，占优势的牛比社会地位低的牛采食时间更长。提供足够的食槽、适宜的饲槽空间（0.4~0.5 m/头）、采取颈枷饲喂等措施，可以减少竞争性采食行为。此外，为消除奶牛在食槽的争斗，所有的牛都应该去角，减少因相互争斗而造成生产损失。

3. 健康信号

奶牛精神不振、采食无兴趣，不反刍或反刍次数少，一般是健康出了问题的信号。奶牛挑食，可能是TMR混合不均匀、粗饲料的切割长度过长的信号。

4. 微量元素缺乏信号

奶牛有异嗜行为，如食粪尿、胶皮、木块、砖瓦等，是TMR搭配不当，日粮中缺乏钙、磷、微量元素和维生素的信号。

5. 食道阻塞信号

如果奶牛大量唾液持续从口角流出，伴随咀嚼吞咽动作不断，并伴有哞哞的叫声，则是食道阻塞的信号。

二、饮水信号

奶牛是通过吸吮进行饮水，比较喜欢清洁的饮水，更喜欢从自由水面饮水。奶牛饮水时，鼻孔露出水面，用口将水拢住，把水吸入口内。奶牛饮水行为多发生在午前和傍晚，特别是在挤奶后和采食后是饮水的高峰期，很少在夜间或黎明时饮水。

1. 食道阻塞信号

当奶牛饮水时，突然发生头抬起，左右甩动、颈伸直、目光凝聚、空嚼磨牙、口内流出大量唾液，食物从鼻口逆流而出，这可能是食道堵塞的行为表现（图6-4）。

图6-4 奶牛食道堵塞

2. 饮用水缺乏信号

饮水量取决于空气温度和产奶量。夏季气温高，饮水量较平时增加1.2~2倍。犊牛每天平均饮水为9 L左右，后备牛为25 L左右，泌乳牛90~150 L，干奶牛40 L左右。泌乳牛每生产1 L奶，需要饮用4.0~4.5 L的水。在自由饮水时，每天饮水次数为7~12次，每次饮用10~20 L的水，时长约1 min。当出现奶牛多次在饮水槽前徘徊，或听到水声查看、喝尿等信号时，说明饮用水缺乏，应补充清洁饮用水。

三、休息信号

1. 躺卧行为

主要用于反刍、打盹和深度睡眠。只有保证奶牛的躺卧行为才能保证奶牛其他行为的正常。奶牛每天仅有5~10次深度睡眠，每次仅几分钟。牛打盹时可以同时站立和反刍。舍饲情况下，牛通常会选择较软的地面，如运动场、卧床，而不是较硬较滑的地面，如牛舍采食过道。

2. 躺卧姿势

奶牛采食后正常休息时会采取舒适的躺卧姿势，一般是腹位卧下姿势，常见到左侧卧或右侧卧。正常躺卧行为：两前肢腕关节屈曲，压在胸下，后躯稍偏于一侧，一后肢弯曲压在腹下，另一后肢屈曲位于侧方。每次躺卧需要15~20 s，站起动作5~6 s。奶牛休息时也会采取颈部屈向一侧，头朝肋部弯曲睡眠（这也是犊牛睡眠的姿势）。但是当奶牛患产后麻痹或酮病时，也出现这样的姿势。因此应注意综合分析区别正常休息和异常的姿势。奶牛躺卧时的不同休息姿势见图6-5。

图 6-5　奶牛躺卧姿势

通过卧姿行为，可以发现奶牛健康状况是否出现问题。如卧姿发生改变，或卧下不愿起立，则是奶牛运动器官患病或是出现了比较严重的全身性疾病的信号。

如形似犬的躺卧姿势（犬坐），一般前肢活动正常，但后躯拖地或两后肢向两边叉开，在排除卧床尺寸与奶牛尺寸不匹配的原因后，则多数是脊髓受损而发生截瘫的信号，有时也可能是双侧性髋关节脱臼或股骨骨折的信号（图 6-6）。

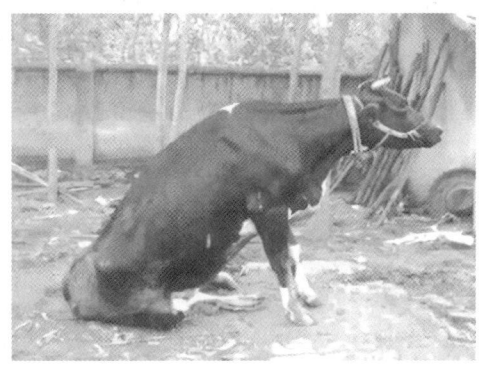

图 6-6　奶牛病态卧姿

如果奶牛卧地不起，则应考虑纤维性骨炎继发骨折与脱位。两后肢向后伸直，腹部着地躺卧，则是股神经麻痹的信号（图 6-7）。奶牛产后卧地不起，颈部屈曲，头向一侧歪斜，紧贴于肩部或胸侧，是产后瘫痪的信号（图 6-8）。

图 6-7　奶牛神经麻痹　　　　　　　　图 6-8　奶牛产后瘫痪

四、反刍与咀嚼信号

1. 次数及时间

奶牛一天 8~10 h 都在反刍,全群中 50% 的牛卧倒反刍才是正常的,如果日粮配制比较合理,奶牛每次反刍应该咀嚼 50~60 次,若咀嚼次数低于 40 次,就表明粗饲料饲喂过少,如果咀嚼次数高于 70 次,就意味着粗饲料饲喂太多。

2. 反刍姿势

通常成母牛是卧于胸骨和右后肢或左后肢,头部抬起,四肢伸展或弯曲,以该姿势进行反刍较为常见。幼龄的牛通常很胆怯,轻微的扰乱就可以引起反刍停止。因此,应当保持环境安静,避免惊吓等外界因素的干扰。腹痛、外伤、发烧等,以及发情期、分娩前后反刍减弱。停止反刍时间越长,功能恢复越困难。

3. 异常反刍

反刍异常是奶牛患病最直接的信号。牛群中站立反刍的奶牛如果超过 30%,则表示舒适度管理不到位;如果奶牛每次反刍时咀嚼次数少于 40 次,且咀嚼无力,则是奶牛前胃弛缓的信号;奶牛不反刍,多是前胃弛缓、瘤胃积食、瘤胃臌气、创伤性网胃炎等疾病的信号。例如,如果牛体左侧肷窝长时间未见起伏或起伏的幅度很小,说明瘤胃蠕动差,是前胃弛缓等疾病的信号。

五、运动信号

奶牛最常见的运动为行走、小跑和奔跑。此外还会表现其他行为,如腾跃、喷鼻、哞叫、摇头、甩尾、用前肢抓扒和伸展头颈、拱腰等。有条件的牧场可以建设运动场或在周围修建牧道,进行驱赶运动,增加奶牛的运动量,以增强抗病力,减少肢蹄疾病,延长使用年限。

(1) 奶牛分娩后,如果出现异常运动姿势,例如,头颈向一侧歪斜,呈一侧性转圈运动,并不断大声哞叫,前肢刨地,向前冲撞,以致卧地不起,出现轻瘫,这是产后偏瘫症状。

(2) 当奶牛后肢蹄腹、起卧不安、翻滚、四肢交替不停地踏步,并发出呻吟,可考虑是瓣胃阻塞、皱胃炎症或积食、肠炎或肠痉挛时导致的腹痛引起。

(3) 奶牛盲目运动,意识紊乱,不听使唤,可能是脑炎及脑膜炎的信号;如经常做无意识的定向转圈运动,则是患脑包虫病的信号。

六、排便信号

观察排泄行为,可以尽早发现奶牛健康状况并及时采取相应的技术措施。

(1) 如果奶牛排粪不能自主控制、失禁,多是严重下痢、腰荐部脊椎损伤或脑炎等疾病的信号;如果奶牛排粪时痛苦不安、弓背呻吟,但无粪便排出或仅有少量粪便排出,是奶牛创伤性网胃炎、肠炎、瘤胃积食、肠便秘、肠变位和某些神经系统疾病的信号。

(2) 如果奶牛排出的粪便表面呈鲜红色或黑褐色,是消化道出血的信号。再如排粪次数增多、粪便稀薄如水称为腹泻，是 TMR 精粗饲料比例和饲料蛋白质含量不合理的信号，也可能是奶牛肠炎、结核和副结核病的信号；观察粪便污染主要在牛体臀部和尾巴，粪便稀软呈粥样，无光泽，落地后四溅，可能是高产奶牛饲喂过量青绿多汁饲料的结果；排粪量少，粪便干硬成块，或表面附有黏液称为便秘，多是运动不足、饮水不足、前胃疾病、肠阻塞、肠变位、热性病及某些神经系统疾病的信号。例如，当奶牛患前胃弛缓等疾病时，胃肠功能弱，大便干燥，奶牛排尿困难，将尾巴高举起，用力排便，粪便在肛门内迟迟不能排出。

奶牛尿液颜色变黄、变红、变浑浊都是患病的信号；若尿液有氨味、烂苹果味，且颜色较深，则是膀胱炎和酮病的信号；尿液浑浊不透明，可能是奶牛患有尿道炎、膀胱炎、肾盂肾炎的信号；尿呈褐色，多是热性病的信号；奶牛血尿，多是焦虫病的信号。当奶牛患尿道炎时，往往出现零星的小尿液排出，这是由于奶牛排尿疼痛而造成的。

七、呼吸信号

正常情况下，奶牛每分钟呼吸 10~30 次，犊牛为 20~40 次/min 正常呼吸的次数、深度受多种环境因素（气温等）和牛的状态（运动等）影响。呼吸过快意味着热应激、疼痛或发热。

八、舔舐信号

成母牛每天梳理被毛次数为 10~100 次，时间为 2~3 h。母牛分娩犊牛后，会舔舐犊牛，主要集中在头部、肩部和背部，可促进犊牛血液循环，并刺激犊牛排便和排尿。当奶牛梳理被毛行为增多时，原因可能为皮肤内生寄生虫（如螨、虱和癣病）、发生冲突（或遭受挫折）、转入新环境（隔离），应特别关注，并迅速有效地给予治疗或采取措施。

九、交配信号

奶牛 6~12 月龄性成熟。性成熟之前，牛很少表现出性活动。在规模化饲养条件下，大型奶牛品种的青年公牛和育成牛体重达到约 300 kg 时才表现出性活动。

当奶牛把下颌搭在另一头牛的臀部是一种表现出爬跨意图的姿势，是一种明显的发情信号。发情母牛行为特征：焦虑不安、声音变化、采食量下降和爬跨。母牛发情时，消化、代谢减弱，性兴奋增强，哞叫声比平常多，哞叫由高昂到低沉。爬跨其他母牛，阴户流出透明黏液，发情后期站立不动，接受其他牛爬跨。隐性发情（不发情的排卵）是母牛常见的异常性行为，而且多见于高产奶牛。克服隐性发情配种难的问题，主要是详细观察，加强直肠检查，适时输精。"慕雄狂"也是母牛的异常性行为，母牛出现性机能亢进现象，表现持续发情或频繁发情，愿意接近公牛或频繁地追寻发情的母牛，并频频企图爬跨，这种牛目露凶光，攻击人畜，可能是卵巢囊肿所致。

十、分娩信号

（1）临近分娩：产犊母牛分娩前 2 d 左右，乳房肿胀，皮肤发红，乳头饱满；一旦子宫阔韧带完全松弛,奶牛通常在 24 h 内产犊。产犊前的最后 24 h 内体温下降 0.5~1℃,是奶牛临近分娩的重要信号。

(2) 奶牛分娩前 24 h 常表现不安、摄食少、经常改变体位、性情烦躁,以至出现疝痛症状。分娩时起卧交替、腹部收缩、频频努责后,母牛多行侧卧,尿囊绒毛膜破裂,草黄色尿水流出,接着羊膜露出外阴部,羊膜破裂羊水流出,胎儿随之娩出。母牛分娩后 1~6 h 将胎膜娩出,12 h 仍不能娩出胎膜,可行手术剥离。

(3) 奶牛分娩大多在环境安静的夜间,上半夜分娩较多,其次为下半夜,少数在中午分娩。犊牛出生后,两耳下垂,半小时后两耳竖立,活动自如。大约 1 h 后,犊牛能自行站立,生后 2 h 犊牛起卧站立自如。初生犊牛通常将头抬起,借助摇摆头部和喷鼻的动作,来清理自己鼻腔黏液。

十一、泌乳信号

健康奶牛的产奶量是相对比较平稳的,个体每日产奶量上下浮动一般不会超过 0.5 kg。如果奶牛的产奶量突然变化,则是日粮供应、管理出现问题或发生疾病的信号。酮病和乳房炎是影响奶牛产奶量最常见、最严重的疾病,应及时关注产奶量发生异常变化的牛只进行诊断治疗。乳成分信号表现如下:

(1) 干物质:一般在 12% 以上,如低于 12% 可能原因为饲喂量不足,采食过多劣质饲料,牛只消化率下降。

(2) 乳糖:乳糖一般变化不大,约在 4.85%。乳糖主要决定于饲料中淀粉和糖的含量,如果乳糖在 4.6% 以下,有可能是日粮中淀粉不足。

(3) 乳脂率:乳脂率低于 3.5%,日粮 NDF 过低,粗饲料搅拌过碎,精料比例过高。

(4) 乳蛋白率:过低可能是日粮可发酵碳水化合物太低,DMI 不足,蛋白不足或 AA 不平衡,或者日粮中添加了大量油脂或过瘤胃脂肪。

(5) 乳脂率与乳蛋白率差值:乳脂率和乳蛋白率之差小于 0.4,则说明瘤胃有酸中毒迹象;如果乳脂率小于乳蛋白率则说明奶牛已经发生瘤胃酸中毒。

(6) 体细胞高:瘤胃酸中毒及日粮蛋白水平过高(能氮不平衡)会引发乳房炎症,导致体细胞升高。

十二、行为时间

表 6-1 为奶牛其他正常行为活动信号参考值,如果奶牛行为信号数据过度偏离参考数据,说明饲养管理存在潜在问题,应该及时分析原因,对症调整饲养管理策略。

表 6-1 奶牛行为时间

活动	时间(h/d)
躺卧休息	12~14
社会活动	2~3

第六章　奶牛饲养管理技术

(续表)

活动	时间（h/d）
饮水和采食	4~6
挤奶往返	2.5~3.5

第二节　奶牛精准分群技术

不同生产阶段牛只对营养需求的不同是牧场 TMR 饲养运行的基础，分群管理有利于最大限度挖掘牛群泌乳潜力，控制牛只体况。它是牧场现阶段降本增效中简单、有效、可行的饲养方式。

一、分群原则

1. 同一原则

同一群牛都处于相同的发育和生理阶段，对营养的需求一致，用同样的日粮统一饲喂；同一群牛需要进行的日常工作基本一致，如对哺乳犊牛补饲开食料，由液态代乳饲料向固体代乳饲料的过渡各个饲养阶段间日粮逐步过渡；全场奶牛根据生理阶段、生产性能进行分群后，每群牛的日粮配方各不相同，分别加工饲喂。通常采用计算机进行 TMR 饲喂技术计算饲喂配方。

2. 动态分群

哺乳犊牛断奶后转入断奶犊牛群，继而逐步转入育成牛群、初产母牛群、成年母牛群、淘汰牛群。干乳母牛临产前转入临产母牛群，产犊后转入泌乳母牛群，到泌乳期结束时又再转入干乳母牛群。

3. 准确记录

准确记录每头牛的资料是分群的基础，包括出生日期、初生重、断奶日期、断奶重、各阶段体重、配种日期、确认妊娠日期、干乳日期、预产期、生产日期、下一胎的配种日期等。采用合适的奶牛场管理计算机软件，准确快速输入和输出奶牛的相关信息。

二、分群阶段

根据奶牛在不同的生理阶段、体况和泌乳阶段等指标，把奶牛的饲养阶段划分为犊牛、育成牛、青年牛、围产期奶牛、泌乳期奶牛和干奶期奶牛。

（1）犊牛：0~2 月龄的犊牛。一般在犊牛岛饲喂。3~6 月龄的断奶犊牛，按照体格大小进行分群，每群 10 头左右，每头牛的饲养空间 >5 m²。

（2）育成牛：7 月龄至第一次配种，初配一般在 13 月龄，初配种体重一般为其成年体重的 65%，体重达到 380~420 kg，体高达到 130 cm 以上时进行配种。

（3）青年牛：青年牛是指初配到产犊前 21 d 的奶牛。此阶段奶牛生长发育快，需要充足的营养和适当的饲养管理来保证其健康和生产力。

（4）围产期奶牛：围产期奶牛一般指产前21 d到分娩后21 d的奶牛，又分为围产前期和围产后期（新产牛），围产前期指产前21 d到分娩前，围产后期（新产牛）指分娩至产后21 d；围产后期（新产牛）又细分为分娩至产后7 d（产房护理），产后8 d或14 d至产后21 d（奶厅挤奶）。此阶段的牛群密度不应该超过卧床或颈夹数量的80%，保证牛只足够的运动空间。

（5）泌乳期奶牛：规模养殖场一般根据圈舍管理和饲养管理实际情况，分为泌乳前期奶牛和泌乳中后期奶牛。

泌乳前期奶牛：分娩后14 d（规模养殖场8 d）至泌乳100 d，此阶段泌乳牛产奶量最高。

泌乳中后期奶牛：泌乳101~305 d奶牛，在这个阶段，奶牛因为乳腺活动减弱，产奶量逐渐下降，但仍然在泌乳，这个阶段需要特别注意奶牛的健康状况和营养摄入，确保其顺利过渡到干奶期。

（6）干奶期奶牛：指奶牛在妊娠后停止挤奶至产犊前21 d。这一时期是母牛旨在让奶牛的身体得到休息和恢复，为下一个泌乳周期做好准备。牛群密度不应该超过卧床或颈夹数量的80%，保证牛只足够的运动空间。

三、智能分群技术

利用自动化和智能化设备来提高牧场管理效率和奶牛福利的方法，核心在于能够自动识别并分离出需要特殊处理的奶牛个体，从而减少对整个牛群的应激，提高工作效率，降低人工成本，并提升牧场的整体效益。

（1）自动身份识别与数据采集：通过发情监测、牛奶计量、称重分群等模块（图6-9），实现奶牛个体身份的自动识别和个体数据的自动采集，如活动量、产奶量、电导率、体重等。

图6-9 数据采集设备和自动识别设备

（2）智能分群系统：通过软件和分群门的高度融合，实现问题牛只的自动分群处理，无须人为干预。分群门可以根据管理需求自动精准隔离牛只，并收集奶牛体重数据。

（3）智能穿戴设备：使用智能项圈（图6-10）和脚环收集奶牛的行为数据，如反刍时间、采食时间、活动量等，并通过算法分析发情等事件。

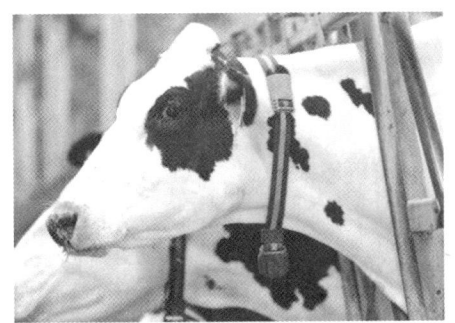

图 6-10　荷斯坦牛穿戴智能项圈

（4）称重台通道：安装称重传感器，结合 RFID 电子耳标识别器，自动读取牛体重数据并上传至软件系统，实现自动化分群管理（图 6-11）。

图 6-11　称重分群设备

第三节　犊牛培育技术

犊牛（calves）培育是奶牛养殖中最重要和最关键的时期之一，该阶段的饲养管理水平可决定犊牛在成年后 10%~20% 的产奶量。精细的饲养管理和优质初乳可降低犊牛死亡率，增强免疫力，延长奶牛使用年限。

0~2 月龄犊牛哺乳总量 300~500 kg，每天喂奶 2 次或 3 次。哺乳期犊牛日增重 0.85~1.0 kg，哺乳犊牛成活率≥95%。3~6 月龄断奶犊牛，4 月龄以前禁止饲喂青贮饲料，5 月龄以后饲喂 TMR。断奶犊牛日增重 0.85 kg 以上，断奶犊牛成活率≥98%。各月龄犊牛的生长指标和体况评分标准见表 6-2。

表 6-2　犊牛生长指标及体况评分标准

月龄	体重（kg）	体高（cm）	臀高（cm）	体长（cm）	体况评分
0	42	76.2	80.3	81.3	2
1	63	81.3	85.6	86.4	2.1

(续表)

月龄	体重（kg）	体高（cm）	臀高（cm）	体长（cm）	体况评分
2	84	86.4	90.9	94	2.1
3	107	91.4	96.3	99.1	2.2
4	130	96.5	101.6	104.1	2.3
5	154	99.1	104.4	109.2	2.3
6	177	102.9	108.5	114.3	2.4

一、新生犊牛护理

1. 清除黏液

清除出生犊牛表面黏液并擦干清除口腔、鼻腔内的黏液，擦干或者吹干犊牛体表。

2. 脐带消毒

犊牛出生后立即断脐，脐带保留至8~10 cm，并用10%的碘酊来消毒（浸泡10 s）。每次喂初乳时消毒一次，第2天、第3天各消毒一次。

3. 母子分离

母牛和犊牛要尽早分开，最长不超过（30 min）。

4. 打耳标并记录数据

犊牛出生后立即打耳标并记录产犊信息，新生犊牛护理工作结束后进行个体称重，并记录。

5. 保温

冬季新生犊牛放到>15℃的保温房中直至被毛干燥，冬季气温最低于5℃时将20 d以内的新生犊牛穿上保暖马甲。

二、犊牛留养标准

（1）健康新生犊牛，无残疾、疾病进行留养，弱犊视情况留养。

（2）头胎牛犊牛≥25 kg留养；经产牛犊牛≥30 kg，双胞胎母犊视情况留养，龙凤胎不留养。

三、初乳饲喂及巴氏杀菌技术

牛初乳是健康母牛产仔后12 h内所分泌的乳汁，初乳中含有大量免疫球蛋白，如免疫球蛋白G（IgG）、免疫球蛋白M（IgM）、免疫球蛋白A（IgA），可以抑制或杀灭多种病菌，而新生犊牛免疫能力较弱，依靠摄入高质量的初乳获得被动免疫能力，抵御病原微生物的侵袭。尽早喂好初乳是成功培育犊牛的关键点之一。犊牛出生1 h内，须人工灌服4 kg合格初乳，6 h内，再灌服2 kg。体重小于30 kg的犊牛，第一次灌服3 kg，6 h内再灌服2 kg。

（一）初乳质量判定

初乳质量判定主要从两方面，第一在挤前三把奶时发现新产奶牛乳房炎、挤奶中含血丝等异常现象，初乳应当丢弃使用；第二通过人为观察无异常后，用白利糖度折光仪检测（图6-12），生产中通常用折光率22为标准，当高于22时建议进入巴氏杀菌环节保留初乳，当低于22时，建议混入常乳中饲喂犊牛（表6-3）。

表 6-3 初乳折光率判定标准

折光率（%）	≤20	20~22	≥22
质量判定	劣质	一般	优质
使用方法	转入常乳	转入常乳（合格初乳缺乏时可部分使用）	饲喂新生犊牛

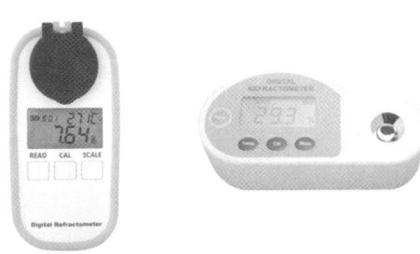

图 6-12 糖度折光仪

（二）初乳巴氏杀菌及保存技术

折光率22以上的初乳，罐装进4 L或2 L的灌服袋子后，经巴氏杀菌机60℃巴氏杀菌60 min，巴氏杀菌后的初乳经冰水降温或制冷罐30 min内温度降至0~4℃，-20℃冷冻保存（图6-13）。储存不超过3个月，遵循"先进先出"原则使用，过期废弃处理。

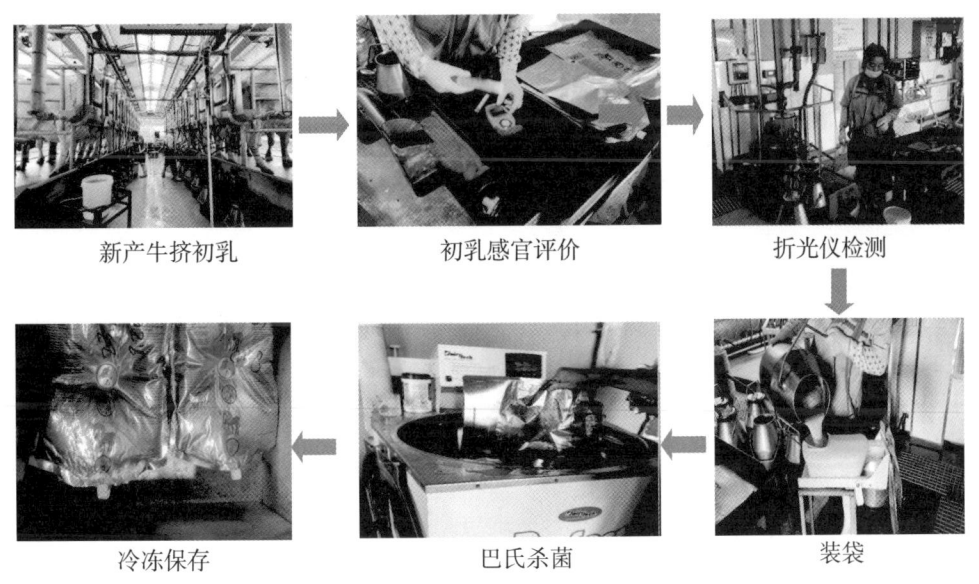

图 6-13 初乳巴氏杀菌

（三）初乳解冻与饲喂

饲喂时将冷冻的巴氏杀菌初乳放入冰水或制冷罐4℃解冻30 min，再加热到38~39℃饲喂，冬季加热到39~40℃饲喂。犊牛出生1 h内饲喂4 L初乳，最好在产后30 min之内完成第一次饲喂；6 h后再饲喂2 L初乳（图6-14）。

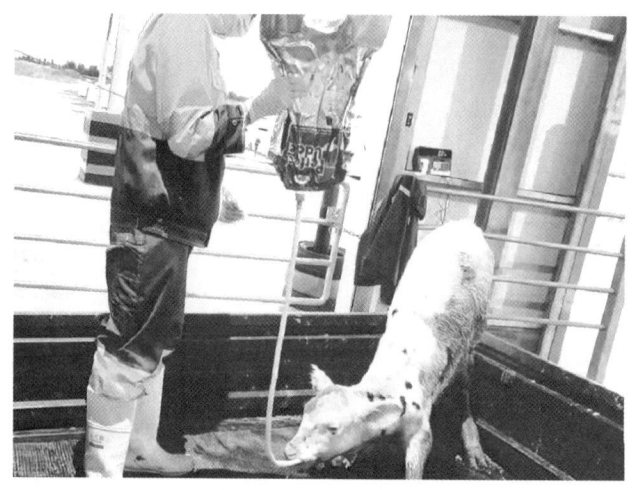

图6-14 初乳灌服

（四）初乳饲喂效果评价

可以通过测定犊牛血清IgG含量或血清总蛋白含量来评估初乳饲喂效果。操作步骤为采集饲喂完初乳1 h后犊牛的血液，使用离心机3 000 r/min离心10 min取上层血清，①滴到白利糖度折光仪检测，检测数值6.8%~9.6%表示犊牛被动免疫保护成功，检测数值<6.8%，表示犊牛被动免疫保护失败，检测数值>9.6%，表示犊牛处于脱水状态；②滴到血清总蛋白折光仪检测。检测数值≥5.2 g/dL表示犊牛被动免疫保护成功，检测数值<5.2 g/dL表示犊牛被动免疫保护失败（表6-4）。

表6-4 犊牛被动免疫标准

等级	血清总蛋白（g/dL）	对应血清 IgG（g/L）	群体推荐标准（犊牛占比%）
优秀	≥6.7	≥24	>40
良好	6.0~6.6	18.0~23.9	≈35
合格	5.2~5.9	10.0~17.9	≈25
不合格	<5.2	<10.0	<5

注：该标准源于国际后备牛培育协作创新平台（ICHO）；血清总蛋白（g/dL）= [36.15+血清 IgG（g/L）] /9.01。

四、常乳与开食料饲喂

出生第2天的犊牛转至犊牛岛或单圈饲养，喂足常乳，做到定时（间隔8 h）、定量、定温（39℃）、定人、定质。注意环境干燥和保温，勤打扫、勤换垫草、勤观察、勤消毒。自由饮水，保证水槽或水桶的洁净，冬季寒冷情况下为哺乳犊牛分次提供温水30~35℃（4~5次/d）。7日龄时为犊牛提供开食料。常乳与开食料参考饲喂量见第五章第三节表5-27。

五、去角及副乳

犊牛7日龄内去角，可使用去角膏去角；或使用电烙方法去角，同时使用10%碘酊消毒。8~21日龄去副乳头，副乳头剪除后用10%碘酊严格消毒。犊牛断奶时再检查一次副乳头。

六、犊牛断奶标准和程序

犊牛体重达到出生重的2倍以上，且开食料采食量连续3 d达到1.5 kg以上即可断奶。一般为60日龄左右断奶。犊牛断奶可参照第五章第三节表5-27，执行如下步骤：

（1）从第54 d开始逐步断奶，每天降1 kg常乳直至断奶。连续3 d的开食料采食量达到1.5 kg，且犊牛体重达到出生重的2倍以上即可断奶。体重或断奶时开食料采食量等达不到标准的犊牛继续留养在犊牛岛继续执行（61~63 d）断奶程序直到符合断奶要求为止。

（2）断奶后的犊牛在原栏饲养7~10 d，提供充足犊牛颗粒料和饮水，减小断奶应激。每天关注断奶犊牛采食和健康状况，出现群发性腹泻要及时药物干预。

七、断奶犊牛饲养管理

过渡7~10 d后断奶犊牛，整群转入断奶犊牛舍饲养，每群10~20头（保持双数）。断奶牛舍内放置的料槽高度与犊牛岛精料桶高度一致，料槽上沿距离地面53~55 cm。自由饮水，冬季禁饮冰水。每月对犊牛进行健康评分（表6-5）。犊牛以0分为佳，1分应提高警惕，2分应采取相应的措施。可根据断奶犊牛的健康评分、个体大小、体况、精神状态进行2次分群。

表6-5 犊牛健康评分

评分	直肠温度（℃）	鼻子评分	眼睛评分	耳朵评分	粪便评分	断奶时间（d）
0分	37.8~38.3	正常	正常	耳朵和头摆动自如	正常	<60
1分	38.4~38.8	一侧鼻孔有少量黏液	少量眼屎	耳朵可前后摆动	半成形	60~90
2分	38.9~39.4	两侧鼻孔流有黏液	中等眼屎	一边耳朵倾斜	软粪	90~120
3分	>39.5	两鼻孔流出大量黏液	大量眼屎，眼睛深度下陷	两边耳朵倾斜头歪	水样粪	>120

日粮饲喂分三个阶段：①64~75日龄犊牛饲喂开食料与断奶颗粒料1∶1混合的颗

粒料 2.0~2.5 kg/（头·d）和补饲燕麦草或优质苜蓿 0.5~0.75 kg/（头·d）（表5-28）。②76 日龄~4 月龄犊牛投放颗粒料 2.5~3 kg/（头·d），补饲燕麦草或优质苜蓿 0.5~1.0 kg/（头·d）（表5-28）。4 月龄以前禁止饲喂青贮饲料。③5~6 月龄犊牛采食 TMR，精料 2.0~2.5 kg/（头·d）、苜蓿干草 1.5~2.0 kg/（头·d）、青贮饲料 3.0~6.0 kg/（头·d）（表5-28）。

八、防治疾病

每天上午、下午各巡圈一次，观察每头断奶犊牛的精神状态，发现异常及时检查并治疗，并做好治疗记录。犊牛疾病防治主要做好免疫接种、两病（布鲁氏菌病、结核病）检疫净化，121~180 日龄犊牛需进行蹄疫、梭菌、布鲁氏菌等疫苗免疫工作（见第八章），同时注意防治球虫病、腹泻和肺炎等常见多发性疾病。

第四节　后备牛管理技术

后备牛可分为育成牛和青年牛，育成牛指 7 月龄至第一次配种的母牛，青年牛是首次配种至第一次产犊的母牛。其饲养管理重点：科学分群、吃好饲粮保持合理日增重、适时初配、定时孕检、分阶段饲喂日粮、防治疾病，使其在 13~15 月龄配种，22~24 月龄产犊。22~24 月龄产犊后的母牛体重达到 560~590 kg。

一、科学分群

后备牛按月龄、体重分群饲养，年龄最好相差不超过 2 个月，活重相差不超过 30 kg，每组的头数不超过 50 头。散栏饲养密度不高于 90%。

二、生长发育指标

7~12 月龄母牛日增重要达到 0.8 kg/d 左右，促进乳腺发育，12 月龄体高达到 122 cm 以上。13 月龄至初配的母牛要保持日增重 0.7~0.8 kg/d，初配时体重达到 380 kg 以上（约为成年母牛体重的 55%），体高达到 127 cm 以上，胸围达到 170 cm 以上。后备牛生长发育指标要求见表6-6。

表6-6　后备牛生长发育指标要求

生长阶段	体高（cm）	胸围（cm）	体重（kg）
12 月龄	>124	>162	>320
13 月龄（初配）	>127	>168	>360
18 月龄	>131	>173	>465
24 月龄	>140	>193	>550
产后体重			560~590

三、饲养管理

(一) 育成牛饲养

主要以散栏饲养为主,采用全混合日粮饲喂,粗蛋白质占日粮的14%~15%,可溶性粗蛋白质占日粮的30%~35%,干物质采食量达到体重的2%~2.5%,精料每日每头牛1.5~2.0 kg,粗饲料选用中等质量的干草和适量青贮饲料,自由饮水。饲养密度控制在120%以内,单头牛饲养面积不少于6 m²。通常每天饲喂育成牛2~3次。该阶段日增重要达到0.8 kg/d左右,体况评分3.0~3.5分。

(二) 青年牛饲养

以散栏饲养为主,采用全混合日粮饲喂,粗蛋白质占日粮的13.5%~14%。该阶段保持日增重0.7~0.8 kg/d,体况评分3.25~3.5分。该阶段应注意奶牛的体况控制,以防止体况过肥导致乳腺中脂肪过度沉积,同时体况过肥可能导致青年牛难产。青年围产牛最好单群饲养,预产前21 d转入待产舍。

四、适时初配

初配时体重达到380 kg以上,约为成年母牛体重的55%,体高达到127 cm以上,胸围达到170 cm以上。初配牛要关注其发情状况,可穿戴运动项圈、计步器或观察其是否有兴奋、爬胯行为等,及时确认发情,发情后适时输精(参见第四章)。初配后21 d的返情牛,进行二次人工授精。

五、定期孕检

配种后未返情的应及时进行妊娠检查。28~34 d应进行血液孕检,或32~34 d用B超初检定胎,或40~46 d应进行直肠孕检。应尽可能早点揭发,未怀孕的牛根据发情情况进行再次人工授精或进行同期发情后再次人工授精。90~120 d应对初检妊娠母牛进行复检。青年牛推荐的产犊月龄应≤25个月,最佳应控制在22~24月龄。延长初产月龄将会徒增饲料成本,若初产月龄过早可能会降低奶牛未来奶产量。头胎牛配种5次仍未怀孕的淘汰。

六、修蹄

青年牛在进入围产前应对蹄部异常的牛进行选择性修蹄。推荐修蹄时间见表6-7。修蹄顺序:后内→后外→前内→前外。修蹄标准:①蹄底和蹄壁角度为45°~50°,前蹄角度45°~47°,后蹄角度47°~50°。②切除多余的角质,前蹄蹄壁长7.5~8.0 cm;后蹄蹄壁长7.5~8.5 cm(根据牛的品种和生长阶段不同有所差异)。③蹄底厚度为5.0~7.0 cm。④蹄内外趾的高度应一致(两趾尖平、底平)。⑤内外趾凹槽处两侧的高度应保持一致。

表 6-7 推荐修蹄时间

生长阶段	修蹄时间
青年牛	妊娠 5~6 月前。
泌乳牛	泌乳天数 120~150 d；妊娠天数<180 d；干奶前和泌乳天数>270 d；高产奶牛应增加修蹄次数，泌乳牛通常在挤奶结束后进行修蹄，热应激或多雨季节可考虑减缓进度。
转入新建饲养区时	转群前 3~4 个月。

七、分阶段饲喂配种后日粮

配种后至分娩前 4 个月的怀孕牛膘情适中。干物质采食量达到体重的 2%~2.5%，精料每日每头牛 2.0~2.5 kg；粗饲料选用中等质量的干草和适量青贮饲料。分娩前 3 个月至产前 21 d，干物质采食量达到体重的 2%~2.5%，精料每日每头牛 2.5~3.0 kg，粗饲料选用中等质量的干草和适量青贮饲料，日粮钙磷比为 1.6∶1。

八、预防疾病

每天巡圈至少一次，观察每头育成牛和青年牛的精神状态，发现异常及时检查并治疗。控制好肺炎等呼吸系统疾病，做好创伤性网胃腹膜炎、瘤胃积食、瘤胃臌气、瓣胃阻塞等疾病的预防。同时按时做好免疫接种和检疫净化（见第八章）。育成牛和青年牛的发病率控制指标见表 6-8。

表 6-8 育成牛、青年牛发病率控制指标　　　　　　　　　　单位：%

项目	育成阶段	青年阶段
死淘率	<1	<0.5
腹泻发病率	<2	—
肺炎发病率	<1	<1
流产率	—	<3

第五节　围产期奶牛管理技术

围产期奶牛一般指产前 21 d 至产后 14 d 这个阶段的奶牛。近年来，部分万头牧场将奶牛围产期调整为产前 21 d 至产后 7 d，实践证明是可行的。围产期又细分为围产前期（产前 21 d 至分娩）和围产后期分娩至产后 14 d 或 7 d。围产期是奶牛新的泌乳期的开始阶段，这一阶段奶牛需要经历分娩、转舍和日粮结构改变等一系列应激，也是各种代谢疾病和生殖疾病的多发期。此阶段的健康管理对奶牛整个泌乳期的生产性能和健康状态至关重要。

围产期奶牛的饲养目标是膘情适中，产前 21 d 至分娩阶段的尿液 pH 控制在 6.0~

6.5。产后乳房炎发病率≤2%，胎衣不下发病率≤5%，产后瘫痪发病率≤3%，真胃变位发病率≤2%，子宫炎发病率≤2%，蹄病发病率≤1%。

一、围产前期饲养管理

产前（21±3）d 的孕牛尽可能整群转入围产圈舍，散栏饲养密度 80%~90%，每头牛颈夹宽度为 80~90 cm，保证充足的饮水、采食空间。产前 21 d 至分娩的母牛干物质采食量 10~11 kg/d，日粮以优质禾本科粗饲料为主，精料每日每头牛 4.5 kg，不喂苜蓿等高钙饲料，控制青贮饲料喂量，保证低钙日粮（钙含量 0.4%~0.5%），日粮钙磷比为 0.8∶1。经产牛适当补饲阴离子盐。

围产前期奶牛每周评价一次体况，体况评分值控制在 3.25~3.50 分，避免过肥或过瘦。体况评分低于 3.0 分的奶牛应预防能量负平衡，体况评分高于 3.75 分的奶牛应预防难产、生产瘫痪、胎衣不下等疾病。

二、分娩及产后护理

1. 分娩征兆

有临产症状的奶牛喜离群独处，警觉敏感，不安，频频起卧，回视腹部，间歇性举尾，尾骨偏离正中，骨盆韧带松软，尾根两侧凹陷，阴门流出黏液，黏液清凉，流动性强，排便次数增多，量少，频繁排尿。以上为 12 h 内分娩征兆，预示奶牛即将分娩，应转入产房做好接产准备。

2. 接产

在奶牛胎膜露出后至胎水排出前，接产员应将手臂伸入产道，检查胎牛胎姿是否正常。如呈现两前肢夹着头的正常胎位姿势，可待其自然分娩。胎牛姿势异常应及时矫正，如出现①奶牛分娩 2~4 h 胎牛前肢仍未露出；②羊水已破 1~2 h 仍不见胎牛露出肢体；③露出胎膜和前肢 30 min 以上胎牛仍不能产出；应采取相应的助产措施。详细参见第四章第八节。

奶牛分娩后应及时用温热消毒液清洗后躯、尾部、乳房、腹部和两肋的污物，并擦拭干净。清除产房玷污的垫草和粪便，地面和产床冲洗消毒后应铺上消毒的厚垫草。同时驱使其站立，助产奶牛可人工牵遛运动，以减少产道出血，防止子宫外翻和产后神经麻痹，有利于子宫复原和机体恢复。难产奶牛分娩后应用 1% 高锰酸钾溶液冲洗产道及阴户周围。产道损伤奶牛必要时应进行手术缝合，局部涂碘甘油等药剂，视情使用抗菌药治疗，产道出血可注射止血剂。

三、围产后期饲养管理

1. 保健护理

（1）产后保健护理：产后 1 h 产后肌内注射维生素 A、维生素 D、维生素 E 注射液 10 mL，肌内注射缩宫素 100 U。2 h 内瘤胃灌服产后营养补充包，营养补充包包含固体丙二醇、丙酸钙、酵母培养物、过瘤胃胆碱、氯化钾、氯化钠、硫酸镁等成分，预防真胃移位和保持体液平衡，满足新产牛的营养需要，促进体能恢复，提高机体免疫力，降低产后疾病的发生。或产后 2 h 内瘤胃灌服钙丸 1 枚，经产牛 24 h 内再灌服钙丸 1 枚，有效预防低血钙症和产后瘫痪的发生。

（2）清洁毛发：做完以上产房保健护理，奶牛由产房转回围产圈做后续保健护理，产后 7 d 内给奶牛剪掉牛尾巴的毛（图6-15），剃出乳房周围的毛（图6-16），保证乳房卫生清洁和生乳低细菌菌落数。

图 6-15　尾巴剪毛

图 6-16　乳房去毛

（3）监视胎衣：产后 3 h 内，要监视奶牛努责状况，确定子宫内是否还有胎牛，或有无子宫脱出征兆，同时检查奶牛产道是否有损伤和失血，如有损伤和失血应及时处理。产后 5 h 胎衣仍未下时，应采取肌内注射催产素或 PG 的方法进行处理；产后 12 h 胎衣仍未下时，应进行辅助治疗；产后 24 h 胎衣仍未下时，应及时治疗。胎衣脱落后检查胎膜是否完整，尤其要注意对空角尖端的检查。如发现有部分绒毛膜或尿膜仍留在子宫内未排出，应及时向子宫内投药。

（4）监测血钙：产前 1~3 d 及产后 1~3 d，监测血钙水平。奶牛血钙浓度 > 2.0 mmol/L 表示健康，血钙浓度 1.4~2.0 mmol/L 表示处于亚临床型低血钙状态，应补及时充钙制剂。血钙浓度 < 1.4 mmol/L 为临床型低血钙，应采取低钙血症治疗措施。患有亚临床低钙血症的奶牛更易引起酮病、脂肪肝和能量负平衡等疾病。

2. 科学饲养

分娩 1 周内提供精粗比（60∶40）~（55∶45），高钙日粮（0.7%~0.8%），钙磷比为 1.6∶1；适口性好，易消化、高能量、高蛋白、营养平衡的 TMR，粗饲料为优质、易消化的豆科和禾本科牧草及优质青贮饲料。头胎牛干物质采食量 > 16 kg，经产牛干物质采食量 > 18 kg（表6-9），全株青贮玉米 20 kg/d。保证充足的采食时间，采食后 2 h 奶牛的卧床躺卧率达到 80% 以上。体况评分值 2.75~3.25 分为宜，控制失重在 30 kg 以内。

表 6-9　围产期奶牛日粮营养水平

日粮营养指标	围产前期	围产后期	
		经产牛	初产牛
干物质采食量（kg/d）	体重的 2.0%	体重的 2.5%~3.4%	体重的 2.5%

(续表)

日粮营养指标	围产前期	围产后期	
		经产牛	初产牛
粗蛋白质（%）	12~13	14~15	15~16
非结构碳水化合物（%）	34~36	35~40	35~40
中性洗涤纤维（%）	30~35	25~30	35~40
酸性洗涤纤维（%）	20~25	20~25	20~25

3. 首次挤奶

分娩奶牛初次挤奶应在分娩后2 h左右完成，初次挤奶不可挤空、挤净乳房的牛奶。一般第1天挤出1/3~1/2量，以后挤奶量逐渐增加，第2天挤出1/2量，第3天挤出2/3量，第4天挤出3/4量，第5天全部挤净。

4. 适时转群

分娩奶牛在围产圈护理7 d后，健康奶牛第8天尽可能整群转入新产牛舍。散栏饲养密度80%~90%，每头牛颈夹宽度为80~90 cm，保证充足的饮水、采食空间。同时监视恶露及酮体变化。

（1）监视恶露：子宫护理是确保新产牛健康和未来繁殖能力的重要环节。子宫健康状况可通过观察子宫分泌物判断，评分可分为0~4分，见图6-17和表6-10。

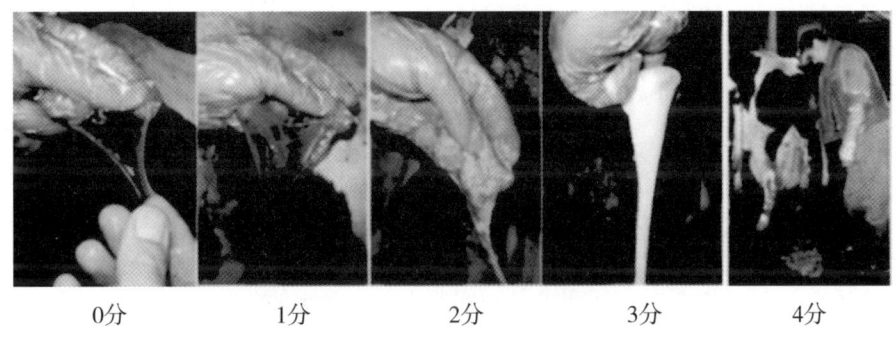

图6-17 子宫健康评分（宋亚攀，2014）

表6-10 子宫健康状况评价

评分	恶露类型	子宫炎判定
0分	无分泌物或分泌物透明，黏稠	健康
1分	分泌物带血或黏液中带斑状点脓	健康
2分	分泌物脓<50%，有异味，不发烧	中等
3分	分泌物脓>50%，有恶臭，发烧	中等
4分	棕红色分泌物，有恶臭，发烧	严重

（2）监视酮体：产后 1 周、2 周和 6 周内尾根采血检测血酮含量，血清 β 羟丁酸>1.2 mmol/L，可能患有亚临床酮病（表 6-11），应注意预防发生酮病。同时，可监测尿液 pH 值，尿液 pH>6.5，应加大阴离子盐饲喂量；尿液 pH<5.5，应降低日粮阴离子浓度，预防酮病和瘤胃酸中毒。

表 6-11 奶牛酮病的类型与血液指标

酮病类型	Ⅰ 型酮病	Ⅱ 型酮病	富含丁酸青贮性酮病
发病原因	干物质采食量不足	肥胖	青贮饲料质量差
β-羟丁酸（mmol/L）	≥3.0	≥3.0	≥3.0
非酯化脂肪酸	高	高	偶尔高
血糖	低	低	不确定
体况	可能瘦	多数肥胖	不确定
肝糖原异生	高	低	不确定
肝脏病理	无	脂肪肝	不确定
高发阶段	产后 3~6 周	产前 1~2 周或产后 1~10 d	不确定

（3）观察奶牛神态：对于临产牛和新产牛而言，活泼、敏捷是产后优良表现的基础。可通过神态评分反映出奶牛的健康状况和精神状态。①1 分，灵敏、警觉，牛头高昂，耳朵向前上方，活动自如。②2 分，略有些低沉，但可对观察者的动作做出迅速的反应。③3 分，中等低沉，站立时脑袋下垂，耳朵耷拉，瘤胃充盈度差，反应迟钝，在观察者的驱赶下慢慢远离。④4 分，严重抑郁，站立时脑袋下垂、耳朵耷拉、鼻镜干凉，对观察者的行动疲于行动，腹部凹陷，被毛凌乱。⑤5 分，卧地不起，眼睛紧闭，有时头向腹部蜷曲，在人的触摸和驱赶下略有反应，但不站立。神态评分越高，精神状态和健康状况越差，也就意味着产后的代谢疾病会越多，采食量越低，高产和优良繁殖的可能性越差。对于临产牛和新产牛，一般要求神态评分≤2 分，对 4 分或 5 分的牛应尽快查明原因并给予治疗。

四、疾病防控

产后奶牛应关注难产、双胎、胎衣不下、产褥热（产后热）以及产前体况评分超过 4 分的奶牛，监控其干物质采食量、产奶量、体温等指标。重点防控胎衣不下、产后瘫痪、子宫内膜炎、皱胃变位、乳房炎、蹄病等疾病（见第八章）。乳房炎发病率≤2%，胎衣不下发病率≤5%，产后瘫痪发病率≤3%，真胃变胃发病率≤2%，子宫炎发病率≤2%，蹄病发病率≤1%。

（1）监测体温：正常体温 38.0~39.5℃。产前 3 d 至产后 7 d，每天早晚各测 1 次。产后 2~3 周每天测 1 次，体温异常牛应继续监测，直至体温正常为止。头胎母牛体温>39.3℃、经产母牛体温>39.5℃，即诊断为发热。发热奶牛应进行子宫炎、乳房炎等炎性疾病的诊治。体温正常奶牛出现食欲降低,精神萎靡等症状,应进行真胃变位、酮病、低血钙等疾病的诊治。

(2) 乳房监测:产后奶牛要进行隐性乳房炎及乳汁体细胞监测,每月监测1次。乳汁体细胞数超过25万个/L的奶牛应进行乳房炎治疗。

奶牛产后1周内进行体温、食欲、瘤胃蠕动、子宫、乳房等方面的健康检查及牛奶质量检测,正常牛可出围产舍,并做好交接手续;异常牛应单独处理。

第六节 泌乳期奶牛管理技术

泌乳奶牛是牧场收益的重要组成部分,对牧场至关重要,泌乳期奶牛管理的核心在于根据不同泌乳阶段调整饲养管理策略,以确保奶牛的健康和生产性能的情况下获得更高的产奶收益。

一、转圈与圈舍环境

产后第8天,生理指标、健康状态良好的牛尽可能整群转入奶牛泌乳牛圈,饲养密度小于90%。头胎牛和经产牛分群饲养。

泌乳圈舍通风、干燥、无异味(氨气≤3.8 mg/m^3),温度>22℃以上间隔启动风扇,>24℃全部开启风扇,>26℃开启风扇和喷淋系统。牛群每天16~18 h光照,黑暗时间<6 h,光照强度≥50 lx。卧床松软、平整、干燥,每天趴卧12~14 h的牛占比达95%以上。卧床垫料厚度不低于15 cm,定期更换。卧床垫料不得检出金黄色葡萄球菌、无乳链球菌和沙门氏菌等致病菌。

二、泌乳期奶牛的饲养管理

按照泌乳量的变化将泌乳期奶奶牛细分为泌乳前期(产后8~100 d)、泌乳中期(产后101~200 d)和泌乳后期(产后201 d至干奶)3个阶段。泌乳牛饲养管理执行"牛走—粪清—料到—水满—床平"的流程,可以实现泌乳期奶牛饲养的高效性。

(一) 泌乳前期奶牛

1. 饲养管理目标

饲养管理目标是使泌乳前期奶牛的产乳峰值更高,持续时间更长。高峰奶量,头胎牛40 kg,经产牛50 kg;高峰期无瘦牛,体况评分2.75~3.25分(体况<2.75分占比10%以内);粪便评分,绝大部分为3分,2分以下所占比例≤10%;粪筛比例,上层比例<10%,中层比例<20%;乳房炎发病率<2%,蹄病发病率<2%。

2. 营养供给

泌乳前期奶牛的TMR干物质采食量要逐渐增加到体重的3.5%以上,粗蛋白质水平达到16%~18%,钙0.7%,磷0.45%,赖氨酸和蛋氨酸比为3:1。适当提高淀粉和可溶性糖含量,但不超过日粮干物质的35%,多饲喂优质干草,来自粗饲料的中性洗涤纤维占70%以上,饲料转化效率达到1.5以上。对体重降低严重的牛适当补充脂肪类饲料(如全棉籽、膨化大豆、过瘤胃脂肪等),多补充维生素A、维生素D、维生素E和微量元素，可补充过瘤胃烟酰胺、过瘤胃蛋氨酸、酵母（酵母培养物）或糖蜜类产品等。运动场有小苏打和舔砖供应。

3. 挤奶

高产荷斯坦奶牛日挤奶 3~4 次。挤奶流程：①乳房观察：挤奶前观察到红肿、外伤等乳房异常，做好标记或记录，通知兽医，同时注意识别特殊标识，防止干奶牛等异常牛混入，造成商品奶污染；②前药浴：药浴液覆盖全部乳头 30 s 以上；③前三把奶：挤弃前三把奶，观察是否有凝块等异常情况，如有异常停止挤奶。④擦干：用一次性纸巾（或干燥洁净的消毒毛巾）擦拭干净；⑤套杯：前药浴到上杯挤奶的时间应控在 60~120 s，挤奶时不能漏气，长奶管与牛体方向一致，不能打弯，用调整臂调整长奶管位置，使奶杯组自然下垂，稍前倾；⑥巡杯：处理滑杯、漏气及掉杯等问题，脱杯后必须冲洗奶杯方可补杯，乳房如有过多剩奶，可二次上杯或手工挤掉；⑦脱杯：胶杯流量 ≤1 000 mL/min 即可脱杯。同时注意观察乳头，如出现发青、发紫、水肿及外翻等，应做好标记；⑧后药浴：保证药浴液覆盖整个乳头，寒冷地区冬季建议使用防冻型保证药浴液覆盖整个乳头。

挤出的生乳 2 h 内冷却到 0~4 ℃。场内冷藏储存时间不超过 24 h，冷链运输温度不超过 4 ℃，到乳品加工厂的温度不超过 6 ℃。每批生乳进行常规检测（参见第七章和第十章），同时采集 150 mL 备份样零下 20 ℃ 冻存 10 d。

4. 适时配种

做好奶牛产后发情监控，及时配种。一般奶牛产后 30~45 d，生殖器官已逐步恢复，开始有发情表现。产后 55~60 d，育种员根据牧场管理软件推送数据，结合现场观察对发情牛进行人工授精。也可在产后 38 d 进行同期发情处理，在产后 65 d 进行人工授精。配种后 32~34 d 用 B 超监测定胎。未怀孕的牛根据发情情况进行再次人工授精或进行同期发情后再次人工授精。经产牛配种 7 次仍未怀孕的淘汰。发情揭发率>85%，常规冻精情期受胎率≥50%，性控冻精情期受胎率≥40%，21 d 怀孕率≥30%，35 d 孕检有胎率≥80%。

（二）泌乳中期奶牛

1. 饲养管理的目标

饲养管理目标是泌乳中期奶牛稳步恢复体况，日增重控制在 0.1~0.2 kg。期末体况评分达到 2.75~3.0 分。奶产量稳定在每 10 d 下降在 3% 以内，高产奶牛不超过 2%。

2. 营养供给

泌乳中期奶牛控制精饲料饲喂量，增加粗饲料比例，控制体况。日粮干物质采食量占体重的 3.0%~3.5%，粗蛋白质 14%~16%、产奶净能 6.20~6.70 MJ/kg、中性洗涤纤维 35%~45%、酸性洗涤纤维 22%~24%，饲料转化效率达到 1.3 以上。

（三）泌乳后期奶牛

1. 饲养管理的目标

饲养管理目标是泌乳后期奶牛逐渐恢复体膘，日增重达到 500~700 g，体况评分控制在 3.0~3.25 分。奶产量每个月下降幅度控制在 8% 以内。

2. 营养供给

泌乳后期奶牛干物质采食量占体重的 3.0%~3.2%，精粗比以 30∶70 为宜，粗蛋白质 12%，钙 0.6%，磷 0.35%。调控好精料比例，防止奶牛过肥。

三、泌乳期奶牛评价技术

（一）乳头健康评分

保持奶牛乳头健康对预防临床乳房炎的发生至关重要，牧场可通过乳头评分评判奶牛乳头是否呵护到位（表6-12、图6-18）。出现如超过 20% 的奶牛乳头评分为 3~5 分；超过 30% 的奶牛产后 60~150 d 奶牛乳头评分为 3 分；本次总体得分显著低于上次得分等三种情况的，要判断是否是：①挤奶机械真空度太高；②挤奶时间太长；③乳区挤空后仍持续挤奶（过度挤奶）；④挤奶机器脉动频率设定不当（调整脉动器）；⑤内衬不合适（乳头形状异常/不正常的内衬）等情况造成的，要及时整改。

表6-12 乳头评分标准

分级	状态
1分	乳头孔很小，乳头末端平滑无环形
2分	乳头孔周围有轻微的环状凸起，但没有角质蛋白形成的土丘状隆起
3分	乳头孔呈粗糙圆环状，在乳孔周围 1~3 mm 有角质化的丘状隆起
4分	非常明显的环状，乳孔周围 4 mm 有角质化的环，环周围边缘裂开
5分	乳头末端环状裂开，呈菜花状凸起，周围有伤裂痕

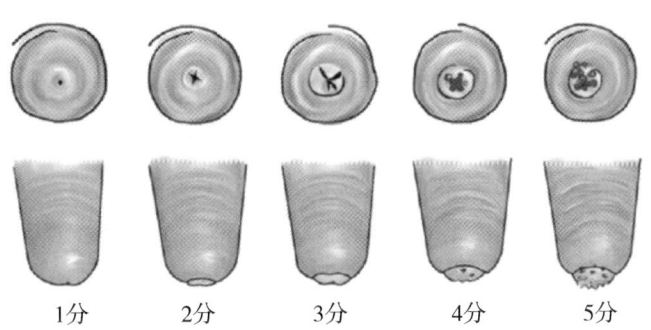

图6-18 乳头评分参考图（王建华，2024）

（二）体况评分

体况评分是一种衡量奶牛体组织储存状况和监控奶牛能量平衡的方法，对于奶牛场饲养管理具有重要意义。体况评分主要通过目测和用手触摸进行评估。奶牛体况评分关键部位识别见图6-19。

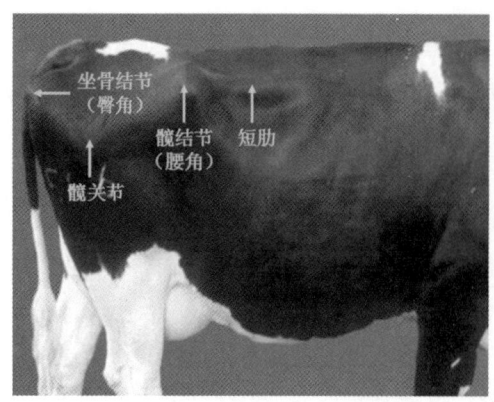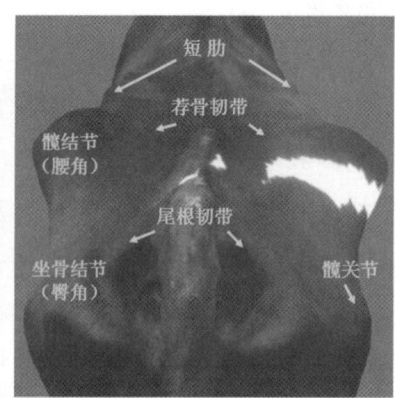

图 6-19 奶牛体况评分关键部位识别

1. 奶牛体况评分方法

牧场应每月进行奶牛体况评分,评分时间段要在奶牛刚挤奶结束后 1 h 内进行。以牛舍为单位,体况评分牛头数不得低于整个牛舍存栏量的 10%,每个牧场奶牛体况评分的数量不得低于牧场存栏量的 10%。特别瘦弱的牛评 1 分,过于肥胖的牛评 5 分。每种情况在 1~5 分进行评分,每级 0.25 分。从管理的角度,更关注 2.5~4 分的奶牛。奶牛体况评分步骤见图 6-20。

2. 奶牛不同阶段的理想体况

奶牛在不同的生理或泌乳阶段,只有保持理想或适宜的体况才能充分发挥其优良的生产性能,具体参数见表 6-13。

表 6-13 不同阶段奶牛理想体况   单位:分

泌乳阶段	理想体况	最小值	最大值
产犊	3.5	3.25	3.75
新产	3	2.75	3.25
泌乳早期	2.75	2.5	3
泌乳中期	3	2.75	3.25
泌乳后期	3.25	3	3.5
干奶期	3.5	3.25	3.75

(三) 步态(行走)评分

步态评分是评定奶牛个体及牛群肢蹄健康状态的有效方法,可以通过该方法减少因肢蹄疾病引起的淘汰率升高、产奶量下降、繁殖率低下等问题,保障奶牛高产并延长其利用年限。步态评分建议每月评分 1 次。评分时应确保奶牛在水平的坚硬地面上行走,来评估奶牛个体和群体的肢蹄健康状态。评分时间为早班泌乳牛挤奶结束后从奶厅回牛舍通道的时间段。识别关键部位:背腰部(是平直还是弯曲)、肢蹄部(是否红肿、外第一步:确定腰角与坐骨之间的角度,区分是"U"形还是"V"形。

  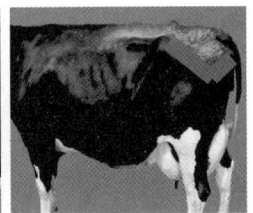

"V"形,BCS≤3

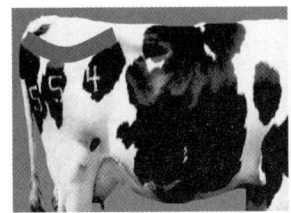 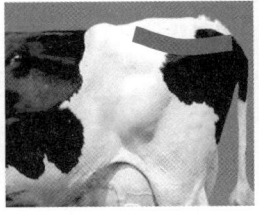 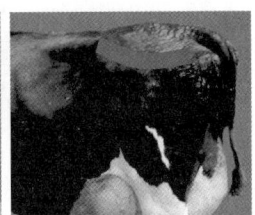

"U"形,BCS>3

第二步:"V"形奶牛判定评分。

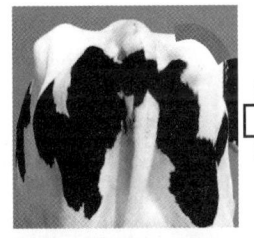 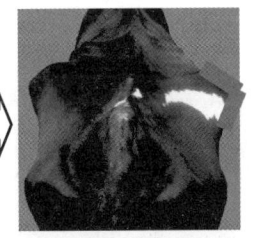 

腰角"圆形",BCS=3　　腰角"棱角",BCS≤2.75　　坐骨"有肉",BCS=2.75

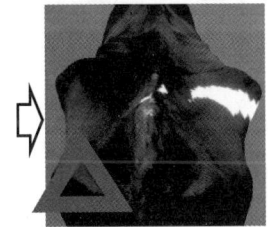 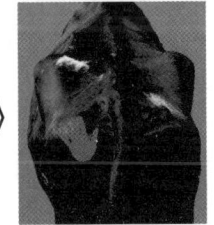 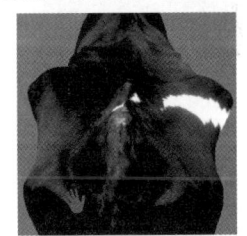

坐骨"棱角",BCS<2.75　　坐骨脂肪明显,BCS=2.5　　坐骨脂肪不明显,BCS=2.25

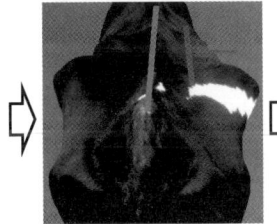 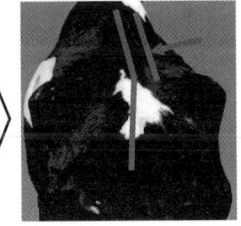 

短肋里侧骨头边缘距离　　短肋里侧骨头边缘距离　　"牙形"脊骨、肋骨、髋关
脊骨1/2,BCS=2.25　　　脊骨3/4,BCS=2.0　　　　节非常突出,BCS<2.0

第三步:"U"形奶牛体态评分。

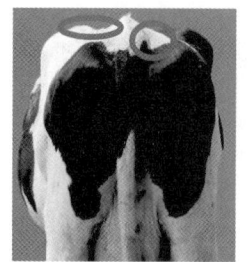
能看见荐骨韧带和尾根韧带,BCS=3.25

能看见荐骨韧带,几乎看不见尾根韧带,BCS=3.5

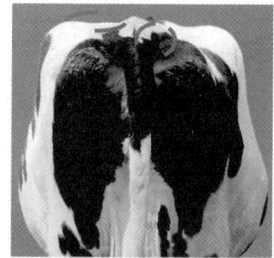
几乎看不见荐骨韧带,看不见尾根韧带,BCS=3.75

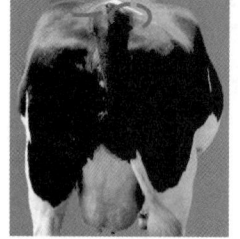
看不见荐骨韧带和尾根韧带,BCS≥4.0

腰角和臀角之间平整,能看见短肋,BCS=4.0

腰角和臀角之间平整,几乎看不见短肋,BCS=4.25

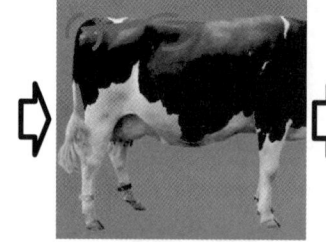
腰角和臀角之间平整,看不见短肋和坐骨,BCS=4.5

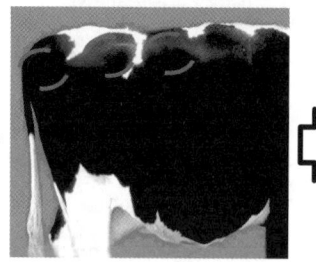
腰角和臀角之间平整,看不见短肋、腰角和臀角,BCS=4.75

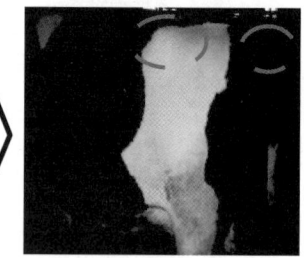
看不见骨头,BCS=5

图 6-20 奶牛体况评分(NRC,2001)

伤、变形等)。评分标准参考表 6-14。

表 6-14 步态评分(Sprecher 等,1997)

评分	姿势	细节描述	图例
1 分	健康	正常站立和行走背部均水平。步态正常,行走时后蹄落在前蹄附近位置,活动自如。	

(续表)

评分	姿势	细节描述	图例
2分	轻度异常	正常站立背部水平,但行走时背部拱起。头部抬得较低,并向前倾。步行轻度异常或无异常。	
3分	跛行	站立和行走时均拱起背部。一只腿呈短步幅行走。	
4分	中度跛行	站立和运动时都拱起背部,有一只腿负重明显降低,提起患肢。	
5分	重度跛行	弓背,一只腿无法负重,站立困难。一只或多只腿短步幅行走,拒绝用患肢站立或行走,喜欢躺卧。	

步态评分 1~2 分牛群比例 85% 以上,说明跛行评价正常,饲养管理良好;对评分为 2 分和 3 分以上的牛进行蹄部保健。3 分牛群比例 15% 以上,说明跛行评价严重,饲养管理存在问题,结果分析参考表 6-15。如果超过 10% 的牛只步态评分为 4 分和 5 分,则可初步断定奶牛群体有蹄病问题。

表 6-15 步态评分结果分析

步态评分	占牛群比例	跛行评价	分析
1~2 分	>85%	正常	饲养管理良好 1. 可能由于感染细菌、病毒而患有蹄疣、腐蹄病; 2. 可能由于地面、垫料问题而引起的蹄损伤、蹄漏和白线病等。
3 分以上	>15%	严重	可能患有蹄叶炎、蜂窝质炎、蹄冠红肿等蹄病,而引起的原因可能是:①存在挤奶厅滞留时间过长或卧床舒适度低等环境问题;②存在修蹄时间、频率,消毒治疗、体况监测等管理问题;③存在日粮平衡、瘤胃 pH 值、粪便评分等营养问题;④存在公牛评定,选种选配遗传参数选择等遗传缺陷问题。

跛行对蹄病也有很大的影响。蹄病会导致奶牛疼痛,影响采食,造成产奶量降低,生乳体细胞数升高。步态评分对采食量和产奶量的影响及控制比例参考标准见表 6-16。

表 6-16 步态评分对采食量和产奶量的影响

评分	干物质采食量	产奶量	占牛群比例参考标准
1 分	0	0	>75%
2 分	减少 2%	减少 1%~2%	<15%
3 分	减少 5%	减少 3%~4%	<9%
4 分	减少 7%	减少 7%~9%	<0.5%
5 分	减少 36%	减少 15%~16%	<0.5%

(四) 后肢关节评分

奶牛后肢关节评分可以及时发现卧床、垫料、牛舍设施等存在的问题或风险隐患。评分参考图见 6-21，①1 分，无毛发损伤和肿胀。②2 分，毛发损伤面积≤2 cm^2，无肿胀。③3 分，毛发损伤面积>2 cm^2，轻微肿胀。④4 分，肿胀明显，有或无毛发损伤，或开放性创伤。⑤5 分，严重肿胀或损伤。

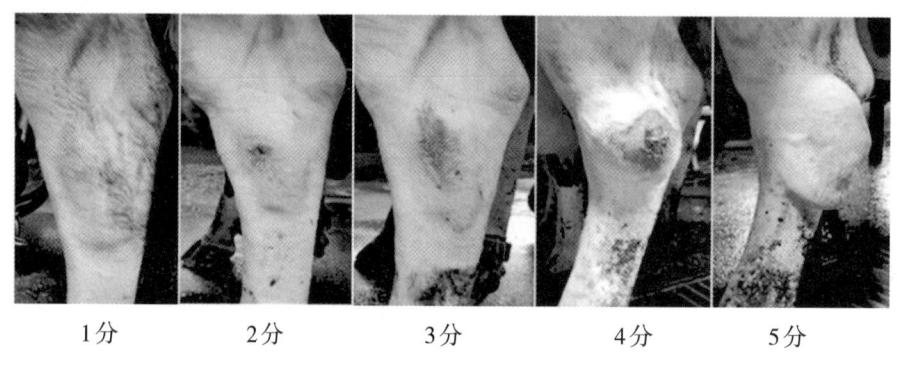

图 6-21 后肢跗关节损伤评分（王艳明，2017）

四、疾病防控

泌乳期奶牛重点防控乳房炎、子宫内膜炎、蹄病、瘤胃酸中毒、腹泻等疾病（见第八章）。

第七节 干奶牛管理技术

干奶牛管理技术奶牛停止繁重的泌乳生产、修复乳腺和恢复体力，为下一个泌乳期做准备所必需的。缺少干乳期，随后到来的泌乳期产奶量约减少 20%。通过合理的饲养管理和干奶方法，可以提高母牛的健康状况和生产性能，干奶期的长度通常控制在 60 d 左右，但根据牛的具体情况可以有所调整。

一、干奶期的饲养目标

干奶期的饲养目标是膘情适中,恢复泌乳生产时的乳腺、肢蹄和瘤网胃等组织的损伤,保证胎儿的营养需求,为下一个泌乳期做准备。

二、干奶要求及方法

进入泌乳后期的奶牛要按时干奶,保证 60 d 的干奶期。停奶前 10 d,进行妊娠检查和隐性乳房炎检测,确定怀孕和乳房正常后方可进行停奶。停奶的奶牛,在最后一次将奶挤净后,用消毒液将乳头消毒,注入专用干奶药,转入干奶牛群,并注意观察乳房变化。干奶后 2 h 之内,干奶操作人员应密切观察牛只,当乳房出现严重红肿热痛及漏奶现象时,应立即挤出干奶药,并挤净牛奶,再重新操作干奶程序。

干奶方法有逐渐干奶法和快速干奶法等。

(1) 逐渐干奶法:在预定干奶期的前 10~20 d,开始变更母牛的饲料,减少青草、啤酒糟等水分较多的喂量,多喂干草,适当限制饮水,减少挤奶次数,由每日 3 次改为 2 次,再由每日 2 次改为 1 次,由每日 1 次改为 2 天 1 次,然后停止挤奶。此方法的母牛乳房有一个适应期,技术要求也不高,多用于后期奶量较多的奶牛。

(2) 快速干奶法:在预定干奶期时,无论奶量多少,一次性挤完后,用1%的碘伏浸泡乳头,再在每个乳区注入一支干奶药(配制方法:取食用花生油 40 mL,经加热灭菌,冷却后拌入青霉素 320 万 U、链霉素 200 万 U,由乳头孔向每个乳区各注入 10 mL;或注射其他干乳针),注完药后再用1%碘伏浸泡乳头。正常情况下,前 2~3 d 乳房明显肿胀,3~5 d 后积乳渐渐被吸收,7~10 d 后乳房体积明显减小,乳房内部组织松软。这时母牛停止泌乳,停乳成功;如果乳房肿胀不消且发硬、发红或出现滴奶等现象,说明干奶失败,应将奶挤净,重新实施干奶措施进行干奶。此方法要求的技术较高,容易引起乳房炎的发生,因而仅适用于中、低产量的母牛。另外,对那些乳房有肿块但又没有表现为乳房炎的牛只干奶时最好打干奶药。

三、干奶期饲养管理

干奶期奶牛日粮应以中等质量粗饲料为主,精粗比以 30∶70 为宜。日粮干物质采食量占体重的 2%~2.5%,粗蛋白质水平 12%~13%,粗纤维含量不少于 20%。混合精料每头每天 2.5~3 kg,控制饲喂食盐、苜蓿,停喂多汁饲料及糟渣类辅料。

转入干奶牛群的头胎牛、经产牛要分群饲喂。干奶牛舍及运动场要注意环境卫生,防止乳房炎的发生。干奶牛要延长运动时间,以防止肢蹄病和难产,并可促进维生素 D 的合成以防止产后瘫痪的发生。不饮冰冻的水、不喂腐败发霉变质的饲料,以防止流产。

四、疾病防控

干奶期奶牛重点防控乳房炎、真胃炎、前胃弛缓、蹄病等疾病(见第八章)。

第八节 热应激缓解技术

奶牛理想的环境温度范围是-4~24℃，这时的奶牛是没有应激的。荷斯坦奶牛维持正常体温的环境温度上限是25~26℃，超过这一上限，奶牛因不能散失足够的热量来维持机体内热平衡就会产生热应激。

一、热应激的危害

热应激对奶牛的影响表观主要为产奶量的下降、乳成分的变化及受胎率的明显下降等。根据热应激的严重程度产奶量下降幅度一般在5%~30%，乳干物质含量下降7%以上，牛奶尿素氮和体细胞数呈现上升趋势；受胎率下降幅度为10%~60%。

二、热应激评价方法

1. 呼吸频率（RF）法

观察奶牛呼吸频率（腹部起伏次数），记录1 min内奶牛的呼吸次数，重复测定2~3次，求平均值。正常情况下，奶牛的呼吸频率约为20次/min。通过测量奶牛的呼吸频率，可以评估其热应激状态：50次/min≤RF<79次/min为轻度热应激。80次/min≤RF<119次/min为中度热应激。120次/min≤RF<160次/min为重度热应激。

2. 直肠温度（RT）评价法

将体温计放置在奶牛直肠内并停留3~5 min，测得奶牛直肠温度。奶牛正常直肠温度为38.3~38.7℃。平均直肠温度处于39.4℃<RT<39.6℃时，奶牛处于轻度热应激状态；平均直肠温度处于39.6℃≤RT<40.0℃时，奶牛处于中度热应激状态；平均直肠温度>40℃时，奶牛处于重度热应激状态。

3. 呼吸评价法

观察奶牛胸式呼吸、腹式呼吸、张嘴呼吸等方式，记录1 min内奶牛的呼吸次数，重复测定2~3次，求平均值。其评分细则为：①1分，胸式呼吸，不易观察到呼吸活动，无法通过观察准确计量呼吸次数。②2分，出现腹式呼吸，即呼吸时腹部有起伏，呼吸次数小于80次/min。③3分，严重的腹式呼吸，呼吸较快，呼吸次数为81~100次/min。④4分，呼吸频率很快，大于100次/min；或张嘴呼吸，有时呼吸较深长。⑤5分，呼吸时伸出舌头（表明奶牛遭受着非常严重的热应激）。

4. 温湿度指数（THI）法

干湿球温湿度测量仪应等距悬挂于牛舍内纵向居中、非太阳直晒处、与牛体等高的位置。一栋牛舍内应至少悬挂3处，求平均值。每天至少测量3次，分别为清晨温度最低的时候、中午温度最高的时候和晚间温度开始变凉的时候。

$$THI = 0.81 \times T + (0.99 \times T - 14.3) \times R + 46.3 \quad (6-1)$$

式中：T为牛舍平均温度，单位为摄氏度（℃）；R为牛舍平均湿度，单位为百分率（%）。牛舍温度、相对湿度与对应的THI值见表6-17。

第六章 奶牛饲养管理技术

表 6-17 牛舍温湿指数（THI）和热应激程度对照表

温度(℃)	牛舍相对湿度（%）																				
	0	5	10	15	20	25	30	35	40	45	50	55	60	65	70	75	80	85	90	95	100
24														72	72	73	73	74	74	75	75
25											72	72	73	73	74	74	75	75	76	76	77
26									72	73	73	74	74	75	75	76	77	77	78	78	79
27							72	73	73	74	74	75	76	76	77	77	78	79	79	80	81
28					72	72	73	74	74	75	76	76	77	78	78	79	80	80	81	82	82
29				72	73	73	74	75	76	76	77	78	78	79	80	81	81	82	83	83	84
30			72	73	74	74	75	76	77	78	78	79	80	81	81	82	83	84	84	85	86
31		72	73	74	75	76	76	77	78	79	80	80	81	82	83	84	85	85	86	87	88
32	72	73	74	75	76	77	77	78	79	80	81	82	83	84	84	85	86	87	88	89	90
33	73	74	75	76	77	78	79	79	80	81	82	83	84	85	86	87	88	89	90	90	91
34	74	75	76	77	78	79	80	81	82	83	84	84	85	86	87	88	89	90	91	92	93
35	75	76	77	78	79	80	81	82	83	84	85	86	87	88	89	90	91	92	93	94	95
36	75	77	78	79	80	81	82	83	84	85	86	87	88	89	90	91	93	94	95	96	
37	76	77	79	80	81	82	83	84	85	86	87	89	90	91	92	93	94	95	96	97	99
38	77	78	79	80	82	83	84	85	86	87	88	90	91	92	93	94	95	97	99		
39	78	79	80	82	83	84	85	86	88	89	90	91	92	94	95	96	97	99			
40	79	80	81	82	84	85	86	88	89	90	91	93	94	95	96	97	99				
41	80	81	82	83	85	86	87	89	90	91	93	94	95	97	98	99					
42	80	82	83	84	86	87	89	90	91	93	94	95	97	98	99						
43	81	83	84	85	87	88	90	91	92	94	95	97									
44	82	83	85	86	88	89	91	92	94	95	97	98									
45	83	84	86	87	89	90	92	93	95	96	97	99									
46	84	85	87	88	90	91	93	94	96	98	99										
47	84	86	88	89	91	92	94	96	97	99						轻度应激					
48	85	87	89	90	92	93	95	97	98							中度应激					
49	86	88	89	91	93	95	96	98								严重应激					

三、热应激缓解技术

（一）牛舍通风降温技术

（1）减少太阳辐射：在设计牛舍时，应优先考虑使用具有良好隔热性能的材料作为顶棚，避免使用传热快的单层石棉瓦。牛舍的屋顶和外壁可以通过覆盖干草或喷涂石灰浆来减少太阳辐射的影响。为了提高自然通风的效果，可以在不影响通风的前提下，在牛舍及运动场周围种植树木以遮阴，可减少30%~40%的太阳辐射热。此外，凉棚是一种经济有效的遮阴措施。

（2）喷淋风扇技术：当牛舍温度高于25℃，湿度高于70%时，建议开启风扇和喷淋，在牛舍内安装旋转式喷雾装置可以提供间歇性的喷雾和送风，进一步降低牛只的体温。在中午时分,使用冷水刷拭牛体,结合淋水和送风(图6-22),可以取得更好的降温效果。

(3)保证清洁和充足的饮水:保证牛舍和运动场有充足的清洁饮水(图6-23),供牛自由饮用,也是降低热应激的关键措施。

图6-22 奶牛喷淋降温

图6-23 奶牛运动场饮水

(二)调整日粮成分

热应激会影响奶牛的采食和生产性能。可通过调整日粮成分应对热应激。①适当提高能量和粗蛋白质等营养物质的浓度,并确保粗纤维含量大于17%;日粮中蛋白质浓度比正常水平提高4%左右,过瘤胃蛋白质占粗蛋白质比例达到35%~38%;添加日粮总干物质3%的脂肪酸钙盐,使日粮中脂肪水平达到5%~6%。②适当减少青贮饲料的比例,增加富含碳水化合物和水分、适口性好的饲料,如鲜嫩多汁的青草及瓜类果皮等。③夏季应减少干草的饲喂量,适当增加发酵的糠糟、豆渣、啤酒糟等饲料。

(三)使用添加剂

日粮增加维生素(如维生素A、烟酸等)、每天每头奶牛补充400 mg β-胡萝卜素、添加乙酸钠、脂肪酸钙等添加剂,可以提高奶牛的产奶量和乳脂率,特别是在高产奶牛中效果更为明显。精料中添加0.5%甘草和板蓝根等中药,可以预防奶牛夏季综合征,降低发病率并使受胎率保持在70%以上。

(四)调整产犊日期

热应激会显著降低奶牛的产奶量,因此,通过调整产犊日期,避开夏季产犊,可以有效预防产后疾病。一般而言,将产犊季节安排在9—10月较为适宜,奶牛可以在翌年春季度过泌乳期,而7—8月正处于干乳期,对总产奶量的影响较小。

(五)培育耐热品种

耐热性的遗传选择是提高奶牛热应激适应性的长期策略。红细胞钾是一个很好的耐热性选择指标,其分布符合数量性状的规律,遗传力为0.15~0.38,建议以550 mg/L作为选择标准。通过遗传改良,可以培育出更适应高温环境的奶牛品种,从而减少热应激对奶牛生产性能的负面影响。

第六章　奶牛饲养管理技术

第九节　冷应激缓解技术

在极端低温条件下，奶牛会遭受冷应激的影响，这不仅会导致产奶量下降，还可能引发多种疾病，进而影响养殖户的经济收益。牛舍防寒保暖奶牛最适宜的环境温度为10~16℃，犊牛为17℃，极限耐受范围为-15~26℃。因此，对于冬季奶牛的冷应激管理，牧场应给予足够的重视。

一、冷应激的危害

冷应激对奶牛的影响是多方面的，它不仅影响奶牛的健康状况，还直接影响到奶牛的生产性能和养殖者的经济效益。

1. 机体体液免疫和细胞免疫机能下降

在低温环境下，奶牛的免疫系统会受到抑制，导致体液免疫和细胞免疫功能下降。奶牛更容易受到病原体的侵袭，从而引发一系列疾病，如感冒、肺炎、结核病等。这些疾病不仅影响奶牛的健康和产奶量，还可能导致整个牛群的疫病流行，特别是在冬季和早春季节，由于环境温度较低，这些疾病的发生率更高。

2. 产奶量下降

低温环境会影响奶牛的新陈代谢和能量分配，使奶牛为了维持体温而消耗更多的能量，即使采食量增加，这些额外的能量也主要用于御寒，而非产奶。因此，奶牛的产奶量会下降，这不仅减少了养殖者的收益，同时也增加了饲料成本，因为需要更多的饲料来维持奶牛的基本生理需求。

3. 乳房炎高发

冷应激还会导致奶牛的乳房炎发病率上升。低温环境可能使得乳房血液循环受阻，乳腺组织更容易受到感染。此外，乳头在寒冷环境中容易冻伤，增加了乳房炎的发生风险。乳房炎不仅影响奶牛的产奶量和奶质，还可能导致奶牛长期的健康问题。

4. 骨折、流产高发

在寒冷的冬季，牛舍、挤奶厅通道或运动场容易结冰，地面变得滑，这增加了奶牛滑倒和受伤的风险。奶牛摔倒可能导致骨折，而对于怀孕的奶牛来说，摔倒还可能导致流产。这些意外事件不仅对奶牛的健康构成威胁，也给养殖者带来了额外的经济损失。

二、冷应激评价

奶牛的正常体温范围大约在38.5~39.3℃，而大多数研究表明，奶牛的舒适温度区间为10~20℃。当环境温度降至大约5℃以下时，奶牛便会出现冷应激反应，这对其产奶量和生理机能都会产生显著的负面影响。

1. 开放/半开放式牛舍冷应激程度评价

利用观测记录的平均温度及平均风速可以快速查得相应的风寒温度，并确定奶牛冷应激程度（表6-18）。

表6-18 开放/半开放式奶牛舍风寒温度评价

风速 (km/h)	温度（℃）							
	10	5	0	-5	-10	-15	-20	-25	-30
10	9	3	-3	-9	-15	-21	-27	-33	-39
15	8	2	-4	-11	-17	-23	-29	-35	-41
20	7	1	-5	-12	-18	-24	-31	-37	-43
25	7	1	-6	-12	-19	-25	-32	-38	-45
30	7	0	-7	-13	-19	-26	-33	-39	-46
35	6	0	-7	-14	-20	-27	-33	-40	-47
40	6	-1	-7	-14	-21	-27	-34	-41	-48
45	6	-1	-8	-15	-21	-28	-35	-42	-48
50	6	-1	-8	-15	-22	-29	-35	-42	-49
55	5	-2	-8	-15	-22	-29	-36	-43	-50
60	5	-2	-9	-16	-23	-30	-36	-43	-50
70	5	-2	-9	-16	-23	-30	-37	-44	-51
80	4	-3	-10	-17	-24	-31	-38	-45	-52

注：9~-9℃奶牛无冷应激，-10~-24℃轻度冷应激，-25~-43℃中度冷应激，-45~-52℃为重度冷应激。

2. 密闭奶牛舍冷应激程度评价

利用观测记录的平均温度及平均风速可以快速查得相应的风寒温度，并确定奶牛冷应激程度（表6-19）。

表6-19 密闭式奶牛舍风寒温度评价

风速 (m/s)	温度（℃）							
	5	2.5	0	-2.5	-5	-7.5	-10	-12.5	-15
0.2	5.6	3.1	0.6	-1.9	-4.4	-6.9	-9.4	-11.8	-14.3
0.3	4.9	2.3	-0.2	-2.8	-5.3	-7.9	-10.4	-13.0	-15.6
0.4	4.4	1.8	-0.8	-3.4	-6.1	-8.7	-11.3	-13.9	-16.5
0.5	3.9	1.3	-1.3	-4.0	-6.6	-9.3	-11.9	-14.6	-17.2
0.6	3.6	0.9	-1.8	-4.5	-7.1	-9.8	-12.5	-15.2	-17.8
0.7	3.3	0.6	-2.1	-4.9	-7.6	-10.3	-13.0	-15.7	-18.4
0.8	3.0	0.2	-2.5	-5.2	-7.9	-10.7	-13.4	-16.1	-18.8
0.9	2.7	0.0	-2.8	-5.5	-8.3	-11.0	-13.8	-16.5	-19.3
1.0	2.5	-0.3	-3.0	-5.8	-8.6	-11.4	-14.1	-16.9	-19.7
1.1	2.3	-0.5	-3.3	-6.1	-8.9	-11.7	-14.5	-17.2	-20.0
1.2	2.1	-0.7	-3.5	-6.3	-9.1	-11.9	-14.8	-17.6	-20.4
1.3	1.9	-0.9	-3.7	-6.6	-9.4	-12.2	-15.0	-17.9	-20.7
1.4	1.7	-1.1	-3.9	-6.8	-9.6	-12.5	-15.3	-18.1	-21.0
1.5	1.6	-1.3	-4.1	-7.0	-9.8	-12.7	-15.5	-18.4	-21.2

注：5.6~-3.4℃奶牛无冷应激，-4~-9.8℃轻度应激，-10.3~-15.7℃中度冷应激，-16.1~-21.2℃为重度冷应激。

三、冷应激缓解技术

在冬季，奶牛养殖业面临一系列挑战，其中最关键的是确保奶牛的舒适和健康，以维持其生产性能和福祉。冬季的低温环境对奶牛的生理和行为产生显著影响，因此，采取有效的管理措施至关重要。

1. 牛舍的保暖与通风设计

在牛舍的建造和设计阶段，必须综合考虑保温和通风的技术要求。墙体和顶部应使用适宜的保温材料，同时配备相应的通风系统。在冬季，保温与通风之间需要找到平衡点，以维持牛舍内的温度，同时确保空气流通、清洁和干燥。不良的通风会导致湿度增加和有害气体浓度上升，从而对奶牛的健康构成威胁。因此，建议在气温较高的中午时段开启风机进行排风，以维持牛舍内适宜的温度和空气质量。此外，冬季还应防止水管泄漏，以保持牛舍的干燥。

2. 犊牛的饲养管理

①保暖和防风：在寒冷季节，应加厚褥草并封闭门帘，以保护犊牛免受寒风的侵袭。褥草应采用双层结构，底层使用干锯末以吸收湿气，上层则使用干麦秸、稻草等材料以提供保温；②初生犊牛的管理：建议在犊牛出生后立即使用干燥的锯末或干布擦干其身体，并将其放置在温暖的环境中，以促进被毛的干燥。

3. 保证适当的运动量

在阳光充足且气温较高的中午时段，应将奶牛引导至运动场进行运动和休息，以促进新陈代谢和增加产奶量。阳光中的紫外线有助于杀灭体表病原菌，促进维生素 D 的合成，增强钙的吸收和骨骼健康。

4. 及时调整奶牛日粮配方，力求多样化

①精料的调整：在冬季，应调整精饲料的供给，保持蛋白质饲料的稳定性，同时增加 20%~30% 的玉米供给量，以提高能量饲料的比例；②粗料的调整：在粗饲料方面，推荐使用青贮饲料、优质苜蓿草、优质羊草、全棉籽或啤酒糟等高能量饲料；③饲料的管理和添加剂：应避免提供腐败或冰冻的饲料，并在饲料中加入适量的钙和磷，以及通过营养舔砖补充微量元素。

5. 保证奶牛冬季饮水

奶牛的饮水量对其产奶量和胃肠功能至关重要。冬季应确保奶牛饮用水的温度不低于 15℃，而对于犊牛，饮水水温应保持在 35℃ 左右。

6. 采用"冬配秋生"的管理模式

由于冬季大多数奶牛处于妊娠期，不良的饲养管理可能导致流产和死胎。因此，日常管理中应避免奶牛拥挤和滑倒，严禁使用冷鞭或急赶猛转等可能导致外伤或流产的行为。冬季应保持运动场地的干燥，清除积水，防止奶牛卧在冰面、冰水或雪地上。同时，加强乳房保护，防止乳头冻伤。

第七章 挤奶及奶厅管理技术

科学合理的挤奶技术、精细化的奶厅管理是保障奶牛乳房健康和乳制品安全生产与质量把控的关键环节。精准控制挤奶频次和力度，可以最大限度确保乳汁彻底排出，减少乳房炎发生。通过奶厅精细化管理则能有效监测每头泌乳奶牛健康状况和产奶情况，及时发现异常情况并进行干预处理，从而降低疾病传播风险，提升奶源品质。

第一节 挤奶标准化流程

挤奶标准化程序是提高生产效率、保障牛奶品质和奶牛健康的关键措施。标准化挤奶可以提高单产和提升挤奶效率，保障奶牛的乳房和乳头健康。标准化流程包括挤奶前的准备、挤奶操作、设备清洗与维护等多个步骤。

一、挤奶前的准备

1. 召开班前会，做好准备工作

奶厅员工每班次需提前 10 min 到达挤奶现场，由挤奶负责人组织召开班前会，安排当天的工作及注意事项，确认本班次的赶牛人员进牛舍赶牛，并检查每位员工的工作服。

关键控制点：①工作服要求：橡胶手套、工帽、口罩、雨鞋、围裙、套袖。②准备好本班次使用的纸巾并放在指定位置。

2. 赶牛

（1）赶牛顺序严格按照：新产牛—高产牛—中产牛—低产牛—其他病牛—乳房炎牛。

（2）牛门要求：将本牛舍的牛门打开，其他相邻牛舍的牛门、挤奶通道牛门全部关闭（防止混群和跑牛）。

（3）牛只要求：将本牛舍的牛全部赶出牛舍，再将牛赶到待挤厅；然后应观察待挤厅牛的密度，防止牛群过度拥挤对奶牛造成伤害；最后将待挤厅牛顺利赶到挤奶位。

（4）赶牛过程：严禁"用脚踢牛"、严禁"快速驱赶牛"、严禁"高声吆喝"、严禁"用任何器具打牛"。

（5）赶牛通道：地面防滑，无破损和水坑，可铺设橡胶垫，减少弯道（图7-1）。

3. 挤奶前准备

检查设备是否正常、气压是否达标、真空泵的运转速度是否正常、管道是否有漏气的地方、热水是否充足、温度是否合适等（清水 40~45℃，热水 80~85℃）。配制充足

第七章 挤奶及奶厅管理技术

图 7-1 挤奶厅过道铺设防滑垫与赶牛

的药浴液,原液稀释后的浓度不低于 2 500 mg/kg。裁剪并折叠好充足的擦拭纸巾。挤奶员开始拔挤奶杯组,轻轻地将挤奶杯组从清洗托上拔出,再把清洗托轻轻朝上方折叠起来,然后调整挤奶杯组,防止有扭曲。检查并调整真空度,保证挤奶过程中的真空度数值的浮动在上下 2 kPa。挤奶员按动压牛门气动按钮放下压牛门和按动进牛门气动按钮打开挤奶位进牛门。

关键控制点:①药浴液配置:现用现配原则,药浴液浓度根据药浴液厂家要求和牧场规定相结合严格配置。②药浴液的管理:药浴液储存在避光、干燥、安全的区域;每次剩余的药浴液用来消毒挤奶工具,严禁第二次使用。③挤奶设备管理:每次取挤奶设备时应轻拿轻放,尤其是取挤奶杯组时,蜡烛杆容易折断,避免人为造成损害。

二、挤奶操作

机械化标准化挤奶有 8 个步骤,分别为乳房观察、前药浴、挤前三把奶、乳头擦拭、套杯、巡杯、脱杯和后药浴,如图 7-2 所示。

1. 前药浴

使用药浴杯或喷枪药浴乳头,药浴液要覆盖整个乳头,保证药浴液停留在乳头上的

图 7-2 挤奶流程操作图

时间达到 30 s 以上,否则无法达到杀菌效果。使用消毒喷枪:握住消毒喷枪后柄,大拇指按动按钮,枪头与乳头平行均匀地将药浴液喷洒在每个乳头上,乳头的正面和背面都要喷洒到位。使用药浴杯:将药浴杯盖拧开,灌满药浴液,拧上盖,用一只手握住药浴杯,轻轻挤药浴杯中间部分,杯口有药浴液流出,对准每一个乳头,将乳头全部浸入药浴液中,前药浴的顺序按照先前再后的顺序。有乳头刷的参照乳头刷操作流程进行操作。

关键控制点:①彻底药浴:每头牛验乳后,进行挤前消毒,每个乳头必须全面、有效、彻底的消毒,药浴液在乳头上必须形成滴水状,包裹乳头,浸泡深度为乳头的 2/3 处,药液保证在乳头存留 30 s 后方可擦拭。②药浴杯:不回流药浴杯。③充分前药浴:以杀灭乳头上面的细菌,湿润乳头使上面的粪痂容易擦掉。同时避免患有乳房炎的牛将病原菌传染给其他健康奶牛,防止交叉感染。④药浴液浓度配比:前药浴使用时不允许使用原液,后药浴在冬季寒冷天气下防止乳头冻伤情况下使用,其他时间禁止使用原液。

2. "3+2把验奶"

前药浴后30 s进行验奶,按照先前而后的顺序对每个乳区连续有效地挤弃前三把奶,如前三把奶有异常,则需再挤两把奶,确定是否有凝块、水样乳,如有确定为乳房炎需将异常牛上报兽医。如挤奶时乳房出现红、肿、热、痛反应,但牛奶无问题可正常挤奶。头几把奶和擦拭两步操作总时长要至少10 s,如果分开操作,头几把奶至少操作8 s,每个乳头至少挤出三把奶。

关键控制点:①验奶:检验乳房是否有乳房炎,乳头坏死及血乳、冻伤(有凝乳块、牛奶水样);降低细菌数,因为乳头孔是微生物进入最直接的地方所以将附近牛奶弃掉,这样大大降低牛奶中微生物;对奶牛的乳头刺激,促进奶牛产生排乳反射,进行放乳,有利于挤奶。②防止交叉感染:每次验出乳房炎,双手进行水冲洗和用消毒液消毒;发现手上比较脏时,立即用清水进行冲洗干净。③验奶人员严格消毒:验奶员要保证手臂清洁,同时每发现乳房炎要对手臂进行消毒后方可操作。初产牛的瞎乳区识别带需要着重检查,发现戴识别带的乳区如泌乳机能恢复正常,则可以上杯。④乳房炎检测:根据牧场大缸牛奶体细胞数值,每月体细胞高的牧场对低产泌乳牛进行检测。

3. 乳头擦拭

每头牛有效消毒后,至少间隔四头牛,从第一头牛开始再用一次性纸巾擦拭,纸巾擦拭操作顺序按照先前而后的顺序,手握住纸巾对准乳头基部,采用旋转擦拭方法对乳头进行擦拭,最后对乳头孔进行擦拭;严禁四乳区用纸巾同一部位擦拭;擦拭后的乳头必须干净清洁,没有粪渣、药浴液和污水,严禁污水流入奶杯。

关键控制点:①擦拭原则:必须一牛一巾,纸巾必须清洁、干燥,确保干净和使用后的纸巾隔离放置。②擦拭操作顺序:严格按照先前而后的顺序。③前药浴到乳头擦拭之间的时间间隔必须达到30 s以上。④蘸杯药浴的方式,只清理乳头和乳头末端;喷淋药浴的方式,喷淋时容易喷到乳房上,擦拭时要保证把乳房上的药浴液先擦掉之后再用干净的毛巾擦拭乳头,防止牛奶中有药浴液残留。

4. 套杯

套杯时间是在预刺激之后的60~120 s。根据不同的产奶天数设置不同的上杯时间,例如新产牛在60 s左右上杯,高峰期的奶牛在70 s左右上杯,产奶末期的奶牛接近90 s左右上杯,而1天挤奶4次又处在接近干奶的牛群,可以再适当延长上杯时间,但也不能超过120 s。

套杯时应先同时握住左前和左后的两个杯组,左后杯组折叠状,两杯组同时卡在大拇指和食指中间,然后右手按气阀或上杯按钮,接着右手握住右前和右后的杯组,右后杯组也呈折叠状,两杯组也同时卡在大拇指和食指中间,两只手在同一水平线上,先对准左前和右前两个乳头进行同时上杯,左前和左后套上杯后,再套左后和右后两个杯组。如遇瞎乳区或异常乳区牛不能套杯时,将假乳头放入对应杯组,严禁折叠。

关键控制点:①保证前药浴到上杯时间在90~120 s内完成。②严禁强制挤奶。

5. 巡杯

套杯后一定要根据奶牛乳房形态调整杯组和奶管，保证杯组是顺直悬挂于奶牛乳房下。不能往任何方向偏移，防止滑杯漏气和某个乳区挤不干净。如果有滑杯漏气的情况，要使用支撑臂或链条支撑住滑杯的一侧。

（1）每头牛脱杯后，挤奶员观察显示器奶量及四个乳区，看是否挤完正常脱杯，若挤奶中途因其他因素脱杯，立即迅速重复上杯。严禁无奶二次上杯、提前手动脱杯，在挤奶过程中要密切观察自己所管牛挤奶状况，严禁空吸。

（2）及时发现有无漏气、吸气现象，并调整挤奶杯，避免漏气、吸气；查看奶管、脉动管是否存在破裂，是否被牛踩住；若被牛踩住，应及时将其从牛蹄下提起或更换。

（3）及时冲去台面上的牛粪，保持台面干净；观察奶杯透明杯罩，查看所有乳头是否都通乳，对于不通乳的乳头，下杯后检查原因，具体原因有以下几点：①乳头存在结痂将乳头孔堵塞；奶杯内衬可能存在扭曲；乳区可能为坏死乳区或萎缩乳区；乳区不发达。②进气孔元件注意事项：每班次挤奶时检查进气孔是否堵塞，堵塞后立即进行疏通。

6. 观察脱杯

要根据牛群的产奶量和挤奶频率来调整脱杯流量。一天挤奶3次的牧场，建议脱杯流量设置在0.4~0.8 kg/min。脱杯流量和乳房剩奶的关系较小。乳房剩奶量直接取决于预刺激的好坏和上杯时间的早晚。

每头牛脱杯后，挤奶员观察显示器奶量及四个乳区，看是否挤完正常脱杯，若挤奶中途因其他因素脱杯，立即迅速重复上杯，严禁手工收奶，提前手动收杯。要密切注意是否正常脱杯，观察牛和设备是否异常，如有异常及时通知挤奶组长。

7. 后药浴

每头牛完成挤奶脱杯后先观察乳房状况无异常后进行挤后药浴（药浴要彻底、全面、有效），后药浴必须使用药浴杯，将药浴杯盖拧开，灌满药浴液，拧上盖，用一只手握住药浴杯，轻轻挤药浴杯中间部分，杯口有药浴液流出，对准每一个乳头，将乳头全部进入药浴液中，前药浴的顺序按照先前再后的顺序；药浴杯口呈圆锥形状，药浴液不够1/2时，应再挤压药浴杯中部使药浴液盛满圆锥形状，后药浴的顺序为先前而后。

关键控制点：①药浴液的使用和管理：药浴液必须现用现配，药浴液在乳头上形成滴水状，包裹乳头，每班次挤奶后药浴杯剩余药浴液必须倒弃。②后药浴的目的：挤完奶的同时乳头孔不能马上闭合，细菌容易入侵，所以在收杯之后要立即喷洒消毒液将乳头孔封闭，这样可以大大降低乳房炎的发病率，同时还有润滑的作用，避免乳头划伤，起保护作用。③后药浴及时性：挤完奶放牛之前必须全部药浴完成。

8. 放牛

挤奶员按压牛门启动按钮，然后压牛门打开，待牛安全地离开挤奶台后，按压牛门按，每架牛走后必须冲洗台面及集乳器杯组，再按进牛门启动按钮，进牛门打开，等待下一排牛进入。

关键控制点：在打开和放下压牛门时，一定注意牛和人员，避免压牛门造成伤害。

9. 回牛

（1）当整舍牛挤奶结束后，赶牛人员将所有的牛赶出挤奶厅，关闭待挤厅牛门，防止混群，打开牛舍门，将所有牛赶回原牛舍，关闭牛舍门。

（2）头一舍牛挤完、赶回牛舍以后，赶牛人员再进入下一牛舍进行赶牛挤奶。

关键控制点：①牛门管理：其他相邻牛舍的牛门、挤奶通道牛门全部关闭，最后将本舍牛门关闭；防止混舍和跑牛。②赶牛速度：禁止快速驱赶牛回舍，防止在回牛过程中发生劈叉事件。

三、设备清洗与维护

挤奶厅设备的清洗与维护是确保牛奶质量和设备性能的重要环节，通常包括预冲洗、碱洗、酸洗和后冲洗几个步骤。详见本章第六节。

四、挤奶流程关键监控点

1. 监测挤奶流程

检查奶牛是否下奶最好的方法是监控牛奶流速和挤奶（在杯）时长。使用奶量计，可以得到这些数据，在得到奶流速数据后，要关注以下几个指标。

（1）关键指标：最重要的关键指标是在杯时长和平均奶流量。这两个指标相乘等于班次产奶量。班次产奶量 10 kg 及以下的牧场，平均奶流量目标应该至少 2.5 kg/min，这样才能保证在杯时长 4 min 以下。班次产奶量 12 kg 及以上的牧场，平均奶流量目标应该 2.5~3.0 kg/min，甚至更多。

（2）前 2 min 奶流量的变化：前 2 min 奶流量分为 4 个阶段：0~15 s、15~30 s、30~60 s 和 60~120 s。这 4 个阶段的奶流速应该持续增加。

（3）前 2 min 收获的奶量：每天挤奶 3 次的牧场，前 2 min 至少要获得 5 kg 的生乳。产奶量较高的牧场，最好能够达到 6 kg 以上。目前在中国较好的牧场，前 2 min 就收获 6 kg 以上的生乳。

2. 判断挤奶是否正确

（1）乳头检查：挤奶后奶牛的乳头皮肤光滑，无伤无肿胀变色。粗糙的乳头，细菌容易在皱褶和裂纹里隐藏并繁殖，药浴液不能渗透进去杀菌。

（2）乳头末端检查：定期监控乳头末端的情况，例如粗糙程度、角质化状况和挤完奶后乳头孔多久完全闭合。

（3）检测乳头末端粗糙度和角质化情况：选取至少泌乳牛群的 20% 作为检测样本，样本要包含各胎次、各泌乳阶段和各牛舍，少于 200 头泌乳牛的牧场，全群检测。评分后计算出 3 分和 4 分的比例，目标是 3 分和 4 分的比例最多 10%，也就是 90% 以上的乳头末端是光滑无角质的。

（4）乳房是否剩奶：脱杯后马上手工挤奶，检查至少 10 头牛，覆盖每个泌乳阶段，记录每头奶牛每个乳区的剩奶量。如果挤奶设备定期维护保养，上杯后杯组悬挂位置准确，如果挤奶流程完善，每头奶牛剩奶应该少于 200 mL。如果乳房剩奶超过

500 mL，就需要检查挤奶流程和杯组等。如果左右两侧剩奶差别很大，可能是杯组悬挂位置不正确，或者奶管太长缺少支撑。

第二节 挤奶前清洁消毒技术

奶牛的健康关系到牛奶的品质，是提高原料奶质量的主要途径。奶厅的清洁消毒管理，能改善牛群乳房健康状况，提高生产效益和原料奶质量。

一、清洁消毒技术

（一）挤奶人员及挤奶环境清洁消毒

（1）工作人员：①必须保证身体健康，保持个人卫生，经常修剪指甲，进入挤奶厅前应洗净双手，穿工作服、工作鞋、防护手套，紫外线消毒。②工作服、工作鞋以及工作帽必须每天消毒，戴上一次性塑料或橡胶手套，可有效减少手被细菌污染，避免奶牛之间传播乳房炎，如图7-3所示。

图7-3 奶厅通道及工作服消毒

（2）挤奶厅：①周围环境保持清洁，符合牛场卫生消毒要求。②挤奶厅人员入口处设消毒池，池内可选用2%氢氧化钠溶液。③在每班次牛挤奶后应对奶厅进行清扫，用高压水枪冲洗，每天用消毒剂消毒一次，排污池和下水道等每周用漂白粉消毒一次，定期喷洒杀虫剂杀灭蚊、蝇等害虫，为奶牛提供良好的挤奶环境。

（二）挤奶设备清洁消毒

（1）预冲洗：①每次挤奶前用清水对管道循环清洗3~5 min。②每次挤奶完成后马上用清水冲洗管道，预冲洗不循环，用水量以水变清为宜。③预冲洗水温在35~40℃。

（2）循环清洗：①预冲洗后立即改用专用的碱或酸洗液循环清洗10~15 min。②酸碱液交替使用，一般遵循"先碱后酸，三碱一酸"，视管路系统清洁程度，碱洗与酸洗可在每次挤奶作业后交替进行。③碱洗液温度，开始温度80℃以上，循环后不能低于

40℃，碱洗液 pH 值应在 11.5~12.5 范围内。④酸洗液温度在 35~46℃，酸洗液 pH 值为 2.5~3.5，时间为 10~15 min 的循环清洗。⑤碱和酸洗液浓度，应考虑水的 pH 值和硬度。

（3）后冲洗：①每次清洗完成后马上用清水冲洗管道。②后冲洗不循环，用水量以水变清为宜，管道内不应留有残水。③后冲洗水温在 35~40℃。

（4）挤奶设备在使用前后都应进行全面的清洗和消毒，使用专用消毒剂彻底消毒奶桶、奶杯、奶泵、奶管等（图 7-4）。

图 7-4　挤奶设备清洁消毒

（三）奶牛乳头清洁消毒

（1）清洗：在挤奶前，使用温水和清洁剂对奶牛乳房进行清洗，擦净奶牛乳房，清除奶牛乳房表面的污物，擦洗过程中避免使用过硬的刷子或粗糙的材料，以免损伤乳房皮肤。

（2）药浴：挤奶前用碘制剂对乳头进行药浴，时间为 30~60 s，用半湿的热毛巾在乳房的底部中沟和两侧擦拭 2~4 次，然后立即用一次性卫生纸或洁净的毛巾擦干乳头。挤奶后对奶牛乳头再次进行药浴。前、后药浴液要求，一般建议前药浴碘浓度 5 000 mg/kg，后药浴碘浓度 10 000 mg/kg。

二、体表清洁度评价

体表清洁度是牛场卫生状况的评判指标。体表清洁度评分是量化评定体表洁净程度的指标，针对的是整个牛群而非单头奶牛，主要评分部位包括臀部下体、后肢、腰腹部和乳房。将 4 个部位分别评分，然后计算平均数即为最后评分。1 分代表最洁净，5 分代表最脏。体表清洁度评分细则见表 7-1。乳房和后肢清洁度评分参考表 7-2。

表 7-1 体表清洁度评分细则

评分	臀部下体	后肢	腰腹部	乳房
1分	全部清洁	全部清洁	全部清洁	全部清洁
2分	下体有少数干粪点	后肢有少数干粪点	仅腹部有少数干粪点	乳房上有少数干粪点
3分	后躯和乳房有明显可见的干粪，尾部末梢沾有粪便	后肢下部有一些粪便或干泥	腰腹部有明显可见粪点	乳房上有明显可见粪点
4分	后躯和乳房有明显可见的干粪，尾部大部分沾有粪便	后肢上部有少量粪便或干泥	身体侧面胁窝下部沾满粪便	乳房上沾有大片粪便
5分	后躯、乳房和尾部全部沾满牛粪	后肢上部均沾有粪便或干泥	身体侧面全部沾满粪便	乳头周围有粪便

表 7-2 乳房和后肢清洁度评分（王建华，2022）

评分	臀部下体	后肢	腰腹部	乳房
1分				
2分				
3分				
4分				

(续表)

评分	臀部下体	后肢	腰腹部	乳房
5分				

三、注意事项

（1）经常更换消毒液，定期对挤奶设备的消毒效果进行检测，避免菌株产生耐药性。

（2）挤奶后立即进行乳头药浴，形成保护膜，防止细菌侵入。

（3）定期检查和维护挤奶设备，确保设备正常运行，避免因设备故障导致的牛奶污染。

（4）药浴液储存在避光、干燥、安全的区域。

（5）前后药浴必须使用专用的乳头药浴液，不能使用消毒液代替。

（6）药浴液必须现用现配，配置比例严格按照药浴液厂家参考要求。

第三节　奶牛乳房炎快速鉴定技术

奶牛乳房炎快速鉴定技术指通过临床诊断、乳汁检测、病原检测、热红外图像检测技术等帮助养殖者及时发现感染个体，从而采取有效的治疗措施和预防策略，减少经济损失，并保障原料奶质量。

一、鉴定技术

（一）临床性乳房炎

临床型乳房炎可分为急性、亚急性和慢性乳房炎。

1. 急性乳房炎

急性乳房炎通常在奶牛产后泌乳早期容易发生，表现为突然发病，乳房发红、发热、肿胀、变硬、疼痛，乳汁显著异常和减少，出现全身症状。病牛乳房上淋巴结肿大，体温升高，食欲减退，反刍减少，脉搏增速，脱水，全身衰弱、沉郁。当病情发展很快且症状严重时为急性乳房炎，可危及患牛生命。

2. 亚急性乳房炎

表现为乳房的轻度不适或无痛性肿胀，皮肤可能无明显红热、乳汁可能出现异常，最明显的异常是乳汁中有絮片、凝块，并呈水样。乳房有轻微发热、肿胀和疼痛。亚急性乳房炎，可能不会立即引起注意，但如果不及时治疗，可能会发展成更严重的感染。

3. 慢性乳房炎

慢性乳房炎多由长时间持续感染引起，或由于急性乳房炎未及时进行有效治疗而转为慢性乳房炎。其临床表现通常不显著，病变处乳房组织弹性减弱，略微僵硬，但可能排出正常或黏稠、带黄色的乳汁，且里面可能混杂凝乳块，产奶量减少，乳房增大。长期保持亚临床型乳房炎、亚临床型和临床型乳房炎交替出现或临床症状长期存在，最终导致乳腺组织纤维化，乳房萎缩、出现硬结。

（二）隐性乳房炎

隐性乳房炎是一种没有明显临床症状但乳汁理化性质已发生变化的疾病，其体细胞数量异常升高，通常高于50万个/mL。该病症隐蔽性高，易被忽视，对奶牛的健康和牛奶品质都有潜在的威胁。诊断奶牛隐性乳房炎的方法主要包括体细胞计数法、乳汁pH检查法、乳汁电导率测定、乳汁成分检测、酶类检测法、乳汁中病原微生物的分离鉴定、分子生物学诊断法和热红外图像检测法。

1. 体细胞计数法

体细胞计数是指每毫升乳汁中含有的体细胞数量。乳汁中的体细胞主要由中性粒细胞、淋巴细胞和上皮细胞组成。健康泌乳牛乳腺中体细胞数量很少，发生乳房炎症时，大量中性粒细胞和淋巴细胞从血液向乳腺转移，同时乳腺组织受损，加剧了上皮组织的脱落，致使乳汁中体细胞异常升高。可依据体细胞数的多少来判断奶牛是否存在隐性乳房炎，正常情况下牛奶中的体细胞数量应维持在20万个/mL以下。体细胞计数法有直接计数法和间接计数法。

（1）直接计数法：是直接用显微镜进行体细胞计数（SCC），现有荧光电子细胞计数仪、高速体细胞计数仪、便携式微流体沉降仪（SeCy）等计数仪用于乳汁体细胞的直接计数。一般以每毫升牛奶中含20万个细胞为亚临床乳房炎的临界值（+），超过该值为阳性，低于该值则正常。

（2）间接计数法：主要是加州乳房炎检测法（CMT）。CMT操作方法：弃去泌乳牛头三把乳，将4个乳室的乳汁按规定顺序分别挤入诊断盘的4个检验杯中；将诊断盘倾斜60°弃去多余乳样，使杯中保留乳汁约2 mL，加入稀释诊断液2 mL；在光线明亮处，水平同心圆旋转摇动诊断盘5~30 s，使诊断液与乳汁充分混合；按下表的判断标准，在60 s内判断结果。

表7-3 诊断液检测隐性乳房炎的判断标准

隐性乳房炎检测结果	体细胞数SCC（万个/mL）	诊断液与乳汁的混合反应
阴性-	SCC≤20	旋转摇动诊断盘时，混合物呈均匀的液态；倾斜诊断盘时，底部无沉淀，流动流畅，无凝块。
可疑±	20<SCC≤50	混合物呈液体状，盘底有微量沉淀物，摇动时消失。

(续表)

隐性乳房炎 检测结果	体细胞数 SCC （万个/mL）	诊断液与乳汁的混合反应
弱阳性+	50<SCC≤150	旋转摇动诊断盘时，混合物中有少量稀薄沉淀物；倾斜诊断盘时，沉淀物散布于底部有一定黏附性。
阳性++	150<SCC≤500	旋转摇动诊断盘时，混合物中的沉淀物多而黏稠，有向中心聚集的倾向；倾斜诊断盘时，沉淀物黏附于底部流动慢。
强阳性+++	SCC≥500	旋转摇动诊断盘时，混合物中的沉淀物大部分或全部呈明显胶状，向中心聚集成团；倾斜诊断盘时，沉淀物几乎完全黏附于底部难以流动。

2. 乳汁 pH 检查法

乳汁 pH 检查法是一种用于检测奶牛是否患有乳房炎的方法（图 7-5）。当奶牛患乳房炎时，由于细菌数量和毒力的作用，引起炎症反应增强，血管通透性增加，使血液中的液体流入乳汁当中，引起乳汁 pH 值升高，从正常的 6.5 左右升高至 6.9 以上，甚至达到 7.4 左右，pH 值在 6.8 以上认定为乳房感染。因此，乳汁酸碱度的变化可作为奶牛乳房炎的判定条件。可采用利用精密 pH 试纸条或溴麝香草酚蓝法（BTB）。pH 检测方法操作简单、费用低廉，但也存在着因奶牛品种、身体代谢差异等造成的检测结果呈假阳性或假阴性等缺陷，所以临床上一般会与乳汁体细胞技术的方法配合使用。

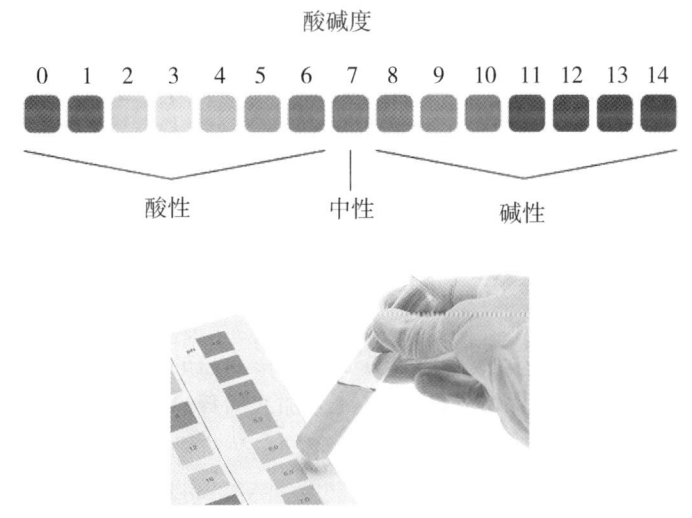

图 7-5 乳汁 pH 测定

3. 乳汁电导率测定

乳汁电导率测定是指通过测量乳汁中带电粒子或离子的传导电流能力，来评估乳汁中离子含量的一种方法。发生奶牛乳房炎后，血乳屏障的渗透性会改变，导致钠（Na^+）和氯（Cl^-）等离子进入乳汁，从而使乳汁的电导率升高。因此，通过测定乳汁的电导率可以作为检测奶牛是否患有隐性乳房炎的指标。在实际应用中，乳汁电导率测定操作简便,可广泛应用于生产(表7-4)。通过测定不同乳区乳汁的电导率,并与标准值进行对照,可以判断奶牛是否患有隐性乳房炎。若测定结果为阳性或可疑,应进行重复检测或采用其他检测方法进行确认。但奶牛的品种、年龄、乳汁的脂浓度、气候和采样时间对电解质的含量会产生一定干扰。

表7-4 体细胞数与乳汁电导率、pH之间的关系

体细胞数 SCC(万个/mL)	电导率(mS/cm)	pH 值
SCC≤50	4.40~4.75	6.40~6.80
50≤SCC≤150	5.20~7.00	6.80~7.15
SCC≥150	7.00 以上	7.15 以上

4. 酶类检测法

奶牛患有乳房炎时,乳汁中部分酶的含量也会发生变化。根据这一现象,可以将乳汁中酶的含量作为诊断乳房炎的重要标准。酶检测法具有检测速度更快、操作简便和高度灵敏等特点,因此,可以通过检测牛奶中的乳酸脱氢酶、过氧化物酶等含量来诊断奶牛隐性乳房炎,但此检测法工作量大,且仪器造价高。

5. 乳汁成分检测

乳房发炎,乳汁中各种成分会有所改变,通过测定乳汁中脂肪、蛋白质、酶活性、乳糖、盐离子等成分的变化,可以对患病程度做判断,乳汁中各种成分和乳房炎有着密切的相关性,但与个体差异、季节、饲料也有关联。

6. 乳汁中病原微生物的分离鉴定

将采集的乳汁涂于培养基上进行培养,再对分离得到的细菌进行革兰氏染色、显微镜观察、生化鉴定来确定病原微生物种类,并可以根据分离得到的细菌进行药敏试验(图7-6),可以指导临床用药。此方法虽能够准确详细了解奶牛乳房炎的病原菌种类,但是技术要求和成本耗费高,耗时耗力,操作繁琐,一般需要3~7 d。

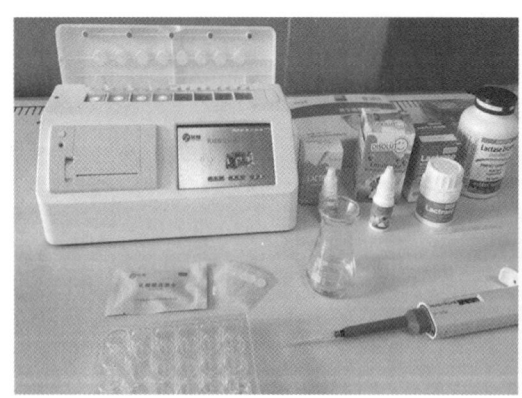
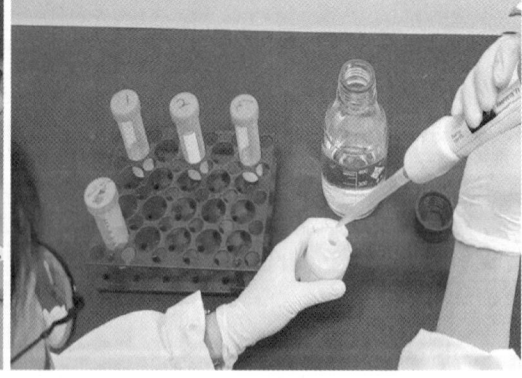

图7-6 乳汁中病原微生物的分离鉴定

7. 分子生物学诊断法

目前，应用于奶牛乳房炎主要致病菌诊断的分子生物学技术主要包括：核酸探针诊断法、16S rRNA 基因序列分析鉴定法、普通 PCR 诊断法、多重 PCR 诊断法、实时荧光定量 PCR 诊断法、巢氏 PCR 诊断法、基因芯片及环介导等温扩增技术。检测技术具有快速、准确和特异性强等优点，已经应用于奶牛乳房炎的诊断，但是这些技术成本高，限制了基层牛场的广泛使用。

8. 热红外图像检测法

通过热红外图像来检测奶牛乳房表面的温度分布，从而判断是否存在炎症（图 7-7）。有研究利用改进的 ResNet34 算法，结合数据增强技术，提高了奶牛乳房炎的检测准确率。

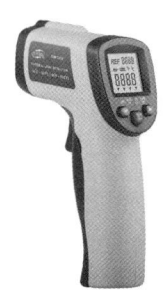
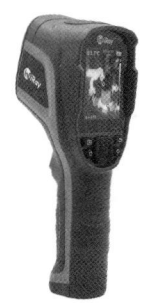

图 7-7　热红外图像检测

二、注意事项

（1）定期普查。每个季度对每头成母奶牛进行 1 次隐性乳房炎检测，成母牛亚临床型乳房炎检测有阳性反应者，按照每月一次的检测频率进行，具体检测频率根据养殖场的发病率和实际情况而定。

（2）取样时，乳头清洗干净，弃掉头三把乳。

（3）CMT 法应现场操作诊断，其他诊断方法样品应为新鲜牛乳。

（4）CMT 法诊断盘中奶和诊断液的量均为 2 mL 左右，如果相差太大，会影响判断结果。

（5）检测对象一般为泌乳牛，不包括干奶前 2 周和分娩后 1 周的泌乳牛。

（6）检测器具要清洗干净。

第四节　生乳低温储藏技术

生乳低温储藏技术通过降低牛奶温度，减缓微生物的生长和繁殖，从而延长生乳的保质期，减少腐败变质的风险。可通过巴氏杀菌技术、生乳高速离心除菌技术、超声波杀菌技术、超高压（UHP）杀菌技术、微波杀菌技术、脉冲电场（PEF）杀菌技术将生乳低温储藏。

一、生乳低温储藏的重要性

生乳容易受到微生物的污染而发生变质,因此,采用适当的储藏技术来保持生乳的新鲜度和品质至关重要。低温储藏技术通过降低温度来减缓微生物的生长速度,从而有效延长生乳的保鲜期。在生乳低温储藏过程中,温度控制是关键。通常生乳的储藏温度应维持在 0~4℃。这个温度范围既能有效抑制微生物的生长,又能避免生乳中的脂肪和蛋白质发生凝固或分离。在这样的温度条件下,生乳可以储存 6~8 d 而保持其品质。

若需要更长时间的储存,可以考虑将温度进一步降低。例如,在 -20~-15℃ 的恒温冰柜中,生乳的储存时间可以延长至数月之久。但需要注意的是,过低的温度可能导致生乳中的水分结冰,从而影响其口感和品质。因此,在选择储藏温度时,应根据实际需求进行权衡。

二、低温储藏过程中生乳的变化

奶牛乳房中的乳汁被认为是无菌状态,在挤入贮奶罐,经过冷链运输直到乳制品加工厂之前存在被多种微生物污染的可能性,一些耐热或可以产生耐热水解酶的微生物可能会导致终产品出现酸苦味、脂肪上浮和胀包等品质问题。因此,生乳中的微生物结构将影响终产品的质量安全。

1. 抑制微生物代谢

低温环境会降低微生物的代谢速率,减缓其生长速度。微生物的繁殖和代谢活动需要的温度条件,通常在适宜的温度范围内,微生物的繁殖速度会显著增加。而当温度降低时,其代谢酶的活性下降,导致生长速度减慢。

2. 减少病原菌风险

低温储藏可以减少病原菌如沙门氏菌、李斯特菌等的生长和繁殖,降低这些病原菌对消费者健康构成的威胁。病原菌在低温环境下的繁殖速度显著降低,甚至在某些情况下会被抑制,从而降低食品安全风险。

3. 保持微生物平衡

在低温储藏过程中,虽然微生物的生长被抑制,但益生菌如乳酸菌和双歧杆菌等的生长也受到影响。因此,需要通过控制储藏温度和时间,保持生乳中微生物的平衡,避免过度抑制益生菌的生长。

三、低温储藏对生乳品质的意义

1. 保持营养成分

低温储藏可以减缓生乳中营养成分的降解。生乳中的蛋白质、脂肪、维生素和矿物质等在高温下容易受到破坏,而低温环境可以减缓这些营养成分的氧化和分解,保持其营养价值。

2. 维持感官品质

生乳的风味和口感在低温储藏过程中得到较好地保持。低温可以减缓脂肪氧化和蛋白质变性，减少不良风味物质的生成，从而保持生乳的自然风味和良好口感。

3. 减少物理变化

生乳中的脂肪球在一定温度下可能会聚集，导致脂肪上浮和乳清分离，影响乳品的质地和口感。低温储藏可以延缓脂肪球的聚集过程，保持生乳的均匀性和稳定性。低温还可以减少蛋白质的变性，蛋白质变性会改变其结构和功能，影响生乳的起泡性和乳化性。低温储藏有助于维持蛋白质的天然结构，从而保持生乳的物理性质。

4. 减少化学变化

除了酶促反应外，低温储藏还可以减少生乳中非酶促的化学反应，如氧化反应。氧化反应会导致生乳中的脂肪和维生素等成分的降解，产生不良风味，降低营养价值。低温储藏通过降低分子运动，减少氧化剂与生乳中成分的接触机会，从而减缓氧化过程。

四、生乳低温储藏技术

1. 巴氏杀菌技术

将生乳加热到 70~72℃，保持 12~15 s，以杀灭奶中的细菌，保证质量。巴氏杀菌法是利用病原体不耐热的特点，通过适当的温度和保温时间处理，将其全部杀灭，同时最大程度地保留了牛奶的营养成分和风味。巴氏杀菌后的生乳可以在 4℃ 左右的温度下保存，通常可以保存 3~10 d。

2. 高速离心除菌技术

利用离心力将生乳中的细菌及芽孢等微生物分离出来。这种方法可以在较低的温度下进行，减少对生乳营养成分的破坏，同时达到除菌的效果。例如，通过高速离心，可以在 8℃ 的条件下离心 15 min，除去原料乳中大部分的杂菌、芽孢和耐热芽孢。

3. 超声波杀菌技术

利用高频声波产生的机械效应和空化效应破坏微生物的细胞结构，从而达到杀菌的目的。这种方法能够在不显著提高温度的情况下，有效杀灭生乳中的微生物，保持生乳的品质。

4. 超高压杀菌技术

通过施加数百兆帕的压力来破坏微生物的细胞壁和细胞膜，实现杀菌效果。这种方法能够在较低的温度下杀死生乳中的病原体，同时最大程度地保留生乳的营养成分和风味。

5. 微波杀菌技术

利用微波的热效应和非热效应（如电磁场效应）来加热生乳，迅速升温至足以杀灭微生物的程度。微波加热速度快且加热均匀，能够在较短的时间内实现有效的杀菌。

6. 脉冲电场杀菌技术

通过在液体介质中应用高强度的短脉冲电场来杀菌。这种非热处理技术能够在较低的温度下，通过电场产生的生物效应快速杀灭生乳中的微生物。

五、低温储存过程中的卫生控制

为了确保生乳在低温储藏过程中的卫生安全，必须定期对冷却设备和储存容器定期清洗和消毒，避免微生物在设备表面形成生物膜，避免对生乳造成二次污染。根据使用频率制定清洗计划，使用适合的清洁剂去除油脂和污垢，使用消毒剂杀灭残留的微生物，如有可能，使用热水或蒸汽进行消毒。在使用储存容器前，应进行彻底清洗，并确保容器盖或密封装置的清洁，以防止在储存和运输过程中污染生乳。同时，需要定期检查容器是否有裂缝或损坏，并及时更换损坏的容器。此外，应将清洁的储存容器与待清洗容器分开存放，以避免交叉污染。定期对生乳进行微生物检测，评估卫生控制措施的有效性，是确保生乳卫生安全的关键步骤。

六、生乳低温储存过程的质量检测

在生乳的低温储藏过程中，质量监测是确保产品安全性和品质的重要环节。使用精确的温度计或温度记录器，持续监测生乳的温度，确保其在整个储藏和运输过程中始终维持在安全的温度范围内。定期对生乳样本进行微生物检测，评估生乳的卫生状况和安全性，及时发现潜在的污染问题。对生乳进行化学成分分析，以确定其营养价值，确保生乳符合食品安全标准。定期进行感官评价，评估其新鲜度和品质。

1. 微生物检测与监控

（1）总菌落计数：通过测定生乳中的总菌落数，评估卫生状况和储藏过程中微生物的生长情况。

（2）致病菌检测：重点检测生乳中可能存在的病原菌，如沙门氏菌、李斯特菌和大肠杆菌等，确保生乳的安全性。

（3）嗜冷菌监控：由于生乳在低温储藏条件下仍可能受到嗜冷菌的影响，定期检测嗜冷菌的数量和种类是必要的。

（4）霉菌和酵母检测：在冷藏条件下，霉菌和酵母的生长也需要监控，以防止它们对生乳品质的影响。

（5）巴氏杀菌效果评估：对经过巴氏杀菌处理的生乳进行微生物检测，评估杀菌效果和后续储藏过程中的微生物控制情况。

2. 化学成分分析

（1）蛋白质含量测定：蛋白质含量是生乳营养价值的重要指标，可通过凯氏定氮法或其他方法进行测定。

（2）总脂肪含量分析：脂肪是生乳中的主要能量来源，通过离心或比重测定法等方法分析其含量。

（3）乳糖和矿物质检测：乳糖和矿物质如钙、磷等也是生乳的重要成分，通过化学分析法进行测定。

（4）脂质氧化评估：通过测定过氧化值、酸价等指标，评估生乳在储藏过程中的脂质氧化程度。

（5）抗生素残留检测：检测生乳中可能存在的抗生素残留，确保其符合食品安全标准。

3. 感官评价

（1）色泽评估：观察生乳的颜色是否均匀，是否有异常变色或沉淀。

(2) 风味评价：通过嗅觉和味觉检测生乳风味，评估其是否保持新鲜，是否有异味。

(3) 质地和口感：评估生乳的流动性、黏稠度和口感，确保其在储藏过程中未发生显著变化。

(4) 整体可接受度：综合色泽、风味、质地和口感进行评分，判断生乳的整体可接受度和市场价值。

4. 其他质量控制措施

(1) 温度监控：确保生乳在整个储藏和运输过程中的温度控制在适宜范围内（通常为2~4℃），以抑制微生物的生长。

(2) 冷链管理：建立完善的冷链管理系统，确保生乳在从农场到加工厂的整个过程中保持适宜的温度和卫生条件。

(3) 追溯系统：建立生乳的追溯体系，一旦发现质量问题，能够迅速定位并采取措施。

通过这些综合的质量控制措施，可以有效地保障生乳在低温储藏过程中的安全性和品质，满足消费者对高质量乳制品的需求。

第五节 牛奶储运及生乳分级技术

牛奶从牧场到乳品厂的储运过程中，面临着诸多挑战，如微生物污染、温度控制不当等，这些问题不仅影响牛奶的品质，也关乎食品安全，通过对生乳中的微生物含量、体细胞数及脂肪含量等指标进行测定，将生乳分为不同的等级，以满足不同加工需求和消费者偏好。本节将从生乳储存运输控制技术和生乳成分与理化指标检测等方面进行阐述。

一、生乳储存运输控制技术

生乳在运输前应保持贮存温度在0~4℃，并用保温奶罐车进行贮存运输（图7-8）。贮运容器应符合《散装乳冷藏罐》（GB/T 10942—2001）的要求。运输奶罐应具备保温隔热、防腐蚀、便于清洗等性能，符合保障生鲜乳质量安全的要求。

图7-8 鲜奶低温运输车

二、生乳成分与理化指标检测

生乳的理化指标包括新鲜度、酸度、杂质度、相对密度、冰点和感官指标。这些指标如果不合格也会危害人体健康，必须严格控制。

1. 新鲜度

牛乳新鲜度指牛乳的新鲜程度，可通过煮沸试验、乙醇试验和酸度测试来评测。

2. 酸度

牛乳酸度可分为自然酸度和发生酸度。自然酸度和发生酸度的总和称为总酸度或牛乳酸度。自然酸度指乳汁从奶牛乳房中刚挤出时所具有的酸度；发生酸度指生乳在储藏和运输过程中因乳酸菌的发酵作用，导致牛乳升高的酸度（发酵酸度）和牛乳中人为地掺入了碱性物质（如碳酸钠或碳酸氢钠等）导致牛乳降低的酸度两部分。

3. 杂质度

牛乳杂质度指可过滤除去的不溶性杂质的含量。可采用杂质过滤法评价牛乳杂质度。

4. 冰点

冰点指牛乳凝固时的温度。牛乳冰点的常用评价方法有冰点法、折光法和比重法。

5. 感官指标

感官指标包括色泽、异物和气味等。

三、体细胞检测

生乳中体细胞数检测方法可以分为直接法和间接法。直接法有显微镜法、荧光光电计数仪法和库尔特计数仪计数法等；间接测定法主要有加利福尼亚细胞测定法（California mastitis test，CMT）、威斯康星州乳腺炎试验（Wisconsin mastitis test，WMT）、红外热成像法和pH值法等。直接法测出的结果与体细胞数相关性高，测出的结果更准确，而间接法测出的结果相关性稍差。直接测定法通常自动化程度不高，工作量大或测定设备费用较高，不便普遍推广，但检测结果较准；间接测定法虽然操作方法较简单、工作量小、成本低等特点，但精度较低。

《生牛乳质量分级》（NY/T 4054—2021）标准规定，体细胞数的检测方法按照《生鲜牛乳中体细胞测定方法》（NY/T 800）执行。NY/T 800有3种生乳中体细胞数测定的方法，即显微镜法、电子粒子计数细胞仪法和荧光光电计数细胞仪法。

四、菌落数监测

菌落总数测定是用来判定食品被细菌污染的程度及卫生质量，反映食品在生产过程中是否符合卫生要求，以便对被检样品做出适当的卫生评价。菌落总数的多少在一定程度上标志着食品卫生质量的优劣。按照《生牛乳质量分级》（NY/T 4054—2021）要求，菌落总数的检验方法按照《食品安全国家标准 食品微生物学检验菌落总数测定》（GB 4789.2—2002）的规定执行。GB 4789.2—2022中的测定方法为标准平板计数法（图7-9）。

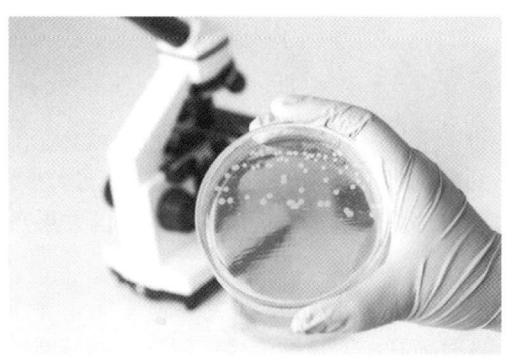
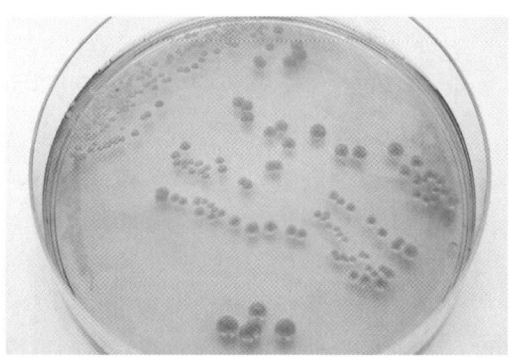

图 7-9 平板计数法测定菌落总数

五、生乳分级

实施生乳分级，引导加工企业根据奶源质量选择合适的加工工艺，生产基于奶源等级不同而价格有差异的奶产品，体现"好奶好价、优质优价"，是建立新型奶业利益联结机制，促进新疆奶业健康发展的必由之路。

生乳质量分级应遵循安全性、科学性、营养性和可操作性原则，在确保生乳中污染物、真菌毒素、农药残留和兽药残留符合国家有关限量规定的前提下，基于科学研究和大量数据分析，根据生乳中主要营养指标（脂肪、蛋白质），结合卫生指标（菌落总数）、健康指标（体细胞数）进行分级，分级标准应易于理解和操作，以便在生产和监管过程中有效实施。根据脂肪、蛋白质、菌落总数和体细胞要求，可参照表 7-5 分级。

表 7-5 生乳脂肪、蛋白质、菌落总数和体细胞要求

项目	特优级	优级	检验方法
脂肪（g/100 g）	≥3.40	≥3.30	GB 5009.6
蛋白质（g/100 g）	≥3.10	≥3.00	GB 5009.5
菌落总数［CFU/g（mL）］	≤5×10^4	≤1×10^5	GB 4789.2
体细胞（个/mL）	≤3×10^5	≤4×10^5	NY/T 800

资料来源：《优质生乳生产管理及生乳分级规范》（T/DAXJ 012—2022），其中优级生乳适用于优质灭菌乳，特优级生乳适用于优质巴氏杀菌乳和优质灭菌乳。

第六节 挤奶设施的清洗维护技术

挤奶设备是获取牛奶的重要环节，科学的清洁消毒管理，能保持牛群健康、保证生产效益和原料奶质量，挤奶设备需确保清洗过程的稳定，同时加强对清洗过程中的监控，才能确保牛奶安全生产。本节将对挤奶设施的清洗流程进行阐述。

一、清洗四要素

1. 时间

清洗时间长短影响清洗效果。如果清洗时间太短,清洗剂化学作用时间不充分,无法彻底溶解管内脂肪和其他物质沉积物,达不到彻底清洗的效果;如果清洗时间太长,清洗温度下降,脂肪和其他物质再沉积附着到挤奶设备的内壁,也达不到清洗的效果。

2. 温度

不同清洗步骤所需要清洗液温度也不相同,温度过高或过低都会影响清洗液的作用。温度过高会使奶中蛋白质变性从而形成的坚硬奶石,不易被清洗。清洗液的温度过低时,奶中的脂肪残留物会凝固,并且附着到挤奶设备的内壁。

3. 浪涌频率

在各要素中机械力十分关键,机械力主要用于清洗主奶管路和挤奶杯组。通过在清洗过程中在主奶管路形成浪涌,起到冲洗主奶管路的作用,机械力应当满足水流通过挤奶杯组时流速超过 3 L/min 以上,达到 5 L/min 最佳,浪涌频率为 3~5 次/min。

4. 清洗剂

清洗挤奶设备时不可使用强酸强碱等工业级化学试剂,强酸强碱等化学试剂清洗挤奶设备会加速设备老化、清洗剂的残留物还将直接危害到人体健康。清洗剂需选取优质、安全、有效的清洗剂,使其在冲洗的过程中,让奶渍松动并悬浮起来易于清除。

二、挤奶设备清洗

1. 预冲洗

挤奶设备在使用完之后,立即用 35~40℃的温水冲洗 5 min 左右,中间不可停留,以免造成设备内残留牛奶冷却、硬化,直到管道出口的水变清,预冲洗为非循环冲洗。注意本环节不可使用冷水进行冲洗。

2. 碱洗

在每 100 L 80℃左右的热水中加入 0.5 L 碱性清洗剂,配制成清洗液,循环清洗 10 min。清洗剂的比例一定要按标准准确添加,添加量过多会造成无谓的浪费,添加量过少会影响清洗效果。水的硬度会对碱性清洗剂的清洗效果产生影响,一般情况下水的硬度越高,清洗效果越差,通常的解决办法是根据情况适当增加碱性清洗剂的比例,以达到最佳清洗效果。表 7-6 为不同水质硬度下碱性清洗剂建议用量。

表 7-6 不同水质硬度下碱性清洗剂建议用量表　　　　　　单位:L/100 L

清洗水硬度 DH(德国硬度)	碱性清洗剂用量(清洗剂量/水量)
10	0.5
10~20	0.6
20	0.8

3. 中间冲洗

用35~40℃的温水冲洗5 min左右。注意本环节为非循环冲洗，并且不可使用冷水冲洗，确保管道内无碱液残留。

4. 酸洗

在每100 L 80℃左右的热水中加入0.5 L酸性清洗剂，配制成清洗液，循环清洗10 min。注意水温和清洗时间不适宜均会影响清洗效果，同时清洗剂的比例一定要按标准准确添加，添加量过多会造成无谓浪费，添加量过少会影响清洗效果。

5. 后冲洗

用35~40℃的温水冲洗5 min左右。注意本环节为非循环冲洗，并且不可使用冷水冲洗，确保管道内无碱液残留。清洗完毕可用pH试纸进行检测。

6. 挤奶设备检查及消毒

对挤奶机的奶杯、管道、真空泵等部件开展清洁度检查，确保无损坏和堵塞，随后将奶厅自动控制系统切换到清洗模式，启动灭菌清洗程序，灭菌清洗结束后自动排完残水。清洗结束后或挤奶前1 h将集乳罐盖和挤奶器全部取下，让管道内的灭菌剂进行透气挥发，挤奶后再次清洗消毒，防止细菌滋生，并定期进行设备维护和更换磨损部件，保持设备良好工作状态。

第八章 奶牛疫病防控技术

疫病是影响奶牛健康的主要因素，不仅会影响奶牛的生产性能，造成养殖者经济损失，人畜共患病还会威胁到公共卫生安全。因此做好养殖场疫病防控工作对于保障奶牛健康生产十分重要。应遵循预防为主、防治结合的原则，从控制传染源、切断传播途径和保护易感动物三方面入手防控奶牛疫病，逐步实现奶牛常见疫病的净化，实现健康养殖的目标。

第一节 奶牛场防疫与消毒

科学合理的防疫和消毒可消灭病原体、切断传播途径，降低疾病的发生率。本节从规模化奶牛场防疫及消毒方面介绍疫病的预防相关措施，从疫病的免疫预防及消毒入手，通过保护易感动物、消灭病原体、切断传播途径等多方面发挥重要核心作用，切实做好奶牛场疫病防控工作。

一、奶牛场防疫

免疫是保护易感动物预防疾病最有效的措施。免疫类型根据国家强制免疫疫病及生产实际开展免疫工作，同时按照免疫程序、免疫操作标准进行免疫，提高奶牛抵抗力，有效提高免疫预防效果，减少疫病的发生。

（一）免疫类型

1. 预防接种

预防接种是为了有效防止传染病的发生和流行，根据当地传染病的流行情况制定相应的接种计划、接种种类和接种时间，有序开展疫苗免疫接种工作。

2. 紧急接种

紧急接种是指传染病发生时，为了迅速控制和扑灭疫病，对疫区和受威胁区未发生疫病的牛只采取的免疫接种工作。紧急接种前应对牛群健康进行逐头检查，确定无临床症状的健康牛只方能接种。对于患牛或潜伏期的牛只不能接种，按国家有关政策进行隔离，并作相应处理。

（二）免疫技术

免疫是保护易感动物最有效的措施。目前我国除口蹄疫属于国家强制免疫的疫病，其他疫病根据生产情况开展免疫，所有疫病要严格按照免疫程序、免疫操作标准进行免疫，以提高奶牛对疫病的抵抗力，表8-1为奶牛常用疫苗的种类及用法用量。

第八章 奶牛疫病防控技术

表 8-1 奶牛常用疫苗的种类及用法用量

疫苗名称	作用与用途	用法用量	免疫期
牛多杀性巴氏杆菌病灭活疫苗	用于预防多杀性巴氏杆菌病	皮下注射或肌内注射，100 kg 以下的牛，每头 4.0 mL；100 kg 以上的牛，每头 6.0 mL	9 个月
布鲁氏菌病活疫苗（A19 株）	用于预防布鲁氏菌病	皮下注射，一般仅对 3~8 月龄牛接种，每头接种 1 头份，必要时，可在 18~20 月龄再接种 1/60 头份，以后可根据牛群布鲁氏菌病流行情况决定是否再进行接种	3 年
布鲁氏菌病活疫苗（S2 株）	用于预防牛、羊布鲁氏菌病	口服、皮下注射或肌内注射接种，口服，每头 5 头份	2 年
口蹄疫（A 型）灭活疫苗（AF/72 株）	用于预防牛 A 型口蹄疫	肌内注射，6 月龄以上成年牛每头 2.0 mL，6 月龄以下犊牛每头 1.0 mL	6 个月
牛口蹄疫 O 型灭活疫苗（os99 株）	预防牛羊口蹄疫，大小牛、羊均可使用	肌内注射，1 岁以下犊牛每头注射 1 mL，成年牛注射 2 mL	6 个月
口蹄疫 O 型、A 型二价灭活疫苗	用于预防牛、羊 O 型、A 型口蹄疫期为 6 个月	肌内注射，每头牛 1 mL	6 个月
无荚膜炭疽芽孢苗	用于预防马、牛、绵羊和猪的炭疽	1 岁以上皮下注射 1 mL；1 岁以下皮下注射 0.5 mL	1 年
Ⅱ 号炭疽芽孢疫苗	用于预防大动物、绵羊、山羊、猪的炭疽	不论大小一律皮下注射 1.0 mL 或皮内注射 0.2 mL	1 年
气肿疽灭活疫苗	用于预防牛、羊气肿疽	不论年龄大小，皮下注射 5 mL。犊牛至 6 月龄时应再注射一次	6 个月
牛流行热灭活疫苗	用于预防牛流行热	颈部皮下注射，成年牛第 1 次注射 4.0 mL，间隔 21 d，再注射 4.0 mL	4 个月

免疫需注意：①免疫前提前查看天气，尽量选择在天气晴朗、气温舒适的时间进行免疫，避免在气温过高、过低或气温骤降时免疫。从疫苗瓶中抽取疫苗时，只吸不推。一个注射器只能抽取一种疫苗，一针一畜。注射完毕后注意观察有无疫苗不良反应，急救箱里要随时准备有解救药物如肾上腺素、地塞米松等。②要做好免疫后疫苗瓶及注射器械的无害化处理。免疫操作者要穿戴防护服、护目镜、一次性手套等措施，做好个人防护工作。③疫苗免疫前、后一周内不能使用抗感染药物。免疫过程中要做好免疫动物的记录工作。

二、牛场消毒

（一）消毒剂选择

消毒药的作用受病原微生物的种类、药物浓度和作用时间、环境温度和湿度、环境pH值、有机物以及水质等的影响，根据消毒对象科学选择、合理使用，使用时应加以注意。根据化学结构和药物作用，目前奶牛生产中常用的化学消毒剂主要有过氧化物类、酚类、醛类、碱类、酸类、季铵盐类、碘与碘化物、含氯化合物、过氧化物类、醇类等（表8-2）。

消毒剂可分为高效消毒剂、中效消毒剂和低效消毒剂。

（1）高效消毒剂：可杀灭一切细菌繁殖体、病毒、真菌及其孢子等，对细菌芽孢（致病性芽孢菌）有一定杀灭作用，达到高水平消毒的制剂。如过氧化物、臭氧、含氯消毒剂。

（2）中效消毒剂：可杀灭分枝杆菌、真菌、病毒及细菌繁殖体等，除细菌芽孢以外的各种致病微生物的消毒剂。常见种类如含碘类消毒剂、醇类、酚类、醛类。

（3）低效消毒剂：只能杀灭细菌繁殖体和亲脂病毒的化学消毒剂。常见种类有季铵盐类消毒剂、双胍类消毒剂等。

表8-2 消毒药对病原的杀灭特点

项目	主要药物	作用特点	作用范围
酚类	苯酚（酚或石炭酸）、复合酚、甲酚皂溶液、氯甲酚溶液	能杀灭细菌、真菌和部分菌体芽孢，但对病毒的作用较弱	圈舍、环境、器具、排泄物和车辆
醛类	甲醛溶液、复方甲醛溶液、浓戊二醛溶液、稀戊二醛溶液、复方戊二醛溶液	能杀死细菌繁殖体、芽孢（如炭疽芽孢）、结核分枝杆菌、病毒及真菌等	圈舍、器具
碱类	氢氧化钠（苛性钠）	能杀灭细菌、芽孢和病毒	地面、饲槽、车辆
酸类	醋酸	对细菌繁殖体作用最强，依次为真菌、病毒、结核分枝杆菌及芽孢	创面、饲料
季铵盐类	辛氨乙甘酸溶液、苯扎溴铵溶液、癸甲溴铵溶液、度米芬、醋酸氯己定	对细菌和真菌有效，对芽孢无效	创面、皮肤、环境、器具
醇类	乙醇	能杀死细菌繁殖体，对结核分枝杆菌、囊膜病毒也有杀灭作用，但对芽孢无效	皮肤
卤素类	含氯石灰（漂白粉）、次氯酸钠溶液、复合次氯酸钙粉、复合亚氯酸钠、二氯异氰尿酸钠粉（优氯净）、三氯异氰脲酸粉、溴氯海因粉	对细菌繁殖体、芽孢、病毒及真菌都有杀灭作用	圈舍、排泄物、水

(续表)

项目	主要药物	作用特点	作用范围
氧化剂类	过氧乙酸溶液、过硫酸氢钾复合物粉	对细菌、真菌、病毒和芽孢有杀灭作用	圈舍、用具、水
碘与碘化物	碘酊、碘甘油、碘伏、碘酸混合溶液、聚维酮碘溶液	对细菌、病毒和真菌均有良好的杀灭作用	皮肤、创面
染料类		对细菌、真菌有杀灭作用	皮肤、黏膜

（二）消毒方法

1. 喷洒消毒法

在养殖场牛舍周围、入口、牛床和产床下面喷洒一定浓度的消毒剂，以起到杀灭细菌或病毒的作用（图8-1）。

图8-1 场区与圈舍消毒

2. 雾化消毒法

将次氯酸盐或有机碘类消毒剂按一定浓度的配比，对环境进行喷雾消毒（图8-2）。

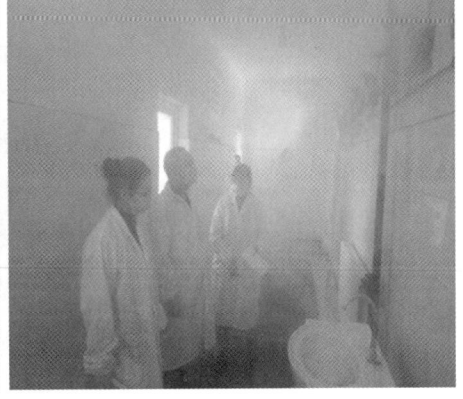

图8-2 进入生产区雾化消毒（马砚军供图）

3. 紫外线消毒法

牛场入口、更衣室，可用紫外线照射，对物体表面的细菌有一定的杀灭作用（图8-3）。

图 8-3 紫外线消毒（左）及入口处洗手消毒（右）（马砚军供图）

4. 熏蒸消毒法

在整群牛进入新圈舍前，可选用福尔马林、高锰酸钾、温度在21℃以上，相对湿度70%以上，密闭熏蒸24 h。

5. 溶液消毒法

用一定浓度的新洁尔灭、有机碘混合物或煤酚水溶液进行洗手，洗工作服或胶鞋。

（三）消毒药的配置

市面上消毒药品通常包括高浓度液体消毒剂和固体消毒药。液体消毒剂根据消毒目选择，需要配比稀释一定的浓度进行使用；固体消毒药也需要相应的水溶解达到所需浓度进行使用。

1. 液体消毒剂的配置

根据牛场的实际需要，选择适合的消毒剂，如烧碱、漂白粉、新洁尔灭、过氧乙酸、百毒杀等，根据消毒剂的使用说明和牛场的具体情况，计算出所需的消毒剂浓度。计划配置消毒液体积×消毒时所需浓度=购买消毒液浓度×消毒购买消毒液体积。水=计划配制体积-消耗购买的消毒液体积。例如：购买的是2%的新洁尔灭溶液，需要配置浓度0.1%的新洁尔灭溶液100 L。按照公式计算：$100 \text{ L} \times 0.1\% = 2\% \times X$。水=$100-X$。需要消耗2%的新洁尔灭5 L，另外加水95 L。

2. 固体消毒药的配置

根据需要消毒的面积或体积，准备足够的水来稀释固体消毒剂，将计算好的消毒剂加到水中，使用木棍或其他工具搅拌，确保消毒剂充分溶解和混合均匀。计划配制消毒液体积×计划配制消毒液浓度=固体消毒药用量。水=计划配制体积重量（即相同体积水的重量）-固体消毒药用量。

（四）消毒制度

1. 人员消毒

工作人员进入生产区应更衣、紫外线和雾化消毒，工作服不得穿出场外。外来参观者进入场区参观须彻底消毒，更换场区工作服和工作鞋，并遵守场内防疫制度，在入口处洗手消毒。

2. 环境消毒

在大门口和牛舍入口设消毒池，消毒池可用2%氢氧化钠（苛性碱）或撒生石灰，一般7 d更换一次药液；运动场及其周围环境每周消毒一次，可用2%烧碱消毒或撒生石灰；场区周围及场内污水池、下水道出口，每月用漂白粉消毒1次，每立方米污水可使用6~10 g漂白粉。

3. 用具消毒

可选用0.1%新洁尔灭或0.2%~0.5%过氧乙酸定期对饲喂用具、料槽和饲料车等进行消毒，夏季每两周消毒一次，冬季一个月消毒一次；日常用具在使用前后应进行彻底清洗和消毒，如兽医用具、助产用具、配种用具、挤奶设备和奶罐车等。

4. 牛舍消毒

牛舍定期彻底清扫干净，用高压水枪冲洗牛床，并进行喷雾或熏蒸消毒。

5. 奶牛消毒

定期进行带牛环境消毒，特别是传染病多发季节，有利于减少环境中的病原微生物。可选择0.1%新洁尔灭、0.3%过氧乙酸或0.1%次氯酸钠溶液用于带牛环境消毒，以减少传染病和蹄病等发生。带牛环境消毒应避免消毒剂污染生乳。

第二节　蚊蝇、老鼠防控

蚊蝇、老鼠是人畜多种传染病的传播媒介，给人畜健康带来极大危害。奶牛场是蚊蝇、老鼠相对聚集较多的地方，蚊蝇的侵扰对奶牛的休息和健康影响极大。蚊蝇叮咬奶牛会使其抵抗力降低，造成疾病传播感染，引发疾病。因此，如何防治奶牛场的蚊蝇已成为奶牛场重要工作之一。

一、蚊蝇、老鼠对养殖的影响

蚊蝇及老鼠对牛的危害是多方面的，主要包括骚扰牛群、传播疾病及造成饲料浪费。

1. 骚扰牛群

蚊蝇的叮咬不仅影响牛的正常生理活动，如采食和休息，还可能导致牛的舒适度下降，影响其生长和健康，从而降低生产性能。

2. 传播疾病

蚊蝇、老鼠是多种病原体的传播媒介，能够传播口蹄疫、结膜炎、角膜炎、结节性皮肤病、乳房炎、病毒性腹泻及细菌性下痢等疾病，对奶牛的健康构成严重威胁。

3. 造成饲料浪费

老鼠不仅会挑食精料，还会污染饲料，还会直接造成饲料损失。牛在采食时为了驱赶叮咬的蚊蝇，会甩头或移动，这不仅浪费饲料，还增加了牛的基础代谢，同时污染了周边环境。

二、蚊蝇防控方法

(一) 设备选择

1. 喷雾设备

为使杀灭效果明显，应选择汽油机或电动大容量喷雾设备（图8-4），在集粪池、堆粪场、污水沟消杀时使用，这些设备具有水管长、容量大、喷射距离大、喷雾量大等优点。

图 8-4　喷雾设备

2. 物理灭蝇设备

物理灭蝇即用光、电和超声波等捕杀、诱杀或驱逐蚊蝇，可取得良好的防治效果。灭蝇灯灭蝇是简便有效的灭蝇方法，通过波长为3 650 nm的光源引诱苍蝇，苍蝇靠近光源时被高压电网击毙（图8-5）。

图 8-5　蚊蝇诱捕笼、粘捕式灭蝇灯和多用途害虫诱杀灯

（二）药物选择

1. 灭幼虫药物

选择市场上符合"三证"（农药登记证号、生产批准文号、产品标准文号）的灭幼虫药物，如吡丙醚、双硫磷等，按照说明书和喷药设备容量大小进行配制。

2. 灭成虫药物

灭成蝇的药物种类很多，如氯菊酯、高效氟氯氰菊酯、有机磷类、氨基甲酸酯类等。牧场因各种品牌的配方不同，在配比时，需要参考说明书使用。

（三）使用方法

1. 灭幼虫和蚊

根据蚊蝇生活习性，苍蝇在湿粪表面产卵，幼虫在粪污表层下方 3 cm 左右生存。蚊子在有水的地方产卵，在草丛中栖息。

（1）苍蝇幼虫滋生地点主要在堆粪场、集粪池、废弃粪坑、不流动的污水沟、清粪死角、旱厕。蚊子滋生地点为水坑和草丛。对幼虫进行消杀，优先选择大型喷雾设备对牧场幼虫滋生地点集中喷雾消杀，保证消杀效果。大型设备覆盖不到的地方，可以选择背负式喷雾器。

（2）苍蝇最佳消杀时间在早晨 8:00—10:00 或者傍晚 19:00—21:00，切勿在高温时段和下雨时开展。

（3）对于 1~2 d 的新鲜粪便，喷药将粪便表面打湿即可，就像下过小雨一般。对于 4~7 d 板结的粪便，喷药液要足（湿透 5 cm 左右），才能让幼虫充分接触到药，达到良好的防治效果。

2. 灭成蝇

苍蝇白天在后备牛舍、阴凉环境、采食通道、粪污堆积区、垃圾场等区域活动，夜间在牛舍立柱、颈夹、风扇、顶棚和墙壁等区域休息。蚊子一般夜间在牛舍活动。不建议使用风炮和大型喷雾设备消杀成蝇，可以在苍蝇栖息地采取滞留性喷洒。在草丛中、水坑周围消杀蚊子。当苍蝇聚集的时候，可以使用诱捕饵剂进行诱杀苍蝇。选择在牛舍、饲草料库、奶厅等区域进行消杀。将药物喷洒在上述区域外侧墙壁上。喷洒消杀根据成蝇的多少及活动规律来调整消杀频次，4—5 月可每周两次消杀，6—10 月可每周一次消杀。使用诱饵剂时，可在成蝇聚集处长时间放置，及时清理苍蝇尸体，避免诱饵剂和尸体污染饲料、饮水。

（四）注意事项

（1）配药及消杀时，人员戴橡胶手套、口罩，穿防护服和防护鞋套等。药物现配现用，一次仅使用一种消杀药物。如果消毒和灭蝇使用同一设备，每次使用后彻底清洗设备水桶。

（2）消杀时远离蜂群和水产养殖区。

（3）喷药后清洗衣服，用肥皂水冲洗皮肤裸露部位。

（4）药物放置在儿童接触不到的地方。切勿向人体喷药，禁止对食物使用。

三、老鼠防控

（一）灭鼠设施

（1）粘鼠板不含任何毒素药物和对人体、动物有害的物质，黏性强。

（2）捕鼠笼金属材质，有诱饵及内设置机关（图8-6）。

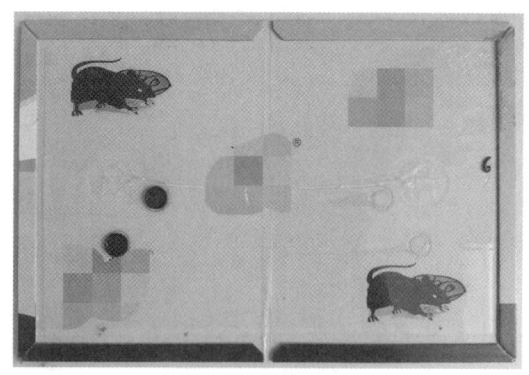
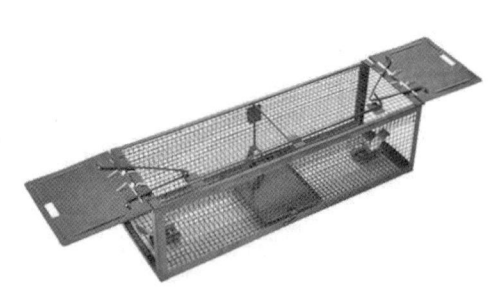

图8-6　粘鼠板捕鼠笼

（二）灭鼠方法

（1）放置粘鼠板时，防止老鼠挣扎拖动粘鼠板，可用双面胶带固定于地面，置于老鼠经常出没的通道、墙边、角落处，平均每15 m^2放置2~3个。

（2）使用捕鼠笼，踏板上放置诱饵，笼门前地上也放少量相同的诱饵。

第三节　一般检查方法

一般检查方法指检查时所采用为常规操作步骤和检查流程，包括临床检查和其他检查，下面将介绍一般检查的基本方法及其步骤。

一、临床检查

（一）问诊

做好病例登记，详细填写奶牛品种、用途、年龄、胎次等，做好病例记录可以更好地了解所在区域奶牛发病情况。认真聆听并记录养殖人员对奶牛病症的讲述，让其全面描述出具体的病症，记录好奶牛病症的情况。

（二）视诊

视诊指用眼睛进行观察，通过对牲畜生活的环境、卫生情况，以及分泌物的颜色等进行观察与分析，最终得出初步诊断结果。

（1）采食及反刍观察（图8-7）：食欲及反刍反映奶牛的全身及消化道等健康状态，一旦奶牛食欲下降表明奶牛的一些疾病已经开始发生，一般如各种热性病、代谢障碍病、各种胃病和大肠便秘的初期,严重者造成奶牛食欲废绝。

图 8-7 视诊

(2) 饮用水卫生情况:如饮用水不干净会导致细菌感染引起奶牛胃肠不适引发疾病,甚至导致奶牛饮水减少或不饮用从而导致产奶量下降。

(3) 围栏及圈舍观察:围栏栏杆间距以及是否有铁丝等,栏杆间距狭窄容易卡住牛,如有铁丝等尖锐物容易挂上奶牛,造成外伤。观察圈舍时看运动场、圈舍是否潮湿,有无石子等异物,潮湿容易造成奶牛关节炎等疾病,石子等异物容易造成奶牛蹄病。

(三) 触诊

指检查者用手(手指、手掌或手背)触摸了解组织、器官有无异常变化的一种检查法。触诊方法:①浅表触诊法;②深部触诊法:按压触诊法、双手触诊法、冲击触诊法、切入触诊法(图 8-8)。

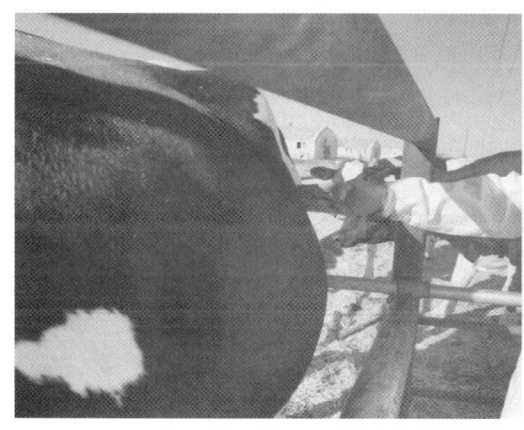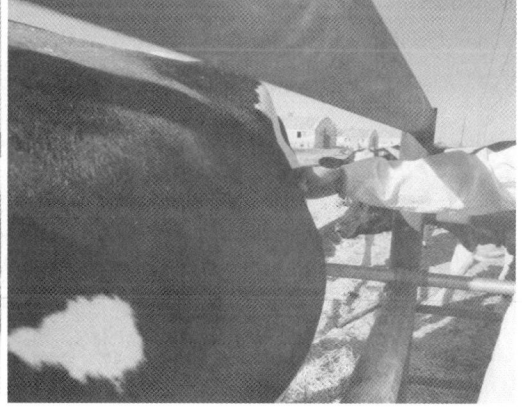

图 8-8 触诊

(四) 叩诊

叩诊就是对动物的体表的某一部位进行叩击，借以引起振动，并发出声响，根据产生的声响的特征，去判断被叩击部位或深部器官的物理状态的一种检查法（表8-3）。叩击方法：①直接叩击法。②间接叩击法：指指叩击法、椎板叩击法。

表8-3 声音特性

声音特性	基本叩诊音			过渡叩诊音	
	清音	鼓音	浊音	过清音	半浊音
音调	低	低或高	高	较低或较高	较高
强度	强	强	弱	较强	较弱
持续时间	长	长	短	较长	较短
音色	非鼓性	鼓性	非鼓性	鼓性或非鼓性	非鼓性

（1）切诊：指检查人员将手放到尾中动脉位置，感受患畜脉搏的动静，通过脉搏的起伏与节奏来判断患者所患的病症。切诊包括切、按、触、叩等。在牲畜诊断的过程中，兽医需要将手放在牲畜的动脉位置上，通过脉动的速度来评断是否为肺腑血气问题，从而使诊断的效果更加显著（图8-9）。

（2）听诊：利用听觉去辨别机体在生理或病理过程中所产生的音响，通过声音判断内部器官的物理状态和抗能活动的一种检查方法。听诊的方法：①直接听诊法；②间接听诊法。

图8-9 切诊

（3）嗅诊：指利用嗅觉判断病畜气味处于健康或病症的一种诊断方法。可对病畜皮肤、黏膜、呼吸道、胃肠道、呕吐物、排泄物、分泌物、脓液和血液等气味进行分析，根据其特点和性质，诊断其疾病（图8-10）。

图8-10 嗅诊

二、其他检查

(一) 被毛的检查

奶牛皮毛的状态是检验机体健康与否的标志之一，被毛和皮肤检查多用视诊及触诊，通过检查皮肤的温度、湿度、气味、弹性及感觉、颜色、肿胀以及皮肤上的病变情况等，诊断奶牛的疾病。

(二) 可视黏膜的检查

检查时可用双手握住牛角，并将牛头扭向一侧，此时眼球下转，巩膜即露出。

(1) 潮红：急性、热性胃肠炎传染病时多发。

(2) 树枝状充血：循环障碍，血管充血、心脏血管病变时多发。

(3) 结膜苍白：大失血、肝脾大血管破裂，创伤可致急剧性苍白；牛的贫血、慢性传染病内外寄生虫病可致逐渐苍白；溶血性贫血可致白里透黄。

(4) 结膜黄染：中毒、肝脏疾病可致肝实质性黄染；溶血性黄疸可致胆管阻塞性黄疸。

(5) 结膜发绀：呼吸系统疾病、心血管系统疾病、中毒可致结膜发绀。

(6) 出血点、出血斑：血斑病。

（三）浅表淋巴结的检查

可用视诊和触诊（尤其是常用触诊的方法）必要时配合穿刺检查法。淋巴结的病理变化：①急性炎症表现为肿胀明显，硬度增加，有热有痛，表面光滑且仍可移动。若为急性化脓性炎症，触诊有波动。②慢性炎症表现为肿胀不明显，但硬度明显增加，无热无痛，表面不光滑，不能或稍能移动。

（四）体温测定

健康奶牛体温为37.5~39.5℃，肺炎、胸膜炎、中暑等可致体温高于常温。预后不良，体温降至正常指标以下。测定方法是将体温计插入肛门，3 min后取出查看测得的温度。

（五）乳房检查

检查时注意乳房是否有肿胀、缩小、增温、疼痛、硬结等情况，如有上述情况出现说明该乳区患有不同程度的炎症（图8-11）。

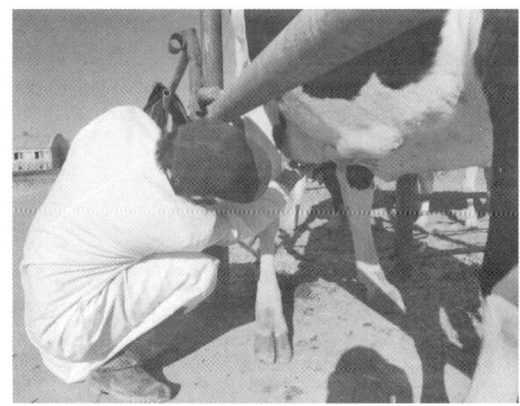
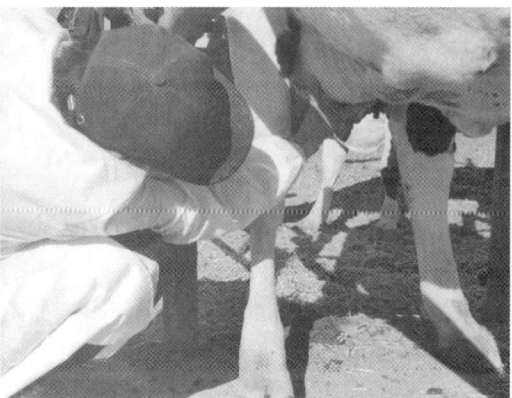

图8-11 乳区检查（左）及乳上淋巴检查（右）

三、实验室检查

（一）血液常规检查

指通过观察血细胞的数量变化及形态分布从而判断血液状况及疾病的发生。血常规检查包括有红细胞计数（RBC）、血红蛋白（Hb）、白细胞（WBC）、白细胞分类计数及血小板（PLT）等，通常可分为三大系统，即红细胞系统、白细胞系统和血小板系统。数值参考范围见表8-4。

表8-4 牛血液常规参考范围

指标	参考范围
红细胞数（10^{12}个/L）	5.0~10.0
血红蛋白（g/dL）	8.0~15.0
红细胞压积（%）	24.0~46.0
白细胞数（10^9个/L）	4.0~12.0
嗜酸性粒细胞数（10^9个/L）	0.1~1.0
嗜碱性粒细胞（10^9个/L）	0.0~0.5
中性粒细胞数（10^9个/L）	0.6~6.7
单核细胞数（10^9个/L）	0.0~0.84
淋巴细胞数（10^9个/L）	2.5~7.5

1. 红细胞计数

临床意义：红细胞增多，多见于机体失水、血液浓缩（大量出汗、严重腹泻、体液过度渗出或漏出的疾病）。红细胞减少，多见于各种贫血、梨形虫病、锥虫病、营养不良和衰竭症等。

2. 血红蛋白含量

临床意义：血红蛋白增多通常见于机体脱水或血液浓缩的情况，例如剧烈腹泻、呕吐、大量出汗等。有时也可见于红细胞增多症、肺炎、肠梗阻以及肠绞痛等情况。血红蛋白减少则见于各种类型的贫血、营养不良以及伴随贫血的某些传染病或寄生虫病，如白血病、疟疾、钩虫病等。

3. 红细胞压积

红细胞压积容量是指压紧的红细胞在全血中所占的百分率。

临床意义：测定红细胞压积容量，可为血液浓缩程度或为补充体液数量提供参考。红细胞压积容量增高见于血液浓缩时，如腹泻、外科手术后或失血等。红细胞压积容量减低见于各种贫血及溶血性疾病。

4. 白细胞计数

临床意义：白细胞增多见于大多数急性传染病和炎性疾病，如出血性败血病、肺炎、炭疽、乳房炎、胸腹炎及化脓性炎症等。在为期数月的间隔中多次呈现白细胞增多时，可称为持续性白细胞增多症。可由造血器官病变引起。若患病初期白细胞增多，而不久白细胞数突然降为正常以下，则表明造血器官受到抑制或衰竭，显示预后不良。

（二）**血液生化检查**

血液生化是指检测存在于血液中的各种离子（钙、无机磷等）、糖类、脂类、蛋白质(总蛋白、白蛋白和球蛋白)以及各种酶(谷草转氨酶、谷丙转氨酶)、激素和机体的多种代谢产物的含量。奶牛的血液生化指标包括多种关键参数,这些指标对于评估奶牛的健康状况和营养状态至关重要,通过定期的血液生化检查,可以及时发现并处理潜在的健康问题,从而保障奶牛的健康和生产效率。

表8-5 牛血液生化参考范围

指标	参考范围
钙(mmol/L)	1.50~2.40
无机磷(mmol/L)	0.81~2.19
总蛋白(g/L)	60.0~75.0
白蛋白(g/L)	20.0~43.0
球蛋白(g/L)	30.0~57.0
谷草转氨酶(U/L)	60~125
谷丙转氨酶(U/L)	0~60

(三)尿液常规检查

尿液检查不仅可以直接了解泌尿系统的生理功能和病理变化,也可间接反映全身多器官和系统的功能。尿常规一般检查以下指标。

(1)白细胞:尿中出现大量白细胞,见于肾及尿路的炎症,如急性肾炎、肾盂肾炎、膀胱炎、尿道炎、尿道结核等。

(2)亚硝酸盐:亚硝酸盐阳性见于由大肠杆菌引起的肾盂肾炎,由肠杆菌科等细菌引起的尿路感染、膀胱炎等。

(3)胆原:健康动物的尿中含有少量的尿胆原,溶血性疾病及肝实质性疾病可致尿胆原显著增多,当动物患有阻塞性黄疸时,尿胆原消失,呈阴性。

(4)蛋白尿:在正常情况下,动物排出的尿液中蛋白质含量很少,通常的方法难以检测出来。在病理情况下,如果肾脏的过滤功能发生障碍,会导致大量蛋白质进入尿液中,这种情况被称为蛋白尿。蛋白尿常见于肾脏的器质性病变,例如肾炎、肾盂肾炎、间质性肾炎;也可见于某些药物引起的肾脏损伤,这些药物可能包括重金属、有机溶剂、抗生素中毒以及摄入霉变饲料等;在许多发热性疾病中,也可发生轻微或暂时的蛋白尿。

(5)pH值:尿pH值受很多因素影响,很大程度上取决于饮食种类、服用的药物及疾病类型。病理性的尿液pH值降低,鉴于某些发热性疾病、痛风、长期饥饿和酸中毒(如奶牛酮病、瘤胃酸中毒)。尿道阻塞和膀胱炎是尿液在膀胱内积滞,也见于代谢性碱中毒及摄入乳酸钠、碳酸氢钠、枸橼酸钠等盐类物质,均可导致尿液pH值增高。

(6)血尿:见于泌尿器官炎症、肿瘤、寄生虫病及某些中毒性疾病。可引起溶血的各种疾病,如钩端螺旋体病、血液寄生虫病、细菌感染及新生仔畜溶血病等都可致血红蛋白尿。

（7）比重：尿液比重与尿液中可溶性物质的数量、质量及尿量密切相关。临床异常表现低渗尿和高渗尿。低渗尿常见于水中毒、肾上腺皮质功能亢进、高钙血症、低钾血症、子宫积脓、肾功能衰竭、肾炎等。高渗尿见于糖尿病、渗透性利尿药、心功能衰竭、脱水、出血、休克等。

（8）酮体：健康动物尿中含有微量酮体，一般无法检出。集体碳水化合物和脂肪代谢障碍可检出酮体，如奶牛酮病。

（9）胆红素：尿胆红素阳性常见于胆石症、胆道肿瘤、胆道蛔虫、胰头癌等引起的梗阻性黄疸和肝癌、肝硬化、急慢性肝炎、肝细胞坏死等导致的肝细胞性黄疸。

（10）维生素C：尿检里维生素C是一个辅助项目，用于检测尿检中其他指标的可靠性。当维生素C阳性的时候，可能会影响一些指标出现假阴性或者假阳性。

第四节　常规化治疗技术

常规化治疗技术是指奶牛疾病预防和治疗过程中使用的一些常用的操作技术，可使奶牛避免或减少疾病带来的不利影响，保障奶牛的安全和健康。

一、奶牛保定

1. 徒手保定法

面对牛头于一侧站立，一手提拉牛的鼻绳、鼻环或提住鼻中隔，另一手轻拍眼部。如有骚动，抓住鼻绳上举，不断抖动，分散牛注意力。此法适用于一般检查、灌肠、肌内及静脉注射。

2. 鼻钳保定法

夹紧牛鼻中隔用手持握或用绳系紧钳柄上体，此法适用同徒手保定法。

3. 角根保定法

找一根支柱，将牛角弯部卡紧在支柱上，再用绳子将牛角紧绑在支柱上，此法适用于头部各器官的检查及豁鼻修补术。

4. 下颌上撬保定法

取一条绳子，绕成适当大小的圈，套入牛门、臼齿间的间隙，然后将木棍插入绳圈内捻转，使收紧绳圈，并把牛头抬起，为防引起牛下颌骨骨折要注意绳圈扭转不能过紧，特别是牛骚动时不可加强扭转来保定。

5. 两后肢保定法

用绳子的一端扣住牛一后肢跗关节上方腱部，另一端则转向对侧肢相应部位"8"字形缠绕，最后收绳由一人牵住，准备随时松开，此法适用于牛的直肠、乳腺及后肢的检查。

6. 四柱保定法

先安好前柱横杆，然后牵牛由后方进入柱栏内，头绳系于横栏前部的铁环上，最后装上后柱间的横杆并挂好胸、腹绳，两后肢保定。

二、注射治疗

(一) 静脉注射

牛的静脉注射多在颈静脉,有时也可在乳房静脉或耳静脉。牛站立保定,将牛头部固定,并稍向对侧牵拉。注射部位剪毛消毒,而后术者左手拇指压迫牛颈静脉的下方,使静脉扩张,右手持针头,对准注射部位,用腕的弹拨力与皮肤垂直迅速刺入血管,见有血液流出后,将针头再沿血管向前推送或滴注(图8-12)。

图 8-12 静脉输液(马砚军供图)

(二) 肌内注射

将药液注入肌肉组织内,以达到治疗的目的。多选在肌肉丰满处,可在颈侧或臀部。将牛保定好,注射部位剪毛消毒,注射人员先将针头垂直刺入肌肉内,使针头与皮肤垂直迅速刺入肌肉 2~4 cm,左手拇指和食指稳住针头,右手将注射器接上,回抽无血后,缓慢注入药液。注射完后,用酒精棉球压迫针孔处拔出针头。

(三) 皮下注射

将药液注入皮下组织内,经毛细血管、淋巴管吸收进入血液。牛多选在皮肤较薄、富有皮下组织、松弛或活动性较小的部位,如颈部两侧。注射部位剪毛消毒,注射人员用左手提捏起动物注射部位皮肤,右手持注射器呈斜向下45°刺透皮肤,检查针头活动自如,回抽无血时,缓慢注入药液。注完药液后,用酒精棉球按住刺入点,拔出针头,局部消毒即可(图8-13)。

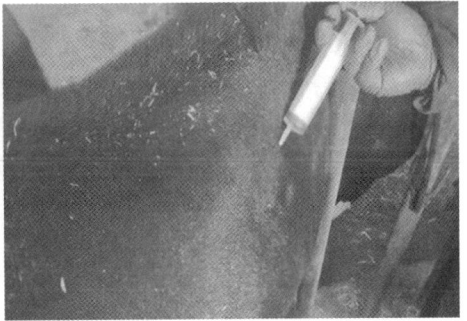

图 8-13 皮下注射(马砚军供图)

(四) 皮内注射

皮内注射是将药液注入真皮层的一种方法，多选择在颈侧中部或尾根内侧。注射部位常规消毒处理后，注射人员左手拇指与食指将注射部位皮肤捏起形成皱褶，右手持注射器并与注射部位皮肤呈30°，刺入皮肤0.1~0.3 cm，深达真皮层，按规定量缓慢注入药液（图8-14）。

(五) 乳房注射

将药液通过乳管注入乳池内，主要用于治疗奶牛的乳房炎。有时也可通过导乳管注入空气即乳房送风，治疗奶牛生产瘫痪。奶牛站立保定后挤净乳汁，清洗乳房擦干后用70%酒精消毒乳头。注射者以左手将乳头握于掌内，轻轻向下拉，右手持消毒的导乳管，自乳头慢慢插入。然后注射器与导乳管结合，慢慢注入药液，注完后拔出导乳管或针头，以左手拇指和食指捏闭乳头口，防止药液外流，同时右手轻轻按摩乳房，促进药液扩散（图8-15）。

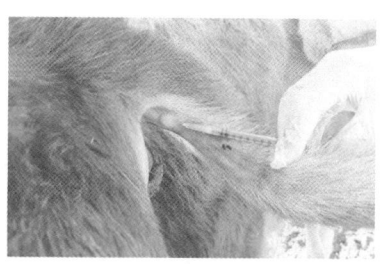

图 8-14　皮内注射

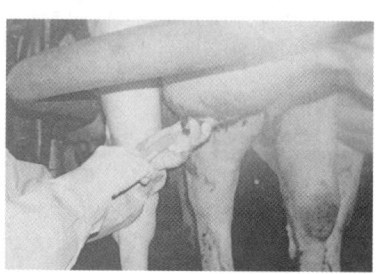

图 8-15　乳房注射

三、子宫灌注

多用于母牛阴道炎、子宫颈炎、子宫内膜炎等病的治疗，常用药液包括温生理盐水、0.1%雷佛奴尔、0.1%高锰酸钾以及抗生素和磺胺类药物制剂。

(一) 阴道内投药

将患牛保定好，通过一端连有漏斗的软胶管，将配好的接近动物体温的药液冲入阴道内，待药液完全排出后，术者再戴灭菌手套将药剂涂在阴道内，或直接放入浸有药剂的棉塞。

(二) 子宫内投药

将患牛保定，配制好的药液温度以接近动物体温为佳。可使用阴道开膣器及带回流支管的子宫导管或小动物灌肠器，其末端接以带漏斗的长橡胶管。术者从阴道或者通过直肠把握子宫颈的方法将导管送入子宫内，将药液倒入漏斗内让其自行缓慢流入子宫。当注入药液不顺利时，切不可施加压力，以免刺激子宫使子宫内炎性渗出物扩散。每次注入药液的数量不可过多，并且要等到液体排出后，才能再次注入。每次治疗所用的溶液总量不宜过大，牛一般为500~1 000 mL，并分次冲洗，直至排出的溶液变为透明为止。也可直接投入抗生素，为了防止注入子宫内的药液外流，所用的溶剂（生理盐水或注射用水）数量以20~40 mL为宜。

四、口服给药

(一) 混饲给药

将药物均匀地混入饲料中,通过牛群采食进行治疗。该给药方式适用于不溶于水的药物。

(二) 灌服法

对于多数病情危重的、饮食欲废绝的病牛,以及食欲尚可但不愿自行采食的病牛,都可以用强制的方法将药物经口灌入其胃内。此法适用于液体性药物或将药物用水溶解或调成稀粥样,以及中草药的煎剂。灌服的药物应无强烈刺激性气味或异味。常用的灌药用具有灌角、竹筒、橡皮瓶或长颈酒瓶、药盆等。操作方法:一助手抓牢牛头,并让牛头紧贴自己的身体,紧拉鼻环或用手、鼻钳等握住鼻中隔使牛头抬起;术者左手从牛的一侧口角处伸入,打开口腔并用手轻压舌体;右手持盛满药液的药瓶或灌角伸入并送向舌的背部,此时术者可抬高药瓶或灌角后部并轻轻振动,使药液能流到病牛咽部,待其吞咽后继续灌服直至灌完所有药液。

(三) 口腔投服法

如果所投药物为片剂、丸剂或舔剂,可采用口腔投服。对牛投药时,先站立保定,助手适当固定其头部,防止乱动。术者一只手从一侧口角打开口腔,另一只手持药片、药丸或用竹片刮取舔剂从另一侧口角送入病牛舌背部,病牛即可自然闭合口腔,将药物咽下。若药物不易吞咽,也可在投药后给病牛灌少量水,以帮助吞咽。

(四) 胃管投药法

患牛食欲废绝,或所用水剂药物量过多、带有特殊气味,经口不易灌服时,一般需要使用胃管投给。先将牛保定,胃管可从牛的口腔或鼻腔经咽部插入食道。经口插入时,应先给牛戴上木质开口器,固定好头部,将涂润滑油的胃管自开口器的孔内送入咽喉部,或持胃管经鼻腔送至咽喉部。当胃管尖端到达咽部,会感触到明显阻力,术者可轻微抽动胃管,促使其吞咽,此时随牛的吞咽动作顺势将胃管插入食道,应确认胃管插入食道后才能投药(图8-16)。

图 8-16 胃管投药法
(马砚军供图)

第五节 犊牛腹泻和肺炎防治技术

犊牛腹泻和肺炎是当前养殖场面临的危害性较大的疾病,易造成养殖场经济损失。这些疾病多在哺乳期和断奶期发生,且发病率和死亡率较高,是制约奶牛场健康高效养殖的重要因素之一。

一、犊牛腹泻

犊牛腹泻严重影响犊牛早期的生长发育和后期生产性能的发挥，降低养殖经济效益。

（一）症状表现

发病犊牛排粪便次数增多，粪便呈稀软、粥状、稀薄或水样，出现肛周污染、体温升高、精神差、食欲不振，后期有些出现后肢踢腹、腹痛症状。

（二）治疗

1. 腹泻用药

因细菌感染引起的犊牛腹泻，可结合药敏试验结果选择合适的抗感染药物。可选用 β-内酰胺类抗生素与 β-内酰胺酶抑制剂的复方制剂（例如，氨苄西林+舒巴坦，阿莫西林+克拉维酸钾）、氨基糖苷类抗生素（例如，庆大霉素、新霉素、卡那霉素等）、头孢菌素类抗生素（例如，头孢噻呋、头孢喹肟）以及四环素类抗生素（例如，土霉素、四环素、多西环素）。对于由球虫或隐孢子虫引起的犊牛腹泻，可选用磺胺类药物（例如，磺胺嘧啶）或氨丙嘧啶。

2. 辅助措施

①止泻：可选用活性炭。②防止渗出：可选用维生素 C 和钙制剂（如 10%葡萄糖酸钙注射液或 10%氯化钙注射液）。③促进肠黏膜恢复：可选用维生素 B_{12} 注射液、肌苷注射液和腺苷三磷酸注射液肌内注射。④纠正脱水：可选用 5%葡萄糖注射液、10%葡萄糖注射液或 5%葡萄糖氯化钠注射液。⑤缓解酸中毒：可静脉注射 5%碳酸氢钠注射液或 1.9%乳酸钠溶液。⑥对于缺硒引起的腹泻，可用亚硒酸钠，伴水灌服。

（三）防控要点

产犊管理、饲喂管理，详参见本章第三节犊牛培育技术。

环境管理是指创造犊牛良好的生活环境，冬季铺设垫草（夏季铺设垫沙）厚度至少 20 cm，每天更换粪尿污染的垫草，每隔 3 d 对犊牛栏（岛）进行喷雾消毒一次；断奶后对犊牛舍进行彻底清理、消毒、晾晒在保证舍内通风的前提下，保证犊牛舍干燥、卫生、舒适、温暖。人工哺育犊牛应保证一牛一栏。断奶时先采用小群饲养犊牛，然后再将犊牛合成大群，不得有腹泻、肺炎、脐带炎等疾病的牛只。对怀孕母牛在产前 2 个月进行疫苗免疫，一般用大肠杆菌疫苗、牛病毒性腹泻病毒疫苗、轮状病毒疫苗、冠状病毒疫苗等免疫。

二、犊牛肺炎

犊牛肺炎是病原菌感染犊牛所致的肺部炎症性疾患，哺乳犊牛及断奶犊牛均易发生，严重影响犊牛的健康发育。

（一）症状表现

患病犊牛精神沉郁、食欲减退、喜卧、鼻镜干、咳嗽、鼻孔有炎性分泌物、体温升高、呼吸困难、肺部听诊呼吸音异常。

第八章 奶牛疫病防控技术

(二) 治疗措施

1. 抗感染药物选择

根据确诊病原和药敏试验结果选择合适的抗感染药物。对于支原体感染，建议抗生素优先选用泰拉菌素或加米霉素，同时使用解热镇痛药和抗病毒药物，饮水中添加麻杏石甘散或甘草。

2. 辅助治疗

（1）解热可选用解热镇痛药（如复方氨基比林、安乃近、对乙酰氨基酚或氟尼辛葡甲胺等）。

（2）抗炎可选用糖皮质激素类药物（如地塞米松、醋酸氢化可的松等）。

（3）防止渗出可选用维生素C和钙制剂（如10%葡萄糖酸钙注射液或10%氯化钙注射液）。

（4）补液可选用5%葡萄糖注射液、10%葡萄糖注射液或5%葡萄糖氯化钠注射液。

（5）调整酸碱平衡可选用5%碳酸氢钠注射液或乳酸钠注射液。

（6）保护心肺可选用维生素C注射液和维生素E注射液等。

(三) 防控措施

产犊管理、饲养管理、环境管理参照犊牛腹泻措施。

第六节 奶牛繁殖疾病防治技术

随着奶牛饲养管理水平不断提高，高产奶牛不断增加，繁殖性疾病也是制约奶牛优秀生产性能发挥的重要因素之一。奶牛繁殖疾病不仅对奶牛自身健康有影响，而且会延长胎间距，增加饲养成本，影响奶牛场的经济效益。本节将对繁殖性疾病进行阐述。

一、子宫内膜炎

子宫黏膜炎症为子宫炎（黏膜炎、肌炎、浆膜炎）中的一种。产后恶露不净、胎衣不下、死胎、子宫弛缓、子宫脱垂、剖腹产或输精消毒不严，或继发于结核病、布鲁氏菌病、胎儿弧菌病、滴虫病等均可造成子宫内膜炎。

(一) 诊断要点

病牛发情周期不正常，或虽正常但屡配不孕，或发生隐性流产。病牛卧下或发情时，从阴道排出浑浊带有絮状物黏液，有时虽排出透明黏液，但仍含有小的絮状物。阴道内可见子宫颈口不同程度的肿胀和充血。在子宫颈封闭不全时，有不同形状的炎性分泌物经子宫颈排出。子宫颈封闭时则无分泌物排出。直肠检查时，发现子宫角变粗、子宫壁增厚，弹性减弱，收缩反应减弱，但有时查不出明显的变化。

(二) 治疗措施

治疗急性病例需要全身抗感染治疗，同时配合局部给药。

（1）子宫内冲洗疗法通过抗生素等药剂处理，目的是清洗子宫，消除炎症，达到子宫净化目的。每天1次或隔天一次，反复冲洗直至冲洗回流液体清亮为止。可用

0.1%高锰酸钾液、0.02%呋喃西林液或0.02%新洁尔灭液等反复冲洗子宫，然后在子宫腔内灌注青、链霉素合剂，每日或隔日一次，连续3~4次。

（2）子宫内药物灌注疗法：在清除子宫炎性分泌物基础上，利用抗生素或防腐剂等对子宫进行保护性治疗，起抗炎、消毒、抗感染的作用。

（3）全身治疗：在子宫内膜炎和其他感染时，常进行全身治疗，尤其是恶露明显化脓和子宫内有大量脓性分泌物时，应按剂量全身使用抗生素，并配合相应的强心、补液、纠正酸中毒及制止渗出等措施。

（三）防治措施

人工授精时必须严格遵守操作规程，防止感染；分娩接产及难产助产时，注意消毒。患生殖器官炎症的病畜在治愈前不宜配种；积极治疗产后胎衣不下等病，可大大减少子宫内膜炎的发生率。

二、卵巢囊肿

卵巢囊肿可分为卵泡囊肿和黄体囊肿，两种均没有正常的卵巢周期活动，卵泡囊肿可转化为黄体囊肿。

（一）诊断要点

卵泡囊肿时，病牛发情周期变短，发情期延长；性欲旺盛，出现慕雄狂；病牛极度不安，排粪排尿频繁，阴唇肿大；直肠检查时，发现卵巢上有多个直径超过2 cm的波动囊泡。黄体囊肿时，母牛不发情，直肠检查卵巢体积增大，可摸到带有波动的囊肿。间隔一定时间进行复查，若超过一个发情期没有变化，母牛仍不发情，可以确诊。

（二）防治措施

加强饲养管理，减少应激。对于患牛，多采用激素治疗囊肿。治疗卵泡囊肿：垂体促黄体素一次肌内注射200~400 IU，若用药一周后仍未见好转，可第二次用药，剂量比第一次稍增大；还可选择注射用绒促性素、注射用促黄体激素释放激素A_2等。治疗黄体性囊肿：可选择氨基丁三醇前列腺素F2α、氯前列醇钠注射液等药物注射治疗。

三、持久黄体

持久黄体是指周期黄体或妊娠黄体超过正常时间仍不消失。

（一）诊断要点

母牛发情周期停止，长时间不发情，直肠检查时可摸到一侧卵巢增大并发硬。若超过了应当发情的时间而不发情，需间隔5~7 d，进行2~3次直肠检查，如果黄体大小、位置及硬度均无变化，即可确诊为持久性黄体。但为了与怀孕黄体加以区别，必须仔细检查子宫。

（二）防治措施

预防根据具体情况改进饲养管理，或首先治疗子宫疾病。为了促进持久黄体退缩，可肌内注射前列腺素（PG）5~10 mg；一般注射一次后，一周内发情，配种即能受孕。

也可肌内注射氯前列烯醇或氟前列烯醇 0.5~1 mg，注射一次后，一周内若无效时，可间隔 7~10 d 重复一次。

四、胎衣不下

牛在分娩后的 12 h 内胎儿附属膜（胎衣）不能正常脱落或停滞于子宫内，称为胎衣不下。

（一）诊断要点

整个胎衣停滞于子宫内，未见排出（图 8-17）。或部分胎衣下垂于阴门外，时间长而出现恶臭味。

（二）防治措施

产前加强运动，饲喂含钙及维生素丰富的饲料。产后灌服羊水，并让母畜舔干仔畜身上的黏液，饮服益母草煎剂。治疗胎衣不下可采取如下对应方案：①促进子宫收缩：先用雌激素 20~30 mg，6 h 后用催产素 100 U；②促进胎盘分离：向子宫内灌入 10%氯化钠盐水 1 000~2 000 mL；③防止感染：隔日向子宫内放置粉剂土霉素或水溶剂，共用 2~3 次。若子宫颈

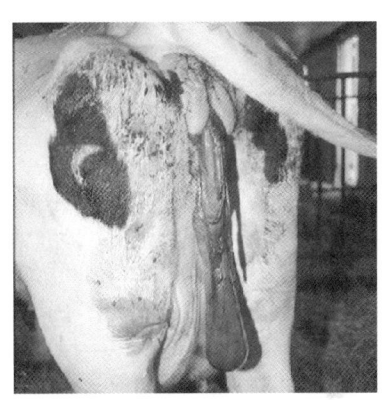

图 8-17 胎衣不下病牛

口已缩小，可先注射雌激素，使子宫颈开张，利于积液排出并放置药物；④全身疗法：用 10%葡萄糖酸钙（或氯化钙）500 mL，25%葡萄糖溶液 500 mL，静脉注射，每日一次；⑤剥离胎衣：按手术法规范剥离胎衣，剥离后投放 2%土霉素水溶液 100~200 mL。

第七节　奶牛乳房炎防治技术

奶牛乳房炎是奶牛乳房受到外部刺激或病原微生物侵袭乳腺组织引发乳房实质、间质的炎症，是奶牛养殖最常见的疾病之一，影响乳制品质量安全，可造成的巨大经济损失。本节将针对奶牛乳房炎防控技术进行阐述。

一、乳房炎

乳房炎是指奶牛乳房叶间结缔组织和乳腺体发生炎症，伴有乳汁产量和理化性质的改变，特别是乳汁中的白细胞数增加、乳汁颜色异常、乳汁出现乳凝块。多数患病乳腺的临床表现为红、肿、热、痛反应，多发于泌乳期，对奶牛业危害极大。

二、诊断要点

奶牛乳房炎可分为临床乳房炎和隐性乳房炎。临床乳房炎肉眼可明显地观察到患病乳区出现红、肿、热、痛，乳房淋巴结肿大，乳量减少或停止，乳汁稀薄如水或呈脓样、黏液样，有的混有絮状物、乳凝块或血液。重症患牛可出现全身性系统症状，如体温升高、精神食欲差、反刍停止，因乳房疼痛而产生跛行等（图 8-18）。而隐性乳房炎

没有明显临床症状，不易引起人们的注意，但它对牛群的危害甚至超过临床性乳房炎，诊断详见第七章第三节乳房炎奶牛快速鉴定技术。

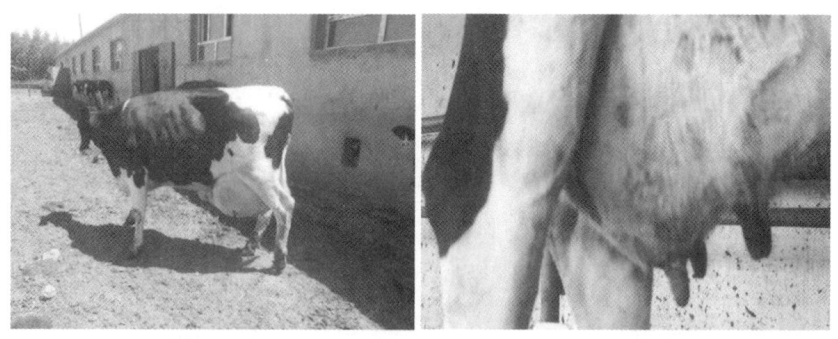

图 8-18 奶牛出现跛行（左）及乳房炎病牛乳房局部炎症（右）

三、治疗

临床乳房炎主要采用抗生素疗法：分离病原菌，根据药敏试验结果选用最高效的抗感染药物，如硫酸头孢喹肟乳房注入剂、头孢洛宁乳房注入剂等药物，通过乳导管注入乳池，局部保持较高浓度，达到治疗目的。病情严重的可配合全身治疗。

乳房注射操作方法：动物站立保定，清洗乳房，擦干后用70%酒精消毒乳头。挤净乳汁或炎性蓄积物，注射者以左手将乳头握于掌内，轻轻向下拉，右手持消毒的导乳管，自乳头慢慢插入。然后注射器与导乳管结合，慢慢注入抗生素；也可先注入敏感抗生素生理盐水冲洗排出后，再注入抗生素。注完后，拔出导乳管或针头，以左手拇指和食指捏闭乳头口，防止药液外流，同时右手轻轻按摩乳房（轻轻抖动乳头基部和乳房）2~3 min，促进药液扩散。也可挤净乳汁和炎性蓄积物后，先注入5%碳酸氢钠溶液 100~200 mL，抖动乳头基部和乳房 2~3 min，放出液体后再注入上述抗菌药物。每日注入 2~3 次。

四、防控措施

加强日常消毒和卫生管理，保持环境和牛体卫生；严格按照挤奶规程操作；坚持乳头药浴；干奶期药物预防；定期监测隐性乳房炎，及时治疗、淘汰病牛。

第八节 奶牛肢蹄病防治技术

蹄病是集约化奶牛养殖中造成奶牛淘汰的主要原因之一，给奶牛养殖业带来巨大经济损失，严重影响奶牛业的健康发展。饲养管理规范的牧场蹄病发病率应控制在2%以内。奶牛蹄病是奶牛四肢及蹄部疾病的总称，包括跗关节磨损及炎症肿胀、趾间皮炎（俗称蹄叉炎）、蹄底溃疡等。这些疾病的发生与多种因素有关，包括病原菌感染、饲养环境、营养状况、管理措施等。前肢易患趾间皮炎及蹄底溃疡，而后肢则易患跗关节磨损及炎性肿胀、趾间皮炎、蹄底溃疡居多。

一、蹄叶炎

蹄叶炎又称弥散性无败性蹄皮炎,是真皮小叶的炎症,临床上分为急性,亚急性和慢性三种类型。病畜通常四肢不同程度发病,病变多以前肢的内侧趾、后肢的外侧趾较明显(图8-19)。

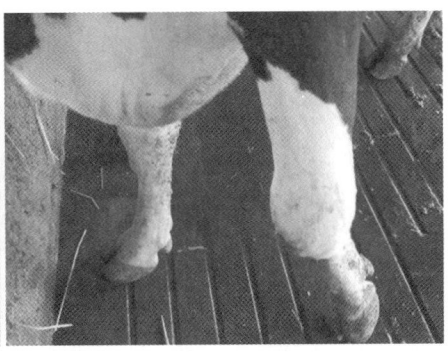

图 8-19 奶牛出现跛行

(一) 诊断要点

奶牛发生急性蹄叶炎早期可见明显的出汗和肌肉颤抖,患病奶牛常卧于地面,卧地后患病肢蹄外伸,呈侧卧姿势,严重则会出现体温升高、呼吸加快、采食减少、泌乳量下降等症状。慢性蹄叶炎一般不会出现全身症状,患牛站立时蹄球部负重,长时间患病后,患牛全身状态变坏,出现蹄变形,蹄延长,甚至出现蹄底穿孔。

(二) 治疗

急性蹄叶炎可用镇痛剂、抗炎药物,如阿司匹林、芬必得、氟尼辛葡甲胺(非甾体类) 10 mL 每头,肌内注射于患处,连续给药一周以上。

慢性蹄叶炎时注意削蹄、护蹄,维持其蹄形,防止蹄底穿孔。加强护理。牛床铺有垫草,在软地面或土地面上自由运动,用冷水浸蹄。

二、腐蹄病

腐蹄病是指(趾)间及其组织的急性化脓性炎症(图8-20)。感染达指(趾)间

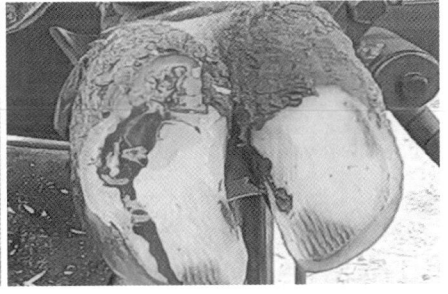

图 8-20 蹄底腐烂修蹄时有血液流出

的真皮层,并自此向深部扩散,表现为指(趾)间皮肤、蹄冠、系部、球节的肿胀、皮肤坏死和裂开,跛行,体温升高。主要为坏死梭杆菌、节瘤拟杆菌感染引起。

(一) 诊断要点

奶牛出现跛行,经常抬起病肢,不愿运动,喜卧,出现蹄变形,趾间皮肤发红且肿胀,蹄冠为红色或暗紫色,随着病情发展,出现化脓情况,呈现微黄色灰白色。

(二) 防控措施

加强圈舍卫生管理,避免皮肤、黏膜损伤。合理配合粗精饲料,在泌乳期的饲料中补充足够的维生素和微量元素锌、硒,并保证饲料中钙磷比例为(1.5~2):1,特别要避免高产奶牛低血钙现象。在饲料中添加适量的硫酸锌(100 kg 饲料加入硫酸锌 10~20 g),当畜群中发生感染时,隔离病畜,以控制感染。在圈舍出口可放干的防腐~(如石灰等)或药液(如2%~4%硫酸铜溶液)(图8-21)。

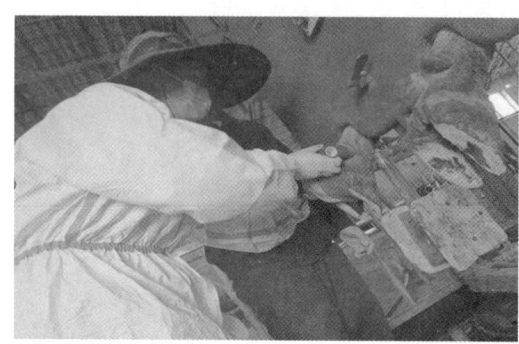
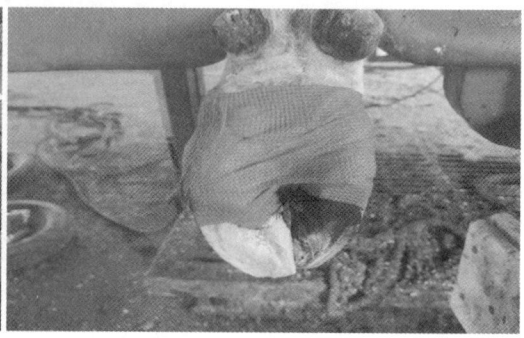

图 8-21 修蹄后上药包扎

根据疾病程度,实行局部治疗、全身治疗或二者相结合。早期小病灶轻症患牛应将蹄腐烂处刮开,暴露空腔,后用碘酊冲洗,将患处浓汁冲洗干净,根据空腔大小,使用 25~50 g 蹄力健粉填充空腔,后包裹纱布。对患病牛每 3 d 进行一次观察与换药,治疗期间应保持病牛所处环境干燥,直至痊愈。严重的病例,进行局部抗生素注射,使用抗生素肌内注射于患蹄处,连用 3~5 d。

三、指(趾)间皮炎

指(趾)间皮炎是指没有扩延到深层组织的指(趾)间皮肤的炎症(图8-22)。特征是皮肤呈湿疹性皮炎的症状,有腐败气味。

图 8-22 指(趾)间皮炎

(一) 诊断要点

奶牛出现不同程度的跛行,早期仅出现轻度跛行或行动稍不便,病变多局限于蹄趾表层,表皮出现增厚充血,趾间有渗出物,并伴有结痂;发病后期牛只严重跛行,蹄趾间或跖侧皮肤炎性反应加重，蹄内侧部的角质发生分离，与病灶相邻处的皮肤发生肿胀。

（二）防治

保持圈舍卫生、干燥，保护蹄部不受损伤，定期削蹄和修整，用硫酸铜溶液喷蹄，经常洗刷蹄部。其中发病率高的牛场在发病高峰期，建议每周两次；发病率低的牛场，或发病率低的季节建议每周一次。

首先保证蹄部的干燥和清洁，当发现该病时应用修蹄刀刮除患病部分，刮除后对患处使用碘酊冲洗起到清理和消毒的作用，后在患处敷 25~50 g 蹄力健粉用纱布包裹后再用绷带包扎，3~5 d 进行一次换药。

四、蹄底溃疡

蹄底溃疡又称局限性蹄皮炎（图 8-23），是蹄底和蹄球结合部的非化脓性坏死，通常靠近轴侧缘，真皮有局限性损伤和出血，角质后期有缺损。

（一）诊断要点

蹄底与蹄球结合部角质变软、脱失、崩解，露出蹄底真皮，局部感染处会流出恶臭脓汁。

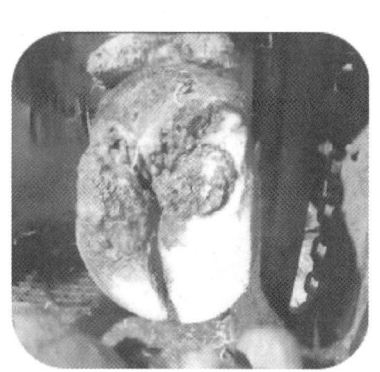

图 8-23　蹄底溃疡

（二）防控措施

加强管理，合理搭配粗精饲料。注意环境卫生，及时清理粪便，清除运动场内石块、异物，减少蹄部外伤和细菌感染。科学削蹄、蹄浴。治疗时清洗牛蹄部，暴露病变组织，切除游离的角质和过剩的肉芽组织，病灶内敷蹄力健粉，纱布包裹，绷带包扎以防污染。治疗期间，病牛放在松软地面活动；减少精料的比例；连续一周每头每天口服 5~8 g 硫酸锌。

第九节　常见营养代谢病防治技术

奶牛营养代谢病是一种对奶牛养殖和乳制品生产危害严重的疾病。饲料营养成分不均衡、质量过差或其他疾病等均可引发营养代谢病，可造成食欲不振、产奶量下降、体重减轻等，严重影响奶牛的健康状况和生产性能。本节将对常见营养代谢病进行阐述。

一、瘤胃酸中毒

采食大量谷类或其他富含碳水化合物的饲料，在瘤胃内迅速分解发酵，产生大量乳酸及有毒物质可引起瘤胃酸中毒。临床表现为消化紊乱、瘤胃积滞酸臭细软内容物、腹泻、脱水、高乳酸血症、病程短急。

（一）诊断要点

最急性病例在采食谷类饲料后 2~5 h 内无明显症状而突然死亡，有的仅见精神沉郁、昏迷，而后很快死亡。

重剧性病例病畜蹒跚而行，反应迟钝，回望腹部，对任何刺激的反应都明显下降。

有的病畜兴奋不安，向前狂奔或转圈运动，视觉障碍，以角抵墙，无法控制。多呈中度脱水，血液黏稠，眼球凹陷，尿少色浓或无尿。随病情发展，后肢麻痹、瘫痪、卧地不起。最后角弓反张，昏迷而死。

中度瘤胃酸中毒病畜精神萎靡，鼻镜干燥，食欲废绝，反刍停止，空口虚嚼，流涎，磨牙，粪便稀软或呈水样，有酸臭味，轻度脱水，体温正常或偏低。

轻微瘤胃酸中毒病畜表现食欲减退，反刍无力，瘤胃胀满，瘤胃蠕动减弱。腹泻，粪便松软或水样，如改善饮食，数天后可自行恢复。

（二）防控措施

保证充足粗饲料摄入，增加精料应逐步过渡，避免突然大幅度加量。精料使用量大时，可增加缓冲剂和制酸剂（如碳酸氢钠、氧化镁和碳酸钙等）的量，使瘤胃内容物 pH 值保持在 5.5 以上。

治疗以排出瘤胃内容物，纠正瘤胃 pH 值，纠正脱水和酸中毒，恢复瘤胃蠕动，防止继发感染为原则。

瘤胃冲洗：用胶管经口插入瘤胃，排出液状内容物，然后用碳酸氢钠水或稀石灰水反复冲洗，直至瘤胃内容物无酸臭味，呈中性或弱碱性。

纠正瘤胃 pH 值：灌服制酸药，氢氧化镁或氧化镁或碳酸氢钠 250~750 g，常水 5~10 L，一次灌服，对轻症病畜有效。重症病畜可切开瘤胃，彻底冲洗或清除胃内容物，然后加入少量碎干草，对瘤胃内容物 pH 4.5 以下的危重病畜效果较好。

纠正脱水和酸中毒：补液补碱，静脉注射：5%碳酸氢钠 1 000~2 000 mL，5%葡萄糖氯化钠或复方氯化钠 3 000~4 000 mL。

恢复瘤胃蠕动：按说明选用新斯的明，促反刍注射液，复合 B 族维生素等。

防止继发感染：可选用氨基糖苷类（如庆大霉素）、喹诺酮类（如恩诺沙星）或磺胺类（如磺胺嘧啶钠、磺胺间甲氧嘧啶钠）等注射给药。注意在使用氨基糖苷类和磺胺类等肾毒性较大的药物前要先行纠正机体脱水状态。

二、奶牛酮病

奶牛酮病是由体内碳水化合物及挥发性脂肪酸代谢紊乱引起的一种代谢性疾病，临床以血液、乳、尿中酮体含量增高，血糖浓度下降，消化机能紊乱，产奶量下降，体重减轻及间断性出现神经症状为主要特征。

（一）诊断要点

临床型症状多在产后几天至几周出现，以消化紊乱和神经症状为主。患畜精神沉郁，凝视，步态不稳，有轻瘫症状，体重显著下降，产奶量降低。乳汁、呼出的气体及排出的尿有相同的酮味（烂苹果味），尿显淡黄色，易形成泡沫。临床实验室检查，结果显示血糖浓度降低，血酮、尿酮和乳酮含量增高。

（二）防控措施

在妊娠后期增加能量供给，但又不要使母牛过肥。在催乳期间，或产前 28~35 d 应逐步增加能量供给，并维持到产犊和泌乳高峰期，这期间不能轻易更换饲料配方。随乳产量增加,应逐渐供给生产性日粮,并保持粗粮与精料正常比例。在酮病的高发期,可添加饲料添加剂如烟酸、丙酸钠等添加剂,有效降低酮病发病率。

治疗原则是解除酸中毒,补充葡萄糖,提高酮体利用率,调整瘤胃机能。继发性酮病以根治原发病为主。

补糖:静脉注射50%葡萄糖500~1 000 mL。口服丙酸钠,每次125~250 g,一天2次,连用10 d。拌料加入丙二醇或甘油,一天2次,每次225 g,连用2 d。随后日用量降为110 g,一天1次,连用2 d,口服或拌饲前静脉注射葡萄糖疗效更佳。

解除酸中毒:静脉注射5%碳酸氢钠300~500 mL,一天2次。

调整瘤胃机能:内服健康牛新鲜胃液350~800 mL,一天2次,或促反刍散250 g。

三、生产瘫痪

产后瘫痪又叫生产瘫痪,中医学上叫"乳热症",是母畜分娩前后突然发生的一种严重代谢病。临床以低血钙、肌无力、体温低、知觉丧失及四肢瘫痪为主要特征。

(一) 诊断要点

病初食欲减退或废绝;体温、呼吸正常,脉搏略增加;精神沉郁,不安(全身症状),站立不稳,不愿走动,后肢交替负重,四肢肌肉震颤,随后不能站立(图8-24),四肢屈于腹下,头颈贴于胸侧,精神沉郁,体温下降;后期随着病情发展,知觉丧失,体温下降至35~36℃,闭目昏睡,心跳增至每分钟100次以上。

非典型(轻型)症状精神极度沉郁,食欲废绝,体温不低于37℃,站立不稳,行动困难,步态摇摆,症状较典型病例轻,头颈姿势异常,头部至鬐甲呈"S"状弯曲。

图8-24 发病牛卧地不起
(夏成供图)

(二) 防控措施

预防产前2周开始补充低钙高磷饲料,钙磷比为(1~1.5):1。分娩前2~8 d肌内注射一次维生素D_2(2万 U/kg 剂量);分娩后立即肌内注射10 mg双氢速甾醇。产后及时补钙可防止本病的发生,可以静脉注射葡萄糖酸钙,也可口服补钙产品;分娩后初次挤奶,只挤出乳房内乳量的1/3~1/2。

治疗钙剂疗法:静脉注射10%葡萄糖酸钙800~1 400 mL+15%磷酸二氢钠250~300 mL+50%葡萄糖500 mL。

乳房送风法:送风时,先用酒精棉球消毒乳头和乳头管口,先注入青霉素注射液80 U,然后用乳房送风器往乳房内充气,充气的顺序是先充下部乳区,后充上部乳区,充入气体程度以叩诊皮肤呈鼓响音为宜,然后用绷带轻轻扎住乳头,经2 h后取下绷带,送风的同时静脉注射钙剂效果更佳。

第十节 常见传染病防治技术

奶牛常见传染病通常由病毒、细菌或寄生虫引起，可能通过直接接触、空气传播或污染的饲料和水源传播。它们会导致奶牛出现发热、食欲不振、产奶量下降、繁殖障碍等症状，严重时甚至可能导致死亡，从而严重影响奶牛的健康和生产效率。本节将详细介绍这些传染病的诊断和防治措施。

一、口蹄疫

口蹄疫（Foot and mouth disease，FMD）是由口蹄疫病毒（Foot and mouth disease virus，FMDV）引起的一种急性、热性、高度接触性人兽共患传染病，俗称"口疮""蹄癀"，临床以在口腔黏膜、四肢下端及乳房等处皮肤形成水疱和烂斑为特征。

（一）诊断要点

病牛体温上升达40~41℃，口腔、蹄部、乳房发生水泡和糜烂；病死小牛心肌松软，心肌切面有灰白色或淡黄色斑点和条纹，称"虎斑心"。

（二）防控措施

加强饲养管理，严防病原侵入，尤其是在从外地引进牛时，严格执行防疫有关规定。可疫苗免疫，提高抗体水平。同时及时对新生、补检或漏检的动物的补充免疫。

二、牛传染性鼻气管炎

牛传染性鼻气管炎，又名红鼻病、牛病毒性鼻气管炎、坏死性鼻炎（图8-25），是由牛传染性鼻气管炎病毒引起的一种急性、热性、接触性传染病。临床多以呼吸道发炎、流鼻汁、呼吸困难、有时引起脑膜炎及生殖道感染等为主要症状（图8-26）。

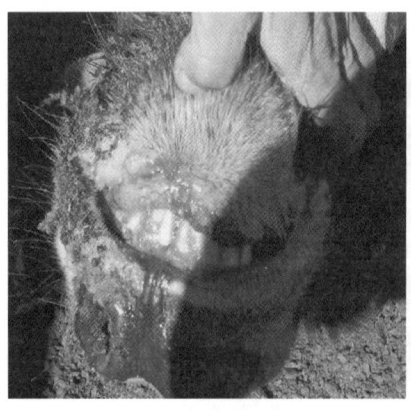
图8-25 病牛鼻黏膜充血
（彭清洁供图）

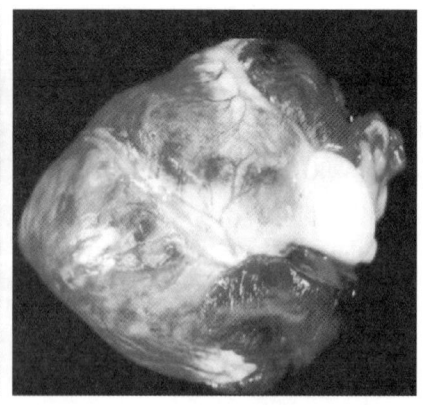
图8-26 病牛阴道黏膜充血出血
（朴范泽供图）

(一)诊断要点

各年龄段的牛均能感染,其中又以 20~60 日龄的犊牛最易感,病犊牛体温升高、流鼻汁、鼻窦及鼻盘发炎、红肿、咳嗽、呼吸困难,随后出现肌肉痉挛,步态不稳,兴奋,惊厥,口吐白沫,倒地,磨牙,角弓反张,四肢划动。患病母牛主要见阴道发炎,阴道底面和外阴见无臭的黏液。患病公牛可见龟头、包皮充血肿胀,严重的包皮和阴茎上出现脓疱。

(二)防控措施

目前尚无十分满意的防治措施控制本病的发生,对发病牛可选取广谱抗菌药物防止继发感染。本病可通过定期检疫,疫苗接种和扑杀病牛等综合措施防治。

三、牛病毒性腹泻黏膜病

牛病毒性腹泻黏膜病简称牛病毒性腹泻或牛黏膜病(图 8-27),以消化道黏膜发炎、糜烂、坏死和腹泻为主要特征。

(一)诊断要点

本病潜伏期 7~14 d,患病牛、隐性感染牛及康复牛是主要感染源,康复牛可带毒 6 个月。急性病例突然发病,体温高达 40~42℃,持续 2~3 d。流浆液性鼻液,鼻镜及口腔黏膜糜烂,舌面坏死,流涎。有些病牛常有蹄叶炎及趾间皮肤糜烂坏死,致跛行。尸体消瘦,眼球下陷,口腔、齿龈、舌、硬腭、鼻镜及鼻孔内有小而浅的不规则烂斑。

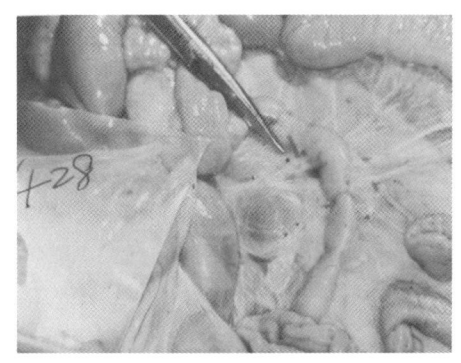

图 8-27 系膜淋巴结肿胀(郭爱珍供图)

(二)防控措施

可应用弱毒疫苗或灭活疫苗来预防和控制本病。国外本病发生较多,因此要加强检疫、隔离、净化和预防等防控措施,防止本病的扩大或蔓延。目前尚无有效疗法。对病牛要隔离治疗或急宰。选用抗感染药物减少继发性感染,应用收敛剂和补液疗法对症治疗。

第十一节 其他疫病防治技术

奶牛可能由环境因素、管理不当或病原体感染引起其他疫病,包括但不限于呼吸系统疾病和生殖系统疾病。它们可能导致奶牛出现消化不良、呼吸困难、繁殖障碍等症状,进而影响奶牛的生长、健康和产奶效率。本节将探讨这些非传染性疫病的防治技术。

一、布鲁氏菌病

布鲁氏菌病（Brucellosis）简称布病，是由布鲁氏菌（*Brucella*）引起的牛生殖障碍的一种人畜共患传染病。通过直接或间接接触感染的牛或含有病菌的污染物传播，其中消化道为最常见的感染途径，可通过呼吸道、眼结膜、生殖道及损伤的皮肤、黏膜和吸血昆虫感染。

（一）诊断要点

母牛发生流产（图8-28）、子宫内膜炎、胎衣不下和不孕，公牛发生睾丸炎、附睾炎、前列腺炎、不育、关节炎、淋巴结炎和滑液囊炎。流产以妊娠后7~8个月多见。主要病变为胎衣水肿，呈胶冻样浸润，有些部位覆盖纤维素絮片和脓液（图8-29），伴出血点。流产胎儿第四胃中有淡黄色或白色黏液絮状物，胃肠和膀胱的浆膜下可见有点状或线状出血。

图8-28 流产胎儿（郭爱珍供图）

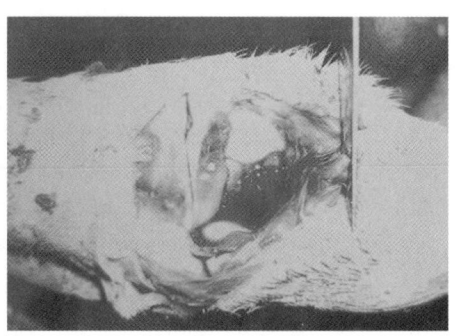
图8-29 流产胎儿关节腔积液（朴范泽、周玉龙供图）

（二）防控措施

针对奶牛布鲁氏菌病的防控，应采取扑杀、免疫和可以病牛淘汰相结合的措施。净化区每年建议2次，阳性牛扑杀无害化处理，采取检疫、淘汰病畜是防止布鲁氏菌病流行和扩散的有效方法。

二、结核病

牛结核病（Bovine tuberculosis）是由牛型结核分枝杆菌（*Mycobacterium tuberculosis*）引起的人和动物共患的一种慢性传染病（图8-30）。主要经呼吸道、消化道感染和交配感染。

（一）诊断要点

病初牛易疲劳，可见短而干的咳嗽，后咳嗽剧烈且频繁，表情痛苦，气喘。日渐消瘦，贫血。体表淋巴结肿大。孕畜流产，公畜睾丸肿大。恶化者可发生全身性结核，即粟粒性结核。剖检时在发病部位发现白色结节，切面为干酪样坏死，有的发生钙化。胸膜和腹膜发生密集的淋巴结节，呈粟粒大至豌豆大的半透明灰色坚硬的结节，形似珍珠

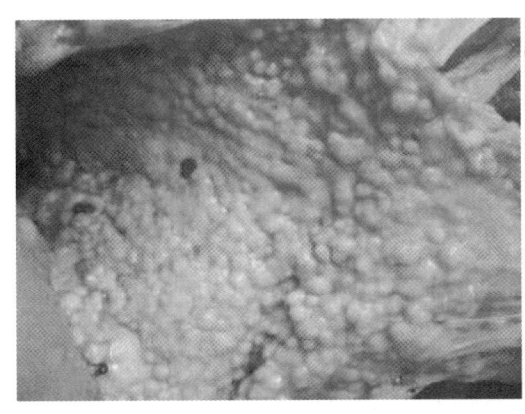 

图 8-30 胸部病变肺结核结节（朴范泽、候喜林供图）

状，即所谓"珍珠病"。

（二）防控措施

通过检疫、分群隔离、培育健康犊牛群，最终达到消灭、净化的目的。

三、牛传染性角膜结膜炎

牛传染性角膜结膜炎又名红眼病，急性接触性传染病，以结膜炎、角膜浑浊和大量流泪为主要特征。牛摩勒氏杆菌为本病的主要病原菌，革兰氏阴性杆菌，多成双排列，也可见短链状，有荚膜，无芽孢，不能运动。

（一）诊断要点

潜伏期一般为 3~7 d，初期患眼畏光，流泪，眼睑肿胀，疼痛。其后角膜凸起，角膜周围血管充血，出现白色或灰色小点。结膜和瞬膜红肿。严重病例角膜增厚，溃疡，形成角膜瘢痕及角膜翳。

（二）防控措施

禁止从疫区引进牛、饲料及动物产品。引进的牛要隔离观察 3~7 d，严格消毒圈舍、器具，观察无病的方可入群。对病牛要立即隔离，早期治疗，避免强烈阳光刺激。杀灭蝇类昆虫，有利于防止本病传播。

可选用 2%~4% 的硼酸水洗眼或硼砂 6 g、白矾 6 g、荆芥 6 g、防风 6 g、郁金 3 g，水煎后去渣，趁温洗眼；局部用药可选用复方妥布霉素或复方新霉素眼药水（含皮质激素，如地塞米松）点眼或红霉素眼膏、金霉素眼膏或四环素眼膏之一，点眼外用。根据病情需要可选用四环素类（如长效土霉素针剂、多西环素等）或联合使用青霉素、链霉素和糖皮质激素类药物（如地塞米松或泼尼松等）等，进行全身用药治疗。

角膜浑浊的病牛可用 50% 葡萄糖注射液点眼，2~3 次/d，有助于角膜透明；角膜溃疡时，用碘仿软膏点眼，2 次/d，连用 2~3 d；继发葡萄膜炎时用 1% 阿托品眼膏点眼镇痛，1~3 次/d；可用眼罩防晒防蝇。

第十二节 病死畜处理技术

病死畜禽是动物疫病传播的重要来源，未经无害化处理的病死畜可能携带病原体，随意抛弃会导致疫病扩散，威胁畜牧业生产和公共卫生安全，为了保障公共卫生安全、维护生态环境以及促进畜牧业健康发展，需要对病死畜进行处理，可采用焚烧、深埋等，确保处理过程达到无害化标准，避免二次污染。

一、焚烧法

焚烧法是指在焚烧容器内，使动物尸体及相关动物产品在富氧或无氧条件下进行氧化反应或热解反应的方法。

（一）直接焚烧法

视情况对动物尸体及相关动物产品进行破碎预处理。将动物尸体及相关动物产品或破碎产物，投至焚烧炉本体燃烧室，经充分氧化、热解，产生的高温烟气进入二燃室继续燃烧，产生的炉渣经出渣机排出。燃烧室温度应≥850℃。二燃室出口烟气经余热利用系统、烟气净化系统处理后达标排放。

（二）炭化焚烧法

将动物尸体及相关动物产品投至热解炭化室，在无氧情况下经充分热解，产生的热解烟气进入燃烧（二燃）室继续燃烧，产生的固体炭化物残渣经热解炭化室排出。热解温度应≥600℃，燃烧（二燃）室温度≥1 100℃，焚烧后烟气在1 100℃以上停留时间≥2 s。烟气经过热解炭化室热能回收后，降至600℃左右进入排烟管道。烟气经过湿式冷却塔进行"急冷"和"脱酸"后进入活性炭吸附和除尘器，最后达标后排放。

二、化制法

化制法处理是指将病死动物尸体投入水解反应罐中，在高温、高压等条件作用下，将病死动物尸体消解转化为无菌水溶液和干物质骨渣，同时将所有病原微生物彻底杀灭的过程。为目前普遍采用的高温高压灭菌处理病害动物的方式之一，借助于高温高压，病原体杀灭率可达99.99%。

（一）干化法

视情况对动物尸体及相关动物产品进行破碎预处理。将动物尸体及相关动物产品或破碎产物输送入高温高压容器。处理物中心温度≥140℃，压力≥0.5 MPa（绝对压力），时间≥4 h（具体处理时间随需处理动物尸体及相关动物产品或破碎产物种类和体积大小而设定）。加热烘干产生的热蒸汽经废气处理系统后排出。

（二）湿化法

视情况对动物尸体及相关动物产品进行破碎预处理。将动物尸体及相关动物产品或破碎产物送入高温高压容器，总质量不得超过容器总承受力的4/5。处理物中心温度≥135℃，压力≥0.3 MPa（绝对压力），处理时间≥30 min（具体处理时间随需处理动尸体及相关动物产品或破碎产物种类和体积大小而设定）。高温高压结束后，对处理物进行初次固液分离。固体物经破碎处理后，送入烘干系统；液体部分送入油水分离系统处理。

三、掩埋法

掩埋法是指按照相关规定，将病死及病害动物和相关动物产品投入深埋坑中并覆盖、消毒，处理病死及病害动物和相关动物产品的方法。

（一）适用对象

发生动物疫情或自然灾害等突发事件时病死及病害动物的应急处理，以及边远和交通不便地区零星病死奶牛的处理。不得用于患有炭疽等芽孢杆菌类疫病，以及牛海绵状脑病、痒病的染疫动物及产品、组织的处理。

（二）选址要求

应选择地势高燥，处于下风向的地点。同时应远离公共场所、人员密集地区、动物饲养和屠宰场所、饮用水源地、河流等地区。

（三）技术工艺

深埋坑体容积以实际处理动物尸体及相关动物产品数量确定。深埋坑底应高出地下水位 1.5 m 以上，要防渗、防漏。坑底撒一层厚度为 2~5 cm 的生石灰或漂白粉等消毒药。将动物尸体及相关动物产品投入坑内，最上层距离地表 1.5 m 以上。生石灰或漂白粉等消毒药消毒。覆盖距地表 20~30 cm，厚度不少于 1~1.2 m 的覆土。

（四）注意事项

深埋覆土不要太实，以免腐败产气造成气泡冒出和液体渗漏。深埋后，在深埋处设置警示标识。深埋后，第一周内应每日巡查 1 次，第二周起应每周巡查 1 次，连续巡查 3 个月，深埋坑塌陷处应及时加盖覆土。深埋后，立即用氯制剂、漂白粉或生石灰等消毒药对深埋场所进行 1 次彻底消毒。第一周内应每日消毒 1 次，第二周起应每周消毒 1 次，连续消毒 3 周以上。

四、发酵法

指将动物尸体及相关动物产品与稻糠、木屑等辅料按要求摆放，利用动物尸体及相关动物产品产生的生物热或加入特定生物制剂，发酵或分解动物尸体及相关动物产品的方法。

（一）适用对象

不得用于患有炭疽等芽孢杆菌类疫病，以及牛海绵状脑病、痒病的染疫动物及产品、组织。

（二）技术工艺

发酵堆体结构形式主要分为条垛式和发酵池式。处理前，在指定场地或发酵池底铺设 500 px（约 18 cm）厚辅料。辅料上平铺动物尸体或相关动物产品，厚度≤500 px。

覆盖500 px辅料，确保动物尸体或相关动物产品全部被覆盖。堆体厚度随需处理动物尸体和相关动物产品数量而定，一般控制在2~3 m。堆肥发酵堆内部温度≥54℃，一周后翻堆，3周后完成。辅料为稻糠、木屑、秸秆、玉米芯等混合物，或为在稻糠、木屑等混合物中加入特定生物制剂预发酵后产物。

（三）注意事项

（1）因重大动物疫病及人畜共患病死亡的动物尸体和相关动物产品不得使用此种方式进行处理。

（2）发酵过程中，应做好防雨措施。

（3）条垛式堆肥发酵应选择平整、防渗地面。

（4）应使用合理的废气处理系统，有效吸收处理过程中动物尸体和相关动物产品腐败产生的恶臭气体，使废气排放符合国家相关标准。

第九章　环境优化控制技术

奶牛养殖环境是影响奶牛生产力和健康状况的重要因素，为了确保奶牛的高产、长寿，需要对奶牛养殖环境进行控制和改善。本章将从环境卫生友好型管控技术、奶牛舒适度管理技术、圈舍除臭技术、粪尿污水清洁技术、牛粪资源化利用技术逐一阐述，科学控制牛场环境，增加牛场经济效益。

第一节　环境卫生友好型管控技术

良好的环境卫生条件是提高奶牛生产水平、健康水平和奶牛福利的首要条件。奶牛场卫生条件应符合农业农村部《畜禽场环境质量标准》要求，常年保持牛舍及其周围环境的清洁卫生，禁止在牛舍及其周围堆放垃圾和其他废物，牛舍除具备良好的排污系统外，圈舍还应设绿化隔离带。

一、牛场场内道路要求

场内道路的功能不仅是运输，同时也具有卫生防疫作用，因此道路规划设计要满足分流、分工、绿化防疫等要求（图9-1）。道路按功能分为人员出入、运输饲料用的清洁道（净道）和运输粪污、病死牛的污物道（污道），有些场还设供牛转群和装车外运的专用通道。同时牛场要设计净道和污道，净道与污道必须严格分开，避免交叉。净道用于牛群周转、饲养员行走和运料等。污道用于粪污、废弃疫苗药物和病死牛等废弃物出场，按道路担负的作用分为主要道路、次要道路和支道。

图9-1　场区环境道路

二、牛场牛舍要求

奶牛喜欢凉爽、干燥的气候环境,因此,奶牛场要采取通风换气、防潮排水、夏季防暑降温、冬季防寒保暖加强管理等措施,舍内的温度、湿度和风速,应满足奶牛不同生长和生理阶段的要求,保证牛舍的自然采光,夏季应避免直射光,冬季应增加直射光,控制灰尘和有毒、有害气体的含量(图9-2)。

图9-2 牛舍

牛舍光照条件不仅影响奶牛的健康和生产力,而且影响管理人员的工作条件和工作效率。保证牛舍内有适宜的光照,可通过自然采光和人工照明相结合。一般来说,开放舍、半开放舍的光照主要依靠自然采光;完全密闭舍的光照则完全依靠人工照明。

光照对产奶量的影响不大。但在冬季舍饲条件下,奶牛白天到运动场活动,有助于提高代谢率和血液循环,促进钙磷吸收,有益于奶牛的健康和生产。对于冬季全舍饲的奶牛,应补充较强的人工光照以减少光照不足带来的问题。

三、运动场要求

地面最好用三合土夯实,要求平坦、干燥,有一定的坡度,中央高四周低,易排水,运动场围栏三面应设排水沟。也可建造水泥地面,易清扫,不泥泞,雨天、晴天均可放牛,但水泥地面夏季辐射热大,冬季地面冰冷。为了克服这种现象,运动场可采用一半水泥地面,一半泥土地面,中间设隔离栏。土质地面干燥时开放,下雨或潮湿时关闭,在运动场全面开放时,牛可自由选择活动和休息的地方。这种运动场在南方还可以保证连续阴雨时,牛有活动的地方(图9-3)。

每天要对运动场进行翻松,确保运动场松软、干燥、无石块、无冻粪块,要有遮阳棚和饮水装置,遇到雨雪天气运动场泥泞时,禁止奶牛进入运动场。

图 9-3　运动场

四、牛场给水

给水系统由取水、净水、输配水 3 部分组成，包括水源、水处理设施与设备输水管道、配水管道（图 9-4）。大部分奶牛场的建设位置均远离城镇，不能利用城镇给水系统，所以都需要独立的水源，一般是自己打井和建设水泵房、水处理车间、水塔、输配水管道等。水质标准中目前尚无畜用标准，可以按《生活饮用水卫生标准》（GB 5749—2022）执行。

图 9-4　牛场给水设施

五、牛场排水

排水系统应由排水管网、污水处理站、出水口组成。排水量要考虑牛场规模、当地降水强度、生活污水等因素。排水方式分为分流与合流两种，即雨水、生产与生活污水采用两个独立系统。生产与生活污水采用暗埋管渠，将污水集中排到场区的粪污处理站，并采用三级沉淀系统处理。专设雨水排水管渠，不要将雨水排入需要专门处理的粪污系统中（图 9-5）。

图 9-5　牛场排水设施

六、粪污堆放和处理

粪污应遵循减量化、无害化和资源化利用的原则，粪便要日产日清，并将收集的粪便及时运送到贮存或处理场所（图 9-6）。粪便收集过程中必须采取防扬散、防流失、防渗漏等工艺。安排专门场地，采用粪尿干湿分离、雨污分流、污水分质输送，以减少排污量。堆粪场地高与污道末端形成较大的落差，防止粪堆充盈向污道反向延伸，污染生产场区。粪呈固态贮放，最好采用硬化地面。固态粪便以高温堆肥发酵处理为主，远离各类功能地表水体（距离不得小于 400 m），并应设在养殖场生产及生活管理区的常年主导风向的下风向或侧风向处，最好在农田附近。污水走地下管道，由始端到末端以 1%、2%、3% 三级倾斜的坡度流进污水池，坚持做好污水发酵再利用，达标后排放。

图 9-6　粪污堆放

七、发酵菌床模式

发酵床模式是将稻壳、秕壳、锯末及其他农林副产品按照一定比例混合后,再加入发酵菌种所制成的垫床。牛舍采用的是大通铺,类似于发酵卧床(图9-7)。将其铺设在畜舍地面,通过定期翻抛式或家畜自由活动,使粪尿与垫料混合发酵,同时定期更换式清运,以保持畜舍清洁卫生。发酵菌床干燥、舒适、松软,奶牛躺卧率高,能够减少蹄病的发生。

图9-7 发酵床

第二节 奶牛舒适度管理技术

舒适的奶牛才会健康,健康的奶牛才能高产。奶牛的生活环境是否舒适逐渐成为评价奶牛是否健康,是否具有更大潜力产奶的一个重要指标。近些年来规模化奶牛养殖场发展迅速,如何保证生乳产量和质量与奶牛的舒适度有着密不可分的关系。下文将从奶牛舒适度管理来阐述。

一、良好的休息环境

(一)牛床

优质的卧床垫料能够增加奶牛在卧床内休息时间,进而降低肢蹄病的发病率,提高产奶量。同时,清洁卫生的卧床垫料可以减少疾病发病率,尤其是乳房炎的发病率。根据不同的环境条件,可以选择沙土、橡胶垫、秸秆、木屑、干牛粪作为垫料。垫料要勤换,以免造成垫料中细菌等病原的滋生,所以卧床和垫料也需要更多的时间和精力来维护(图9-8)。保证奶牛充足的休息后,每额外增加躺卧时间1 h,产奶量增加0.91 kg。

(二)减少热应激

奶牛是"喜冷厌热"的哺乳动物,生活和生产适宜的环境温度为5~21℃,相对湿度为50%~70%,当饲养环境的温度与湿度值高于最适范围时,奶牛会产生热应激。夏

图 9-8 牛床

季是奶牛采食量、发情率、受胎率、免疫力、产奶量下降等问题发生的严峻时期，是牧场在奶牛养殖中关注的热点。因此，在奶牛的夏季环境福利上，牧场应从以下 2 个方面着手。

1. 环境调控

搭建凉棚、遮阳棚（网），避免太阳直射或照射时间过长；牛舍与待挤区安装风扇，保证合理的风速，使到达牛背风速大于 2 m/s（每 6 m 设置直径 0.9 m 的风扇）；牛舍与待挤区安装喷淋设施，保证合理的喷水量且喷出为水珠状而不是水雾状（水雾会加重奶牛热应激症状）；加强牛舍环境的卫生管理，保证定期清除剩余饲草料、粪便，定期消毒，避免奶牛在夏季发生疾病（图 9-9）。

图 9-9 牛舍顶棚、凉棚

2. 饲养管理

控制牛群饲养密度，增加饲喂次数，并尽量制定出早晚多喂、中午少喂、及时清料的饲喂计划；优化日粮结构，提高营养浓度，及时补充矿物质、维生素等微量元素；提供充足的清洁饮水，每 1~2 d 清理、更换饮水；挤奶时避开气温高峰时段，增加奶牛的卧床休息时间，及时关注奶牛的体况与生理代谢水平。

（三）保持良好的通风

牛舍里安装通风系统有助于牛舍内气体交换，使牛舍内外的气体环境和湿度等相对平衡。如果奶牛舍内的温度太高，容易引起热应激，导致奶牛采食量下降。犊牛舍通风不良会增加呼吸系统疾病。对于封闭式牛舍，如果没有保持良好的通风换气，牛舍内二氧化碳、硫化氢和氨气等有害气体的浓度会升高，影响其健康和产奶。

（四）冬季补充光照

奶牛冬季补充光照可以提高产奶量。通过合理延长光照时间，可以刺激奶牛的催乳素分泌，从而提高产奶量。许多研究表明，在奶牛泌乳的最初 60 d 内，不改变饲料的情况下，每天保持 16 h 的光照，比自然光照条件下的奶牛产奶量提高 10%～30%。

（五）减少噪声

据报道，当噪声达到 110～150 dB 时，奶牛的产奶量就会下降 10%。在奶牛养殖场通常要求牛舍内的噪声白天控制在 90 dB 以下，夜间控制在 50 dB 以下。

二、良好的饲喂环境

（一）采食舒适度

采食环境的舒适性包括足够的饲槽空间、饲槽设置的合理性、足够的采食时间和饮水空间。采食槽由 50 cm 增加至 100 cm 可降低奶牛 50% 的争斗行为，可使采食高峰期的采食行为增加 24%。

根据类群或泌乳阶段奶牛的营养需要以设计不同饲料的比例，将青贮、干草等粗饲料切割成一定长度，并和精饲料及各种矿物质、维生素等添加剂进行充分搅拌混合，调制成一种营养相对平衡的日粮。在规模化养殖场对奶牛进行分群时，使用 TMR 技术能够提高饲料采食量，提高奶牛的生产性能和牧场的经济效益。

（二）充足的清洁饮水

奶牛每产 1 kg 牛奶，需水量约为 3 kg，因此牛需要充足的饮水。饮水要注意水量、水温和水质，饮水槽尽量选用稍大一点的，一次可以容纳 5 头牛同时饮水，每个饮水槽饮水牛头数不应超过 25 头。尽量选择清洗方便的饮水槽，定时清洗饮水槽，水温控制在 10～20℃。

三、良好的防疫环境

（一）消除蚊蝇防止中毒

盛夏季节，蚊子、苍蝇较多，不仅叮咬牛体，影响奶牛休息，造成产奶量下降，而且容易通过蚊蝇传播疾病。因此，可在牛舍加纱门纱窗，以防蚊蝇进入牛舍。也可用 90% 敌百虫 600～800 倍稀释液喷洒牛体，驱杀蚊蝇，但在用药时要注意防止浓度过高或药液渗入饲料，导致奶牛中毒。

(二) 防疫

牛场圈舍进出口应设消毒池，定期加入5%的烧碱水或10%的来苏水，也可加入生石灰进行消毒。

四、良好的运动场环境

(一) 及时清理粪便

及时清理粪便可以有效降低粪便发酵产生的氨气等有害气体的浓度，从而改善圈舍内的空气质量，减少家畜生病的风险。

(二) 行走通道

奶牛每天进行 3~3.5 km 的运动，能够增强体质，刺激血液循环，提高消化机能，加速肠胃蠕动，使奶牛日产奶量增加 500 g 以上。牛在牛棚和饲料采食范围内自由活动，可增强牛的体质和抗病力，提高泌乳能力和繁殖性能。

五、良好的挤奶环境

良好的挤奶环境可以提高奶牛的舒适度和健康状况，减少应激，从而提高产奶量和牛奶质量。降低牛奶被污染的风险，同时也能提高挤奶效率和工作效率。

六、合理进行牛群管理

通过科学的管理方法，可以有效预防疾病、优化饲料配给、保持环境卫生，从而提升牛群的整体福利和生产性能，显著提高牛群的健康水平、生产效率和经济效益。

第三节 圈舍除臭技术

恶臭气体影响畜禽的健康生长，严重制约了畜牧业的可持续发展。畜禽养殖场除臭是一项系统工程，需结合各个生产环节开展，这样才能综合、全面、有效地对畜禽养殖过程中产生的臭气进行处理。针对已经产生的恶臭气体成分的除臭技术，现阶段根据其在臭味控制过程中的作用阶段主要分为3类，分别为源头减排、过程管控及末端处理。

一、源头减排

从源头入手，通过不同的手段来降低臭气的产生量、排放量及臭气含量，具体措施包括：

优化畜舍结构，防止臭气溢散。可通过改进饲料加工方法、调整饲料配方等手段，提高畜禽对饲料营养物质的消化和利用率，从而以减少畜禽粪污的排泄量和氮、磷产生量，最终达到臭气减排的目的。

二、过程管控

对畜禽养殖过程的管理和控制，可有效降低养殖过程的臭气排放。可通过：①提高养殖场环境管理技术,主要体现在加强通风、加强舍内的卫生管理、控制污水产量、实现雨污、清污、干湿及固液分离、配套完善的畜禽粪污处理工艺等手段;②对畜舍及时除臭、降低恶臭气体含量,如通过喷洒物理、化学及生物除臭剂降解臭气化合物,对畜舍空气利用电净法、紫外光法等方式降低恶臭气体的含量。

三、末端处理

末端处理是指将产生的各种恶臭气体收集起来统一进行除臭处理。可结合畜禽场废弃物的末端利用方式进行选择,该法是目前解决畜禽养殖场恶臭气体排放的较稳妥处理办法。该工艺通常利用抽气风机将各工段产生的恶臭气体集中收集后,通过物理、化学、生物等方法对其中的恶臭气体成分进行处理,从而达到控制恶臭的目的。

(一) 物理除臭技术

物理除臭法主要包括掩蔽法、稀释法、冷凝法、吸收法和吸附法等。物理除臭法的原理是依靠固体、液体和气体的转化来消除异味,具有操作方便、见效快的特点,该法以物理过程为主,缺点是除臭效果不彻底、处理成本高、处理不当易造成二次污染等,因此此法主要适用于低浓度、低范围的异味处理。

(二) 化学除臭技术

化学除臭法主要包括酸碱吸收法、化学吸附法、催化燃烧法、化学洗涤法、氧化法、光催化氧化法和燃烧法等。通过改变臭气成分的化学结构,破坏其致臭基团,使其转化为无臭或低臭物质,从而起到除臭作用。化学除臭法的工艺成熟,优点是效率高、除臭彻底、安全可靠,缺点是运行成本较高、能耗大、工艺复杂等,主要应用于高浓度工业恶臭处理。

(三) 生物除臭技术

生物除臭法具有除臭效率高、无二次污染、安全性好、工艺简单、操作简便、运行费用低廉等优势,已被广泛应用于市政、工业、农业领域。不同恶臭物质的氧化需要不同微生物参与,同一恶臭物质不同的氧化阶段也需要不同微生物参与。根据填料类型、喷淋液的组成和喷淋方式可将生物除臭法分为土壤生物法、生物滤池法、生物滴滤池法和生物洗涤法。

1. 土壤生物法

活性土壤是天然的微生物/填料负荷材料,富含营养物质和微生物,能够为微生物提供所需的营养物质和矿物质,可以活性土壤为主要填料,水为喷淋液,吸附恶臭污染物。

2. 生物滤池法

早期生物滤池法填料主要以木屑、堆肥和废弃生物质等易生物降解有机物为主,以水为喷淋液。填料的类型和配比对生物滤池除臭效率影响很大,填料可以是单一物质,也可以是混合物,如木屑和堆肥混合物。然而这些填料会在运行过程中逐渐降解,填料尺寸变小,填料层易板结和塌陷,从而影响生物滤池的稳定运行。

3. 生物滴滤池法

生物滴滤池法所用的反应器为生物滴滤池，填料以聚丙烯环、聚氨酯、陶瓷颗粒和火山岩等难生物降解的惰性材料为主，并且填料不为微生物提供营养。通常与表面积大、持水性能和附着性能好、空隙率大、机械强度大和防腐能力强的填料相比，更有利于提高单位体积填料的生物量、冲刷降解产物和脱落生物膜，以及避免填料层塌陷、床层堵塞和气流短路等，从而可使生物滴滤池能长期稳定地去除恶臭污染物。

4. 生物洗涤法

生物洗涤法又称生物吸收法，利用来自生物曝气池的吸收液（净化后的水和污泥混合液）吸收恶臭气体中的恶臭污染物，含恶臭污染物的吸收液进入曝气池，恶臭污染物被好氧活性污泥降解为二氧化碳、水等。较其他方法的优点是可将恶臭气体被活性污泥吸附，进入生化反应器中氧化降解，易于控制液相基质的组成，具有较高的去除率。

第四节　圈舍粪尿污水清洁技术

圈舍粪尿污水清洁是奶牛场管理中的关键环节，涉及粪便和污水的有效处理与利用。通过物理方法将粪便和污水中的固体物质与液体分离，减少后续处理的负荷，并通过发酵、晾晒后作为奶牛的卧床垫料重复利用。此外，通过厌氧发酵技术，可以利用微生物在无氧条件下分解有机物，产生沼气，同时减少污染物的排放。

一、奶牛场圈舍粪尿污水的组成

1. 牛尿

成年母牛每日排尿量为每头 18~23 kg/d，后备牛每日排尿量为每头 7.5~14 kg/d，占总污水量的 30%~50%。

2. 牛舍冲洗水

分为干清粪、水冲粪、水泡粪等不同模式。一般情况下，成年母牛牛舍冲洗用水占总污水量的 30%~80%。

3. 喷淋水

牛场所处的地域环境不同，喷淋降温时期有所不同。部分牛场在 7—9 月夏季高温期间对母牛进行喷淋降温，喷淋降温用水占总污水量的 50%~60%。

4. 奶厅废水

奶厅废水日产排量稳定，常为强酸性或强碱性，含盐量高，占总污水量的 20%~40%。奶厅废水包括了蹄浴保健废水、环境消毒废水、管道消毒废水。

二、工艺流程

牛场粪污处理工艺流程通常包括粪污的收集、固液分离、处理和利用四个环节（图9-10）。牛舍内的粪便和尿液被定期清理并集中到粪污收集池，通过固液分离设备将固体粪便和液体尿液分开，固体粪便经过堆肥发酵转化为有机肥料，而液体部分则通过厌氧消化或好氧处理等方法进行净化，处理后的液体可用于农田灌溉，固体肥料则用于土壤改良或作为农作物的肥料，实现粪污的资源化利用和环境保护。

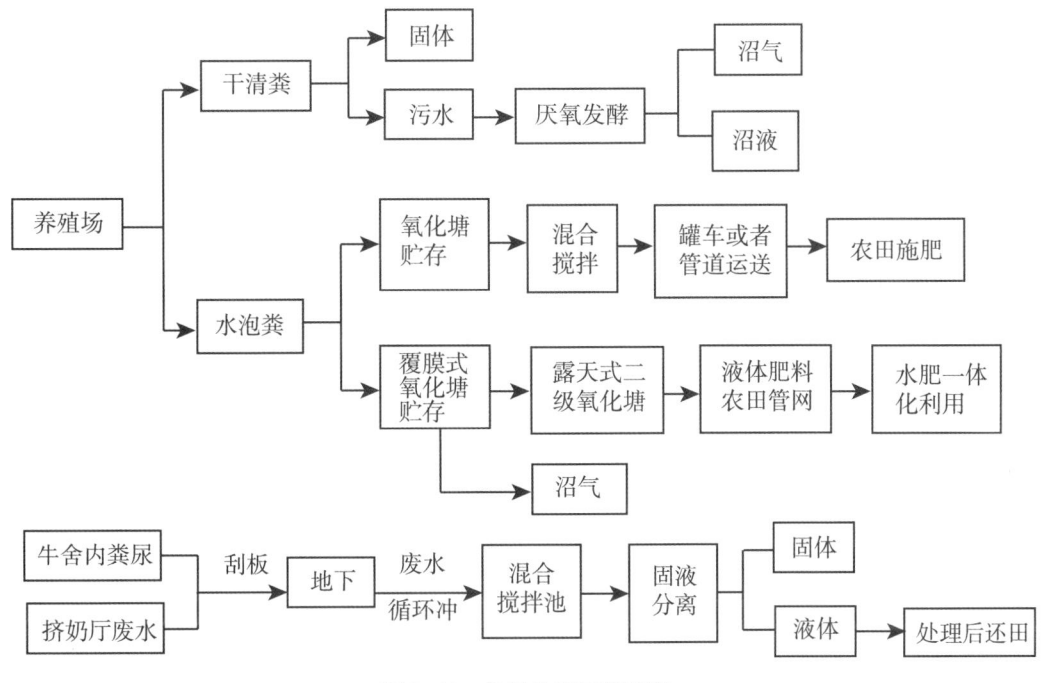

图 9-10　粪污处理工艺流程

三、污水源头减量收集

（一）雨污分离

养殖场设计初期，要考虑雨污分离设施的布局。根据养殖场的规模、地形地貌、气候条件等因素，制定合理的雨污分离方案。雨污分离设施主要包括雨水分流设施、污水处理设施、固体废物处理设施等。雨水分流设施主要包括雨水沟、雨水收集井、雨水管网等。污水处理设施包括沉沙池、生化池、沉淀池、污水沟、污水管等。固体废物处理设施包括粪便贮存池、堆粪棚、干湿分离机等。

（二）防雨棚建设

防雨棚的设计应考虑到充足的覆盖范围，防止雨水从任何角度进入积粪池。防雨棚的材料需要耐腐蚀、耐久且具有足够的强度。常用的材料包括钢结构、镀锌板、不锈钢或塑料覆膜等。施工过程中要遵守当地的建筑规范和安全标准，确保结构的稳固。防雨棚的尺寸应覆盖整个积粪池并预留适当的边距，通常建议超出积粪池边缘 0.5 m 以上。棚顶应有适当的倾斜角度以利于雨水排走，一般的坡度为 1%~5%。高度应便于以后的维护和机械化操作，一般建议至少 3.5 m 以上，四周需建不低于 1.2 m 的挡墙，承重标准应依据当地气候条件和国家相关建筑规范。防雨棚应设计有效的排水系统，以防雨水积聚在棚顶。屋面采用耐酸防腐彩钢瓦，如用其他材质，需进行防锈防腐处理。

（三）污水管道

污水管道设置应充分考虑污水的快速排放、有效处理以及环境保护的需要，布局应尽量直线，减少弯头。管道应有3%~5%的坡度，以确保污水能够顺畅流动。在转弯处、管道连接处、较长直线段的中点或者管道的低点应设置检查井，方便日常的检查和维护。管材应选择耐腐蚀、耐磨损、强度高的材料，常用的材料有PVC、PE等塑料管材。管道直径的选择应根据养殖规模和设计的最大污水流量来决定，常见直径有160 mm、200 mm、250 mm等。

四、养殖场粪污水综合利用

（一）种养结合

养殖场粪污水综合利用中，种养结合模式的应用相对广泛，粪污水处理后可以为农作物提供养分，同时农作物可以为养殖业提供饲料。种养结合模式可以实现粪污水的资源化利用，有效消耗粪污水。如图9-11所示，推广种养结合模式时，养殖场可以考虑应用水泡粪、干清粪的组合工艺，对液体废弃物进行厌氧发酵处理或多级氧化塘处理。

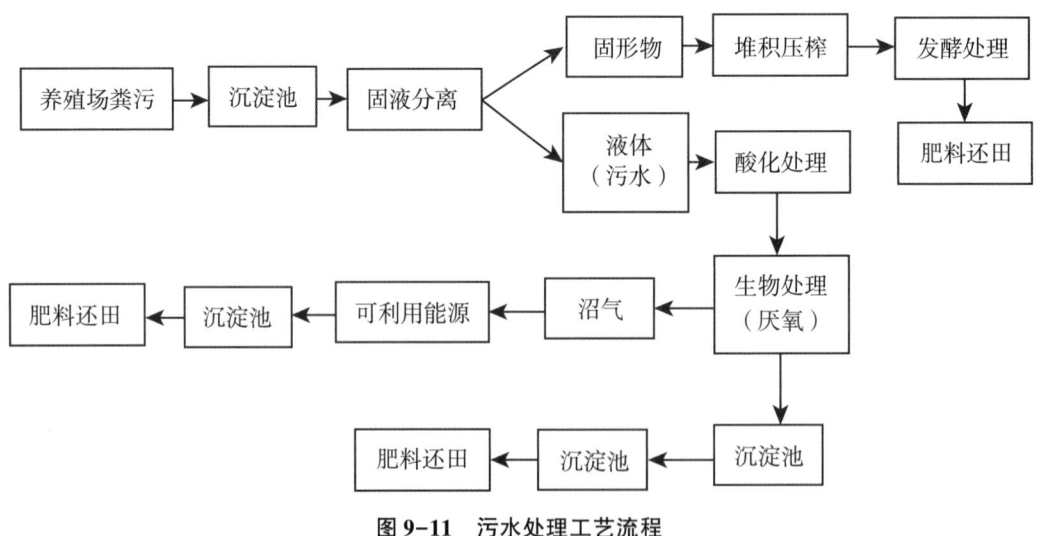

图9-11 污水处理工艺流程

（二）清洁回用

养殖场可以采用高压冲洗、机械干清粪等方式，最大限度减少养殖用水量，养殖场粪污水经过深度处理后可以用于圈舍和粪沟的冲洗。在养殖过程中，应该重视粪污水的深度处理，做好循环使用。

（三）达标排放

养殖场粪污水的达标排放可以利用厌氧处理、好氧生化处理、人工湿地等工艺，有效处理粪污水，确保出水水质达到排放标准。粪便通过堆肥发酵，生产有机肥，也可采用微藻生物技术，利用微藻吸收粪污水中的有机物，回收后将其作为蛋白质原料，生产微藻饲料。

（四）集中处理

养殖密集区要将小型养殖户的粪污水全部收集起来，运输至集中处理地，而后借助规模化设施处理。目前，很多大型养殖场将粪污水发酵处理形成沼液，继而暂存于沼液池，最终将沼液返田。使用沼液时，要综合分析农作物需氧量、沼液养分成分，最大限度减少化肥使用量。

五、污水处理方法

（一）物理处理法

依靠物理作用去除污水中的固体悬浮物、沉积物等，主要包括格栅、沉淀、浮选、过滤等方法。

在污水中设置格栅可有效阻挡污水中颗粒较大的悬浮物，防止大颗粒悬浮物进入后续设备中堵塞设备，影响后续处理的有序进行。在沉淀池中，水中的有机物、泥沙等悬浮颗粒受重力的作用沉淀在沉淀池底部形成污泥，相关工作人员需定期清理池底污泥。在悬浮池中，污水中的油脂、蛋白质等轻质悬浮物会浮到水面形成浮渣，相关工作人员需定期收集水面上的浮渣。而过滤可以去除污水中的微小悬浮物，常采用砂滤池、活性炭过滤器等设备，可以拦截污水中的微小悬浮物，还可以去除污水中的异味和色素，提高水质的感官指标。

物理处理法主要处理污水中的悬浮物，无法对污水中的溶解性有机物和无机盐等污染物进行有效去除。在使用物理处理法的过程中会产生大量的污泥和浮渣，需要相关工作人员高度重视，并进行妥善处理，防止对环境造成二次污染。

（二）化学处理法

利用化学试剂与污水发生化学反应，主要包括混凝、絮凝、氧化、还原、中和等方式，这些方式既可以单独使用，也可以与其他处理方法结合使用，提高污水处理的整体效果。

1. 混凝或絮凝

在污水中添加硫酸铝、聚合氯化铝、聚丙烯酰胺等混凝剂或絮凝剂，使污水中的悬浮颗粒和胶体颗粒聚集成较大的絮体。

2. 氧化

在污水中添加氯、臭氧、过氧化氢等氧化剂，分解污水中的抗生素和残留激素等有机污染物，同时还能杀灭细菌和病毒，提高污水的安全性。

3. 还原

在污水中添加硫酸亚铁、硫化氢等还原剂，去除污水中的重金属离子和某些有机污染物。

4. 中和

调整污水 pH 值，让污水 pH 值达到中性或接近中性，提高污水处理效果，减少对后续处理设施的腐蚀。

（三）生物处理法

生物处理法主要依靠本身存在于污水中的微生物对污水中的有机物进行降解处理。这种方法处理效果好，运行成本低，且对环境十分友好，被广泛应用于规模化牛场。生物处理方法可分为两种处理方式，一种是利用好氧生物来处理，另一种是利用厌氧生物来处理。

1. 好氧生物处理法

在氧气充足的条件下依靠好氧微生物将污水中的有机物降解成水和二氧化碳。目前我国应用最多的是活性污泥法，主要依靠曝气池进行曝气，让污水中的微生物有充分的氧气进行代谢活动。

2. 厌氧生物处理法

依靠厌氧微生物将污水中的有机物降解为甲烷和二氧化碳。我国当下应用较广的方法主要是厌氧消化池法。厌氧消化池能控制池内温度、pH 值等条件，保证污水内的厌氧微生物能在无氧环境下对污水中的有机物进行分解。

第五节　牛粪资源化利用技术

大量堆置的畜禽粪便会造成空气污染、水体污染、土壤污染等，环保问题已经得到社会广泛关注。畜禽粪便资源化利用能够有效解决粪便大量堆积的问题，不仅提高了经济效益，也能改善地区环境。本节主要叙述奶牛场粪污固液分离后的固体粪便的资源化利用技术。

一、粪便处理工艺流程

粪便处理工艺流程（图 9-12）是一个将有机废弃物转化为有用资源的环保过程，它不仅有助于减少环境污染，还能为农业提供营养。通过机械化或人工方式将粪便收集后通过固液分离技术，将粪便中的固体粪便分离出以进一步转化为肥料。固体粪便可以通过厌氧消化产生沼气，也可以通过堆肥化过程转化为有机肥料。整个流程体现了循环经济的理念，实现了废物的减量化、无害化和资源化。

二、固体粪便堆肥利用技术

针对牛场粪便实施再生利用处理技术用生物、物理、化学的处理方法，按照相应的流程，对新鲜的牛粪便进行处理，在充分保留营养物质的同时，将其中的有害物质去除，以便将经过处理的粪便应用于其他方面。

（一）自然发酵技术

在无氧环境下，利用厌氧微生物对粪便进行降解，使其中的有机质得以分解。经过

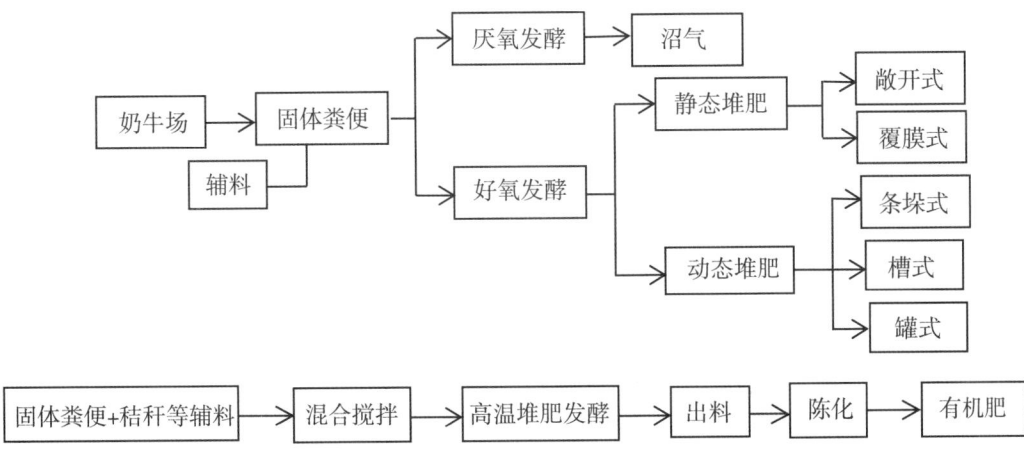

图 9-12 粪污处理工艺流程

发酵之后粪便中的氨气减少，对空气的污染降低。自然发酵技术适用于中小型畜禽养殖场，而针对液态粪污的处理，则需要采用特定的液态处理方式，即将其收集之后放置在氧化塘内进行集中发酵处理，经过处理之后的粪污可以制成对作物生长有益的肥料。

（二）牛粪便垫料发酵技术

指将牛粪与其他垫料材料（如锯末、稻壳和秸秆等）经过发酵处理后，铺设到养殖场内，利用微生物的作用进行好氧发酵，从而实现畜禽粪污的无害化处理和资源化利用。

1. 直接利用技术

固液分离后固体物料水分含量不超过 65%，然后将物料通过传送带送至高处降落，利用空气中的气流风干水分，但易对周边环境造成粉尘污染，或者固液分离后晾晒降低水分，但这种产品中含有大量的病原菌和寄生虫卵，优点是设备简单，缺点是含水率高、有安全隐患，适用于 100~500 头的小型牧场。

2. 厌氧发酵技术

收集的粪污进行沼气发酵，在厌氧菌作用下，有机物分解发酵完成后固液分离出沼渣，若水分含量超过 50% 需要晾晒或烘干后使用。

沼气发酵设备包括沼气罐、搅拌泵、发电机等，优点是可产生清洁能源，粪污可实现资源化利用。缺点是工艺复杂、操作技术要求高、投资大。适合于 500 头以上的大中型牧场。

3. 好氧发酵技术

固液分离后的固体部分经过好氧菌自然发酵或通过充氧的方式加速发酵，发酵期间产生的热量可使内部温度保持在 55~60℃，使有害物质被杀除成为垫料。

（1）自然堆积发酵：牛粪堆积利用好氧菌作用进行 6 周左右自然发酵，再经晾晒后使含水率降到 50% 以下即可，主要用于小型牛场。

（2）条垛式好氧发酵：将固体牛粪堆成宽 4~6 m、高 1.5 m 的条垛，通过人工或机械对牛粪翻堆 2~3 d，当内部温度超过 70℃ 增加翻堆次数，也可在垛底设置穿孔通风管不定期鼓风强制通氧，促进物料升温腐熟、发酵 10~12 d 后摊开晾晒 2 d，使水分降至 50% 以下，适合于大中型牛场。

（3）槽式好氧发酵：将固体牛粪堆放于宽 5~6 m、深 1.6~1.8 m、发酵槽内，槽顶两边安装轨道，用于翻抛机定期通风增氧，加快发酵，可平行建立多条发酵槽，发酵时间为 20~30 d，适用于大中型牛场。

（4）滚筒式好氧发酵：使用水平滚筒来混合、通风的发酵系统。通过滚筒不断地旋转加速物料与氧气的接触混合，促进腐熟。内部温度可达 65~70℃，经过 5~6 d 后牛粪腐熟，再摊开晾晒一定时间，使含水率降至 50% 以下，适用于中小型牛场。

（5）塔式分层式发酵法：发酵体为立体圆柱形、内部分层并逐层通风，物料从上部输入，在每层停留并被通风，分层定期翻板翻动，物料自上而下完成发酵，从底部输出。体积和层数可根据物料多少需要而定，也可多个发酵塔组合一体进行，时间一般为 5~7 d，可回收臭气，适用于大中型牛场。

4. 垫料生产的关键环节

利用好氧发酵生产垫料时，一是初始固体牛粪的水分控制在 65%~70%，否则不利于后面水分降低；二是一般的病原菌 18 h 内 60~65℃ 即可杀灭，但布鲁氏菌需要 55℃、60 d，口蹄疫病毒需要 60℃、30 d 才可以将其杀灭。如果养殖场内有此病的话就需要考虑垫料是否可用，因为一般此温度持续不了很长时间。

利用厌氧发酵的沼渣作为垫料时，一般采用 20~45℃ 的中温发酵，其中最适温度是 35℃，超过 65℃ 或低于 10℃ 则发酵微生物显著受到抑制。利用沼气生产牛床再生垫料杀菌并不能达到理想效果，加之沼渣颗粒较细，易粘连在乳房上，易引发乳房炎。

（三）有机肥生产技术

粪便生产有机肥，不仅实现了种养平衡，而且扩大了经营规模、增加了经济收入（图 9-13）。在实际生产中，需要先在养殖场中设置畜禽粪便的干湿分离设备，将其中的干粪便进行集中发酵处理，添加特定的微生物促进粪便分解，使其形成可以出售的肥料商品，为企业获得二次收入。

图 9-13 有机肥生产

（四）沼气工程技术

将畜禽养殖产生的粪污进行生物发酵处理之后产生沼气、沼渣和沼液（图 9-14），不仅实现了粪污的合理处理和应用，还能增加资源的使用率，缓解我国的资源紧缺问题。此种方式具备能源回收率高和经济效益好的优势，但是前期需要大量的资金投入，并且对技术人员的专业性要求较高，适合大型养殖场使用。

（五）种养结合技术

根据畜禽养殖规模配套相应土地粪污消纳，粪便作为农作物有机肥料供应源，将畜禽粪便腐熟后就地还田。此模式投资少、无须专人管理，但需要大面积的土地，粪肥施于农田时要选择合适时间，且粪肥用量受到限制，可能污染地下水，并对大气产生一定的污染。该技术适用于远离城市、经济落后、有足够土地且常年种植农作物的地区。

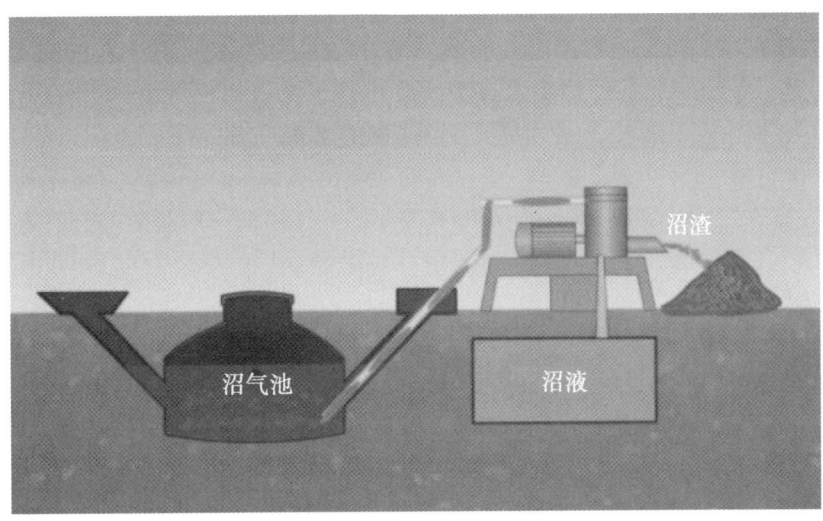

图 9-14 沼液工程示意图

(六) 蚯蚓养殖技术

牛粪便中含有大量的蛋白质、无机盐等营养成分,将牛粪用于养殖蚯蚓(图 9-15),不仅可以对粪便堆放所导致的环境污染问题有效解决,还可利用蚯蚓生成优质饲料蛋白。

图 9-15 牛粪养殖蚯蚓

1. 蚯蚓养殖饲料配方

饲喂时要用牛粪 50%、纸浆污泥 50%,或牛粪、猪粪、鸡粪各 20%、稻草屑 40% 混合之后来喂养蚯蚓,牛粪必须先用来养蛆后或放置 1 年以上才可以用来养蚯蚓,否则蚯蚓会逃走或死亡。

2. 饲料发酵

用稻草、秸秆先铺一层厚度大约为 10~15 cm 的干料，然后在干料上铺 4 cm 粪料，重复 3~5 层，每铺一层就要用喷水壶喷水，直到水渗出为止，在气温较高的天气时，可以每隔 7 d 翻一次，需翻 3~5 次完成蚯蚓饲料的发酵工作。

3. pH 值调制

饲料发酵好之后，需测 pH 值。蚯蚓饲料适宜的 pH 值一般是 6~7.5，但是很多动植物废物的 pH 值都会高于或低于这个数值。如果当 pH 值大于 9 时，可以用醋酸、食盐或柠檬酸作为缓冲剂。

4. 养殖密度

牛粪养蚯蚓的数量应该控制，前期幼蚓可以达到 3 万条/m^2，但是后期的养殖必须下降到 2 万条/m^2。

第十章　乳品加工技术

乳品加工的关键在于技术与精确管理的结合，从乳品厂的设计与设备选择到原料奶的品质监控，再到各类乳制品的生产技术，每一个环节都覆盖从原料到成品的安全管控，由此本章将从乳品的经营、生产管理、车间设计与设备、品质监控、乳品分类、巴氏杀菌奶、超高温瞬间灭菌奶、酸奶、调制乳、乳酸饮料、乳粉、炼乳以及奶酪等多种产品的生产工艺。

第一节　乳品厂经营管理

乳品厂的经营管理是一项复杂而精细的工作，它要求严格遵守国家法律法规，如《中华人民共和国食品安全法》和《乳品质量安全监督管理条例》。管理者要确定乳品厂战略规划、组织架构、业务流程，梳理各部门定位和职能，优化信息流、人流、物流、资金流、质量流，将企业各项管理标准制度化，提高工作效率，创造更大价值。

一、乳品厂建立的主要组织与制度

乳品厂主要组织与制度的建立要：明确企业的长远目标和核心竞争力；构建清晰的组织架构，明确各部门职能和岗位设置（图10-1）；设计高效的业务流程，确保各项工作有序进行；采用现代化的管理模型，提高决策效率；建立严格的生产管理体系，确保产品质量；实施全面的质量管理体系，从源头到成品全程控制；利用信息技术优化计划

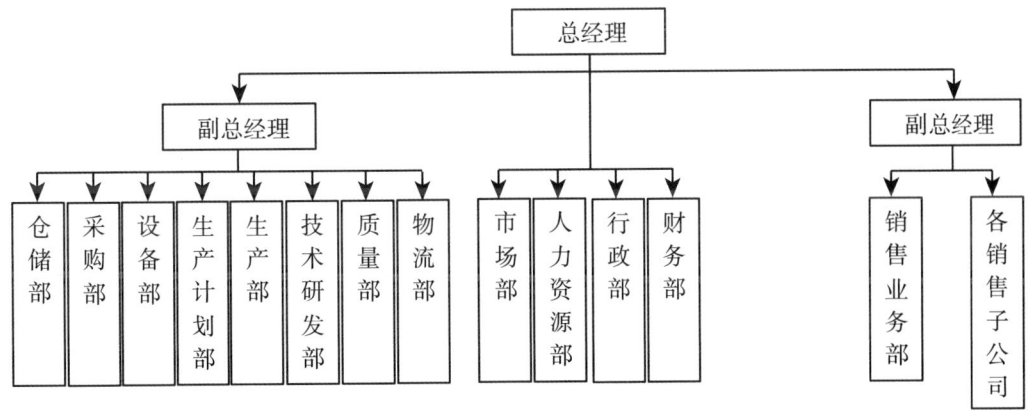

图10-1　乳品厂组织架构图

和执行过程。高效的仓储物流体系，保障物料供应和产品配送。持续的研发投入可推动产品创新和技术进步。科学的采购管理体系，降低成本，保证原料质量。定期的设备维护，确保生产稳定运行。

二、主要部门定位

1. 人资及行政部

负责人员招聘、审查、培训、岗位分析和监管考核，协助公司完成内外部人事关系调整、人事内务管理（档案、工资、劳动保险等事务管理）及福利发放，负责企业资料、行政档案、印章、车辆使用等日常行政事务工作（图10-2）。

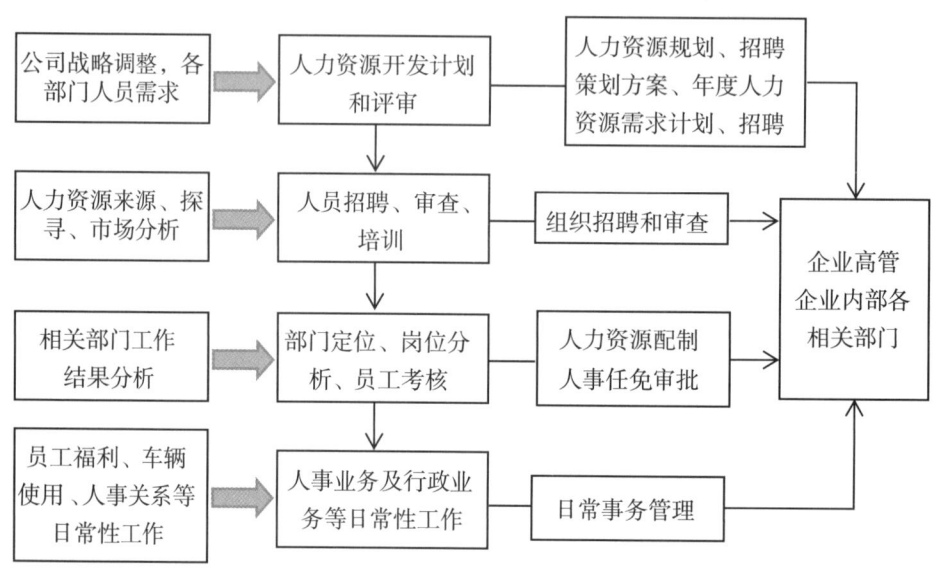

图10-2 乳品企业人资和行政管理基本流程

2. 财务部

负责财务会计核算、税务管理、会计档案管理，财务制度和流程制定、考核和执行，监督经济合同签订、执行，负责公司筹资、投资、成本和利润的分析、管理和监督。

3. 采购部

负责招标采购、供应商评估、签订合同，负责物资设计、验收，与使用部门协调工作，负责对接供应商、跟踪库存，制定原料奶收购价、开发新的奶源基地，满足产量需求。

4. 生产部

按生产订单执行生产，协同人、机、物配合，负责生产过程质量控制、成本控制、生产员工技术培训和设备管理。

5. 销售部

负责市场调研、预测、信息情报分析，制定营销策略、受理客户投诉、反馈处理结果，准确向研发部提供技术需求，负责销售合同签订、跟踪实施和归档。

6. 仓储部

对原辅料、半成品、成品搬运、贮存、包装、防护和交付过程的接收、分类、存储、定点查询等，保证物料发放符合程序规定、资料可追溯性。

7. 安全办

负责公司的安全工作，研究制定公司治安、消防、内管等安全管理制度、安全防范预案和措施。

三、经营模式及主要部门管理

乳品企业经营涉及奶牛养殖、原料奶采购、乳制品生产、产品销售。各个乳品企业经营模式不同，包括从养殖至产品销售一体化经营模式，也有奶牛养殖场入股制、乳制品由经销商销售的模式，各个乳品厂存在差异，按情况而定（图10-3）。

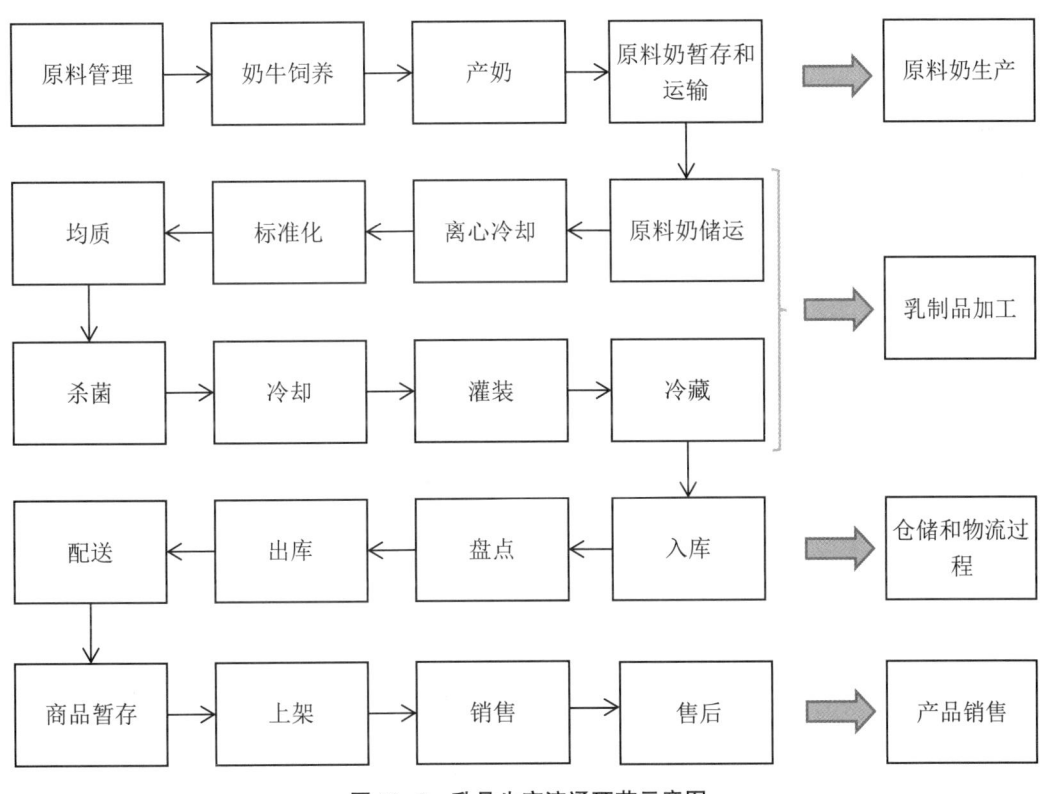

图10-3 乳品生产流通环节示意图

1. 经营战略与决策

经营战略分析前需调研，充分调研其他乳品企业加工能力、生产规模、销售额、研发能力；调研其他乳品企业对乳制品市场开拓能力（当地、国内或者国际市场）；调研奶源生产基地经营情况，判断奶源数量和质量稳定性。综合分析政治因素、文化因素、经济因素、科技环境，包括国家及地方政策导向；乳制品类型、消费人群及数量；国内外乳制品消费量、产量；科技环境调研高新技术在乳制品行业应用。判断企业面临的优势、劣势、威胁，发现机会，明确发展战略定位和战略目标，确定产品类型、销售额及品牌影响力等，制定战略实施方案。

2. 生产管理

乳品厂根据生产计划指令的下达，主要对产品研发、采购流程、验收流程、加工流程、半成品验收、成品原则、能源使用、物料及人员方面的控制。

3. 销售业务

乳品企业销售要对乳品行业及销售环境分析，发现自身优势、劣势和机会信息，列出产品策略、价格策略（主要是定价）、渠道策略（直销或者经销）、促销策略。乳品销售渠道一般是连接大型超市、连锁便利店、非营利性单位及福利部门、街边小商店或者与经销商（外地销售）合作，经销商再对接其当地的消费群体。图 10-4 是销售业务流程，供参考。

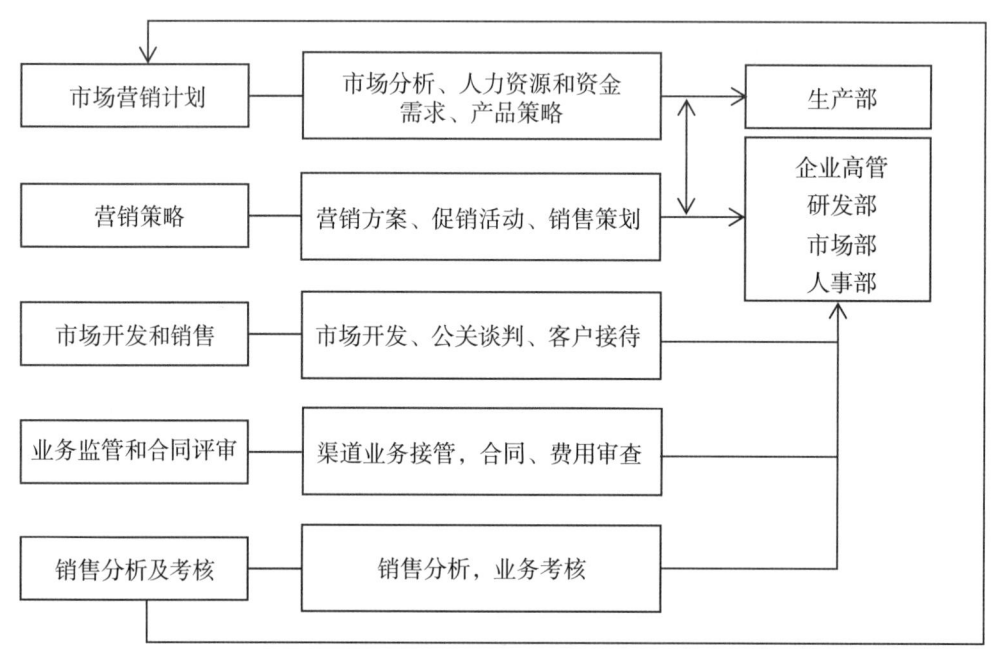

图 10-4　乳品厂销售业务基本流程

4. 财务管理

财务管理必须贯彻执行《中华人民共和国会计法》等财务相关的法律法规，制定企业内部财务管理制度，主要对筹资管理、投资管理、成本管理、利润管理。乳品企业想要扩张规模必须有充足资金，因此有筹资，如果原始积累较少的话筹资可能会受限。投资管理包括固定资产投资、无形资产投资、流动资产投资等形式，避免因信息不对称或容量不足造成盲目投资。成本管理是对企业生产经营过程各项费用的发生、产品成本形成的预测、计划、控制、核算和分析评价的管理，达到节约费用、降低成本目的，通常每个月、每季度或每年及面临新项目实施、新技术工艺改进、新产品投入生产前完成预测计划。一般企业财务部下设成本主管、资金主管、计划主管、会计主管。财务部需要完成财务分析报告、财务报表、财务预算和计划报告、财务年度总结，可考虑利用信息化技术集合生产部、销售部、采购部、财务部等企业各部门信息一体化，实现企业财务管理的规范性、实时性和网络性，避免信息滞后或不客观等原因带来的经营问题。

第二节 乳品厂生产管理

乳品厂生产管理是对投入生产的各种资源及组合运作过程，进行有效计划、组织、指挥、协调和控制，以期保证完成生产任务的管理活动。管理者应遵照现行 GB 12693、GB 14881 等国家标准制定企业的规章制度，对原辅料采购贮存、生产设备设施、人员健康、监控设备、产品检测、入库及生产过程等方面管理，实现生产经营价值。

一、生产管理整体构架

乳品厂生产管理包括人员管理、卫生管理、生产作业管理、设备管理、文件记录管理、质量管理、采购管理、研发管理、仓储管理、"5S+安全"管理，可通过"人、机、料、法、环"五个要素加以规范（图 10-5）。

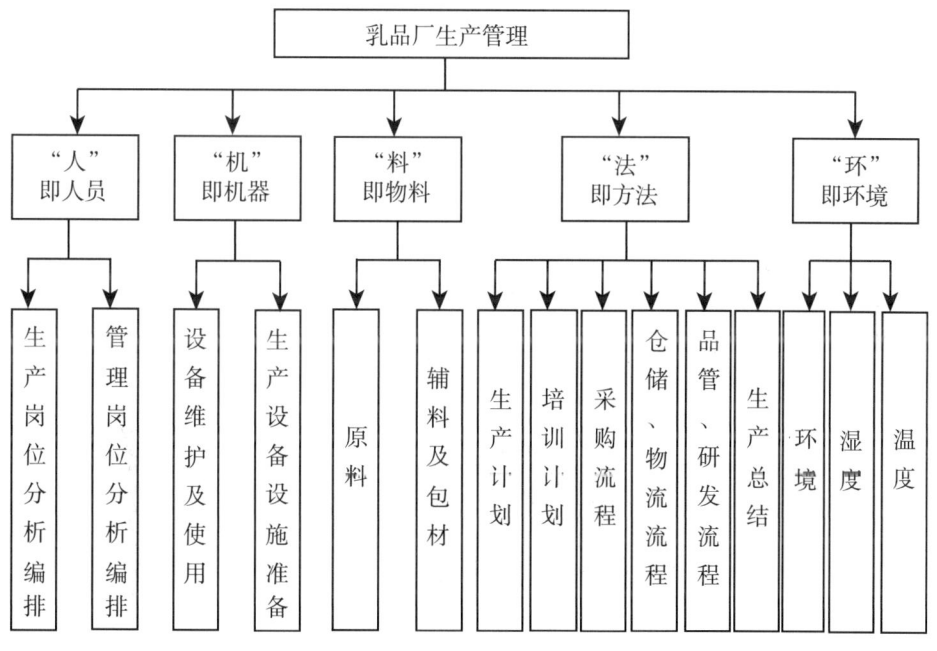

图 10-5 乳品厂生产管理示意图

二、生产管理具体要素

（一）"人"的要素

企业明确生产中管理岗位及各工段成员、人数，生产负责人专门负责原料乳处理、乳品加工及产品包装等与生产有关的各项管理工作，各工段员工严格遵守企业制定的《生产作业规程》等相关管理规定完成作业。对每个岗位人员素质、学历、资格证提出明确要求，定期培训人员的生产安全、产品质量及工作流程内容，新员工由专人培训。

"人"的分析：技能是否出问题？制度流程是否影响人的工作？选人正确吗？人员对公司有偏见？选人出错了？有责任人吗？人适应环境吗？人培训过吗？

（二）"机"的要素

生产设备设施定期清点、维护、清洁。检查设备是否正常运转，设备是否影响产品质量，主要包括：依据企业经营目标及生产需要制定设备规划，主要是设备添置和更新改造计划制定。选择、购置、安装调试所需设备。对投入运行的设备合理使用。维护保养和及时检查设备，保证设备正常运行。适时改造和更新设备。

"机"的分析：使用机器的人对吗？机器操作方法对吗？人会使用机器吗？机器维护保养、配套设施齐全吗？机器适应环境吗？

（三）"料"的要素

物料包括原料奶、辅料及包装材料等材料，包括库存管理、物料变更、不合格品处理，注意不能过分囤积原辅料，不能断料、不能投错料，注意物料型号、规格等变更后生产操作，生产过程尽可能降低原辅料浪费，做到物和账目正确相符。对不合格品要有办法控制、识别、隔离、记录和处理，做到生产物料信息管理有效，质量可追溯。

"料"的分析：材料满足环境吗？材料符合规范吗？材料与机器适合吗？材料入厂检验了吗？材料型号对吗？材料是真品吗？材料保质期多久？

（四）"法"的要素

企业制定的管理制度、业务流程等规章要求要执行。乳制品企业针对生产车间应制定《生产操作规程》规范操作流程，其内容要结合企业制定的《质量管理手册》内容，保证产品质量。

"法"的分析：有法规制度吗？法规制度适合当前实际吗？法规制度写得明白吗？法规制度看得明白吗？方法给对人了吗？方法适应当前环境吗？是按照方法做吗？

（五）"环"的要素

产品制造过程中环境温度、湿度、清洁程度等均属"环"。乳品企业遵照企业《卫生管理规范》，包含人员健康卫生、车间环境卫生、设备设施卫生、虫害、废弃物、有毒有害、污染物（包括生物性、化学性和物理性异物污染食品）、工作服方面要求。建立明确清晰的清洗消毒频次、清洗消毒方法、虫害、废弃物和交叉污染的防治办法及标准。表10-1所示是乳品厂设备设施清洗消毒流程，企业可采用"5S+安全"管理规范操作。

"环"的分析：环境变化与人有关吗？小环境与大环境能并容吗？环境安全吗？随着时间延长，环境有变化吗？光线、温度、湿度、污染度等环境因素考虑了吗？

表 10-1 乳品厂设备设施清洗消毒参考程序

清洗消毒对象	流程
收奶、净奶、贮奶工序设备	先用清水冲洗,后用 2.0%烧碱溶液(85℃)和 1.5%硝酸(75℃)冲洗,再用清水冲洗至中性(pH=7.0)。
预热、配料、杀菌、浓缩工序	班前:用 90℃热水循环杀菌 20 min; 班后:先用清水冲洗,后用 2.0%烧碱溶液(85℃)和 1.5%硝酸(75℃)冲洗,再用清水冲洗至中性(pH=7.0)。
喷雾干燥塔	班前:用 110~120℃以上热风保持 30 min 后,再生产; 班后:或定期用高压热水冲洗塔内,再吹干。
人员消毒	75%酒精消毒或经稀释后消毒液喷雾、浸泡(含氯、双氧水等)。
车间消毒	紫外消毒灯保持 30 min、臭氧间歇消毒或经稀释后消毒液喷雾(含氯、双氧水等)。
巴氏杀菌系统	班前:用 85~90℃循环 10~15 min; 班后:①用温水预冲洗 10 min;②用 80℃的 1.5%氢氧化钠洗涤循环 25 min;③温水冲洗 5 min;④用 70℃的 1%硝酸循环 15~20 min,再冷水冲洗 10~15 min。
UHT 系统	班前:130℃左右热水对物料流通区域消毒 30 min; 班后:①清水冲洗 15 min;②生产温度下 2.5%的氢氧化钠溶液循环 10~15 min;用清水冲洗至中性(pH=7);③用 80℃的 1.5%硝酸溶液酸性洗涤 10~15 min,清水冲洗至 pH=7;④用 85℃的 2.5%氢氧化钠溶液循环 10~15 min,清水冲洗到中性。

第三节 乳品加工车间设计与设备选择

乳品加工车间设计和生产设备选择应与生产规模、产品方案、工艺流程、工艺参数相适应,车间设计及设备选择符合《企业生产乳制品许可条件审查细则》等规定,本节主要介绍乳品加工车间布置、物料衡算和设备选型,其余车间设计内容参照国家法规及标准。

一、乳品加工车间设置

乳品车间生产车间包括生产车间和辅助车间,生产车间包括收乳间、原料预处理车间、加工制作车间、半成品贮存及成品包装车间(图 10-6)。辅助车间应包括检验室、原料仓库、辅料和包材库、成品库(图 10-7)、更衣室及洗手消毒室(图 10-8)、厕所和其他为生产服务所设置的场所。车间设置应按生产工艺流程需要及卫生要求,有序而整齐地布局,按照生产操作需要和生产操作区域清洁度分隔。生产或储存区域不得用作非本区域内工作人员通道。工艺布局防止人流、物流交叉,进出车间人流和物流通道分开设置。乳品厂应设置专门危险品存放间(图 10-9)符合现行《常用化学危险品贮存通则》(GB 15603)的有关规定。

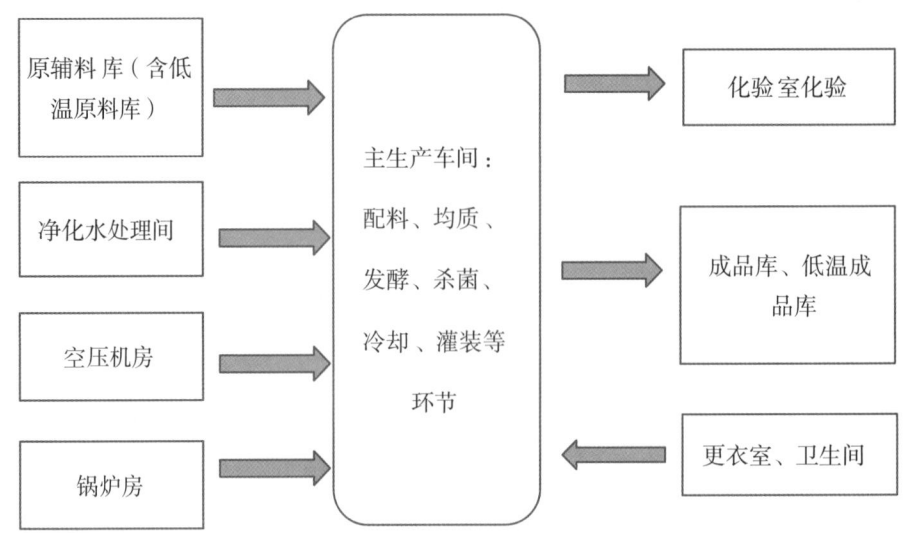

图 10-6　生产过程要求各车间示意图

图 10-7　乳品厂库房

图 10-8　乳品车间更衣室

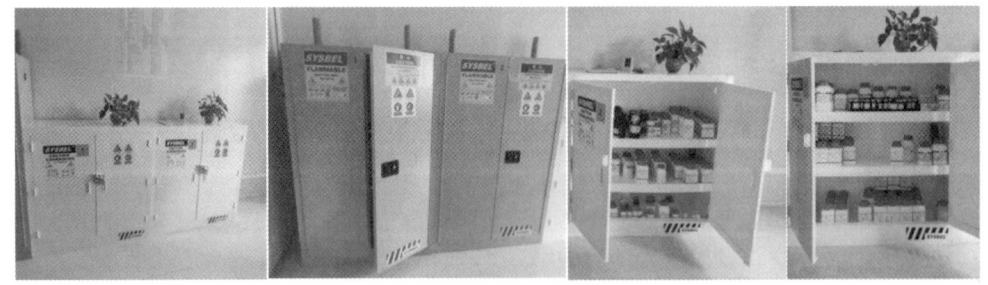

图 10-9　危险化学品分类保管

主生产车间，乳制品生产线；原辅料库，存放生产用的辅料（白糖、柠檬酸等）、包装材料（纸盒、纸箱等），一般紧邻主车间而建；成品仓库，用于存放保藏生产成品；水处理间，提供液态奶生产配料用的净化水；低温产品库或低温原料库，存放需要低温保存的产品或原料;空压机房,提供某些设备自动化控制所需的压缩空气及生产过程的需求;化验室,原辅料的检验及车间成品的理化指标和微生物的检测;更衣室与卫生间,车间操作人员使用;锅炉房,为生产提供所需蒸汽;配电室,提供生产用电。

二、物料衡算

物料衡算主要是产品原辅料、包装材料消耗计算,通过衡算确定主要物料采购、运输和仓储量,为生产中所需设备、管路设计、热量计算、劳动定员、生产班次、成本核算提供依据。根据质量守恒定律,原辅料质量等于加工处理后所得成品和损耗量之和。在工艺流程草图绘制结束时即可物料衡算。一般包括两个方面:

(1) 列出原料乳与产品成分含量,计算标准化处理后的添加脱脂乳、稀奶油等原料量;

(2) 根据各环节物料损耗量计算半成品的量。可列出表10-2的表格形式,也可列出图10-10的物料衡算图。

物料衡算计算公式:

每班耗用原料量(kg/班) = 单吨产品耗用原料量(kg/t) ×班产量(t/班)

(10-1)

每班耗用辅料量(kg/班) = 单位产品耗用辅料量(kg/t) ×班产量(t/班)

(10-2)

每班耗用包材量(一般损耗率2%~5%) = 单位产品耗用包材
(盒、箱或袋数/t) ×班产量(t/班) × (1+损耗率) (10-3)

表10-2 原辅料、包材消耗量表(仅供参考空样表)

原辅料、包材名称	规格	单位产品消耗量	年消耗量	损耗率

三、设备选型

乳品厂车间设备选择遵照现行《乳品设备安全卫生》(GB 12073)和《食品机械安全卫生》(GB 16798)执行,满足食品安全、操作安全、可洗净性、可方便拆卸性等要求。乳制品生产各工序主要设备生产能力应前后匹配,符合以下五个原则:①工厂设备与生产线相匹配的原则;②加工设备在生产线上相匹配原则;③设备具有先进性和经济性原则;④工作可靠原则。选择设备要选择系列化、标准化的成熟设备、考虑性能稳定性和维修简便性;⑤利于产品改型及扩大生产规模的原则,选择设备具有通用性为好。

最后将选好的设备根据种类确立设备清单。根据乳品生产工艺流程一般涉及设备如下:计量、贮存设备、流体输送设备、净化分离设备、均质、杀菌、浓缩、发酵、干燥、灌装等设备。鲜乳及再制乳加工设备应包括预处理设备、乳液储存设备、洗瓶机及装瓶机(限于玻璃瓶)或自动纸器包装机或塑料薄膜包装机、日期打(喷)印机、清洗设备、成品冷藏库等。

（一）必备的生产设备

1. 液体乳

（1）巴氏杀菌乳：储奶罐、净乳设备、均质设备、巴氏杀菌设备、灌装设备、制

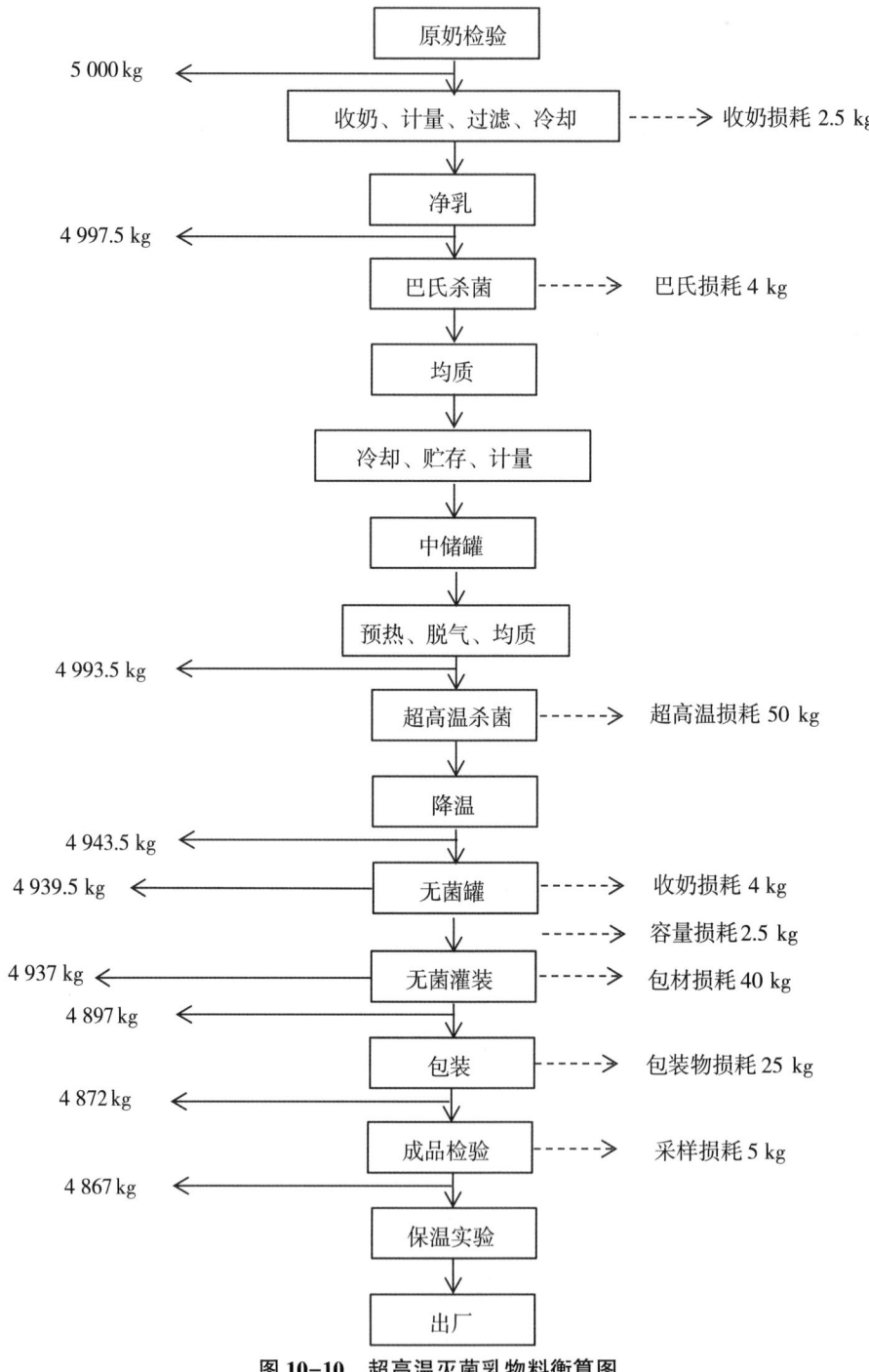

图 10-10 超高温灭菌乳物料衡算图

冷设备、全自动 CIP 清洗设备、保温运输工具。

（2）调制乳：储奶罐、净乳设备、均质设备、高温杀菌或灭菌设备、灌装设备、制冷设备、全自动 CIP 清洗设备、保温运输工具（常温产品除外）。

（3）灭菌乳：储奶罐、制冷设备、净乳设备、均质设备、超高温灭菌设备或高温保持灭菌设备、无菌灌装设备、全自动 CIP 清洗设备。

（4）发酵乳：储奶罐、净乳设备、均质设备、发酵罐（发酵室）、制冷设备、杀菌设备、灌装设备、全自动 CIP 清洗设备、保温运输工具（常温产品除外）。

2. 乳粉

（1）湿法工艺：储奶设备、净乳设备、高压均质机（要求加工能力 5 000 kg/h 以上）、制冷设备、配料设备（不包括全脂乳粉）、浓缩设备（双效或多效真空浓缩蒸发器、要求单机蒸发能力 2 400 kg/h 以上）、杀菌设备、立式喷雾干燥设备（要求单塔水分蒸发能力 500 kg/h 以上）、全自动小包装设备或半自动大包装设备、全自动 CIP 清洗设备。

（2）干法工艺：原料的计量设备、隧道杀菌设备、预混设备、混合设备、半成品和成品的计量设备、内包装物的杀菌设备或设施、全自动小包装设备。

（3）牛初乳粉：制冷设备、离心脱脂设备、浓缩设备、杀菌设备、低温干燥设备、包装设备、全自动 CIP 清洗设备。

3. 其他乳制品

（1）炼乳：储奶罐、净乳设备、杀菌设备、浓缩设备、灌装设备、全自动 CIP 清洗设备。企业如果使用乳粉作为生产原料，生产设备可以不要求储奶罐和净乳设备。

（2）奶油：生产稀奶油不需要压炼设备。如果使用稀奶油生产无水奶油，则生产设备中不需要储奶罐和净乳设备。

（3）干酪：按照原料乳→净乳→冷藏→标准化→杀菌→冷却→凝乳→凝块切割→搅拌→排除乳清→成型压榨→成熟→包装的工艺生产，所需设备是储奶罐、净乳设备、制冷设备、杀菌设备、搅拌设备、凝乳设备、压榨设备、全自动 CIP 清洗（图 10-11、图 10-12）。生产再制干酪不需要储奶罐、净乳设备、凝乳设备、压榨设备、应必备包装（灌装）设备。

图 10-11　CIP 清洗车间

图 10-12　CIP 清洗罐

(二) 必备的检验设备

检验设备应适用于乳制品的相关标准（含企业标准）规定的检验项目，设备数量应与企业生产能力相适应。企业也可以使用经相关部门认定的快速检验设备。但检验结果呈阳性时，应使用食品安全国家标准检验方法进行确认。企业必须具备三聚氰胺检验项目相关的检验设备及能力，不得进行委托检验。

基本设备包括分析天平（精确度万分之一）、乳制品专用 pH 计、乳比重计、脂肪测定用离心分离机（或脂肪测定仪）、微生物检验设备、蛋白质测定设备、实验台及实验架、试剂柜、通风橱、供水及洗涤设备，电热、恒温及干燥设备、杂质板过滤机、显微镜、紫外线灯等（图 10-13、图 10-14）。

图 10-13 乳品厂无菌室

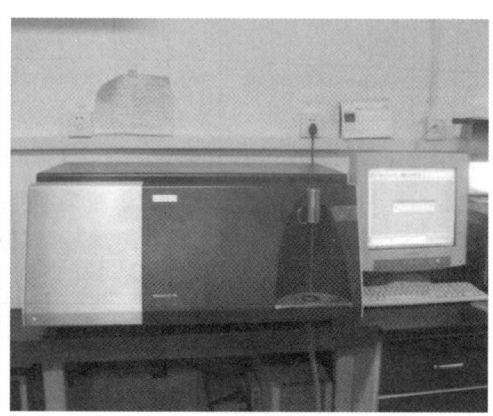
图 10-14 原奶检测设备

(三) 常见乳品加工设备介绍

1. 泵

泵是乳品厂使用最多的设备之一。使用泵的目的是提高牛乳或其他液态物料的运行压头，达到输送物料。泵的基本要求：①依据物料的特性，满足生产所需的流量、扬程；②便于清洗的结构；③有防止吸入空气的措施；④与物料接触的表面用不锈钢制成。常见泵的种类有离心泵（图 10-15）、液环泵、正位移泵、偏心螺旋泵（图 10-16）等。离心泵是乳品工业中最常见的泵，输送低黏度产品。当液体含空气或其他气体高时，通常采用液环泵输送，可作为 CIP 回流泵输送清洗液。

图 10-15 离心泵

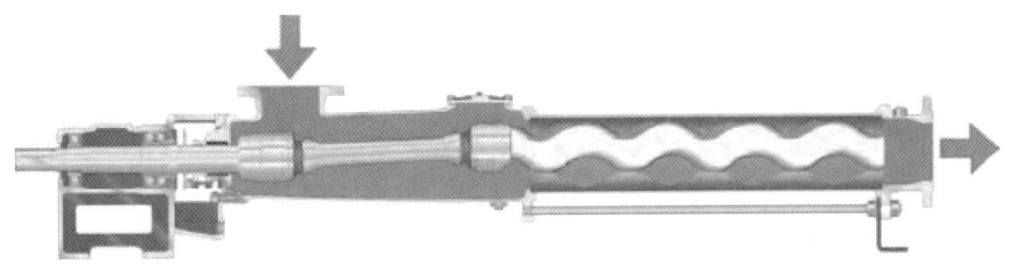

图 10-16　偏心螺旋泵

2. 离心机

牛乳分离后分为乳脂肪、非脂乳固体和各种固体杂质三部分（图 10-17）。离心分离机（图 10-18）和离心净乳机（图 10-19）结构和原理相同，离心分离机在离心力作用下使奶油和脱脂乳分离。乳的离心分离原理是根据乳脂肪、非脂乳固体和各种固体杂质之间密度的不同，离心分离时所产生的离心力不同，使三部分物质分离开。

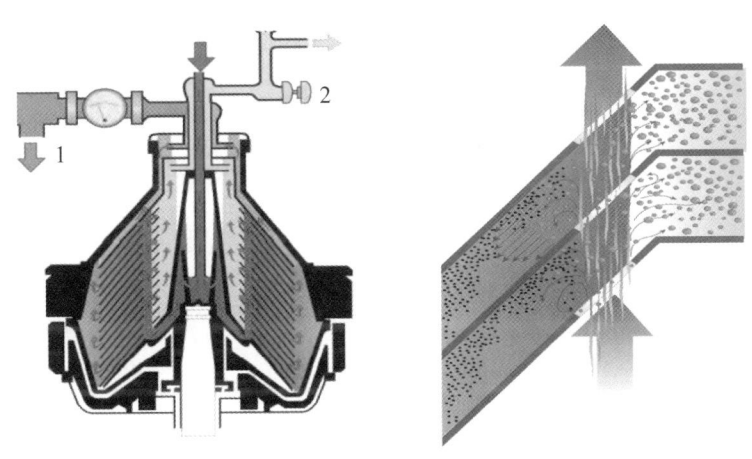

1. 脱脂乳出口；2. 稀奶油出口

图 10-17　牛乳分离示意图

图 10-18　离心分离机

图 10-19　离心净乳机

3. 均质装置

将液体混合物料的粗大脂肪球或者较大颗粒破碎细化，提高乳品均匀度，防止和延缓料分层，使其成为液体均相、稳定的混合物。均质后的食品在口感、外观及消化吸收率等方面均有提高。均质机和其剖面示意图如图10-20和图10-21所示。

图 10-20　高压均质机

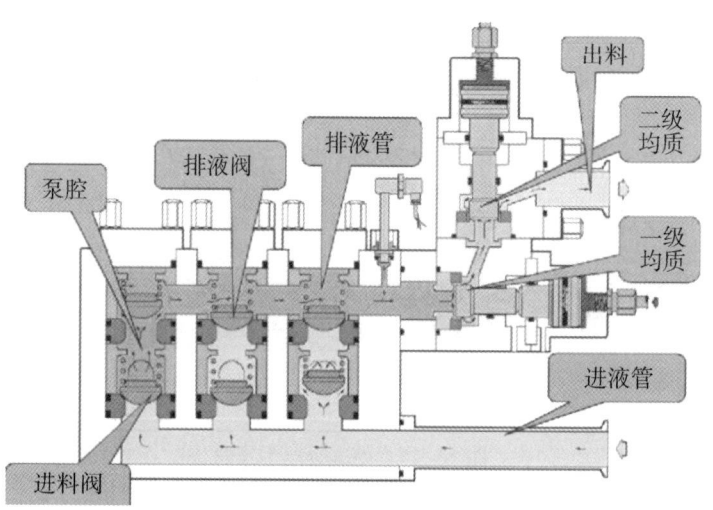

图 10-21　均质机剖面示意图

4. 热交换设备

热交换设备常用于乳品加热、杀菌。乳品工业常用的热交换设备有板式热交换器（图10-22）、管式热交换器（图10-23），其中板式热交换器因具有方便拆卸和操作、传热比管式换热器等众多优势，被人们广泛应用。管式热交换器可以处理含有颗粒较大的物料，允许通过颗粒直径取决于管的直径。对于杀菌设备，也可采用超高温杀菌设备（图10-24）。

 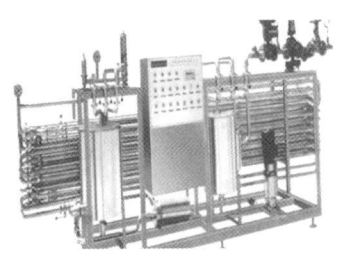 

图 10-22　板式热交换器　　图 10-23　管式热交换器　　图 10-24　UHT 超高温杀菌系统

5. 浓缩设备

乳品工业的浓缩过程主要利用蒸发方法使固形物含量增高。常见蒸发器有循环蒸发器、降膜蒸发器、板式蒸发器、多效蒸发器。如果两个蒸发器串联，二次蒸汽引入第二个蒸发器作为加热蒸汽，第二个蒸发器产生的二次蒸汽送到冷凝器被冷凝后排除称双效蒸发。多个蒸发器串联起来的系统，产生的二次蒸汽作为后续的加热蒸汽，可见多效蒸汽明显节约了热能和减少冷却水消耗量。图 10-25 为三效真空浓缩装置。

图 10-25　三效真空浓缩装置

6. 脱气装置

脱气装置一般安置在如下三个位置：①在乳槽车上安装脱气装置，避免泵送牛乳过程中流量计的记录准确性下降，②乳品厂收奶间安装脱气设备。③再进一步加工牛乳之前，应连接真空脱气罐进一步除去细小气泡，提高最终产品品质。图 10-26 为空气分离器示意图及实例图。

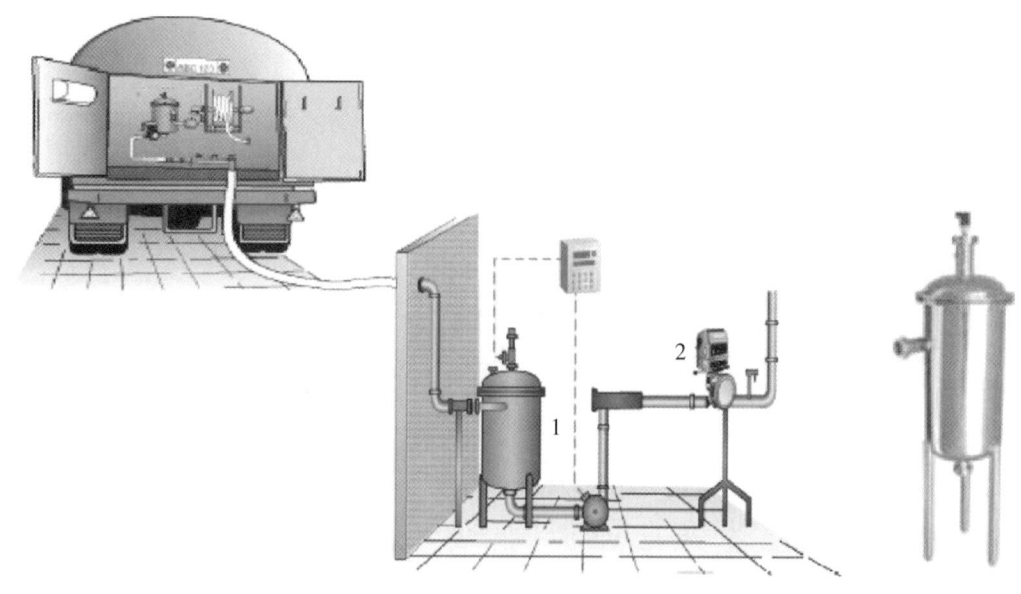

1. 空气分离器；2. 计量器。

图 10-26 牛乳收集通过空气分离器示意图及空气分离器实例图

7. 罐的类型

罐按照作用可分为贮存罐、加工罐。奶仓式收乳后贮存罐，体积有大有小，有时候安放在户外省建筑费用（图10-27）。中间贮存罐用于生产过程短时间保存产品，具有缓冲贮存作用。混合乳罐是将多种产品或物料混合的罐，可保温也有单层不锈钢罐，也可安装温度控制装置。加工罐包括发酵酸奶的成熟罐、搅打稀奶油的结晶罐、发酵罐，根据用途不同设置搅拌器和温度控制装置，也有监控等。

图 10-27 室外奶仓

8. 干燥设备

干燥设备主要有滚筒干燥和喷雾干燥，常用的是喷雾干燥设备（图10-28）。喷雾干燥设备组成：①热风分配器，热风进入干燥塔前，应先经过分配器做整流处理。热风分配应能够使热风有规则地流动，均匀地与液滴接触，防止气流在塔内形成涡流以避免或尽量减少粘壁现象。②空气过滤器，可以除去空气中的有害气体、尘埃、烟灰及飞虫等杂质，达到空气净化。③空气加热器，经过空气过滤器净化空气，需要加热到140~160℃进入干燥室，可利用空气加热方法是蒸汽间接加热法。④粉尘分离器，热空气实现热交换后和蒸汽混合成废气，从干燥塔排出的同时，会夹带一部分粉料。粉尘分离器作用是对废气中夹带的细微粉末进行回收。图10-29为乳粉生产流化床。

图 10-28 喷雾干燥设备　　图 10-29 乳粉生产流化床

四、操作步骤图例

要做好加工设备的选择和购置工作，首先要确定产品方案、生产工艺流程，包括物料衡算，再根据国家标准进行设备选型和车间设计，一定要符合管理细则和进行成本核算，具体见图 10-30。

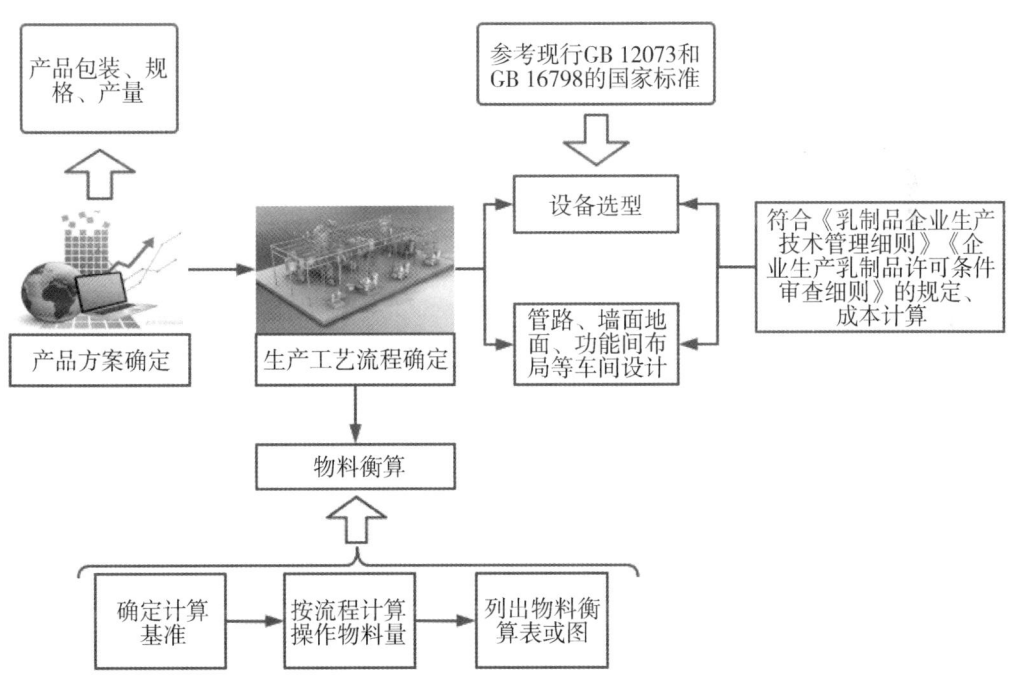

图 10-30 加工设备确定图例

第四节　原料奶品质监控技术

乳品加工的主要原料是生乳，原料奶的质量直接影响到乳制品的品质和安全性。多数乳制品质量问题发生源于劣质原料，因此，在乳制品加工之前，一定要严格把控原料奶的质量，本节从原料奶的选取、储存和检测等方面，介绍原料奶的品质监控，筑牢乳制品安全加工的第一道防线。关于饲料质量安全控制、奶牛疾病控制等见本书第七章所述。

一、原料奶选取

高质量的原料奶是确保乳制品安全性的前提，要做好原料奶的选取工作。

1. 奶源选择

要有固定的奶源基地，必须选择管理优良、监控体系健全的优质牧场作为奶源基地。定时和不定时对供应基地进行样品检测和实地考察，避免出现问题。

2. 奶牛健康检测

若为自有奶源，要定期做好供奶奶牛的健康检测工作，做好圈舍的消毒，设备的维修维护，定期抽查环境菌落总数。

二、原料奶储存与运输

1. 存储

牛奶挤出后 2 h 内，冷却 2~8℃，暂存不超过 12 h。及时冷却降温，确保贮奶罐保温效果。有条件的应采用分装方式，避免因频繁开启容器而使原料奶受到空气和细菌的污染。

2. 运输

运输温度 2~4℃，不宜超过 6 h，运输不宜剧烈振荡。规范运输过程，夏季清晨或夜间运输，每次清洗奶罐。

三、原料奶检测技术

原料奶的质量控制需要进行严格的检测，以确保原料奶的安全性和品质。

（一）外观检测

通过观察原料奶的颜色、浑浊度和杂质等特征，判断其是否符合标准。

（二）化学成分检测

检测原料奶中的酸度、蛋白质、脂肪、乳糖、总固体等成分，以确保其符合相应的质量标准。具体参数要求参照本书第七章第五节。

（1）pH 值检测：pH 值是评价奶产品的酸碱度指标，正常的原料奶酸度在 6.6~6.8。

（2）蛋白质检测：原料奶的蛋白质检测方法主要包括凯氏定氮法、格里斯试剂法、高性能液体色谱检测法和酶联免疫吸附测定法（ELISA）。

（3）脂肪检测：脂肪含量的检测可以使用脂肪测定仪进行。

（4）乳糖检测：常见的方法包括比色法、滴定法、高效液相色谱法等。

（5）微生物菌落检测：细菌总数是评价原料奶卫生状况的关键指标，其数值应符合国家标准的要求。

（6）三聚氰胺检测：采用高效液相色谱法、液相色谱-质谱/质谱法或气相色谱-质谱联用法进行检测。

（三）掺假检测

市面上会掺水、食盐、蔗糖、尿素、外来脂肪等，以及纯牛乳或纯鲜牛乳中掺入复原乳的混合乳样品。需要甄别原料奶的真假。

（1）化学技术：包括密度测定法和冰点测定法用于检测牛奶是否掺水。正常牛奶的密度为 $1.028 \sim 1.032 \text{ g/cm}^3$，冰点很稳定。此外，还有格里斯试剂法用于检测尿素，以及检测亚硝酸盐和硝酸盐含量的方法。

（2）电子舌技术：利用多频大幅脉冲电子舌检测不同掺假形式的牛乳样品，电子舌可以有效区分纯牛乳和掺入不同物质的掺假牛乳，以及纯牛乳、纯鲜牛乳、复原乳及其混合乳的辨识。

（3）核磁共振技术：低场核磁共振技术用于乳及乳制品品质评价和控制及新鲜度的快速准确识别。该技术结合簇类的独立软模式识别方法（SIMCA）建立纯牛乳样品的判别模型，对常见掺假牛乳样品的判别准确率达到100%。

（四）近红外检测技术

近红外光谱技术作为一种高效、快速、便捷、低成本、无污染的检测方法，在乳制品快速检测中具有广泛的应用。该技术可用于乳制品中掺假识别、微生物快速检测、化学成分快速检测、快速鉴定牛奶品牌等方面的检测。

第五节　乳制品分类

乳制品是指以生鲜牛乳及其制品为主要原料，经加工而制成的各种产品。乳制品的合理分类对乳制品行业的健康发展至关重要，具有引导消费者正确选择乳制品，帮助乳制品企业对乳制品进行正确归类管理和标签标注及指导管理部门对乳制品进行有效管理的作用。

一、按产品形态分类

《乳制品企业生产技术管理规则》中将乳制品分为七类：液体乳类（杀菌乳、灭菌乳、酸牛乳、配方乳等）、乳粉类（全脂乳粉、脱脂乳粉、全脂加糖乳粉和调味乳粉、婴幼儿配方乳粉、其他配方乳粉）、炼乳类（淡炼乳、全脂加糖炼乳、调味炼乳、配方炼乳等）、乳脂肪类（稀奶油、奶油、无水奶油等）、干酪类（原制干酪、再制干酪等）、冰淇淋类、其他乳制品（干酪素、乳糖、乳清粉、浓缩乳清蛋白等）（图10-31）。

图 10-31　各类乳制品（从左到右依次为酸奶、婴儿配方乳粉、稀奶油、再制奶酪）

二、按加工工艺分类

牛奶根据目前的加工工艺分类，主要分为超高温灭菌乳（图 10-32）、巴氏杀菌乳（图 10-33）和调制乳三种。超高温灭菌乳是指以生牛乳为原材料，在持续流动下加热到 132℃ 短时间保持，杀死全部细菌，再经过无菌灌装等工序加工成液体产品。保证牛奶在常温条件下保存时间较长。此种方法可保存较长时间，不需要冷藏。巴氏杀菌乳是以生牛乳为原材料，在 62.8~65.6℃ 下加热 30 min，或者在 72~75℃ 加热 15 s，保留大部分营养成分和风味。但是由于加热温度较低，耐热细菌并未完全杀灭，因此该品种奶需要低温保存，且保质期只有 7~14 d。调制乳是以不低于 80% 的生牛乳为原料，添加其他原料或食品添加剂或营养强化剂等，采用适当的杀菌或灭菌等工艺制成的液体产品。

图 10-32　超高温灭菌乳

图 10-33　巴氏杀菌乳

三、按成分含量分类

根据脂肪含量分为全脂奶（图10-34）、半脱脂奶和脱脂奶（图10-35）。脂肪含量在3.5%以上为全脂奶；经过脱脂处理后，脂肪含量在1.5%~3.5%的为半脱脂奶；经过脱脂处理后，脂肪含量在0.3%以下的为脱脂奶。

图10-34　全脂乳粉

图10-35　脱脂乳粉

第六节　巴氏杀菌奶生产技术

巴氏杀菌乳是指仅以生牛乳为原料，经巴氏杀菌等工序制得的液体产品［《食品安全国家标准　巴氏杀菌乳》（GB 19645—2010）］。巴氏杀菌是一种加热方法，目的是通过将原料乳加热到特定温度并保持一段时间，来杀死或显著减少其中的有害微生物，包括一些可能引起人类疾病的病原微生物。这种方法可以有效地减少微生物数量，延长食品的保质期，同时最大限度地破坏腐败菌和乳中的酶，从而降低食品变质的风险。巴氏杀菌乳的生产工艺大致可包括：原料乳验收、预处理、标准化、均质、杀菌、冷却、灌装、检验、冷藏。

一、生产工艺流程

1. 原料质量

原料乳质量决定了巴氏杀菌乳的质量。因此，对原料乳的质量必须严格管理，认真检验，只有符合标准的原料乳才能生产。质量要求详见本书第七章第五节。

2. 预处理

通过过滤或净化除去乳中的尘埃、杂质。过滤采用纱布或者过滤器均可，通过离心净化细小杂质，转速一般为70~80 r/min，温度<20℃，压力≤0.20 MPa。若牛乳中含有大量空气或异常气味的物质要进行真空脱气。

3. 标准化

目的是保证牛乳中含有规定的最低限度的脂肪。各国要求不同，一般来说，低脂含脂率为0.5%，普通乳为3.0%，不符合标准的乳都必须进行标准化。将牛乳加热至55~65℃，按预设的脂肪含量分离出脱脂乳和稀奶油，并根据最终产品的脂肪含量，由设备自动控制回流到脱脂乳中的稀奶油的流量，多余的稀奶油流向稀奶油巴氏杀菌机。

4. 均质

通常采用部分均质，因为其设备简单、操作简单、经济实惠。通常进行均质的温度为65℃，均质压力为10~20 Mpa。

5. 巴氏杀菌

巴氏杀菌的温度和持续时间是关系到牛乳的质量和保存期等的重要因素，必须严格按照规定参数执行。均质后的牛乳与未加热的脱脂乳重新混合后，必须立即进行巴氏杀菌。巴氏杀菌分为低温长时、高温短时和超巴氏杀菌法。

美国规定的多种巴氏杀菌工艺参数组合中（表10-3），其中LTLT和HTST是目前全球最常用的两种工艺。典型的HTST工艺的过程技术参数组合是：5℃—16 s—72℃—15 s—5℃，按此过程技术参数组合制作"温度—时间"曲线，见图10-36。

表10-3 美国PMO规定的巴氏杀菌工艺参数组合

温度	时间	国际标准使用的工艺名称
65℃（145 °F）	30 min	低温长时，LTLT
72℃（161 °F）	15 s	高温短时，HTST
89℃（191 °F）	1.0 s	高温瞬时，HHST
90℃（194 °F）	0.5 s	高温瞬时，HHST
94℃（201 °F）	0.1 s	高温瞬时，HHST
96℃（204 °F）	0.05 s	高温瞬时，HHST
100℃（212 °F）	0.01 s	高温瞬时，HHST

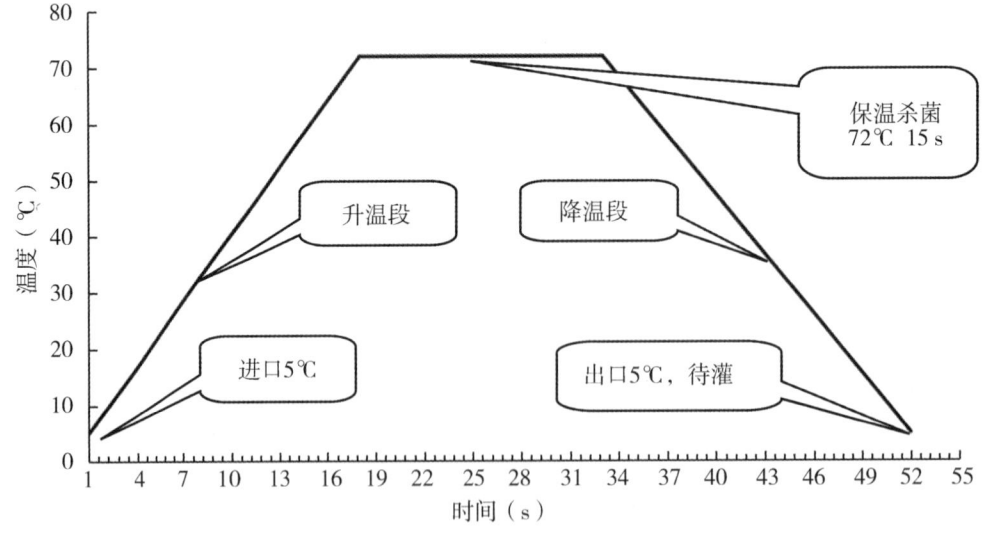

图10-36 牛乳在板式热交换器HTST过程中的温度—时间曲线

6. 冷却

杀菌后的牛乳应尽快冷却至4℃，冷却速度越快越好。

7. 灌装

冷却后要立即灌装，灌装的目的是便于销售，防止污染、保存风味、防止吸收外界气味而产生异味以及维生素等成分受损失。常用玻璃瓶、乙烯塑料瓶、塑料袋和涂塑复合纸袋。可根据易清洗程度、重量、运输成本、污染程度、原料成本等因素进行选择。

二、操作步骤图例

本例通过原料乳收购、过滤、净化、标准化、均质、杀菌、冷却、灌装的步骤完成巴氏杀菌奶的制备，具体见图10-37。

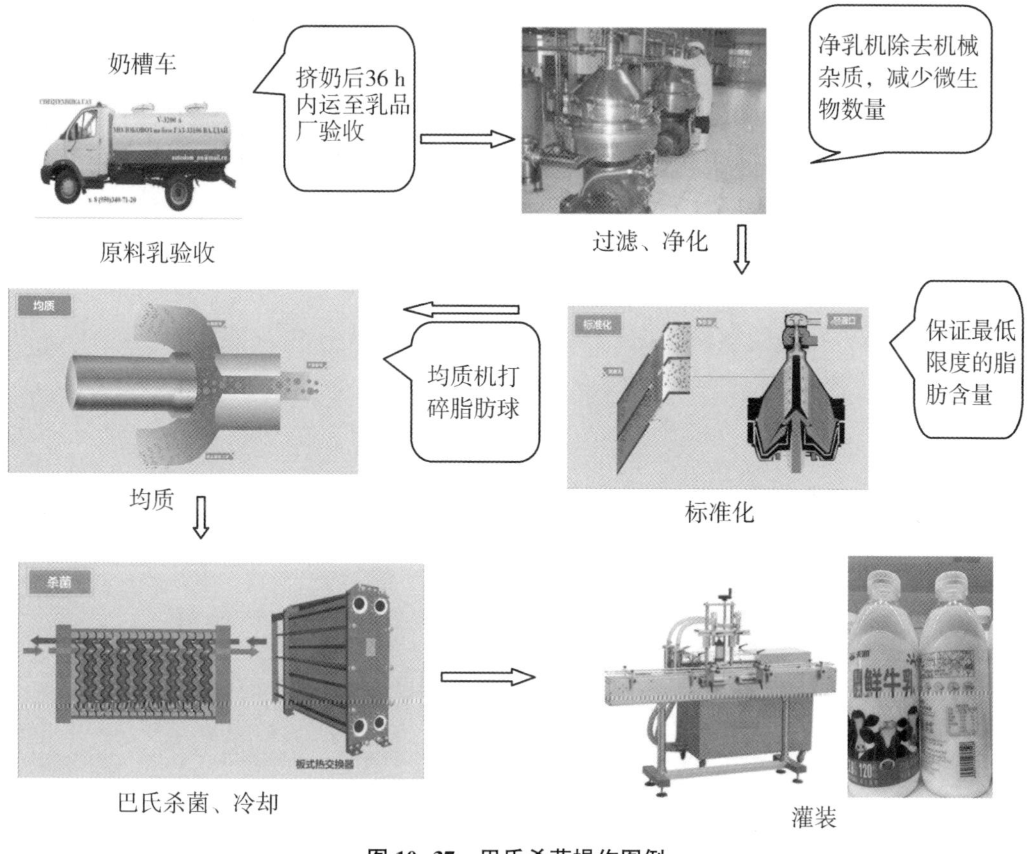

图10-37 巴氏杀菌操作图例

第七节 超高温瞬间灭菌奶生产技术

超高温灭菌乳是以生牛乳为原料，在连续流动的状态下，加热到至少132℃并保持至少4 s的灭菌，再经无菌灌装并密封后，加热到至少116℃并保持至少20 min等工序制成的液体产品［《食品安全国家标准 灭菌乳》GB 25190—2010（征求意见稿）］。系统中的所有设备和管件都是按无菌条件设计的，这就消除了重新染菌的危险性，因此也不需要二次灭菌。

一、生产工艺流程

1. 原料预处理

原料乳质量控制要求参见本书第七章第五节。按照正常进行净乳和标准化，具体参见本章第六节。

2. 预热和均质

牛奶从料罐泵送到超高温灭菌设备的平衡槽，由此进入到板式热交换器的预热段与高温奶热交换，使其加热到约66℃，经预热的奶在15~25 MPa的压力下均质。

3. 灭菌工艺

在超高温瞬时灭菌乳加工中，超高温灭菌系统（UHT）所用的加热介质大都为蒸汽或热水，按物料与热介质接触与否，分为两大类，即直接加热系统和间接加热系统。直接加热法所使用的灭菌设备有牛乳喷入蒸汽式（图10-38）和蒸汽注入牛乳式（图10-39）两种。间接加热法所使用的灭菌设备有板片式和套管式两种。这4种加工超高温瞬时灭菌乳的方法针对诱发牛乳化学变化的效果排序，牛乳喷入蒸汽法为最优，其次为蒸汽注入牛乳法，再次为板片式间接法，最后为套管式间接法。

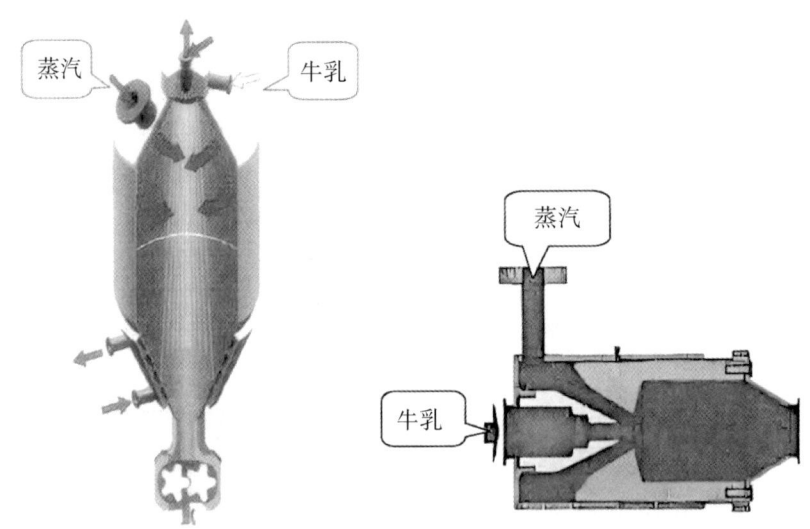

图10-38　牛乳喷入蒸汽式设备　　图10-39　蒸汽注入牛乳式设备

国内常用的UHT设备是间接法加热的套管式UHT灭菌器。其典型的热处理过程是：5℃ 18 s—75℃ 4 s—90℃ 30 s—90℃ 15 s—110℃ 20 s—137℃ 4 s—137℃ 13 s—127℃ 22 s—25℃。其中的核心关键是生乳在连续流动的状态下，首先经过了高于巴氏杀菌的工艺过程，即（5℃ 18 s—75℃ 4 s—90℃ 30 s—90℃），目的是促使乳清蛋白变性并黏附到酪蛋白上形成对热稳定的结合体。然后再经过一次更高强度的热处理，即（5℃ 15 s—110℃ 20 s—137℃ 4 s—137℃ 13 s—127℃ 22 s—25℃），完成第2段杀菌。两段热处理必须在同一台灭菌器中一次连续完成。按此过程技术参数组合制作温度~时间曲线，见图 10-40。

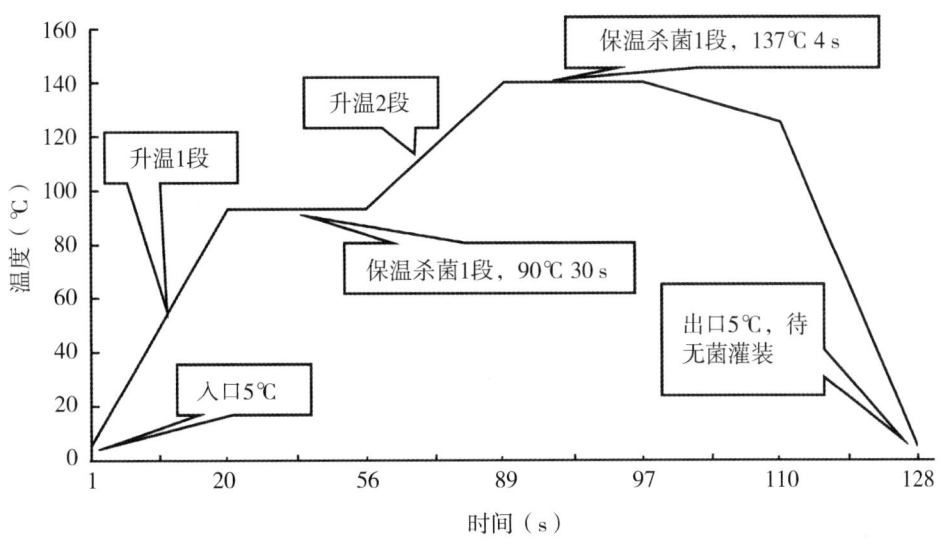

图 10-40　牛乳在套管式 UHT 灭菌器灭菌过程中的温度—时间曲线

国外更多的是采用直接加热法生产超高温瞬时灭菌乳，常用的一种热处理过程是：5℃ 18 s—75℃ 0.2 s—140℃ 1 s—140℃ 0.2 s—75℃ 18 s—8℃。其中的关键是生乳在连续流动的状态下首先经过了几乎等同于巴氏杀菌的升温过程，即（5℃ 18 s—75℃）这一段；然后将高温水蒸气注入牛乳，在 0.2 s 内迅速升温至 140℃保持 1 s，完成高温灭菌操作；旋即采用闪蒸设施在 0.2 s 内迅速降温至 75℃再降温至灌装温度，即 75℃ 0.2 s—140℃ 1 s—140℃ 0.2 s—75℃ 18 s—8℃。显然直接加热法 UHT 热处理强度高于间接式加热法 UHT。按此过程技术参数组合，制作温度—时间曲线，见图 10-41。

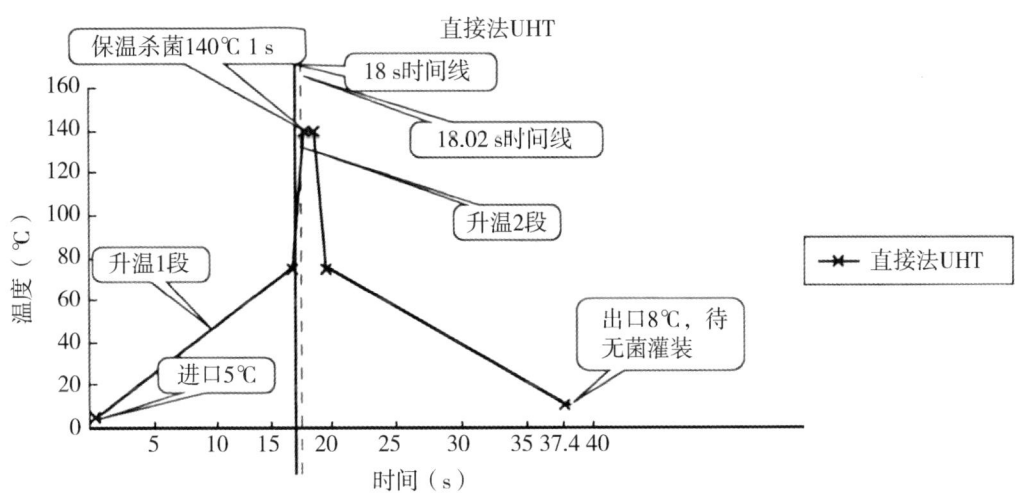

图 10-41　牛乳在直接加热法 UHT 热处理过程中的温度—时间曲线

4. 无菌冷却及包装

离开保温管后，牛乳进入无菌预冷却段，用水从137℃冷却至76℃。进一步冷却是在冷却段靠与热乳交换完成，最后冷却温度要达到约20℃。所谓无菌包装是将杀菌后的牛乳，在无菌条件下装入事先杀过菌的容器中。牛乳从无菌冷却器流入无菌包装线，为补偿设备能力差额或者包装机停顿时的不平衡状态，可在杀菌器和包装线之间安装一个无菌罐。当然，处理的乳也可以直接从杀菌器输送到无菌包装机，由于包装处理不了而出现的多余乳可通过安全阀回流到杀菌设备，这一设计可减少无菌罐的潜在污染。产品包装要求主要展示面上清晰地标注"灭菌牛乳（奶）"，同时标注"纯牛乳（奶）"。无菌包装设备主要有无菌菱形袋包装机、无菌砖形盒包装机、无菌枕形包装机、无菌异形盒包装机。现阶段要求灭菌牛乳的脂肪含量调整为≥3.2 g/100 g，灭菌牛乳的酸度为10 °T。

二、操作步骤图例

本例通过原料乳收购、预热、均质、杀菌、冷却、灌装的步骤完成超高温灭菌乳的制备，具体见图10-42。

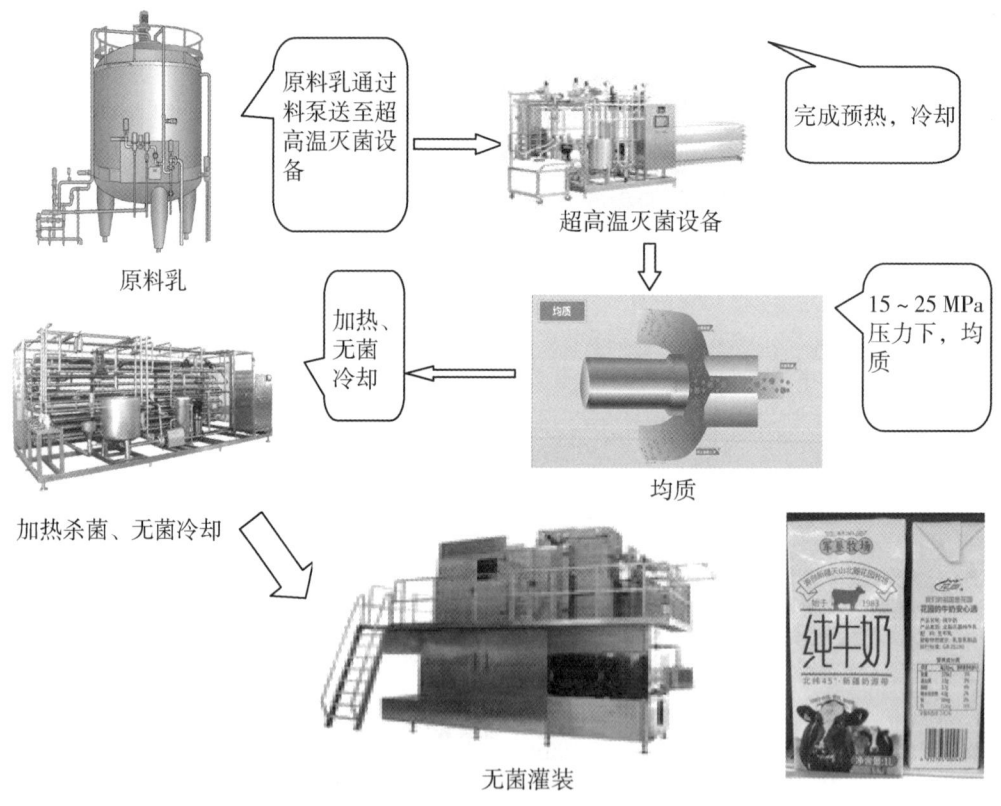

图10-42 超高温瞬间灭菌操作图例

第八节 酸奶生产技术

酸奶是指以生牛乳或乳粉为原料,经杀菌发酵制成的产品[《发酵乳》(GB 19302—2010)]。酸奶首先在一定程度上延长了生乳的保存期,其次为乳糖不耐症患者提供了利用乳汁营养的机会。酸奶中的乳酸菌能减轻某些有毒物质对人体的侵害,对肠道疾病有一定的防治作用。普通酸奶可能分为搅拌型和凝固型,搅拌型酸奶口感较稀薄,而凝固型酸奶口感较为浓稠。目前,市面上还有酸奶粉,是用筛选和驯化后的乳酸链球菌及乳酸杆菌混合接种于鲜牛奶,经发酵、喷雾干燥而制成的。

一、酸奶的生产工艺流程

1. 原料预处理

原料乳质量控制要求参见本书第七章第五节,但要求鲜乳中总乳固体11.5%,其中非脂乳固体28.5%,否则会影响发酵时蛋白质的胶凝作用。按照正常进行净乳和标准化具体参见本章第六节。若使用脱脂乳粉,一般添加量为1%~1.5%;常用的稳定剂有明胶、果胶和琼脂,其添加量为0.1%~0.5%;蔗糖或葡萄糖的添加量为6.5%~8%。在搅拌型酸乳中常使用果料及调香物质,而凝固型酸奶中很少使用果料。

2. 均质

均质处理可以使原料充分混合,有利于提高酸乳的稳定性和稠度,并使酸乳质地细腻,口感好。均质所采用的压力一般为20~25 MPa。

3. 杀菌

目的在于灭杀乳中杂菌,确保乳酸菌的正常生长和繁殖。钝化对发酵菌有抑制作用的天然抑制物,使牛乳中的乳清蛋白变性,以达到改善组织状态,提高黏稠度和防止成品乳清析出的目的。杀菌条件一般为90~95℃、5 min。

4. 接种

杀菌后的乳要马上降温至45℃左右,以便接种发酵剂。一般生产发酵剂,其产酸活力在0.7%~1.0%,此时接种量应为2%~4%。加入的发酵剂应事先在无菌操作条件下搅拌成均匀细腻的状态,不应有大凝块,以免影响成品质量。

5. 发酵

凝固型酸奶用保加利亚乳杆菌与嗜热链球菌的混合发酵剂时,温度保持在41~42℃,培养时间2.5~4.0 h(2%~4%的接种量)达到凝固状态即可终止发酵。一般发酵终点可依据如下条件来判断:①滴定酸度达到80 °T以上;②pH值低于4.6;③表面有少量水痕;④乳变黏稠。发酵应注意避免震动,否则会影响组织状态;发酵温度应恒定,避免忽高忽低;掌握好发酵时间,防止酸度不够或过度以及乳清析出。搅拌型酸奶的发酵是在发酵罐中进行,要确保发酵罐上部和下部温度差不要超过1.5℃。

6. 搅拌

通过机械力破碎凝胶体，使酸乳的硬度和黏度及组织状态发生变化。在搅拌型酸乳的生产中，这是一道重要的工序。通常使用宽叶片搅拌器，搅拌过程中注意既不可过于激烈，又不能过长时间，开始用低速，以后用较快的速度。

7. 混合、灌装

凝固型酸奶可根据市场需要选择玻璃瓶或塑料杯，在装瓶前需要对玻璃瓶进行蒸汽灭菌，一次性塑料杯可直接使用。搅拌型酸奶加工过程中，果蔬、果酱和各种类型的调香物质等可在酸乳自缓冲罐到包装机的输入过程中加入，在果料处理中，杀菌是十分重要的，对带固体颗粒的水果或浆果进行巴氏杀菌，其杀菌温度应控制在能抑制一切有生长能力的细菌，而又不影响果料的风味和质地的范围内。

8. 冷却、后熟

发酵好的凝固型酸奶，应立即移入 0~4℃的冷库中，迅速抑制乳酸菌的生长，以免迅速发酵而造成酸度升高。搅拌型酸奶冷却的目的是快速抑制细菌的生产和酶的活性，以防止发酵过程产酸过度及搅拌时脱水。冷却在酸乳完全凝固（pH 4.6~4.7）后开始，冷却过程应稳定进行，冷却过快将造成凝块收缩迅速，导致乳清分离；冷却过慢则会造成产品过酸和添加果料的脱色。酸乳酸度要求≥70 °T，发酵凝固后的凝固酸奶，须在 0~4℃贮藏 24 h 再出售，通常把该贮藏过程称为后成熟，一般最大冷藏期为 7~14 d。在冷藏期间，酸度仍会有所上升，同时风味成分双乙酰含量会增加，黏稠度也有所改善。

二、酸奶粉的生产工艺流程

1. 原料预处理、均质和杀菌

参见本节中酸奶的此过程。

2. 浓缩

体积浓缩至原体积 1/4 左右。对热敏度要求高的产品可采用超低温真空浓缩干燥技术，即低温（20~50℃）状态下对稀物料进行蒸发、浓缩、干燥的工艺。可以在保持营养成分的同时，减少热敏性物质的损失。

3. 发酵

参见本节中酸奶的此过程。

4. 喷粉干燥

干燥分为喷雾干燥或冷冻干燥，喷雾干燥是雾化成细小液滴，然后通过干燥快速去除掉大部分水分，变成干粉；冷冻干燥是在低温真空下，将水分直接从固态升华为气态，变成粉状，能够最大限度地保护酸奶粉的活性和成分。一般喷雾干燥的出风温度 90℃，固形物含量 45%，进料流量 3 mL/min，进风量 45 m^3/h。

5. 冷却和筛粉

干燥后的乳粉需要冷却，以防脂肪分离，然后过筛，以确保乳粉的细腻度和均匀性。

6. 包装

通过密封和保护气体（如氮气）包装干燥后的酸奶粉，以保证新鲜和活性。

三、操作步骤图例

例一是通过利用原料乳经过预处理后，按照生产凝固性酸奶和搅拌型两种工艺操作流程进行实例，具体见图10-43。例二是通过利用原料乳经过预处理、浓缩、发酵、喷雾干燥、冷却筛粉和包装生产酸奶粉的操作流程实例，具体见图10-44。

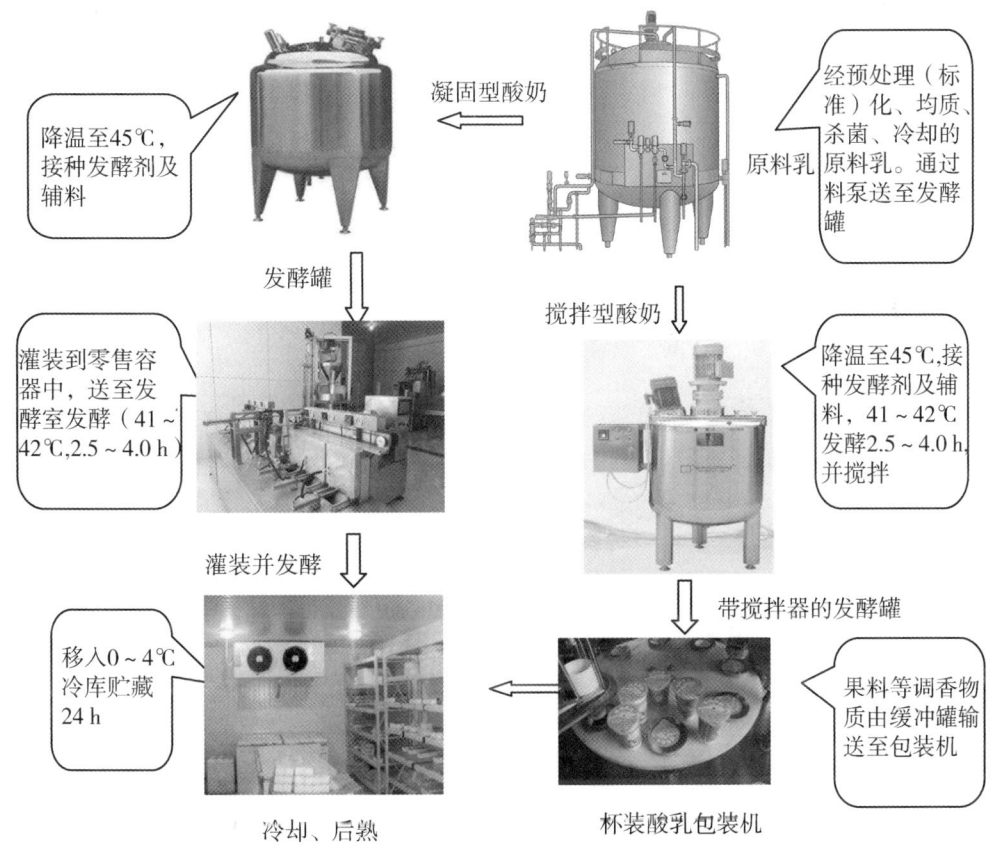

图 10-43 酸奶生产操作图例

第九节 调制乳生产技术

调制乳是指以不低于80%的生牛乳或复原乳为主要原料，添加其他原料或食品添加剂或营养强化剂，采用适当的杀菌或灭菌等工艺制成的液体产品。随着社会的发展和生活水平的提高，人们对食品的需求和选择有了更高的要求，调制乳针对不同人群的营养需要调以各种营养素，正以一种强大的趋势在消费市场中占着举足轻重的地位，成为消费者日常生活喜爱的产品。调制乳的生产工艺流程主要包括原料乳预处理验收、净

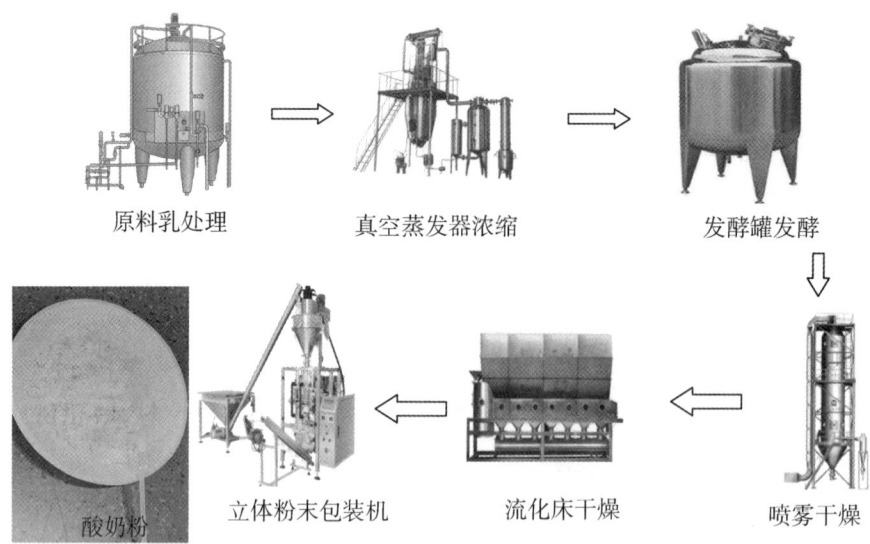

图 10-44 酸奶粉生产操作图例

乳、配料、预热、均质、杀菌、无菌灌装。

一、生产工艺流程

1. 原料乳的验收

原料乳质量控制要求参见本书第七章第五节。

2. 净乳

按照正常进行净乳和标准化，具体参见本章第六节。

3. 配料

将部分冷却过的生牛乳打入化料缸中，升温至40~50℃将配料缓慢加入化料系统中继续升温至60℃以上。可依照国家相关标准，加入营养调制剂或增强剂等，或依照自己设计的、符合标准的功能配方物质，搅拌10~15 min，直至料液完全融合，经过冷却后打入配料缸中。如果添加有复合维生素，且复合维生素浓度较高，添加过程要求缓慢，以防止局部蛋白变性，对产品稳定性造成影响。

4. 预热均质

通过板式换热器对化料过的牛乳进行预热，使其温度达到50~70℃，然后进行均质，均质总压力为15~17 MPa，其中，一级均质压力为12~15 MPa，二级均质压力为3~4 MPa。

5. 杀菌

通过巴氏杀菌机对牛乳进行巴氏杀菌处理，或通过管式换热器对牛乳进行超高温瞬时灭菌处理，灭菌温度通常为（137±2）℃，灭菌时间是2~4 s，进料温度5~25℃，预热后温度70~90℃，此阶段还要对牛乳再次进行均质，均质总压力为20~22 MPa，一级压力为16~18 MPa，二级压力为3~4 MPa。

6. 无菌罐装

利用无菌灌装机将牛乳直接灌入到包装盒内，目前国内较为常见的灌装机，如瑞典利乐包、德国康美包等，由于牛乳已经经过超高温灭菌，包装盒则采用双氧水对其进行灭菌，以保证产品的商业无菌，通常灌注温度为10～25℃。

7. 标注事项

全部用乳粉生产的调制乳应在产品名称紧邻部位标明"复原乳"或"复原奶"；在生牛乳中添加部分乳粉生产的调制乳应在产品名称紧邻部位标明"含××%复原乳"或"含××%复原奶"。注："××%"是指所添加乳粉占调制乳中全乳固体的质量分数。"复原乳"或"复原奶"与产品名称应标识在包装容器的同一主要展示版面；标识的"复原乳"或"复原奶"字样应醒目，其字号不小于产品名称的字号，字体高度不小于主要展示版面高度的1/5。

二、操作步骤图例

本例通过利用原料乳验收、净乳、配料、预热均质、杀菌或灭菌和无菌灌装操作流程进行实例，具体见图10-45。

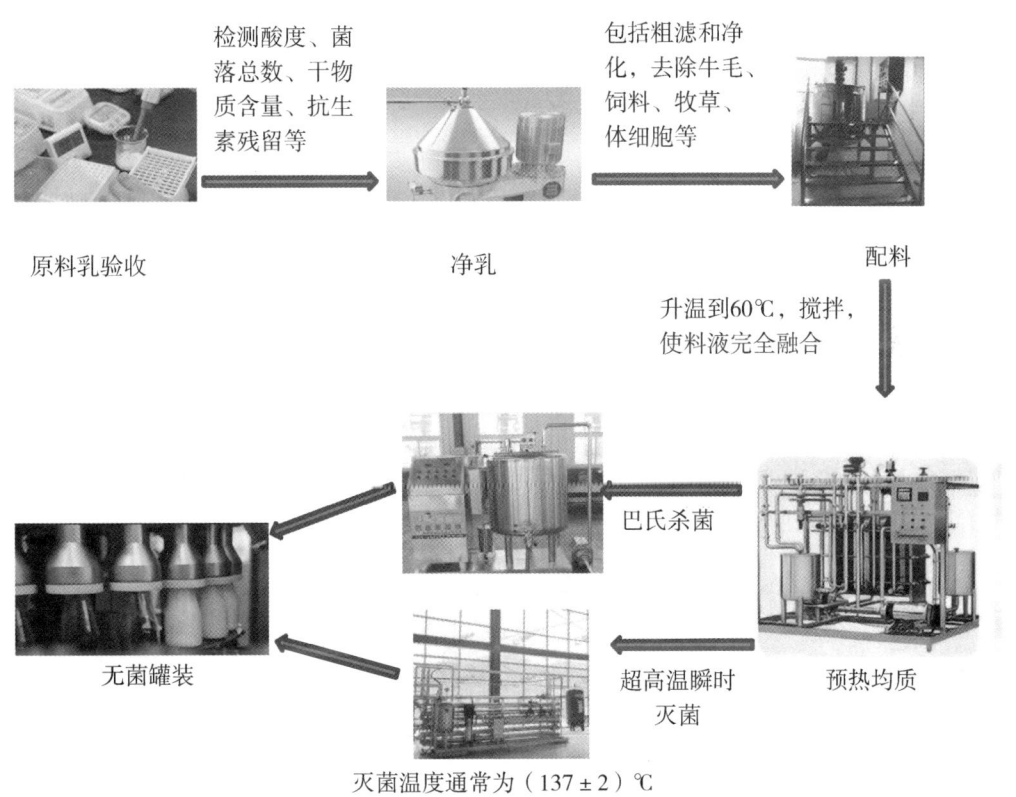

图10-45 调制乳生产操作图例

第十节 乳酸饮料生产技术

乳酸饮料是指以牛乳或乳制品为原料,加入水及适量辅料经配制或发酵而成的饮料制品。乳酸饮料可分为发酵型和调配型两种。乳酸菌饮料都是牛奶经过乳酸菌发酵后制成的,属于发酵型乳酸饮料,而除此以外的乳酸饮料则属于调配型产品,是用牛奶、水、白糖、柠檬酸或乳酸配制而成的,不经过发酵,产品中没有乳酸菌及乳酸菌代谢物。活性乳酸菌和灭菌乳酸饮料主要生产工序包括原料验收、净化、标准化、预热和均质、杀菌和冷却、发酵、灌装。

一、生产工艺流程

1. 原料乳的验收

原料乳质量控制要求参见本书第七章第五节,但要求鲜乳中总乳固体 11.5%,其中非脂乳固体 28.5%,否则会影响发酵时蛋白质的胶凝作用。

2. 乳净化和标准化

按照正常进行净乳和标准化,具体参见本章第六节。

3. 预热和均质

温度 58~60℃,第一阶段的压力 17.7~19.6 MPa。温度对均质效果影响很大,低温时乳脂肪呈固态或塑态,不但不易破碎,而且有时会使脂肪球变成奶油粒,因此,牛乳在均质前必须预热到适当的温度。经过第一阶段压力均质后,密集的小脂肪滴有重新凝聚的趋势,需要第二段低压冲击,使其重新分散,而小脂肪滴有时间重新分配脂肪球膜。均质牛乳的色泽更白,风味更突出,更容易产生日照气味,对脂肪酶的敏感性也更高,因此,均质后应立即杀菌。

4. 杀菌和冷却

均质之后的物料在杀菌器的杀菌部和保持部加热到 90℃ 保持 5 min。

5. 发酵

发酵温度一般采用 41~42℃,在温度控制不易掌握时,也可控制在 40~43℃。全部发酵时间一般是 3 h 左右,长者可达 5~6 h。如果发酵终点确定时间过早,则酸乳组织软嫩,风味差;过晚则酸乳清析出过多,风味也差。

6. 灌装

对不同的包装材料、不同的包藏条件,灌装的条件也不同。对无菌灌装系统需要有无菌灌装空间,在异地制造的包装材料需要经过双氧水与热处理,达到无菌后使用;在灌装现场高温成型的包装材料则无须再灭菌。需冷藏的产品的灌装条件要求相对较低,旧灌装空间和包装材料也需要经过严格的杀菌后才能使用。产品在出厂前必须经过检验,达到国标或企标后方能出厂。对需冷藏的产品,在运输和销售过程中还必须配备冷藏链。

二、操作步骤图例

本例通过利用机械采奶、标准化、杀菌冷却、发酵罐发酵、搅拌混合和无菌罐装生产风味调制乳（乳酸饮料）的操作流程进行实例，具体见图10-46。

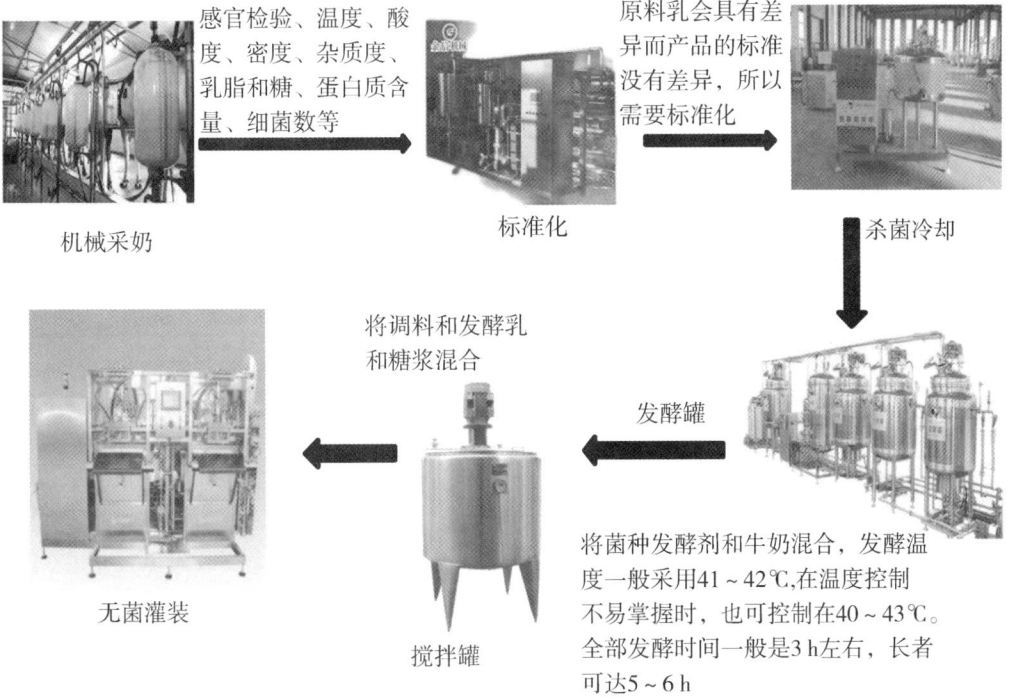

图10-46 乳酸饮料操作步骤

第十一节 乳粉生产技术

乳粉是以鲜牛乳为原料，通过冷冻或加热的方法，使牛乳由含水88%的液体转变成含水低于5%的粉末状态，经过杀菌、真空浓缩、喷雾干燥等物理方法除去牛乳中大量水分，添加适量的维生素、矿物质等加工而成的冲调食品。例如，全脂乳粉、脱脂乳粉、婴幼儿配方乳粉等。乳粉保留了牛乳中的全部营养成分，大大缩小了牛乳的体积，既有利于包装运输，又便于保藏和使用。主要加工工艺有湿法、干法和干湿复合法三种。

一、湿法（生产）工艺流程

湿法工艺是指将配料成分在液体状态下进行处理与混合的生产工艺。湿法工艺生产出来的乳粉，因采用第一时间挤出的生鲜牛乳做原料，产品均一、理化指标稳定，营养成分比较均衡，采用湿法工艺需要靠近牧场和加工厂。采用单一的湿法工艺，在喷雾干燥过程中，一些热敏性营养素容易被破坏。

工艺流程为：原料乳→净乳→杀菌→冷藏→标准化配料→均质→杀菌→浓缩→喷雾干燥→流化床二次干燥→包装。

1. 前处理阶段

该阶段包含原料乳的运输、验收、净乳、巴氏杀菌和贮存，控制重点：生乳的各项指标符合国家标准，避免生乳的化学污染、微生物污染。

2. 标准化配料及均质阶段

严格按照配方要求准备好所有材料，配料时边加物料边搅拌，配料浓度不得超过 11 °Bé。

3. 杀菌、浓缩阶段

对于乳粉尤其是婴幼儿乳粉，杀菌、浓缩工序对菌落总数等微生物指标的控制发挥着至关重要的作用。为保证浓缩效果，提前设定好蒸发器参数。一般杀菌温度 85~88℃，体积浓缩至原体积 1/4 左右。对热敏度要求高的产品可采用超低温真空浓缩干燥技术，即低温（20~50℃）状态下对稀物料进行蒸发、浓缩、干燥的工艺。可以在保持营养成分的同时，减少热敏性物质的损失。

4. 喷雾干燥阶段

包括料液雾化、雾滴与热空气接触干燥以及干燥产品与空气分离三个基本过程阶段。首先将乳液通过雾化喷嘴或者旋转盘雾化成细小的液滴，然后与热空气在干燥室混合，水分瞬间蒸发，变成干燥粉末，通过旋风分离器或袋式过滤器收集。一般在空气加热到 85℃ 左右开始喷雾，高压泵压力范围 10~18 MPa，排风温度为 75~88℃。一定要控制好雾化条件、热空气的温度和流速。通过优化这些参数，喷雾干燥工艺可以生产出具有特定粒径和形状的粉末，满足不同应用的需求。

5. 包装阶段

经流化床进行冷却降温后的乳粉，直接进入密闭的粉仓暂存，再经密闭管道连接自动包装机进行包装。该工序控制重点：物理污染及后期微生物污染。

二、干法（生产）工艺流程

干法生产就是将基料（大包原料乳粉）与辅料（乳清粉、白砂糖、葡萄糖、营养素等）按一定比例通过混合搅拌均匀后进行包装的加工过程。干法工艺对于热敏性物料的营养成分易于添加，但干法工艺生产的产品的均一性等不如湿法，口感风味上与湿法生产的乳粉相比，也会有一些差异。因基料与辅料都是事先已制得的成品或半成品，因此在加工过程中，关键的问题是控制二次污染。故对车间的要求较高，一般采用 GMP（良好生产规范）车间。

工艺流程：原辅料→备料→进料→配料（预混）→投料→混合→包装。

1. 前处理阶段

该阶段包括原辅料备料操作，为防止在混料过程中，因外包装污染而感染物料，在此阶段要对原料外包装吸尘、剥皮，对内包装再吸尘杀菌后送入下道工序。

2. 混料阶段

该阶段属清洁作业区，对车间、人员和设备要有严格的卫生消毒措施，生产环境要有恒定的参数指标要求（如温度、湿度、气压、洁净度等）。对原料乳粉和添加剂按照配方要求进行称量混合，为保证均衡，可多次重复混料。

3. 包装阶段

混料后进行封闭式自动灌装机包装，包装材料要保证杀菌处理，避免二次污染。

三、干湿法复合（生产）工艺流程

干湿法复合工艺是指将部分配料成分在液体状态下进行处理与混合，干燥后再采用干法工艺添加另一部分干燥配料成分而制成最终产品的生产工艺。能够将营养素直接加入鲜牛奶混合，均匀度更佳，而一些热敏性的营养（维生素、益生菌）则在干法工艺阶段加入，保证了其活性。这种工艺优越于单独使用湿法工艺或干混工艺。

工艺流程：原料乳→净乳→杀菌→冷藏→标准化配料→均质→杀菌→浓缩→喷雾干燥→流化床二次干燥→标准化配料（干法）→包装（图10-47）。

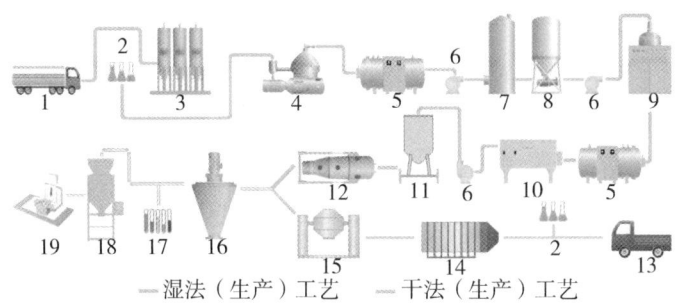

1. 运奶车；2. 原辅料验收；3. 奶仓储存；4. 净乳；5. 杀菌；6. 泵；7. 冷藏；8. 标准化搅拌；9. 均质；10. 浓缩；11. 喷雾干燥；12. 流化床二次干燥；13. 运输车；14. 大袋杀菌；15. 投料混合；16. 搅拌；17. 检测；18. 包装；19. 成品

图 10-47 奶粉工艺流程图

三种工艺的优缺点见表10-4。

表 10-4 三种工艺的对比

工艺	优点	缺点
湿法工艺	能够保证原料乳的新鲜，生产能够一次成粉，各种元素的分散性均一，感官质量和冲调效果好，乳粉更新鲜，也有利于微生物指标的可控。	生产环节多，生产周期成本高，对原奶质量要求高；湿法工艺并不是所有的乳品企业都能够做到的，厂商生产设备投入大，研发投入大。
干法工艺	生产周期短、方便快捷、易于调整，热敏营养成分易添加，容易满足各种元素的需求，适应不断改变的法规要求；生产设备、加工工艺比湿法工艺要求简单；因以奶粉为原料，可不受产奶季节、产奶量等因素控制。	无法自控奶源，奶源为全脂乳粉或脱脂乳粉，相对湿法要求的自建自控乳粉，存在一定隐患；对搅拌机和生产卫生条件要求高，否则容易出现乳粉中的营养物质混合不均匀等问题；对车间的要求和原料、包材的杀菌要求较高，要求采用GMP清洁作业区车间。

(续表)

工艺	优点	缺点
干湿法复合工艺	结合干法工艺和湿法工艺两种技术，将营养素直接加入鲜牛奶混合，可使营养混合更均匀，具有很好的感官和冲调质量，一些热敏性的营养（维生素、益生菌）在干混工艺阶段加入，也保证了其活性。	对原料乳质量要求高，生产环节要求严格，国家规定干湿法复合工艺，其湿法工艺生产的基粉和添加部分配料的干混，应在同一厂区完成，这种要求对于少许小企业来说是项挑战。

四、操作步骤图例

例一是原料乳通过净乳机、均质机、管式杀菌器、真空蒸发器、喷雾干燥、流化床干燥和立式粉末包装机的湿法工艺生产乳粉操作流程进行实例，具体见图10-48。例二是原辅料通过大袋杀菌器、卧式螺带混合机和立式粉末包装机的干法工艺生产乳粉操作流程进行实例，具体见图10-49。

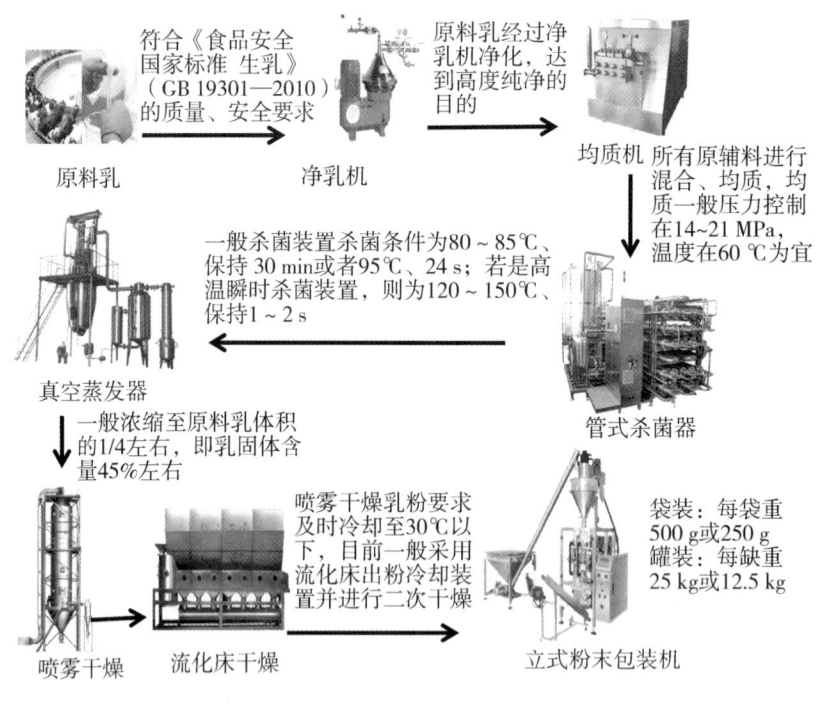

图10-48 湿法（生产）乳粉操作图例

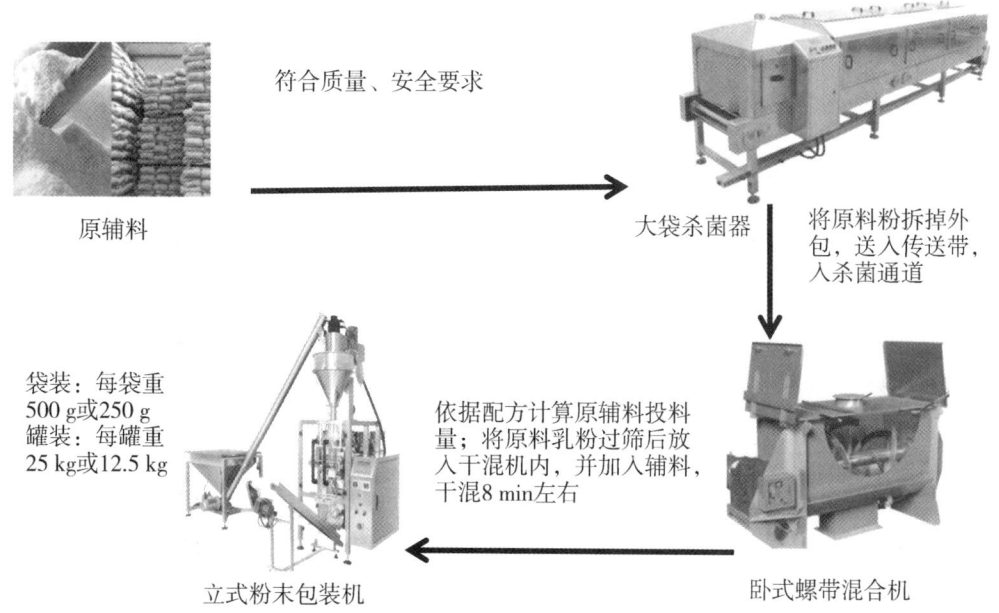

图 10-49　干法（生产）乳粉操作图例

第十二节　炼乳生产技术

炼乳又称为浓缩乳，是新鲜牛乳经杀菌、蒸发除去水分后浓缩到原来体积 40% 左右的浓缩乳制品。炼乳是一种营养丰富的乳制品，不仅可以冲调、浇蘸或涂抹到焙烤制品上直接食用，而且可作为焙烤制品和冷饮等食品的加工原料。按照成品是否加糖，分为甜炼乳和淡炼乳。炼乳水分含量较高，需要在低温冷藏保存且保质期相对较短。炼乳粉通过对炼乳浓缩干燥加工制成的粉状，不仅营养密度更高，而且在常温下能够保存便于携带。

一、甜炼乳生产工艺流程

1. 原料乳验收及标准化

加糖炼乳保存期常见的变稠、褐变和滋味、气味变差等缺陷与原料乳的质量有关，尤其是发酵酸度的增加对加糖炼乳变稠的影响极为敏感。要求参见本书第七章第五节。

2. 预热杀菌

制造加糖炼乳时，在原料乳浓缩之前进行的加热处理称为预热杀菌。预热杀菌能够杀灭原料中的致病菌及病毒，破坏和钝化酶的活力，引起蛋白质适当变性，保证食品卫生的同时提高成品的贮存时长。加糖炼乳一般采用 80~85℃，10 min 或 95℃，3~5 min。

3. 加糖

炼乳中加入糖不但能赋予炼乳以甜味，提高风味，增加营养，而且还能起到抑制细菌生长的作用，有利于食品贮藏。因为高浓度的糖浆具有较高的渗透压，能使微生物的细胞壁分离，从而抑制微生物的生长。加糖量要严格控制，一般以糖水来表示，要求糖水比在 62.5%~64.5%。将糖水倒入即将浓缩结束的原料乳中，并充分搅拌。

4. 浓缩

蒸发浓缩温度一般不高于 58℃，蒸发结束时也不低于 48℃。浓缩初期蒸发器压力一般以 78.45~98.07 kPa 为宜，待原料乳进入完毕后，气压逐渐下降到 58.84 kPa，进糖结束时为 49.03 kPa，至浓缩近完成时降到 39.23 kPa 或以下。

5. 冷却结晶

牛乳经浓缩达到要求的浓度时，其中的乳固体物含量较高，如不及时冷却会加剧成品在贮存期内变稠和棕色化的倾向，严重的会逐渐成为块状的凝块。同时通过冷却可使处于过饱和状态的乳糖形成细微的结晶，保证产品具有细腻的感官特性。冷却结晶过程可分为 3 个阶段：浓缩乳出料后乳温在 50℃ 以上，应迅速冷却至 35℃ 左右，这是冷却初期。随后继续冷却到接近 28℃，此为第二阶段，即强制结晶期，结晶的最适温度就处于这一阶段。此时可投入 0.04% 左右的乳糖晶种，晶种要均匀地边搅边加。没有晶种也可加入 1% 的成品炼乳代替。强制结晶期应保持 0.5 h 左右，以充分形成晶核。然后进入冷却后期，即把炼乳迅速冷却至 15℃ 左右，从而完成冷却结晶操作。

6. 包装

包装容器一般采用马口铁包装材料。空罐预先用 90℃ 蒸汽杀菌 10 min 后进行灌装并贮存。甜炼乳装罐不允许留顶隙，贮藏温度应低于 21℃。

二、炼乳粉的生产工艺流程

1. 原料乳验收、标准化、预热杀菌、加糖、浓缩、均质

炼乳粉的前期处理参见本节炼乳生产工艺。

2. 喷粉干燥

干燥分为喷雾干燥或冷冻干燥，喷雾干燥是雾化成细小液滴，然后通过干燥快速去除掉大部分水分，变成干粉；冷冻干燥是在低温真空下，将水分直接从固态升华为气态，变成粉状，能够最大限度地保护炼乳粉的活性和成分。一般喷雾干燥的出风温度 90℃，固形物含量 45%，进料流量 3 mL/min，进风量 45 m^3/h。

3. 冷却和筛粉

干燥后的炼乳粉需要冷却，以防脂肪分离，然后过筛，以确保炼乳粉的细腻度和均匀性。

4. 包装

通过密封和保护气体（如氮气）包装干燥后的炼乳粉，以保证新鲜和活性。

三、操作步骤图例

例一是将原料乳通过浓缩、均质、冷却、中间罐、杀菌、罐装储藏生产淡炼乳的操作流程，具体见图 10-50；例二是将原料乳通过加糖、浓缩、均质、冷却、中间罐、罐装储藏生产甜炼乳的操作流程，具体见图 10-51；例三是将原料乳通过加糖、浓缩、均

质、喷雾干燥、冷却筛粉和包装生产甜炼乳粉的操作流程，具体见图10-52。

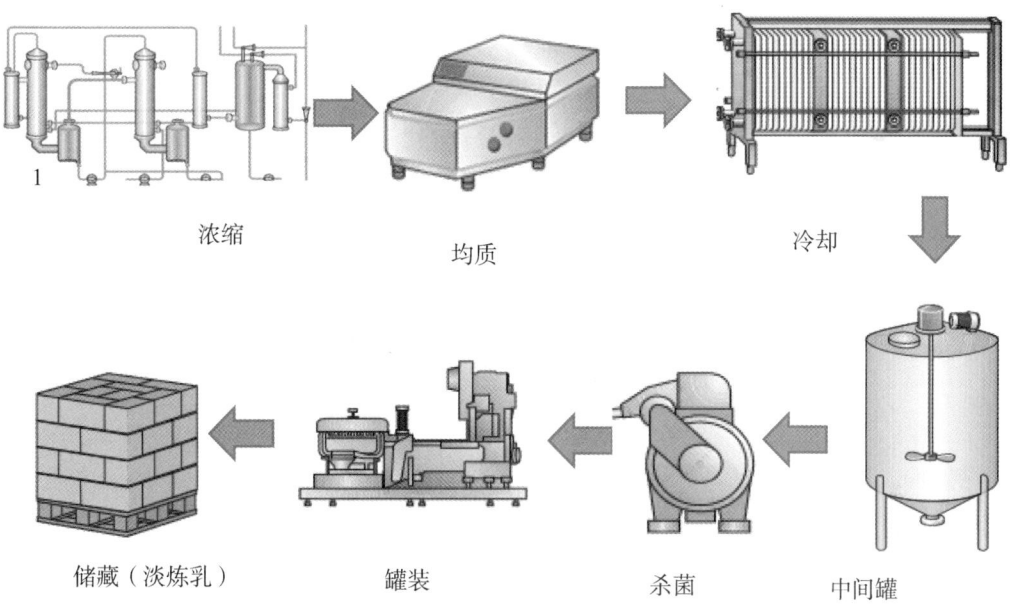

图 10-50　淡炼乳生产操作图例

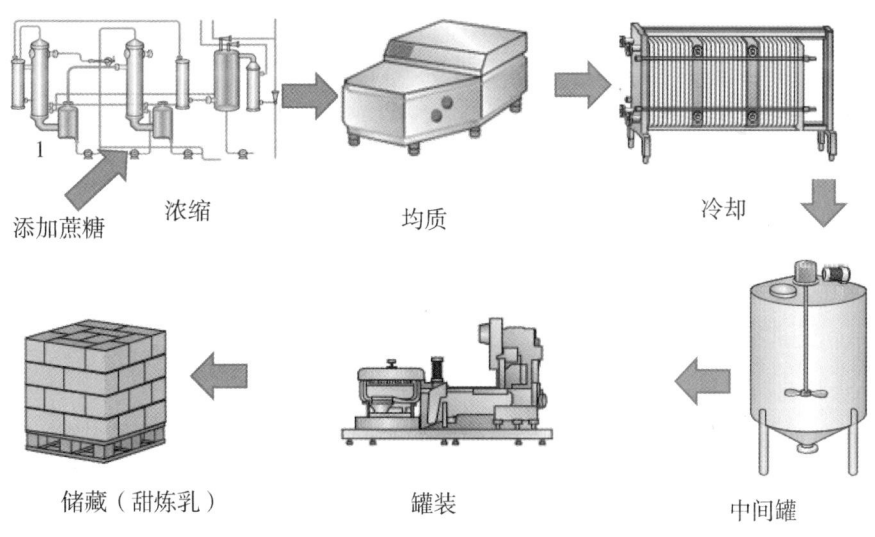

图 10-51　甜炼乳生产操作图例

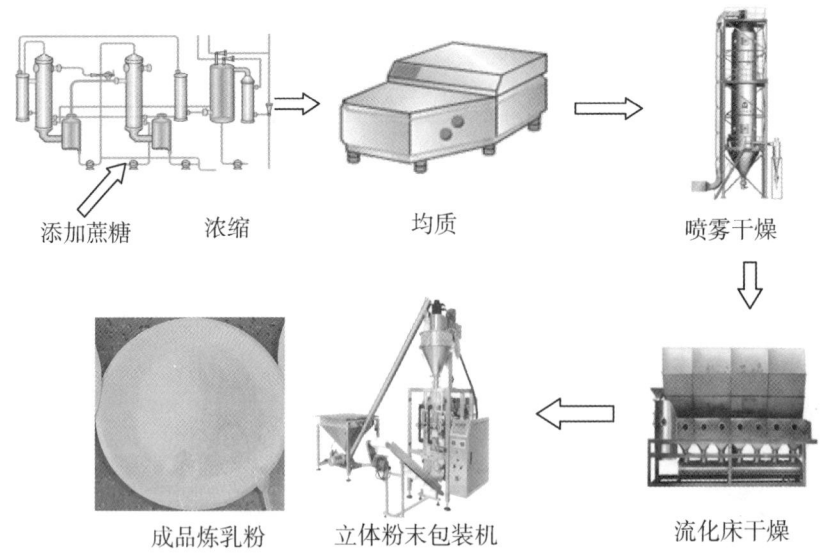

图 10-52 成品炼乳粉生产操作图例

第十三节 乳脂肪（奶昔等）生产技术

乳脂肪类是将生鲜牛乳经分离后所有的脂肪，经过杀菌、发酵或不发酵等加工，制成的黏稠状或质地柔软的固态产品。按照加工方式不同分为稀奶油、奶油（黄油）和无水奶油。稀奶油是牛奶中分离出的较轻的脂肪部分，脂肪含量通常在 18%~36%；黄油是通过搅拌稀奶油制成的，脂肪含量通常在 80% 以上；无水奶油几乎完全由乳脂肪组成，脂肪含量超过 99.8%。本节重点介绍稀奶油的工艺流程，包括原料乳预处理、中和、真空脱气、杀菌、冷却、发酵、成熟、加色素、搅拌、洗涤、加盐、压炼和包装过程。

一、生产工艺流程

1. 原料乳的预处理

原料乳验收后要经过滤、净乳，分离，冷藏并标准化。原料乳到达乳品厂后立即冷却到 2~4℃，并在此温度下贮存。注意分离是生产稀奶油的关键过程之一，通过使用分离机，将原乳中的乳脂肪分离出来，形成稀奶油和脱脂乳。一般将预热到 35~40℃ 的牛乳输入分离机，以实现快速且彻底的分离。分离机的转速一般 4 000~9 000 r/min，预热温度 32~35℃，控制稀奶油和脱脂乳的流量比为 1：（6~12）。当获得的稀奶油含脂率过高或过低时，在加工前必须将稀奶油进行标准化。

2. 稀奶油的中和

生产甜奶油时，奶油的 pH 值（奶油中水分的 pH 值）应保持在中性附近（6.4~

6.8）。一般使用的中和剂为石灰或碳酸钠，用量因稀奶油的酸度而异。

3. 真空脱气

通过真空处理可将具有风味异常、挥发性的物质除掉，先将稀奶油加热到78℃，再输送至真空机，其真空室的真空度可使稀奶油在62℃时沸腾。当然这一过程也会引起挥发性成分和芳香物质逸出。稀奶油经这一处理后，回到热交换器进行巴氏杀菌。

4. 稀奶油的杀菌

杀菌的温度和时间组合应根据稀奶油的质量而定，一般采用85~90℃、15 min的杀菌条件。新鲜奶油若立即销售时可采用63℃、30 min的巴氏杀菌条件，稀奶油含金属味时就应注意将温度降到75℃，当有特殊气味时，应将温度提高到93~95℃，以减轻其缺陷。

5. 冷却

冷却既利于奶油的物理成熟又能有效地抑制残存微生物的活动和阻止芳香物质的挥发，获得较好的成品，稀奶油的冷却可采用二段冷却。在杀菌完成后先冷却到约25℃，再冷至2~10℃。

6. 稀奶油的发酵

发酵剂的添加量为1%~5%。当稀奶油的非脂部分的酸度达到90 °T时发酵结束。

7. 稀奶油的物理成熟

由于乳脂肪中含有多种不同的脂肪酸，这些脂肪酸凝固点不同，有些脂肪酸在较高的温度下就能硬化成结晶状态，而有些则是在0℃时仍保持液体状态。乳脂肪由液体转变为结晶的固体状态，称物理成熟。稀奶油物理成熟温度一般控制在5℃以下。

8. 添加色素

为了使奶油颜色在不同季节保持一致，对白色或色淡的稀奶油，即需添加色素。最常用的一种色素是安那妥，通常用量为稀奶油的0.01%~0.05%。

9. 奶油的搅拌

将稀奶油置于搅拌器中，利用机械的冲击力使脂肪球膜被破坏而形成脂肪团粒，这一过程称为"搅拌"，搅拌时分离出来的液体称为酪乳。将物理成熟后的稀奶油装入搅拌器容器内，转速一般控制在20~25 r/min，历时45~60 min。当奶油颗粒直径为2~5 mm时，即可停止搅拌。

10. 洗涤

洗涤可以除去奶油粒表面的酪乳和调整奶油的硬度，同时能使部分气味消失。用经过杀菌的冷却水进行洗涤以冲洗掉奶油颗粒黏附的酪乳，第一次加入的水温为8~10℃，加入量为稀奶油量的30%，再加入5~7℃杀菌冷水，加入量为稀奶油量的一半，最后再加入5℃的杀菌冷水，水量同第二次，放出洗涤水即可结束。

11. 加盐

奶油加盐的目的是增加风味，抑制微生物繁殖，提高奶油保藏性。但酸奶油一般不加盐。加盐量通常为2.5%~3.0%，食盐必须符合国家一级或特级标准。待奶油搅拌机中洗涤水排出后，将烘烤（120~130℃，3~5 min）盐均匀撒于奶油表面，静置10~15 min，旋转奶油搅拌机3~5圈，再静置10~20 min后即可进行压炼。

12. 压炼

将奶油压成奶油层,使水分、食盐、奶油均匀混合,并排出多余的水分。将奶油颗粒置于奶油压炼器内,碾压 5~10 次。

13. 包装

传统的包装多以木桶或木箱灌装。装前先将木箱用蒸汽灭菌,待干后再喷以 115~120℃的石蜡浸入木箱中,冷却后再将灭菌硫酸纸衬于箱内,然后装入奶油。为保持奶油的硬度和外观,奶油包装后应尽快进入冷库并冷却到 5℃,存放 24~48 h。奶油可在约 4℃温度下短期贮存,如果需要长期贮存,它就必须在 -25℃温度下深冻。

二、操作步骤图例

本例是将原料乳通过分离、真空脱气、杀菌冷却、发酵搅拌、洗涤加盐和压炼罐装生产稀奶油的操作流程,具体见图 10-53。

图 10-53 稀奶油生产操作图例

第十四节 奶酪生产技术

奶酪是以鲜乳、脱脂乳或部分脱脂乳、稀奶油、酪乳或混合物为原料,经发酵剂发酵和凝乳酶或其他凝乳剂凝乳,使蛋白质凝固后排出部分乳清,将凝块压成所需形状而制成的新鲜或经发酵成熟的产品。奶酪加工是对乳的特殊浓缩的工艺过程,10 kg 乳约生产 1 kg 奶酪。奶酪的主要成分为蛋白质和脂肪,其含量比原料乳中的蛋白质和脂肪高了 10 倍。虽然奶酪比较耐储藏,但奶酪始终处于发酵状态,所以易变质。奶酪粉也叫芝士粉是将奶酪进行加工制成粉末状,能够保存便于携带且可常温保存。

一、硬质奶酪生产工艺流程

1. 原料的预处理

原料乳质量控制要求参见本书第七章第五节。按照正常进行净乳和标准化，具体参见本章第六节。杀菌方法多采用63℃的30 min的保温杀菌或71~75℃、15 s的高温短时间杀菌（HTST）。

2. 发酵

原料冷却到30~32℃，然后按要求加入活化好的发酵剂1%~2%，在30~32℃条件下发酵30~60 min。

3. 添加剂

为提高凝块的质量，抑制杂菌，一般需要添加氯化钙和硝酸盐。每100 kg原料乳中添加5~20 g的氯化钙，20 g硝酸盐。为使不同季节成品色泽一致，也可在原料乳中加适量色素。通常用胭脂树橙的由碳酸钠抽出液或粉末，每1 000 kg原料乳加30~60 g浸出液。

4. 凝结

牛乳的凝结是奶酪制造工艺中最重要的环节。一般使用微生物凝乳酶，通常用量是100 kg原乳添加20~40 mL凝乳酶溶液。确定添加量后，保持35℃以下，经30~40 min后，凝结成半固体状态，凝结稍软，表面平滑无气孔。凝乳时间与凝乳酶用量成反比，但用量过多，会产生苦味。添加凝乳酶时沿边徐徐加入，搅拌时间不宜过长并原料乳不能产生气泡。

5. 凝块切割搅拌及加热

用刀在达到适当硬度的凝乳表面切割出深约为2 cm长约为5 cm的小口，用食指从切口处插入凝块中约3 cm，当手指向上挑时，如果裂面整齐平滑、指上无小片凝块残留，渗出的乳清澄清透明时，即可开始切割。切割时用专门的奶酪刀或不锈钢丝纵横切割成7~10 mm立方体小块。然后进行轻微的搅拌，使凝块颗粒悬浮在乳清中，使乳清分离。开始加热要缓和，再逐渐提高温度，一般每分钟提高1~2℃，直到槽内温度至32~36℃为止。在加热时应不断搅拌，以防凝块颗粒沉淀。

6. 排除乳清

在搅拌升温的后期，乳清的酸度达0.17%~0.18%时，凝块收缩至原来的1/2大小时马上排除乳清。排乳清时加温不宜太快，温度增加过快会导致凝块表面结成硬膜，影响乳清排除。

7. 堆积

乳清排除后，将奶酪粒堆积在奶酪槽的一端或专用的堆积槽内。

8. 压榨成型

将排除乳清后的奶酪凝块分成相等大小的小块，装入专门模具，用压榨机械压制成型。加压的温度为10~15℃，时间为6~10 h。

9. 加盐

加盐方法有干盐法和湿盐法两种，干盐法是把粉碎的盐撒在奶酪表面。湿盐法是将成型的奶酪，浸泡在22%浓度的食盐水中，经3~4 d，盐水温度8~10℃，最终使奶酪中食盐含量达1%~2%。

10. 成熟

新鲜奶酪如农家奶酪、稀奶油奶酪和拉丝奶酪等一般认为是不需成熟的，而契达奶酪、瑞士奶酪等则是成熟奶酪。奶酪的成熟通常在专门的成熟库（室）内进行。一般温度为5~15℃，相对湿度，通常在一般细菌成熟硬质和半硬质奶酪为85%~90%，而软质奶酪及霉菌成熟奶酪为95%。当相对湿度一定时，硬质奶酪在7℃条件下需8个月以上的成熟，在10℃时需6个月以上，而在15℃时则需4个月左右。软质奶酪或霉菌成熟奶酪需20~30 d。

11. 上色挂蜡

成熟后的奶酪，为了防止霉菌生长和更加美观，将前期成熟后的奶酪清洗干净后，用食用色素染成红色。待色素完全干燥后，在160℃的石蜡中进行挂蜡。为了食用方便和防止形成奶酪皮，目前多采用食用塑料膜进行热缩密封或真空包装。

二、芝士粉生产工艺流程

1. 奶酪处理

将选择适合的乳酪作为原料，进行清洗、切割和破碎，通过研磨或者加热融化的方式。

2. 灭菌

采用63℃的30 min的保温杀菌或71~75℃、15 s的高温短时间杀菌（HTST）。

3. 喷雾干燥

喷雾干燥的出风温度90℃，固形物含量45%，进料流量3 mL/min，进风量45 m^3/h。

4. 冷却和筛粉

干燥后的芝士粉需要冷却，以防脂肪分离，然后过筛，以确保芝士粉的细腻度和均匀性。

5. 包装

通过密封和保护气体（如氮气）包装干燥后的芝士粉，以保证新鲜和活性。

三、操作步骤图例

例一是为将原料乳预处理、发酵、添加剂凝结、切割搅拌加入、排除乳清、堆积、加盐、研制成型、成熟后生产硬质奶酪的操作流程，如图10-54。例二是将奶酪通过处理、杀菌、喷雾干燥、冷却筛粉和包装生产芝士粉的操作流程，具体见图10-55。

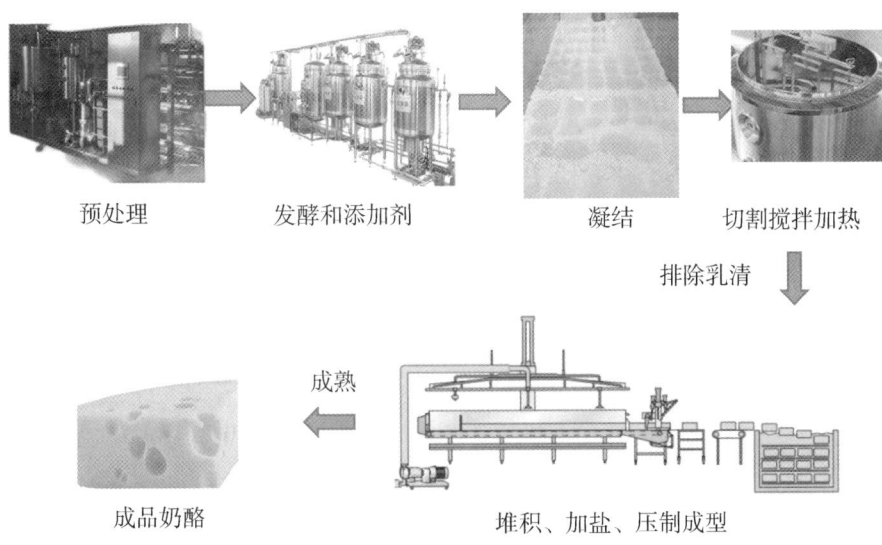

图 10-54 硬质奶酪（瑞士多孔干酪）操作图例

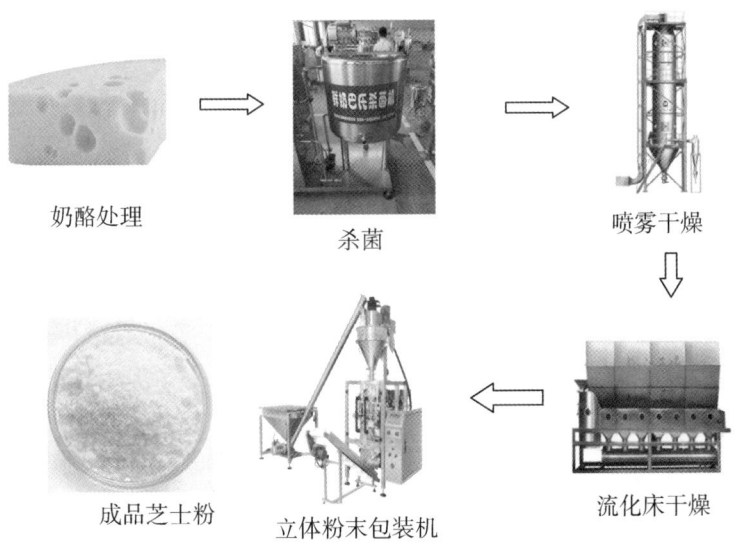

图 10-55 芝士粉生产操作图例

第十五节 乳清粉生产技术

乳清是利用制造干酪或干酪素的副产品乳清为原料干燥而成的粉末状产品。乳清粉不仅富含蛋白质，还包含了多种维生素和矿物质，广泛应用于婴儿食品、运动营养品以及作为食品添加剂。按照来源分为甜乳清粉和酸乳清粉，按照脱盐与否分为含盐乳清粉和脱盐乳清粉，按照蛋白质分离程度可分为高、中、低蛋白乳清粉。本节主要介绍普通乳清粉、脱盐乳清粉以及浓缩乳清蛋白的加工技术。

一、普通乳清粉的生产工艺流程

普通乳清粉的加工包括乳清的预处理、杀菌、浓缩、乳糖的预结晶、喷雾干燥、冷却、筛粉和包装过程。乳清中颗粒和稀奶油分离工艺流程如图 10-56 所示。

1. 乳清的预处理

乳清收集后必须马上加工或迅速冷却到 5℃，以阻止细菌的生长，使乳清的酸度保持在最低水平。新鲜乳清首先经过各种筛网过滤器以除去悬浮在乳清中的酪蛋白细粒。乳清颗粒和稀奶油分离工艺如图 10-56 所示。

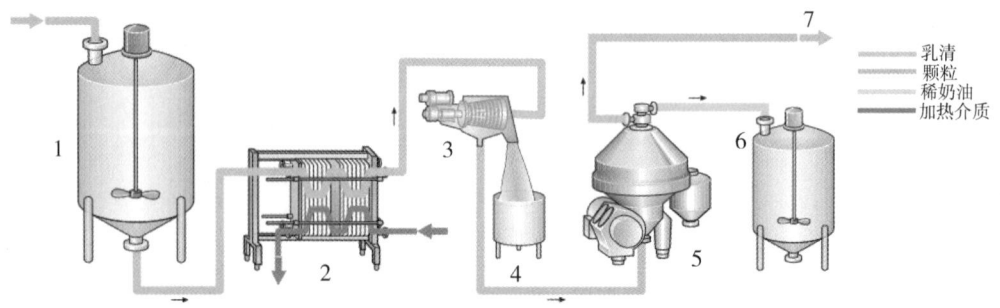

1. 乳清收集罐；2. 板式换热器；3. 旋转过滤器；4. 颗粒收集罐；5. 稀奶油分离器；6. 稀奶油罐；7. 乳清（去除脂肪和颗粒）。

图 10-56　乳清中颗粒和稀奶油分离工艺流程

2. 杀菌

如果贮存时间较短（如 10~15 h），只需冷却降低细菌的活动。较长时间贮存，乳清则需进行巴氏杀菌，以最大限度杀灭乳清中残留的微生物。在连续生产过程中，原料乳清先经串联在多效蒸发器内的预热段被预热至 68℃ 左右，然后被泵送入巴氏杀菌器进行巴氏杀菌，巴氏杀菌的控制条件一般为 85℃，15 s。

3. 浓缩

巴氏杀菌后的乳清进入多效蒸发器进行真空浓缩，为了达到最多的乳糖结晶，必须将乳清浓缩至乳糖含量呈过饱和状态。因此乳清浓缩料的干物质浓度应高于乳粉喷雾干燥中浓缩乳的干物质浓度，一般控制在 60% 左右，最高也不超过 65%。乳清的浓缩一般用真空多效降膜式蒸发器（浓缩锅）进行。

4. 乳糖的预结晶

乳清浓缩至 60% 左右后，通过冷却便可使乳糖结晶析出。结晶分两个阶段冷却。第一阶段是将从蒸发器排出的温度 40℃ 左右的浓缩乳清迅速冷却至 28~30℃。第二阶段冷却将此浓缩料再经一组片式冷却器使浓缩料冷却至 16~20℃。浓缩乳清的乳糖预结晶是在结晶缸中进行，结晶缸应具有良好的保温性能，确保浓缩乳清在干燥之前，在结晶温度下（20℃ 左右）保温 3~4 h，以达到乳糖充分结晶的目的。为了获得最佳结晶效果，浓缩物必须通过搅拌器分散并起到充分均匀的作用,搅拌速度一般控制在 10 r/min 左右。

5. 喷雾干燥

乳清粉的喷雾干燥工艺基本与乳粉相同,但是,采用浓缩乳清中乳糖预结晶的工艺后,其喷粉塔的雾化器就要求选用离心盘雾化器。

二、脱盐乳清粉的生产工艺流程

脱盐乳清粉生产工艺与普通乳清粉的生产基本相同,不同点是脱盐乳清粉生产需要对乳清进行脱盐处理,改变乳清的离子平衡。脱盐处理后,乳清粉的口感、溶解度等提升,在婴幼儿配方乳粉、烘焙食品、运动营养品、保健食品等广泛运用。在婴幼儿配方乳粉中至关重要,占比 40%~50%,添加后可减少婴幼儿肾脏对矿物质代谢的负担,增加乳糖的含量。我国脱盐乳清粉主要依赖进口。

乳清脱盐技术包括透析、电渗析、离子交换和纳滤等。目前普遍使用的是纳滤,纳滤膜是一种通过分子量差异和受力原理来实现分离的膜过滤技术。

三、浓缩乳清蛋白生产工艺流程

浓缩乳清蛋白是利用超滤技术浓缩乳清中蛋白质,然后中低温工艺喷雾干燥制得可溶性粉末。包括预处理、超滤和干燥过程。超滤法生产浓缩乳清蛋白粉生产工艺如图 10-57 所示。

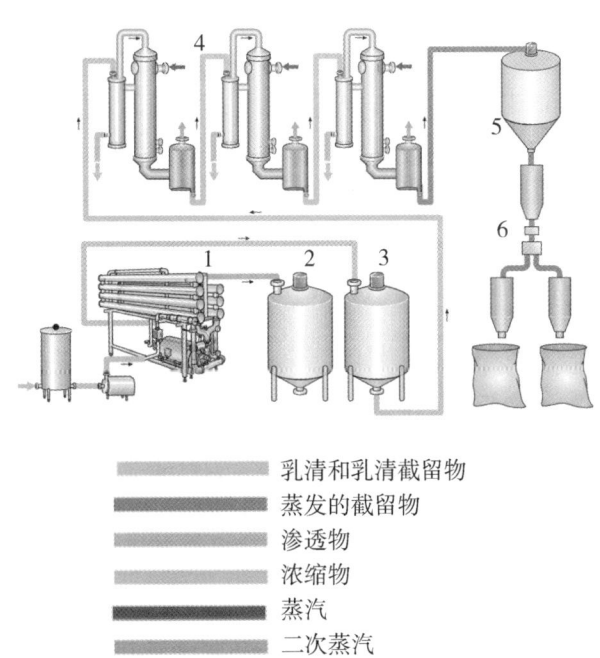

1. 超滤单元;2. 渗透物收集罐;3. 乳清截留物缓冲罐;4. 蒸发器;5. 干燥器;6. 包装。

图 10-57 超滤法生产浓缩乳清蛋白粉生产工艺

1. 乳清预处理

奶酪乳清通常通过筛过滤去除大量小粒。净化后，奶酪乳清通常要在72℃、15 s进行巴氏杀菌，并将乳清冷却到6℃以下进行冷藏。

2. 乳清超滤

乳清超滤的适合温度一般是50℃（最高为55℃）。在该温度下可得到理想流量，而且膜污染、细菌生长和蛋白质热变性都可有效地避免。

3. 干燥

在干燥前需将截留液浓缩以降低除水分的成本及提高粉的物理性质。采用特定设计的真空度高、蒸发温度低的降膜蒸发器进行浓缩。截留液采用离心喷雾干燥，使用的进、出口温度分别为160~180℃和高于80℃，有时依据产品需要可采用流化床干燥。

由于大部分浓缩乳清蛋白粉含有5%~7%的乳脂，无法通过分离机去除。目前，在超滤之前加入微滤（滞留分子量大于200 000 Da的微粒）的方法分离乳脂，可得到不含乳脂的浓缩乳清蛋白。这种高品质蛋白质非常适合于配制运动饮料，比如健身者饮用的饮料。

第十六节 奶片生产技术

奶片是以生牛（羊）乳和（或）乳粉、乳清粉为主要原料，添加适量辅料，经配料、混合、干燥或不干燥、压片、包装等工艺制成的乳固体含量不低于60%的片状乳制品。奶片具有携带方便、食用简单、营养美味等优点，因此深受小朋友的喜爱。以干制乳粉为原料的奶片生产工艺简单，以乳粉调制适当辅料、营养剂、风味剂，混合后即可压片生产。本节主要介绍以优质牛奶为起始原料的奶片制备工艺，其制备工艺流程包括原料准备、杀菌、凝固、切片、烘干和包装等6个主要步骤。

一、生产工艺流程

1. 原料准备

制备奶片的主要原料是牛奶，牛奶应选择新鲜、无异味的优质牛奶。在进行奶片制备前，需要对牛奶进行质量检测，确保其符合卫生标准。

2. 杀菌

常用的杀菌方法有高温杀菌和超高温杀菌两种。高温杀菌是将牛奶加热至80~85℃，保持一定时间，然后迅速降温。超高温杀菌则是将牛奶加热至120~135℃，保持2~10 s，然后立即降温。杀菌后的牛奶可杀死大部分病原微生物，确保奶片的安全性。

3. 凝固

凝固是奶片制备的最重要流程，当灭菌后添加凝固剂。一般加入乳酸菌或者其他酸性物质（如柠檬汁或醋），也可添加凝乳酶等。使牛奶中的蛋白质凝结成块，形成凝乳。凝乳块也可放入模具中成型，以决定形状。

4. 切片/压片

静置待凝乳变硬，使用干净刀具切成较薄的片状，即为奶片。或通过压片机将乳粉压制成片状，也称为奶片。

5. 烘干

为去除多余的水分，将切片通过自然风干或热风进行烘干。烘干后的奶片水分含量较低，质地较硬。

6. 包装

将烘干后的奶片进行包装。常用的包装材料有塑料袋、铝箔袋等，过程中需要注意卫生安全和密封性，以防奶片受到污染和变质。

二、操作步骤图例

本例为原料乳通过杀菌、加料凝固、切片/压片、烘干和包装生产奶片的操作流程，具体见图10-58。

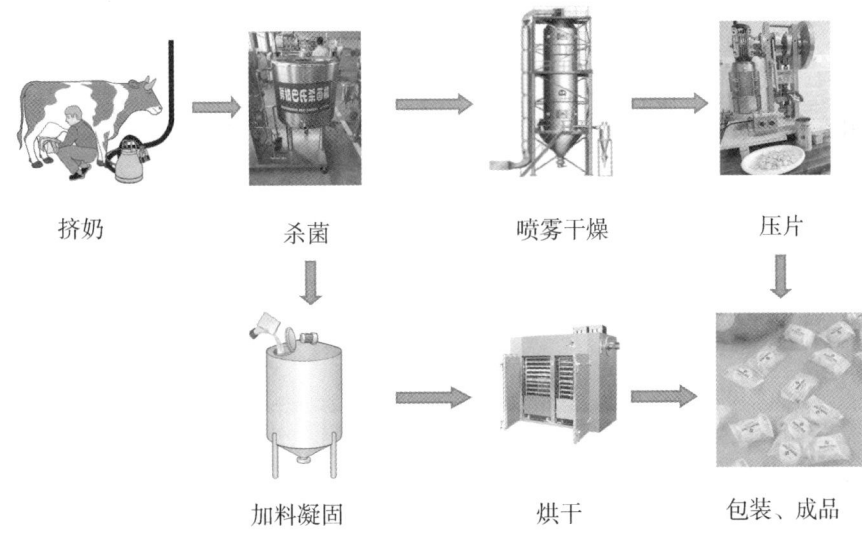

图10-58 奶片制作操作图例

第十七节 其他乳制品生产技术

酪蛋白、酸奶疙瘩和硬质冰淇淋都是以牛奶或羊奶为原料制成的乳制品，也是较为常见的乳制品。本节就三者的加工工艺进行介绍。

一、酪蛋白生产工艺流程

牛奶中的酪蛋白含量约占总蛋白质的80%，酪蛋白含有磷钙和脂肪、葡萄糖、蛋白质等成分，适当摄入可以预防骨质疏松、佝偻病，调节血压。尤其对幼儿而言，是不错的氨基酸来源，而且在胃中形成凝乳可促进消化，在婴幼儿配方奶中应用广泛。酪蛋白的生产方式有酸性酪蛋白、酶凝酪蛋白、酪蛋白酸钠三种。

1. 酸性酪蛋白生产

在脱脂奶中加入稀酸或者加入乳酸菌，使 pH 值降到等电点，酪蛋白沉淀得到，即为乳酸酪蛋白或酸酪蛋白。颜色为白色至淡黄色，稍有奶臭和酸味。

2. 酶凝酪蛋白生产

在脱脂奶中加入凝乳酶，导致酪蛋白凝聚沉淀。本方法制取的酪蛋白比酸酪蛋白的灰分含量高，且具有更好的功能性。

3. 酪蛋白酸钠生产

酪蛋白不易溶于水，但加入氢氧化钠或者碳酸钠后，成为可溶性的，即酪蛋白酸钠。牛乳中酪蛋白酸钠作为安全性较高的食品添加剂，可用作增稠剂和乳化剂。一般采用发酵法生产酪蛋白酸钠，包括牛乳脱脂、接种发酵、离心除菌、中和、螯合和干燥过程，具体见图 10-59。

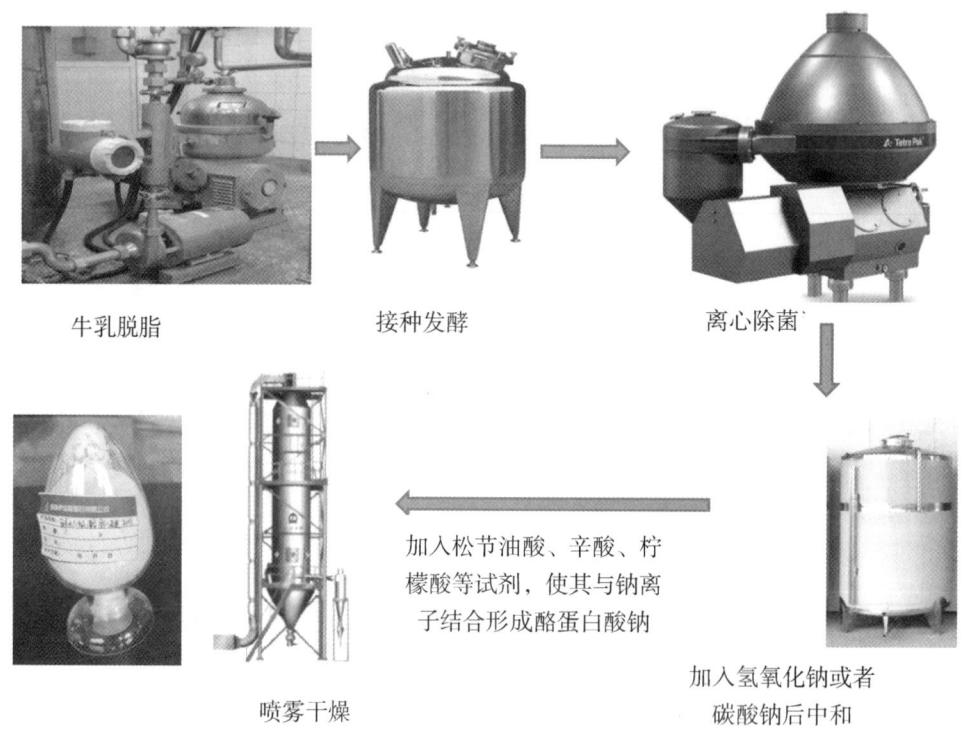

图 10-59 酪蛋白酸钠生产工艺图例

二、酸奶疙瘩生产工艺流程

酸奶疙瘩是新疆地区较为流行的乳制品，分为软质和干质两种。酸奶疙瘩中的乳酸菌可以帮助改善肠道菌群的平衡，促进消化道健康。同时能够增强免疫系统的功能，提高身体抵抗疾病的能力。酸奶疙瘩对于心血管健康也有积极的影响。酸奶疙瘩中的脂肪和碳水化合物可以提供能量，满足身体的日常需求。酸奶疙瘩的特点是保存时间长，便于携带。制备工艺流程包括原料乳验收、预热、均质、杀菌、冷却、发酵、后熟、搅拌脱脂、乳清分离、成型、烘干和包装。具体操作步骤图例见图 10-60。

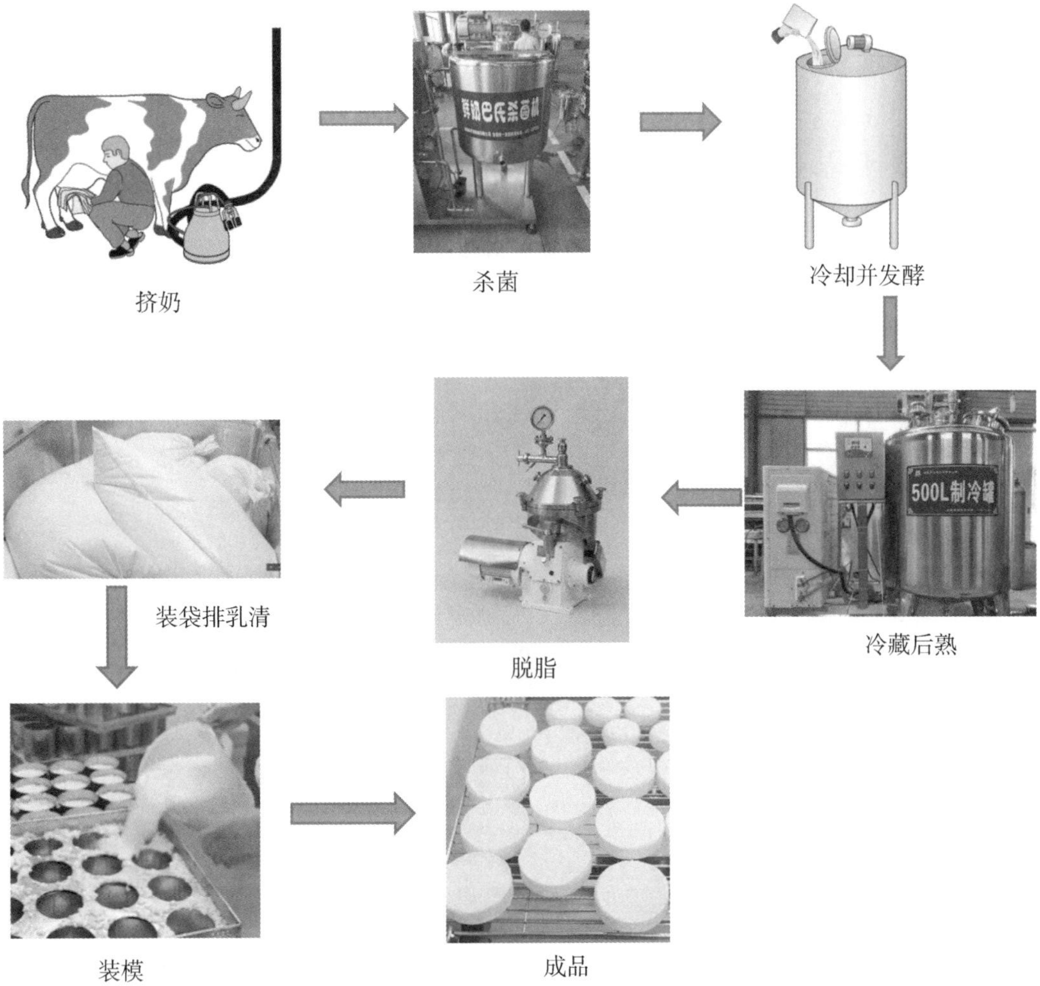

图 10-60 酸奶疙瘩加工工艺图例

1. 预热并均质

预热的目的是为均质提供适合的温度。一般采用 40℃ 预热后在压力 15~18 MPa 下进行均质。

2. 杀菌

牛乳经杀菌后能够杀灭乳中存在的致病菌和腐败菌,并钝化酶的活性。一般采用 65℃,30 min 的杀菌方法。

3. 发酵

杀菌后的牛奶冷却到 35℃(传统方法发酵温度更低),以老酸奶作为发酵剂,发酵 8~10 h,使牛乳的 pH 值降至 4.6 左右后,在 4℃ 冰箱或室温后熟 12 h。

4. 脱脂

酸奶疙瘩传统加工方法需要对发酵后原料通过搅拌的方法脱去脂肪。脱脂也可采用机器进行脱脂，温度在40℃下用搅拌机进行脱脂。

5. 排乳清

将冷藏后熟的发酵成品倒入双层纱布，布袋悬挂，排乳清12 h。

6. 压榨、成型

排乳清后的凝块装入带孔模具，挤压成型。装模之前可以添加1.5%的食盐。

7. 干燥

产品脱模后切成一定形状在阳光下或用专用热风干燥器（35℃）进行干燥。后熟时间不宜过长，不然产量会下降。

三、硬质冰淇淋类生产工艺流程

冰淇淋是由乳和（或）乳制品、水、各种风味食品或添加剂等混合制成的体积膨胀的冷冻食品，是夏令冷饮品的重要组成部分。硬质冰淇淋加工流程包括混合和加热、杀菌和冷却、成熟、凝冻和硬化等工艺（图10-61）。

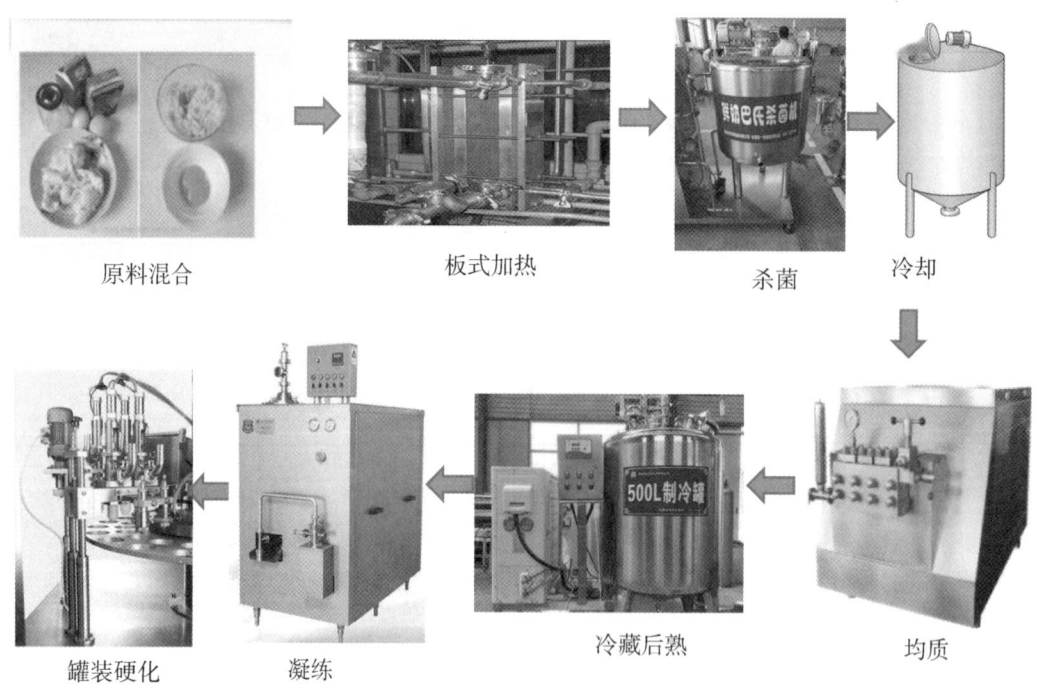

图10-61 硬质冰淇淋加工工艺图例

1. 混合和加热

将冰淇淋的各种原料以适当的比例加以混合。混合料的配制包括配比标准化和混合两个步骤。冰淇淋原料虽然有不同的选择，但标准的冰淇淋组成为：脂肪8%~14%、全脂乳干物质 8%~12%、蔗糖 13%~15%、稳定剂 0.3%~0.5%。按照规定的产品配方，核对各种原材料的数量后，即可进行配料。原料混合的顺序宜从浓度低的液体原料如牛乳等开始，其次为炼乳、稀奶油等液体原料，再次为砂糖、乳粉、乳化剂、稳定剂等固体原料，最后以水进行容量调整。

注意要求混合溶解时的温度通常为 40~50℃；鲜乳要经 100 目筛进行过滤；砂糖应先加入适量的水，加热溶解成糖浆，经 160 目筛过滤后泵入缸内；人造黄油、硬化油等使用前应加热融化或切成小块后加入冰淇淋复合乳化；稳定剂可与其 5 倍以上的砂糖拌匀后，在不断搅拌的情况下加入混合缸中，使其充分溶解和分散；鸡蛋应与水或牛乳以 1∶4 的比例混合后加入；明胶、琼脂等先用水泡软，加热使其溶解后加入；淀粉原料使用前要加入其量的 8~10 倍的水并不断搅拌制成淀粉浆，通过 100 目筛过滤，边搅拌边徐徐加入配料缸内，加热糊化后使用。

2. 杀菌和冷却

通过高温杀菌，消灭细菌和病毒，然后快速冷却至 5~10℃。

3. 均质

将混合液体进行均质。

4. 成熟

将均质后液体放入 4~5℃下冷藏 8~24 h。

5. 凝冻

利用冰淇淋机将成熟后的混合物不断搅拌，使空气混入，产品变为半固体状态。

6. 硬化

凝炼后半成品进行灌装置于低温环境硬化。

第十一章 品牌增值与营销技术

品牌增值与营销技术是现代奶企推动企业自身增长和市场竞争力提升的关键手段。乳企只有通过不断研究消费需求和市场变化，打造核心竞争力，提升产品营销方式、手段，才能在竞争中赢得主动，发展壮大。本章节从科学饮奶理念的推广、品牌增值技术和产品营销三方面阐述，为企业品牌营销提供有效的建议和实践指导。

第一节　科学饮奶理念的推广

新版《中国居民膳食指南（2023）》推荐，每人每日应摄入乳及乳制品 300~500 g。但受遗传基因、饮奶历史、饮奶习惯等多重因素影响，2022 年我国人均乳品表观消费量约 42.0 kg/年，仅达全球平均水平的 36.0%，是亚洲平均水平的 45.3%。科学饮奶理念的推广，不仅关乎个人的营养健康，也是提升全民健康素质的重要途径。

一、科学饮奶的核心理念

1. 适量饮用

根据个人年龄、性别、体重及活动量等因素，合理确定每日牛奶摄入量。过量饮用可能增加肠胃负担，而不足则难以满足身体营养需求。

2. 选择适合的产品

市场上牛奶种类繁多，包括全脂、低脂、脱脂和高钙等多种类型。消费者应根据自身健康状况和需求，选择最适合自己的产品。例如，高血脂人群可选择低脂或脱脂牛奶，而需要额外补充钙质的人群可选择高钙牛奶。

3. 注意饮用时间

虽然牛奶可以在任何时间饮用，但某些特定时间可能更为适宜。比如，早餐时饮用牛奶有助于补充能量和营养，而睡前适量饮用则有助于改善睡眠质量。

4. 避免空腹饮用

空腹时直接饮用牛奶可能会刺激胃酸分泌，引起不适。建议在饮用牛奶前先吃些面包、饼干等碳水化合物食物，以减缓牛奶在胃中的排空速度，提高吸收效率。

5. 关注食品安全

购买牛奶时，应选择正规渠道，注意查看生产日期、保质期及生产厂家信息。同时，注意储存条件，避免阳光直射和高温环境，确保牛奶品质安全。

二、奶业发达国家促进乳品消费的典型经验做法

（一）日本重视消费引导与食育教育，注重乳品多样性开发

日本非常注重对少年儿童的乳制品消费引导，早在1958年政府就开始实施学生奶计划，对学生奶给予每盒（200 mL）4日元的补助金。在1999年牛奶消费停滞期间，通过"牛奶好喝，快乐地喝；好喝的咖啡和红茶也得添加牛奶"等宣传方式扩大居民消费。新冠疫情期间，农林水产省启动牛奶"加一项目"，旨在鼓励消费者购物时比平时多消费一瓶牛奶和酸奶，应对生鲜乳过剩危机。日本国内规模奶企依靠技术研发进行产品创新，推出功能化奶产品，2000年以来推出了多款功能酸奶，包括减少幽门螺杆菌、提高免疫力等功能，功能性奶产品使乳品销售收入年均增长20%，扩大了奶类消费群体，促进了奶类消费。

（二）美国通过立法、各类推广项目多措并举，培育优化居民乳制品消费习惯

1983年以来，美国开展"乳制品研究推广计划"，大力进行乳制品研究并以推广项目的形式开展乳制品消费群体培育，通过科技手段进行乳制品产品研发，以乳制品营养膳食研究与教育培育消费者饮奶行为。2014年，美国以法案的形式建立"乳制品捐赠计划"，向低收入群体提供公益性营养援助，同时通过设立专项资金在市场低迷时收购乳制品，减少阶段性供需矛盾，并将收购所得乳制品无偿捐赠给公共或私立非营利机构，向低收入人群发放乳制品进行营养援助以促进乳制品消费，培育他们的乳制品消费习惯。2016年，USDA对乳品生产企业提供约1 120万美元的财政援助以应对牛奶价格下跌。2019年DBI计划直接向乳品企业提供资金，通过技术创新为奶农获得多方面收入。2021年，美国国会指示USDA制定了一项4亿美元的乳制品捐赠计划，以促进乳制品捐赠并减少食品浪费。

（三）膳食指导、宣传推广助力英国牛奶消费选择，提升居民奶类消费

英国政府积极培育英国儿童每日饮奶习惯，于1923年发起"牛奶进校园计划"，向每名儿童提供容量为1/3品脱的瓶装奶，仅收取1便士。多年来，持续加强奶类营养教育，培养学生健康饮奶行为，并向学生低价发放乳制品。2012年，英国颁布"食物平衡盘"，倡导在购买饮品时多选购乳制品。重视乳品宣传和推广，英国奶业协会（Dairy UK）曾发起名为"奶业的骄傲"活动，宣传英国奶业的发展，增强全民对奶业的信心。新冠疫情期间，Dairy UK与政府共同发起联合资助活动，推动牛奶饮料、牛奶咖啡的销售，为乳制品加工企业和奶农提供支持，帮助咖啡馆、食品店渡过难关。

（四）印度开展白色革命与洪流行动计划，实现喝奶自由拉动民众消费

20世纪70年代后期，印度推行"白色革命"，免费将奶牛给农民饲养，政府负责回收牛奶，加工后供国民食用，通过大力推广奶牛养殖、发展牛奶生产，实现了印度人的牛奶自由，牛奶真正成为人民生活的必需品。1970—1980年，"洪流行动计划"行动建立了4 250个乡村合作社和43 000名牛奶生产者在内的自给自足的供应系统，由合作社直接销售牛奶。

三、推广策略与措施

(一) 公众教育

(1) 利用媒体、社交平台等渠道，普及科学饮奶知识，提高公众认知度。

(2) 在社区举办健康讲座、饮奶知识竞赛等活动，增强居民的科学饮奶意识。

(3) 学校与乳制品企业合作，开展"学生奶"计划，为学生提供安全、优质的乳制品。

(二) 政策引导

(1) 政府可出台相关政策，鼓励乳制品行业创新发展，提高产品质量，同时加大对贫困地区儿童饮奶项目的支持力度。

(2) 政府和企业应联合推出科学饮奶指南，指导消费者根据自身情况选择适合的乳制品，避免盲目跟风或过量消费。

(3) 加大乳制品市场的监管力度，确保产品质量安全，打击假冒伪劣产品，维护消费者权益。

(三) 产品创新：鼓励乳制品企业研发更符合科学饮奶理念的新产品

1. 功能性乳制品

随着对肠道健康、免疫力提升及慢性病预防等领域研究的深入，乳制品企业开始将益生菌、益生元、膳食纤维等功能性成分融入产品中，开发出具有特定健康益处的功能性乳制品。这些产品不仅能够满足消费者对美味口感的需求，还能在促进消化、增强免疫力等方面发挥积极作用。

2. 低糖或无糖乳制品

面对全球范围内对糖分摄入控制的关注，乳制品企业纷纷推出低糖或无糖产品，以满足糖尿病患者、减肥人士及注重健康饮食的消费者需求。这些产品通过采用天然代糖或调整配方中的糖分比例，实现了美味与健康的平衡。

3. 高蛋白乳制品

随着健身文化的普及，高蛋白乳制品成为市场上的热门选择。这些产品富含优质蛋白质，有助于肌肉修复与增长，适合运动员、健身爱好者及需要增加蛋白质摄入的人群。同时，部分产品还注重低脂设计，以减少脂肪摄入，满足更多健康需求。

4. 植物基乳制品替代品

考虑到部分消费者对乳糖不耐受或素食主义的需求，乳制品企业还开发了植物基乳制品替代品，如豆奶、杏仁奶、燕麦奶等。这些产品不仅在口感上接近传统乳制品，还提供了丰富的植物蛋白和膳食纤维，为消费者提供了更多元化的选择。

(四) 利用明星、营养师等公众人物的影响力，示范科学饮奶的生活方式

在推广科学饮奶生活方式的过程中，明星与营养师等公众人物的力量不容小觑。他们通过自身的实际行动和影响力，向公众展示如何正确选择乳制品、合理安排饮食计划，以达到既满足营养需求又控制体重的目的。这种示范效应，无疑将激发更多人关注乳制品的饱腹感利用，实践科学饮奶的生活方式。

四、面临的挑战

1. 信息碎片化与误导

在信息爆炸的时代，公众接收到的关于饮奶的信息往往零碎且来源不一，其中不乏夸大其词或误导性的内容。这些信息不仅未能有效传达科学饮奶的正确知识，反而可能加深误解，导致公众难以形成系统的认知。

2. 缺乏专业指导

在日常生活中，公众往往缺乏直接获取专业营养建议的渠道。虽然互联网提供了丰富的资源，但真假难辨的信息海洋让许多人感到无所适从，难以分辨哪些信息是基于科学研究的可靠建议。

3. 饮食习惯与文化差异

不同地区的饮食习惯和文化背景对公众的饮奶行为有着深远影响。在一些地区，传统饮食习惯中可能并不强调乳制品的摄入，或是存在对特定乳制品（如羊奶、骆驼奶）的偏好，这在一定程度上限制了科学饮奶理念的普及。

4. 经济因素

部分人群而言，经济压力是限制其选择高质量乳制品的重要因素。低成本的替代品可能更受青睐，但这些产品往往无法提供均衡的营养，从而影响了公众对科学饮奶价值的认识。

第二节 品牌增值技术

品牌是一个地区、一座城市、一个企业竞争力的综合体现。特别是经济向高质量发展转型的当下，品牌已成高质量发展的助推器和抢占市场的利器，品牌的增值有助于企业获得更大的收益空间。在乳品生产同质化严重的今天，品牌是企业竞争制胜的法宝。

一、品牌增值技术理念与应用

（一）品牌延伸技术

品牌延伸技术是利用消费者对现有品牌信赖和忠诚，推动二级品牌或副品牌产品的销售。蒙牛乳业、伊利集团均采用品牌延伸技术进行市场营销，在成功地完成了统一品牌建设并确立了其市场地位、市场占有率、品牌忠诚度后，适时地推出了二级、三级和副品牌，实现了产品和品牌的有效扩张。一般而言，奶企生产的品种有液态奶、酸奶、冰淇淋、乳粉、奶酪等系列，例如：蒙牛统一品牌下一级、二级品牌组合中有特仑苏、优益 C、冠益乳、绿心情、现代牧场、蒂兰圣雪和随变等；伊利的一、二级品牌组合有金典、大果粒、冰工厂、巧乐兹、伊利牧场和金领冠等，多品牌不仅能占有不同的市场空间，因每个品牌的诉求定位不同，品牌之间功能、个性差异会吸引不同需求和生活品位的用户，而且每个品牌都有自己的发展空间，不会发生市场重叠，多品牌运行的效果使市场份额扩大，产品收益增加。

(二）品牌差异技术

品牌的核心竞争力体现在品牌差异化价值的创造上，一是产品性能、可靠性和便捷性等差别；二是由服务带来的品牌附加价值，包括保证服务时间的迅速性、保证技术的准确性、服务的全面性和亲和力。三是塑造品牌联想和个性，品牌联想能够影响顾客的购买心理、态度和购买动机，提升顾客感知价值，而塑造品牌个性的主要方法是对同一种类乳品可以用副品牌将规格、品位、档次、功能等区分开来，统一品牌下的差异化产品能有效引导消费者突破原有消费定势，接受和认可新产品，并将对主品牌的信赖、忠诚迅速转移到新产品上来。

（三）再生文化技术

每个地区都有相应的地域特色以及赋予产品的文化底蕴，为尽量避免同质化竞争，在品牌建设中应借助本地特色历史文化理念、民俗风情等，重新设计规划、重塑品牌特点，加强品牌与文化、民俗、地域风情、环境相互联系，通过讲品牌故事，丰富品牌的文化内涵，融合趣味、表演等元素，策划出区别性突出的产品品牌，通过故事性的形式将内容进行串联，有意识地输出品牌文化，让消费者感受文化氛围，增强心灵体验，产生情感共鸣。完成品牌定位与完善形象工作，赢得消费者的信赖，进而产生消费黏性。以品牌效应带动整体产品产出，同时加强宣传，持续输出知名度，为后续个性化发展奠定基础。

（四）品牌联合技术

品牌联合（Brand Alliance）是指分属不同公司的两个或更多品牌在短期或长期的联系或组合。从直观上看，品牌联合主要表现为在单一的产品或服务中使用了多个品牌名称或标识等，如过去有一种手机，由索尼公司和爱立信公司联合生产，使用"Sony Ericsson"作为品牌名称，而联想公司的个人电脑上印有"Intel Inside"的标识等。奶业行业或奶企可以通过与国内外著名品牌的合作，借助知名品牌的影响力，形成具有竞争力的联合品牌。

（五）公益行为技术

将品牌合理有机地嵌入公益活动中，实现公益行为的品牌化，应考虑将奶业（乳品）品牌嵌入到公益活动相关主题，实现关联和有机衔接。比如：爱心捐助计划、爱心小学建设等，通过系列化、品牌化运作，邀请名人、争取政府支持、吸引民众参与等，提升企业形象和品牌知名度。

（六）创新驱动技术

让品牌增值的加分项是致力于创造超越用户期望的产品（满意度），通过创新驱动构筑起强大的技术和资金实力主导研发、市场和销售网络，形成了一整套有利于企业发展和价值链提升的体系，通过创新驱动会使品牌更具生命力。

二、品牌保护与推广

（一）品牌的自我保护

一方面是知识产权的保护。近年来，涉及品牌侵权的纠纷呈上升趋势，一些著名商标被抢注、一些品牌被仿冒的现象很普遍，另一方面是品牌形象的维护，注重企业品牌形象的管理，提升产品质量与消费口碑，使品牌产品名副其实。

（二）品牌形象推广

1. 产品广告的应用

广而告之是提高品牌知名度和关注度，引导消费的有效手段。广告通过夸张、联想、象征等手法对产品进行美化处理，使之符合人的审美需求，树立品牌形象，勾起消费者的现实购买欲望。企业的形象和品牌决定了企业和产品在消费者心目中的地位，通过广告，企业把品牌与产品的特性、功能、用途及供应厂家等信息传递给消费者，加强产需双方的联系，引起消费者的注意与兴趣。

2. 品牌忠诚度的持续培养

顾客对品牌的忠诚度是品牌增值的关键因素，但忠诚度需要时间积累，需要企业不断地改变策略，调整产品方向，努力给顾客提供离他们更近的服务，来提升顾客对品牌的感知度，企业必须安下心来，提升自身的管理，加强对顾客的服务，提高营销的能力，加大市场营销的力度，从而提高品牌的认知度。

3. 重视新媒体的力量

新媒体具有多样性、新颖性，文字、图片、视频、博客等，再加上综合性的网络专题，能向广大受众提供一个立体化的品牌形象，新媒体一个非常重要的特点是时效性，第一手、第一时间的信息对受众而言，有着独特的吸引力，如何很好地利用新媒体的力量是品牌增值要深入考虑的。

三、品牌增值技术图例（图 11-1 至图 11-5）

图 11-1　品牌延伸技术

图 11-2　开发差异化产品

图 11-3　品牌关联自然风情与地域

图 11-4　品牌联合发布

图 11-5　助学公益行动

第三节　产品营销

产品营销是奶企通过一系列策略和活动来推广其产品或服务，以满足消费者需求、增加市场份额、提高品牌知名度和实现利润最大化的过程。当前，我国奶业已经进入了精细化营销时代，不同规模、不同地域的奶企有不同的营销组合策略。成功的产品营销涵盖产品、价格、渠道、促销四个要素，以及需要采取创新的营销策略来吸引消费者的注意力和增加销售额。

一、产品营销策略

（一）产品策略

1. 产品定位技术

在乳制品市场日益细分化的情况下，将消费者群体进行细分，产品细分定位，满足不同阶段消费者的多元化需求，建设完善的产品体系，如：液态奶、乳粉、酸奶和冰品等系列，同时进行目标市场细分，力求覆盖所有的细分市场，例如，婴幼儿乳粉、老年人功能性（高钙等）乳粉，从而在市场竞争中获得市场竞争优势。

2. 产品差异化技术

一是可采取聚焦战略。如：专注于液态奶或乳粉、酸奶等，重点突出某一类型产品，在产品包装可以体现文化元素、人物风情和地域特点等，二是研发新产品。企业需要根据消费者口味或消费需求的变化调整产品，一方面可以根据不同的消费者开发不同功能的乳品，如男性消费者和女性消费者对乳品功能方面的需求各有不同，女性消费者则更注重美容养颜类乳品、儿童喜欢卡通类型产品、旅游区销售包含当地建筑物特点、人物和文化特点的乳品，企业可以抓住这一心理打开细分市场；另一方面，可采取跨界方式，与其他行业联合开发"牛奶面包、牛奶香皂"等联合标识产品。

（二）价格策略

价格对销量有较大的影响，是企业有效的竞争手段。合理运用多种方式的价格策略，不仅能提高销量、增加利润，还能开拓市场，从消费者角度来看，收入水平的高低对消费支出的影响具有重要作用，一般消费者比较重视价格，在保障产品基本质量的同时，大多根据自身的实际收入水平购买乳品。高收入群体，通常不太注重价格，更注重乳品的口味、产品设计包装等；从企业角度来看，为了适应不断变化的市场需求，企业一般采取分级定价策略，根据乳品在生产过程中的成本、技术和实际的营养价值划分价格档次，对于高收入群体一般采用溢价策略，如提升产品的包装和档次，不举办促销和降价销售活动；对于普通家庭则采用差别定价策略，薄利多销，如推动短保质期的巴氏杀菌奶和超高温灭菌奶的销售。

一般来说，企业主要采取两种定价技术，一是优势产品以领先市场的价格定价，二是劣势产品采取跟随策略，要稍低于主要竞争对手的价格，其他优劣势都不明显的产品价格基本持平。

（三）渠道策略

随着市场竞争的日趋激烈，传统渠道遭受冲击的同时新兴渠道开始迅速崛起，企业采用基于渠道细分的多渠道协同策略，构建立体渠道网络，才能在深度分销和营销推广的竞争中获得核心优势。

1. 传统渠道技术

一是通过超市、百货商店、批发市场、集贸市场、展会、专卖店、社区等渠道。配置现场促销人员，对相关场所全方位广告宣传包装，包括制作堆头围挡、统一促销员服装、用平面广告包装电梯、墙面、公交、运输车等方式，来占领消费者眼球，提醒消费；二是通过平面媒体渠道开展广告营销，包括电视、报刊、广播三种传统媒体。

2. 终端渠道技术

是指直接把商品传递到消费者手中的销售技术，终端是销售渠道的延伸和市场的最前线，在重大节日庆祝举办地、赛事场所、公园等人群聚集的地方或通过"观光牧业"开展营销活动，如：在奥林匹克重要比赛现场通过大型图形（LED）展示产品或企业、在国庆、中秋节等大型活动地点配置营养顾问，开展赠送活动、在观光牧场开展身临其境的体验式消费等。

3. "互联网+"渠道技术

借助互联网和移动互联网，开展网络平台营销活动，一是入驻京东、拼多多或淘宝平台，借助平台流量推送技术提升乳品销量；二是应用短视频，入驻抖音、头条等平台、"直播+电商"等技术手段为乳品营销开辟了新的路径，通过主播在线进行直观的体验式讲解开展营销；三是"元宇宙"营销，元宇宙是指一个集体共享的虚拟线上空间，利用虚拟现实技术，可以带领消费者深入体验奶牛养殖过程或者通过拟真的消费和饮用场景，让消费者获得感官刺激和情感共鸣，调动其消费欲望。

4. 影视或游戏产品植入技术

针对特定群体，例如，电视剧追剧群体或青少年游戏群体，可与影视剧制作方或游戏制作方开展合作，将优质的乳制品与影视内容和游戏内容无缝结合，通过无感植入式技术，潜移默化影响消费者消费导向。

（四）促销策略

1. 主题推广技术

把公关传播与市场推广手段相结合，用活动"借势或造势"来吸引媒体和消费者的兴趣与关注，提高企业或产品的知名度并促进产品或服务的销售，如开展"全民营养周、学生营养日、健康中国计划"主题活动，或开展社区健康行、主题公园、万人健步走等系列签名活动；另外一种是公益推广活动，如实施"公益梦想活动、阳光社区公益活动、捐资助学"，围绕学校、青少年与环境等主题开展系列公益助学活动。

2. 广告推广技术

利用重要节假日、重大赛事，在各大电视、平面、网络媒体、地铁以及公交广告等以醒目的文字、动漫或图片开展宣传，尽可能覆盖消费群体。

3. 事件营销技术

通过策划、组织和利用具有名人效应、新闻价值以及社会影响的人物或事件，引起媒体、社会团体和消费者的兴趣与关注，以求提高企业或产品的知名度、美誉度，并最终促成产品销售目的。

4. 体验式营销技术

可以从产业链的角度制定营销策略，创建观光牧场或立体生态牧场，集奶牛饲养、生态种植、旅游参观于一体，消费者可观看奶牛饲养、产奶、乳品加工全过程，突出展示奶业科技，消费者可体验饲喂奶牛和模拟挤奶，还可将自己的亲身经历和体验进行分享和讨论，企业定期进行有奖评选，将线上传播和线下的活动联合起来，快速提高品牌的市场渗透率。

二、产品营销面临的挑战

(一) 营销同质化问题

营销技术缺乏创新与活力,主要有两方面,一是内容缺乏创新性,二是活动方式缺乏创新性。人总是有猎奇心理,比较关注发生的重大事项、奇人异事,企业在追逐热点时,忽略了甄别优选内容的过程,没有倾听消费者声音,没有看到新需求、新竞争格局、新的游戏规则,营销形式和内容没有创新,忽略了精准性以及热点与自身品牌的契合性,一味地进行价格战、广告战,无法迎合消费者的心理。

(二) 品牌力下降问题

企业新老产品差异性有限,缺乏原创技术支持,新产品在概念、性能和形式上创新不足,新产品不新,导致品牌力下降,例如:某品牌酸奶只注重基础的消化功能,未加入保健、时尚新概念、新元素,在产品同质化的今天,对消费者的购买影响力下降。

(三) 渠道关系混乱问题

企业在运作各种渠道时,没有有效开展渠道配合,新旧渠道关系混乱,出现冲突,整体渠道效率下降,主要注意两方面问题,一是电商平台与传统渠道在价格上没有有效管控,导致电商价格比实体终端店价格便宜,部分传统渠道退出,客户流失;二是企业当"甩手掌柜",放任渠道竞争,相互抢夺有限的消费者,导致终端价格混乱,有效覆盖减少、销量和利润下降,比较强势的终端,厂家不断加大投入,风险难以控制,渠道模式失效。

(四) 营销队伍建设问题

主要表现为队伍结构不合理,人员能力不足,激励不到位等方面情况,企业营销以目标结果为导向,如果缺乏整体有效的策略指导,不能形成有效的过程管理,或不能对一线操作提供支持、服务,导致队伍往往基于个体能力,不能形成有效的组织战斗力;在指导和服务职能缺失的情况下,有些企业经常采用费用包干式的激励形式,在发展到一定规模后,边际效益递减、销售费用吃紧、包干费用降低,结果是营销队伍心态不稳、流失率高。

三、产品营销策略建立措施

(一) 市场调研

1. 目标市场分析

识别和分析乳制消费目标市场的需求、偏好、购买行为和消费能力(例如,年龄、性别、地域、消费能力)。使用调查问卷、在线评论、消费者访谈和数据分析等方法,获取详尽的市场信息。

2. 竞争对手分析

了解主要竞争对手的产品特点、价格策略、渠道分布和促销手段。通过市场调研报告、竞争对手网站和实地考察等方式，全面了解竞争环境。

（二）产品策略制定

1. 产品定位

根据市场调研结果，将产品定位于特定的细分市场，明确产品的目标消费群体和核心卖点。

2. 产品设计与开发

基于定位，设计和开发符合市场需求的乳制品，包括乳品功能、包装、品牌形象和附加值（例如，特殊的营养成分、独特的口味或功能，设计有吸引力的包装，体现品牌形象和产品特点）。

3. 产品组合管理

构建和管理多元化的产品组合（图11-6），确保产品线的完整性和多样性，满足不同消费者的需求。

图11-6 产品多元化包装和地域特色实例

（三）价格策略制定

1. 成本核算与定价

根据产品的成本、市场需求和竞争情况，制定合理的定价策略，确保产品在市场上的竞争力。

2. 分级定价

针对不同的目标消费群体（例如，婴幼儿、青少年、上班族、老年人等），制定多层次的价格策略，如高档产品采用溢价策略，普通产品采用差别定价策略。

3. 促销价格管理

在特定的促销活动中，制定优惠价格策略，吸引消费者购买，增加销售量。

（四）渠道策略制定

1. 渠道选择

选择适合产品和目标市场的销售渠道，例如传统零售渠道、电子商务平台和直销渠道，另外，有一些特殊渠道，例如，与学校、医院、企业等机构合作，提供定制化的产品解决方案等。

2. 渠道布局

合理布局销售渠道，确保产品能够覆盖目标市场的各个角落，提高产品的市场渗透率。

3. 渠道管理

建立和维护良好的渠道关系，协调各渠道之间的利益，确保渠道的高效运作。

（五）促销策略制定

1. 广告宣传

制定广告宣传计划，选择适合的媒体渠道，如电视、网络、平面媒体等，开展全方位的广告宣传，提升品牌知名度。

2. 促销活动

策划和实施各种促销活动，如节日促销、会员促销、买赠活动等，吸引消费者购买，增加销售额。

3. 公关活动

结合产品特点，开展有针对性的公关活动，如公益活动、品牌代言等，提升品牌形象和社会影响力（图11-7）。

图11-7　线上与线下平台促销

（六）营销团队建设

1. 团队组建

根据营销策略的需求，组建专业的营销团队，明确各成员的职责和分工，确保团队的高效运作。

2. 培训与激励

对营销团队进行定期培训，提高团队成员的专业素质和工作能力。制定合理的激励机制，激发团队的工作积极性和创造力。

3. 绩效管理

建立科学的绩效考核体系，对营销团队的工作进行评估和反馈，及时调整策略，确保营销目标的实现。

（七）效果评估与调整

1. 销售数据分析

定期分析销售数据，了解产品的市场表现和消费者反馈，评估营销策略的效果。

2. 市场反馈收集

通过消费者调查、社交媒体等渠道，收集市场反馈，了解消费者的需求变化和竞争对手的动态。

3. 策略调整

根据销售数据和市场反馈，及时调整营销策略，优化产品、价格、渠道和促销手段，确保营销目标的达成。

（八）持续改进

1. 创新营销手段

不断探索和尝试新的营销手段，如数字营销、社交媒体营销、体验营销等，提高产品的市场竞争力。

2. 技术支持

利用先进的技术手段，如大数据分析、人工智能等，提高营销策略的精准性和有效性。

3. 品牌建设

持续进行品牌建设，提升品牌的知名度和美誉度，建立长期的品牌忠诚度。

参考文献

毕美家，刘亚清，王加启，等，2023.中国奶业高质量发展战略研究报告［J］.中国奶牛（11）：1-15.

陈凤香，袁超，包杰，2018.牛乳脂的组成及结构研究进展［J］.粮食与油脂，31（7）：9-12.

陈萌山，刘亚清，王加启，等，2023.促进我国乳制品消费战略研究报告［J］.中国奶牛（10）：1-10.

陈溥言，2015.兽医传染病学［M］.6版.北京：中国农业出版社.

陈世军，崔耀明，2019.肉牛场兽医使用规范手册［M］.北京：中国农业出版社.

房启波，于春艳，2017.原料乳中菌落总数检测技术综述［J］.中国乳业（11）：66-68.

冯浩强，艾俊杰，宋林卿，等，2024.奶牛乳房炎的研究进展［J］.当代畜禽养殖业，44（1）：36-38.

高贤彪，2010.畜禽养殖中废水的处理与利用技术［M］.天津：天津科技翻译出版公司.

戈新，王建华，李培培，等，2010.胶东半岛地区奶牛饲料原料成分及营养价值数据库［J］.中国奶牛（8）：51-56.

龚婷，王宣敬，2019.牛乳的营养价值及功能特性研究进展［J］.甘肃畜牧兽医，49（12）：12-15.

巩忠福，曹兴元，2019.奶牛场兽药规范使用手册［M］.北京：中国农业出版社.

国家标准化管理委员会，2011.牛冷冻精液：GB 4143—2008［S］.北京：中国标准出版社.

国家标准化管理委员会，2015.贮奶罐：GB/T 13879—2015［S］.北京中国标准出版社.

国家标准化管理委员会，2018.中国荷斯坦牛体型鉴定技术规程：GB/T 35568—2017［S］.北京：中国标准出版社.

国家标准化管理委员会，2019.后备奶牛饲养技术规范：GB/T 37116—2018［S］.北京：中国标准出版社.

国家市场监督管理总局，2018.畜禽粪便无害化处理技术规范：GB/T 36195—2018［S］.北京：中国标准出版社.

国家畜禽遗传资源委员会，2011.中国畜禽遗传资源志——牛志［M］.北京：中国农业出版社.

韩吉雨, 2021. 牧场管理实战手册 [M]. 呼和浩特: 远方出版社.

韩吉雨, 2022. 高产牧场管理技术选编 [M]. 呼和浩特: 远方出版社.

韩志国, 江燕, 高腾云, 等, 2011. 行为学角度思考奶牛福利 [J]. 家畜生态学报, 32 (6): 6-10.

侯振中, 田文儒, 2011. 兽医产科学 [M]. 北京: 科学出版社.

黄学家, 2020. 正确识别奶牛的行为信号 [J]. 中国乳业 (5), 42-45.

HULSEN J, 2011. 奶牛信号——牧场管理实用指南 [M]. 李胜利等译, 武汉: 湖北科学技术出版社.

姜冰, 2021. 基于国际"5F"原则的规模化养殖场奶牛福利评价指标赋权研究 [J]. 家畜生态学报, 42 (5): 55-61.

姜一铭, 韩建春, 2015. 嗜冷菌对UHT乳品质负面影响研究 [J]. 中国乳品工业, 43 (8): 19-22.

科学技术部中国农村技术开发中心组织, 2007. 农村废弃物综合利用技术 [M]. 北京: 中国农业科学技术出版社.

JAN HULSEN J, AERDEN J, 2016.《饲喂信号》奶牛健康高效饲喂实用指南 [M]. 李胜利译, 武汉: 湖北科学技术出版社.

孔繁瑶, 2010. 家畜寄生虫学 [M]. 北京: 中国农业大学出版社.

李长彬, 2013. 奶牛场生产定额的制定 [J]. 养殖技术顾问 (6): 5.

李超, 王明琼, 赵永攀, 等, 2022. 围产期奶牛低钙血症血液生化指标分析 [J]. 动物医学进展, 43 (3): 84-88.

李建基, 王亨, 朱家桥, 等, 2012. 牛羊病速诊快治技术 [M]. 北京: 化学工业出版社.

李亚茹, 郝力壮, 刘书杰, 等, 2016. 牦牛乳与其他哺乳动物乳常规营养成分的比较分析 [J]. 食品工业科技, 37 (2): 379-383.

刘福元, 2022. 奶牛场粪污处理及还田利用技术 [M]. 北京: 中国农业出版社.

刘军, 2021. 食品中蛋白质凯氏定氮法测定比较 [J]. 食品安全导刊 (12): 147-149.

刘亚清, 陈绍祜, 张沅, 等, 2023. 中国奶牛种业战略发展研究报告 [J]. 中国奶牛 (9): 1-9.

卢德勋, 2016. 新版系统动物营养学导论 [M]. 北京: 中国农业出版社.

卢海凤, 张光明, 赵微著, 2014. 光合细菌污水资源化技术 [M]. 北京: 中国建筑工业出版社.

农业部, 2001. 无公害食品 奶牛饲料管理准则: NY/T 5049—2001 [S]. 北京: 北京奶牛中心.

农业部, 2013. 奶牛热应激评价技术规范: NY/T 2363—2013 [S]. 北京: 中国农业出版社.

农业部, 2017. 奶牛全混合日粮生产技术规程: NY/T 3049—2016 [S]. 北京: 中国农业出版社.

农业部畜牧兽医局，中国饲料工业协会，等，2002. 饲料工业标准汇编 [M]. 北京：中国标准出版社.

农业农村部，2019. 生乳中黄曲霉毒素 M_1 控制技术规范：NY/T 3314—2018 [S]. 北京：中国农业出版社.

农业农村部，2020. 奶牛性控冻精人工授精技术规范：NY/T 3646—2020 [S]. 北京：中国农业出版社.

农业农村部，2021. 高产奶牛饲养管理规范：NY/T 14—2021 [S]. 北京：中国农业出版社.

潘广涛，2024. 奶牛乳房炎发病原因诊断与治疗方法研究 [J]. 当代畜牧（1）：103-104.

朴范泽，2009. 兽医全攻略牛病 [M]. 北京：中国农业出版社.

任江红，秦立虎，2015. 关于原料奶体细胞数对提高巴氏杀菌奶品质的影响 [J]. 食品安全导刊（19）：74-76.

石红丽，杨永龙，任宪峰，等，2010. 生乳中体细胞数对酸奶成品品质的影响 [J]. 中国奶牛（12）：54-56.

宋秀杰，等，2011. 农村面源污染控制及环境保护 [M]. 北京：化学工业出版社.

苏传友，郑楠，李松励，等，2018. 生乳中体细胞数对乳品质量安全的影响研究进展 [J]. 食品科学，39（23）：299-305.

苏华维，李胜利，金鑫，等，2009. 奶牛福利与奶牛业健康发展 [J]. 中国乳业（5）：52-56.

王慧，方洛云，熊本海，等，2018. 牛乳生物活性成分及其研究进展 [J]. 中国乳业（8）：62-67.

王建华，2010. 兽医内科学 [M]. 4版. 北京：中国农业出版社.

王建华，戈新，赵金山，等，2006. 奶牛营养平衡与需要量 [J]. 中国饲料，317（9）：25-29.

王建华，李培培，2022. 奶牛健康数智养殖实用技术 [M]. 北京：中国农业科学技术出版社.

王雪焦，廉玮歆，张心壮，2023. 乳制品中蛋白质含量测定方法的研究进展 [J]. 乳品与人类（5）：52-59.

王玉锋，雷亚非，2009. 奶牛规模养殖场如何简略核算盈亏平衡点价格及牛奶生产成本价格 [J]. 养殖与饲料（11）：80.

王媛媛，2021. 冷藏原料乳品质变化过程中微生物与乳代谢物关系探究 [D]. 银川：宁夏大学.

王媛媛，剧柠，苟萌，等，2020. 宏基因组学探究原料乳冷藏过程菌群变化规律 [J]. 农业工程学报，36（22）：333-340.

王之盛，刘长松，2012. 奶牛标准化规模养殖图册 [M]. 北京：中国农业出版社.

威廉·C. 雷布汉，2003. 奶牛疾病学 [M]. 赵德明，沈建中，主译，北京：中国农业大学出版社.

韦婧，程智，陈锋，等，2016. 生鲜牛乳体细胞数检测技术进展［J］. 医疗卫生装备，37（10）：117-120.

卫生部，2010. 食品安全国家标准生乳：GB 19301—2010［S］. 北京：中国标准出版社.

席北斗，2019. 农村固体废物处理及资源化［M］. 北京：化学工业出版社.

肖定汉，王志，李俊鹏，等，2003. 奶牛疾病防治［M］. 北京：金盾出版社.

徐民，2012. 奶牛营养工程技术［M］. 北京：中国农业出版社.

许可，刘芳，王琛，2020. 北京市奶业链利益分配机制优化研究［J］. 中国畜牧杂志，56（10）：175-180.

严豪，2017. 乳制品冷链运输智能监测预警服务技术研究［D］. 南京：南京农业大学.

阳丽芝，陈志伟，2011. 牛奶中脂肪检测技术研究进展［J］. 食品科学，32（1）：270-273.

杨佳怡，牛春艳，刘瑛颖，等，2020. 生鲜牛乳体细胞检测与计量校准必要性研究［J］. 生物技术通报，36（5）：16-21.

杨效民，贺东昌，2011. 奶牛健康养殖大全［M］. 北京：中国农业出版社.

杨祯妮，程广燕，2023. 加快推动乳制品向生活必需品转型的做法与经验［J］. 中国乳业（12）：2-5.

叶晶鑫，杨胜平，程颖，等，2018. 食品中低温微生物的适冷机制研究进展［J］. 微生物学杂志，38（4）：114-119.

张鹏博，李智星，魏勇，等，2023. 不同检测时间对原料乳中嗜冷菌检测结果的影响［J］. 中国乳业，1：77-80.

张同来，2024. 奶牛乳房炎的诊断治疗和综合预防分析［J］. 中国乳业（5）：85-88.

张信，肖定汉，崔治国，2012. 牛病智能卡诊断与防治［M］. 北京：金盾出版社.

张养东，施正香，2022. 奶牛学［M］. 北京：中国农业出版社.

张养东，郑楠，王加启，2020. 画说全株玉米青贮质量与安全控制技术［J］. 北京：中国农业科学技术出版社.

赵静，2016. 浅析奶牛乳汁中电导率、pH 值变化与体细胞数的相关关系的研究［J］. 青海畜牧兽医杂志，46（3）：10-11.

智宇，师建东，李康，等，2024. 浅谈奶牛乳房炎的诊断技术［J］. 兽医导刊（2）：27-30.

中国奶业协会，2022. 全株玉米青贮制作质量规范：T/DACS 006—2022［S］. 北京：中国奶业协会.

中国兽药典委员会，2020. 中华人民共和国兽药典兽药使用指南化学药品卷（2020年版）［M］. 北京：中国农业出版社.

中国畜牧兽医协会，2018. 燕麦干草质量分级：T/CAAA 002—2018［S］. 北京：中国畜牧兽医协会.

周元，陈伟，2021. 液态奶工厂贮奶罐清洗工艺和效果验证的研究［J］. 中国乳业（12）：111-115.

邹克华，2018. 恶臭防治技术与实践［M］. 北京：化学工业出版社.

ANONYMOUS, 2012. Cattle housing design-danish recommendations［M］. 5th edition. Danish Agricultural Advisory Service. Knowledge Centre for Agriculture.

FITZPATRICK S R, GARVEY M, FLYNN J, et al., 2021. Effect of pre-milking teat foam disinfection on the prevention of new mastitis rates in early lactations［J］. Animals, 11（9）：2582-2590.

FLAGA J, KORYTKOWSKI, GÓRKA P, et al., 2024. The effect of docosahexaenoic acid-rich algae supplementation in milk replacer on performance and selected immune system functions in calves［J］. Journal of Dairy Science, 102（10）：8862-8873.

GAŠPARÍK M, STÁDNÍK L, DUCHÁČEK J, et al., 2022. Milkability of Holstein cows is significantly affected by the incidence of clinical mastitis for weeks after diagnosis［J］. Journal of Dairy Research, 14：1-4.

HUBERT R, JOHN W F, PATRICK F F, 2003. Encyclopedia of dairy sciences［M］. USA：Academic Press.

KREWINKEL, MANUEL, STRESSLER, et al., 2015. Biodiversity of refrigerated raw milk microbiota and their enzymatic spoilage potential［J］. International Journal of Food Microbiology, 7：15-19.

LIN Y Y, REN F Z, ZHAO L, et al., 2017. Genotypes and the persistence survival phenotypes of Bacillus cereus isolated from UHT milk processing lines［J］. Food Control, 82：48-56.

MARIJE A, LENE B J, VALENTIN R, et al., 2021. Relationship between casein micelle size, proteincomposition and stability of UHT milk［J］. International Dairy Journal, 112：104856.

ÓZSVÁRI L, IVANYOS D, 2022. The use of teat disinfectants and milking machine cleaning products in commercial Holstein-Friesian farms［J］. Frontiers in Veterinary Science, 9：956843.

YUAN H Z, HAN S F, ZHANG S F, et al., 2022. Microbial properties of raw milk throughout the year and their relationshipstoquality parameters［J］. Foods, 11（19）：3077.